ACADEMIC

张立伟 王相伟

主编

王晓宁

执行主编

FIELD

中华书局

图书在版编目（CIP）数据

学术家园/张立伟,王相伟主编. —北京:中华书局,2023.3
ISBN 978-7-101-16134-2

Ⅰ.学… Ⅱ.①张…②王… Ⅲ.社会科学-文集 Ⅳ.C53

中国国家版本馆 CIP 数据核字（2023）第 037471 号

书　　名	学术家园	
主　　编	张立伟　王相伟	
执行主编	王晓宁	
责任编辑	葛洪春	
责任印制	陈丽娜	
出版发行	中华书局	
	（北京市丰台区太平桥西里 38 号　 100073）	
	http://www.zhbc.com.cn	
	E-mail:zhbc@zhbc.com.cn	
印　　刷	三河市宏达印刷有限公司	
版　　次	2023 年 3 月第 1 版	
	2023 年 3 月第 1 次印刷	
规　　格	开本/710×1000 毫米　1/16	
	印张 23½　插页 2　字数 350 千字	
国际书号	ISBN 978-7-101-16134-2	
定　　价	128.00 元	

封面题字

吴小如　吴为山

主　编

张立伟　王相伟

副主编

许水涛　石秀燕　訾绮　杨统连　刘劲松　刘珊

统　筹

许水涛　石秀燕

执行主编

王晓宁

编　务

谢颖　杨雪　张丽　郭海瑾

目　录

序（一）

家　正

今年是《人民政协报》创刊四十周年，报社拟将发表于文化周刊和学术周刊上的文章结集出版，我认为很有意义，这是副刊的优势所在，体现着人民政协报对党的二十大精神和对习近平新时代中国特色社会主义思想的贯彻践行，体现了文化魅力的深远绵长。

副刊是文化传播的重要形式，是报纸不可或缺的组成部分。现在是媒体竞争激烈的时代，媒体竞争归根到底是文化的竞争。我曾经说过，当历史的尘埃落定，许多喧嚣一时的东西都将如烟云散去，唯有优秀的文化长留世间，给人以温暖和慰藉、启迪与警示，帮助人们回忆难忘的过去，同时满怀自信地走向未来。所以我认为人民政协报做这件事情是很有意义的，不但出报，还能留下学术和文化。

《人民政协报》是一份具有文化底蕴的报纸。她乘着改革开放的春风应运而生。四十年来，《人民政协报》坚持党的领导、忠诚党的事业、传播党的声音，在老一辈无产阶级革命家和历届全国政协领导同志的关怀下，在统战政协各界人士的支持下，以富有自身特色的办报方式，服务党和国家中心任务，讲述团结民主的故事，受到各级政协委员、政协工作者和各界群众的喜爱。

《人民政协报》文化蕴味十足。政协里面汇聚了学术文化领域的代表人士，这是政协报的办报优势。政协报同文化界保持着密切联系，四十年来，使中国社会具有影响力的一大批知名学者、著名作家、艺术家成为报纸的常客。他们在政协报上或鉴古论今，或建言立论，或抒写性情，为报纸增添了一份高雅隽永的格调。

政协委员履职建言,体现着对国家经济发展和社会主义民主法制进步的追求,体现着对中华文化传承和发展的期待。刊发优秀的学术文化作品不仅可以传播知识、陶冶情趣,更是提升境界、净化心灵、引领社会风气的重要手段。政协报通过四十年的不懈努力,让文化充分发挥团结引领、继承创新、推动发展的作用,为国家的强盛和民族复兴贡献一份力量,展示了政协文化的独特魅力。

人民政协的发展历程,既饱含着中华优秀传统文化底蕴,又凝聚着中国共产党在领导统一战线中实行协商民主的丰富经验,特色鲜明的政协文化用讲协商、重践行、尚包容、谋创新、求实效的气度滋养着政协事业,推动着社会主义民主进程,其经验与特点值得重视、研究与总结。

这本文集以政协文化的视角,展示中华文化的特色,富有鲜明的时代特点。书中收录的文章,或典雅凝重富有哲思趣味,或含蓄隽永读后令人回味悠长,凝聚着对社会人生和历史文化的深沉思考,读来使人深受教益。

根底盘深,枝叶峻茂。《人民政协报》及时准确地宣传习近平新时代中国特色社会主义思想,宣传党关于统一战线和人民政协工作的路线、方针、政策,所关注的话题和刊发的文章饱含浓浓的人文情怀,这是委员和读者喜欢这份报纸的一个重要原因。

我是《人民政协报》的老读者,偶尔也在报上发表一点文章,我热爱《人民政协报》。值此创刊四十周年之际,我祝她取得更大成绩。希望《人民政协报》始终坚持正确的政治方向,凝聚人心,汇聚力量,反映民意,求真务实,为承载国家发展对文化繁荣的期待、为中华优秀文化的传承和中华民族的伟大复兴贡献更大力量。

2023 年 2 月 9 日

序（二）

刘　宁

《人民政协报》的"学术家园"，是广受读者喜爱的周刊。这里可以看到哲学社会科学的最新思考，可以领略人文学术的高雅品味。一篇篇谈学论艺的佳作，也从一个独特的角度，深化着人们对协商精神的理解。

我被"学术家园"吸引，已有二十多年。求学时一次偶然的机会，我看到《人民政协报》学术周刊的刊头，由吴小如先生题写，端雅清俊，神采奕奕，不由得十分好奇。吴先生是学术大家，我自入北大中文系读书后，即一直亲承指教，深知吴先生论文尚严谨，为学重标格，"学术家园"得到吴先生如此重视，必有不同凡响之处。再细读"家园"中的文章，果然思深意远，既有浓浓的文化情怀，又有扎实的学术功力。后来有了更多学术交流的机会，我才理解"学术家园"何以如此独特。在很多学术会议上，我都看到《人民政协报》的身影。学术会议因为专业性很强，一般报社并不太关注，但《人民政协报》是例外。很多次，我在会场看到晓宁主编。她总是专心地听学者发言，与学者讨论；会议上许多精彩的新思考，后来就成了"学术家园"中的新风景。这会场的一幕，只是"家园"与学界交流之旅的一个小小的片段，而正是如此的深耕久耨，让"家园"成为一片沃土，开满学术的鲜花。

"学术家园"中的许多文章，体现出前瞻性、引领性的思考。例如傅璇琮先生在20世纪80年代引风气之先，以扎实的考辨开拓唐代文史研究的新境界。他为"家园"撰写的《国学研究呼唤务实学风和创新思维》就集中表达了崇尚实学的思考。叶秀山先生《延展中之中华人文精神》则回应了上世纪90年代中国文化反思和人文精神大讨论的时代课题。叶先生以融会古今中西的视野、深刻的哲学思辨,提出了极具启发意义的看法。改革开放后,走向复兴的社会学,对古老的历史学科产生重要影响,促进社会史研究的兴起。戴逸先生在《加强社会史的研究》对社会史研究作出深入分析,并加以积极倡导,文中的许多看法都极具前瞻性。葛兆光先生在《关于文学史的两个话题》中,谈到当时在学界引发热议的司空图《二十四诗品》辨伪的问题,由此对文学史观点、材料和写作方法展开反思。这些反思后来融会在他对思想史研究的探索中,打开了新的学术天地。

"家园"中大家名家汇聚一堂,长篇短制俱多发明。金克木先生《学史三疑》、徐苹芳先生《中国文明起源的考古学研究》、陈鼓应先生《生命哲学的人生智慧》、陈来先生《孔子思想与礼义之邦》、张岂之先生《中华优秀传统文化略论》着眼中华文化的大课题,周汝昌先生《曹寅诗考略》、袁行霈先生《读张风〈渊明嗅菊图〉》则是以小见大的精雅考辨;李学勤先生对王国维《古史新证》的思考,回应疑古与释古的大问题;朝戈金先生《非遗保护视野下的口头传统文化》、田青先生《感受不同音乐之美》、潘鲁生《寻找身边的手艺》、郑欣淼《故宫文物上的清代文化》则拓宽了文化理解的视野。这样的佳作,在"家园"中不胜枚举。

作为《人民政协报》的精彩一页,"学术家园"对于建设协商文化的意义,我在担任全国政协委员之后,有了深入的理解。政协委员人才荟萃、智力密集,很多委员有深厚的学术造诣。学术对协商发挥着很积极的促进作用。习近平总书记在中央政协工作会议上的重要讲话,强调要发挥人民政协专门协商机构作用。发挥好这一作用,就要不断加强人民政协协商专业化建设。2020年,全国政协开展委员读书活动,在线上成立了众多读书群。我曾担任"国学读书群"与"诗词艺术古今谈"委员自约书群的群主,深切感受到委员读书学习的热情。厚重的学术经典、前沿的思想探索,委员们都表现出浓厚的兴趣,展开热烈的讨论。这些讨论有着强烈的社会关切,回应了许多现实问题,在此基础上形成不少对策建议。学术思考,让协商更丰富也更深入。

尤其值得关注的是,"学术家园"长期重视的人文学术探索和对中华文化的弘扬,对于促进协商交流意义更为特殊。以文史哲等传统学科为核心的人文学术，遇到实用化、功利化的流行风气，常常受到冷落，20 世纪 90 年代以来，如何正确认识人文学术的价值，不断引发社会各界的讨论。不管时代的风气如何变化，"学术家园"关注人文学术的传统没有变。在政协协商中，常常是对人文学术的兴趣和关注，让专业背景各不相同的协商者，能更好地相互理解，凝聚共识。焕乎人文，化成天下，希望"学术家园"对人文学术的关注和对中华优秀传统文化的弘扬，能长期坚持下去，为推动新时代哲学社会科学的建设，为促进协商精神的发展，更好地凝聚人心汇聚力量做出更大贡献。

值此《人民政协报》创刊四十周年之际，祝愿精心培育数十载的"学术家园"更加美好，祝园中的百卉千妍更加绚丽，充满学术的清芬，结出更多协商文化的硕果。

（作者系第十三、十四届全国政协委员，中国社会
科学院文学研究所古典文献研究室主任）

学史三疑

金克木

上小学时读过一篇清人文章,第一句便是"君子之学必好问"。"学问",学又兼问,这个汉语词的结构意义只怕在别的语言中难有相当的,很多年以来,我学的不多,由学所引起的问题可不少。偶然在报上看到讲史学情况的断片,想起了几个疑问,不妨谈谈。

一个是通行语的文献问题。通行语就是通行于不同民族之间或者一个大民族的不同部落语言或不同方言之间的语言。外国话叫做 lingua franca,本来指地中海及近东一带通行过的一种语,现在可以泛指,例如普通话就是广大汉语区域(包括中国以外的华人社区)中的通行语,拉丁语在西罗马帝国,希腊语在东罗马帝国,梵语在南亚和中亚,波斯语、阿拉伯语在广大亚洲地区,都曾经是通行语或者官方语言。这种语言有雅俗或者书面语口头语之分,差别往往很大,用通行语写成的文献通行于官方和上层,不能完全表示出下层广大人民群众的文化,例如甲骨文献只说明殷代官方和卜人的上层文化,《诗经》、《楚辞》用的是书面通行语,不完全等于各地方民间口头语。秦代曾经努力使六国语言文字统一于通行语,从三国到隋唐,民族杂居情况越来越严重,强化通行语的努力也越来越多,如《切韵》的求语音及读书音的规范化,语言与文化的关系,文献内外的文化异同,要不要在历史研究中得到更多的注意?不仅是文物(如碑铭简帛等)与文献互证,而且是不是还要更重视无文之物的可靠性和意义(例如现藏台湾的六千年前的半颗蚕茧)?是不是需要突破上层书面通行语文献的局限?对于器物、语言、文献作为史料进行分析理解而不仅是搜集排比,这是不是需要有基本训练？过于重视官方文书和所谓正史，或者反过来过于重视民间私记，总是过于尊重通行书面语文献，会不会产生片面性而不见历史特别是文化史的全貌？

二是中国的社会形态问题。中国的范围当然是指现在的版图和这块土地上的居民，研究中国社会要从实际出发以印证理论而不能从外国的结论出发。现在公认经济形态是社会基础，中国历史上有三种经济形态一直延续下来，农业经济是大量的，这不必说。游牧经济的地区也不小，而且同样一直存在，如戎、狄、匈奴、突厥、回纥、契丹、女真、蒙古、满洲，还有"五胡"等进入中原的民族本来以游牧为业，国内到今天仍有牧民。往往被忽视和轻视的市场经济，开始于农产品和手工业品的交换，随即发展为商业和城市，从殷代安阳起就存在(李济有研究报告及专著)。很快就有远途的国际性的对外贸易，出口商品不限于丝绸，也会有进口货物，使用货币很早，春秋战国时期繁荣的城市已经很多，以后虽屡遭破坏，但并未断绝，宋、辽、金以后还越来越发达。处于这三种经济形态中的人都在中国社会文化历史上起过极大作用，研究历史要不要三方面兼顾？说单一社会形态能不能包括全部情况？研究历史只做简单结论够不够？

三是历史书问题。希罗多德的《历史》，普路塔克的《英雄传》，中国史书对之毫无愧色，但是希腊色诺芬的《远征记》，罗马恺撒的《高卢战记》，领兵大将亲笔写出自己经历的战事而有史料及文学价值，这样的书中国好像没有。文武双全的将帅如曹操，只留下几首口气不像他的诗为人传诵，近代如18世纪吉本的《罗马帝国衰亡史》，19世纪蒙森的《罗马史》，才学识兼备，成为古典，作为历史研究已被超过，作为供给知识启发思想的文学书还将传下去，这样的名著在近代现代中国好像还没有比得上的。又如法国大革命只有短短几年而著名史书就有许多部，各有所长，各不相同，可能还会有新的出来，是不是我们的史学家也可以写这样的著作而不限于编撰课本、讲义、参考书、传记和专题？我们有雄厚的人力学力，但好像是用力的方向少而狭，习惯于浩浩荡荡四面包围打歼灭战，讲声势，比气魄，专攻的又喜欢作小题目，显难度，不知为什么。

我并未研究史学，不过看过些书，有些常识，未学而好问，不免贻笑大方，以上云云只能算是闲谈。

（刊登时间：1997 年 2 月 16 日。作者系第三至七届
全国政协委员，北京大学教授）

关于文学史的两个话题

葛兆光

一

文学史本质上并不属于文学而属于历史学科，当年顾颉刚先生在《当代中国史学》一书就把文学史的写作列为学史之一枝，介绍了胡适、郑振铎等人的成就。同样，今天我们检讨文学史的研究，也应该听一听历史学家的意见，特别是关于早期的中国文学史即涉及考古学者治学的领域，我们似乎更应当了解今天考古学的成就。

关于古代中国文学源流，过去的文学史对此通常是两种处理方法。一种比较传统，即按照旧观念在传世文献中寻找依据，把文学起源看成一种由文字而文章的自然过程，一方面论述文字的产生，一方面引述神话传说的记载，合起来把中国文学追溯到五经之前，甚至五帝时代，这是沿袭和接受旧的历史学记载而来的说法。另一种是比较后起的方法，写作文学史的人常常按照一种理论，比如文学起源于劳动的先行观念，承认口头文学是更重要的源头，然后再在文献中寻找证据，一般都说到《诗经》，最多在其他一些古代文献中再找断简残篇以证明古代流传有劳动者的歌谣。其实，除了观念方面的变化原因外，当时文学史家在讨论文学起源时受到的影响主要来自历史学的研究，罗根泽所谓"旧说的努力提前"和"新说的努力拉后"，其背后主要是当时史学界的"信古"、"疑古"辩论之影响。所以，文学史家关注历史学的研究，是由来已久的事情。那么，我想，如今的文学史研究也应当注意史学界的研究特别是近来考古学界的成就。

比如 1970 年马王堆帛书出土，其中有一篇《称》，它来源不会很晚，大约在战国中期，而《逸周书》中的一篇《周祝》则来源更早，大约要在西周时期。据李学勤先生《简帛佚籍与学术史》的研究，这两篇东西性质很接近，可能都是祝卜巫史一类人的作品，是集录了很多类似于今天的格言、警句、秀语、妙词，以备作文时使用的东西。他暗示，甚至连《老子》都有可能是这类集录的文字。我还可以指出，今天可以看到的《韩非子》的《外储说》，《淮南子》的《说林》、《说山》，也是这一类东西，也就是我们文学研究者很忽略的《兔园策》一流著述，其实，很多类书如《初学记》、《白氏六帖》就是这一类东西的孑遗，像李商隐、李贺大概平时都自己准备这种东西，只是他们不公之于众罢了，把各种各样的隽语佳句集中起来，有利于应付各种场合之需要。

那么，这一类东西在早期是用来做什么的？李学勤先生没有继续讨论，只是点到即止地说了，它可能与《周礼》中所记的太祝"六辞"有关，这使我们联想到刘师培《文学出于巫祝之官说》中"六祝六辞"为"文章各体"之原始的说法。前两年，邓国光在《周礼六辞初探》中指出，太祝要懂得许多知识，如《国语·楚语》所说的什么"山川之号、高祖之主、宗庙之事……"而且太祝掌"六辞"，涉及各种文体，正如《周礼》郑玄注引郑众所说，六辞都是"文雅辞命，难为者也"。那么，这类集合了很多隽语妙词的东西，会不会就是太祝一类文化官员平时积累下来以备不虞之用的"兔园策"？当然，《周祝》也罢，《称》也罢，《老子》也罢，《说山》也罢，它要比单纯丽词的《兔园策》高明得多。

《论语·宪问》中曾经说到，六辞之一的"命"是很难写的，也是需要反复琢磨的，孔子说："为命，裨谌草创之，世叔讨论之，行人子羽修饰之，东里子产润色之。"而《仪礼·聘礼》中又说到，"辞无常，孙（逊）而说（悦），辞多则史，少则不达，辞苟足以达，义之至也"，辞多则史的"史"，郑注说"史谓册祝"，古代的祝史草辞大多是在祭祀、盟会、祈禳等仪式上应用。所谓"孙"，是在神灵之前的谦恭；所谓"说"，是使得神灵愉悦；所谓"修饰"、"润色"，也是为了神灵阅读时的喜欢；"辞多"而且要"达"，恐怕不能临时匆匆撰写，必须早有储备。《礼记》的《表记》中说"情欲信，辞欲巧"，不只是人际交往，也是人神沟通的必要，那么，这类集录的文字很可能就是"储说"、"说山"，以便随时取用，使辞既"巧"且"达"而"多"的东西。如果真是如此，那么，关于文学史上源的一些看法是否应当重新考虑，比如说，自觉的文学是否最早来源于祝卜巫史之类文化人？是否很早人们就自觉意识到文词需要修饰了？而修饰文词是否最早是为了取悦于神，然后才意识到要取悦于人？

其实考古的发现对文学史的启发绝不止于此。比如已经公布的临沂汉简《唐革（勒）》和还没有公布的战国楚简《兰赋》（拟名）等等，就为辞赋的溯源寻流提供了依据；又比如甘肃放马滩一号墓秦简《墓主记》，据李学勤先生的分析，就是一篇基本成形的志怪小说，"故事中主人本不应死，被司命遣回人间，复活后讲述了死时在另一个世界的种种见闻"，这对中国小说史的研究无疑是有启发意义的，它并不仅仅是一份普通的文献；再比如近年在连云港出土的汉简中有一篇《神乌傅（赋）》，其中纯粹动物寓言的形式和关于"死生有期，各不同时"的叹息，似乎可以给研究汉代文学与思想的学者以一份很可深入分析的文本。我们常常沿用古人的话说"文史一家"，但是自从文学与历史在近代被分为两个学科，研究者似乎成了各管一段的铁路警察，学生在大学也被分成了各有课程的两个系，文学与历史真的还能彼此携手么？文学史研究与写作真的还能关心考古的新发现么？

二

最近大陆文学史研究界有一个不大不小的话题，就是过去所传司空图《诗品》是否明代人伪作，因为五代宋元各种文献从未有过记载或征引。关于这个问题的是非，还可以讨论，但这一问题的提起，让我产生两个联想。

首先，是关于中国古代文学史文献考辨的"立场"或者说是"态度"。过去，虽然也有无征不信、孤证不立的说法，崔述《考信录》虽然也很有些全面确认史料资格的意思，但是大体上对于上古文献还是相信的，所以过去才有一些文学史著作追溯尧、舜甚至五帝，就是说，这种态度是，在史料没有被"证伪"之前，先相信了再说，但是后来古史辨兴，疑古风起，所谓"科学"的历史方法就使文学史家采取了另一种态度，即胡适"截断众流"，凡没有被证实的史料都不采用，也就是说，有疑则阙疑，把可疑的文献先搁置起来，先怀疑了再说。前一种态度仿佛法律上的"无罪推定"，它的好处是可以尽可能地运用文献，不是因噎废食，以一些疑问而废弃史料，将来一一再作甄别；后一种态度仿佛法律上的"有罪推定"，它的好处是可以使论述可靠，不至于因为掺入可疑的史料而影响结论，等证实之后再一一采纳。但是，它们又各有各的缺点，从相信出发的文献学方法有可能误信，从怀疑出发的文献学方法又可能误疑，过去上溯五帝渺茫时代的文学史现在证明它有问题了，但过去把所有各种文献一概置于被审讯位置的文学史就没有问题么？近来的考古发现在大陆引起一种"走出疑古时代"的说法，引出重新确认一些被"证伪"文献的合法身份的"平反"风气，那么，对于《二十四诗品》的问题我们应当采取什么态度？因为没有直接的证伪材料而暂时把它当做唐代文学思想史料，是从相信出发对待文献；因为宋元文献无引征的缘故把它当做"伪作"，是从怀疑出发对待文献。关于《二十四诗品》，现在还不能说真伪已经确定，那么是先放进文学史还是先剔出文学史？这里所涉及的绝不是仅仅一个《二十四诗品》的问题。

其次，假定说《诗品》真是一个明代人的伪作，那么我们过去看上去很成体系很有逻辑的文学思想史脉络就突然缺了一节，好像本来构想的一座长桥突然断了一节，那么，常常被视作有"来源"、有"继承"、有"影响"的逻辑链条如何重续？其实所谓文学史的线索、脉络，常常是写文学史的人，为了处理文学历史时主观构造的一种历时性的观念性的东西，而很多观念又常常来自其他的一些人的解释、叙述、选择。我觉得很多今天我们文学史的一些写法就是来自明清人的，比如说唐代诗人的等级高低、诗歌的风格特征、文学的时代背景，有多少是今天写文学史的人自己琢磨出来的，有多少是受了明清人的暗示、启发甚至误导？恐怕现在还不清楚。我希望有人能告诉我们，今天的文学史家的结论中有多少明清人遗留下来的东西？近来，国内学者提倡学术史研究，其实目的之一也就是为了搞清学术的积累情况，梳理观念的沿袭传承。那么，像《二十四诗品》这样的，由明清人给我们文学史家造成的误会——如果它真是伪作的话——是否还不少呢？而作为今天的文学史研究者，是否还有一个工作要做，那就是清理一下过去的文学史中有多少是"层层积累"的观念。

（刊登时间：1997 年 3 月 24 日。作者系复旦大学教授）

中国文明起源的考古学研究

徐苹芳

　　中国文明起源的研究，是指研究中国进入文明社会，亦即进入有阶级和国家的社会的历史。由于对文明一词的概念理解不同，往往把广义的文明（文化）与狭义的文明混为一谈。因此，关于中国文明起源的研究，从一开始便与中国文化之来源连在一起，中国文化是土生土长的独立（原生）文化，还是外来的传播（次生）文化，便成了一个有争论的问题。

　　世界六大古老文明是：埃及、两河流域、印度、中国、墨西哥和秘鲁。埃及和两河流域的近东文明关系密切，印度河流域和两河流域也有密切的关系；墨西哥和秘鲁地处新大陆，与旧大陆文化无关。惟有中国的文明起源，成了独立论和传播论争论的焦点。从 17 世纪下半叶开始，中国文化"西来说"便在法、英等国出现。法国的约瑟夫·德·契尼（Joseph de Guignes）首创中国人是埃及的殖民说。其后，法国的皮埃提（M. G. Pauthien）提出中国文明与巴比伦文明有亲缘关系的说法。英国的拉克伯里（Terrien de Lacouperie）认为中国文明与美索不达米亚的乌尔地方的迦勒底文明有某种关系。英国的李雅格（James Legge）更荒唐地说，中国人是诺亚的子孙。此时正是欧洲资本主义发展并向外殖民的时代，对中国文化的来源作这样假设性的评论是不足为怪的。

　　1921 年安特生在河南渑池发现彩陶，似乎又为中国文化"西来说"找到了证据，但是，考古学的新发现，并不能证明中国文化"西来说"的正确。安特生自己在晚年也修正了中国文化"西来说"的看法。实际上，这个问题并未在西方某些学者的思想中彻底解决，直至 1976 年俄国人瓦西里耶夫仍坚持中国文化"西来说"。欧洲文化中心论的思想,仍像一个幽灵似的在国际学术界游荡。现在,愈来愈多的国际学者已清楚地看到,世界文化的发展是多元的,中国文化是土生土长的原生文化,这已被中国考古的发现和研究充分地证明了。

中国现代考古学发端于20世纪初。在新中国建立后,得到了蓬勃的发展,以无可辩驳的事实,把中国文化"西来说"的谬论,予以彻底否定。

中国何时进入文明社会,这是中国历史上的重大事件。从30年代中国社会史大论战,讨论亚细亚生产方式时,便涉及了这个问题。1929年郭沫若写《中国古代社会研究》自序时便说:"世界文化史的关于中国方面的记载,正还是一片白纸。恩格尔斯的《家族私有财产及国家的起源》上没有一句说到中国社会的范围……在这时中国人是应该自己起来,写满这半部世界文化史上的白页。"

恩格斯的《家庭、私有制和国家的起源》一书主要是根据摩尔根《古代社会》的材料,论述人类社会从无阶级的氏族社会向有阶级的社会转变的著作,是马克思主义历史唯物论的经典著作之一,科学地分析了人类早期社会从蒙昧、野蛮发展到文明时代的一般历史法则。半个世纪后,英国考古学家柴尔德(V. Gordon Childe)根据西方的考古资料提出,城市、文字、金属加工(青铜器冶铸)、水利灌溉工程等,是进入文明社会的标志。中国著名考古学家夏鼐认为中国文明是土生土长的,商代已有了城市、甲骨文字和青铜器,已是发达的文明社会。因此,中国文明社会的产生当在商代以前的石器时代诸文化中探求。但是,柴尔德提出的文明社会的标志是否符合中国文明社会起源的历史事实,这需要根据中国考古学的实际加以认证。

中国考古学的发现和研究表明,大约在公元前三千年前后,中国早期文明社会已在黄河中下游和长江中下游形成。具体的标志是:以宫庙为主的城邑的出现,贵族墓和随葬品中"礼器"的发现,为统治者服务的文字的出现,金属冶铸——青铜器的出现。

文明社会早期城邑,在黄河和长江流域中下游地区,约有近二十处被发现。虽然，考古工作尚待深入，但有一点是十分引人注目的，这些城绝大部分是离开了氏族社会的聚落(包括中心聚落)旧址，而重新营建的符合新的社会功能的城邑。从夏商时期城邑形态中可以看出，中国文明社会城邑的特征是以宫庙为主的建筑布局，宫是活人居住的宫室，庙是祭祀先祖的宗庙。考古发现的早期城邑中的夯土建筑便是宫庙的遗迹。

墓葬和墓地的发现也说明中国早期文明社会结构发生了本质的变化。贫富差别明显。山东临朐龙山文化贵族墓的发现，山西襄汾陶寺墓地的发现，都说明了这个问题。特别是山西襄汾陶寺墓地的贵族墓中发现了石磬、鼍鼓等礼器。贵族墓的发现说明产生了阶级，礼器是表现贵族身份地位和权力的。在礼器中最令人注意的是钺和琮，钺代表着有军事首领意味的王权，琮代表着以巫术可以通天的神权。王权与神权的结合是中国早期文明社会的特征。

文字的出现无疑是文明社会的标志之一。中国发现的最早的文字是商代的甲骨文，这是一种成熟的文字，肯定在甲骨文之前还有比它更原始的文字。考古发现过在新石器时代有类似符号的铭记，但仍不能肯定它是文字。龙山文化时期可能已有原始文字，如近年在山东邹平丁公遗址中发现的陶文。根据安阳殷墟发现的甲骨文的记事内容来看，中国早期文明社会的文字，完全是为统治者服务的，主要用于占卜和王室纪事。

中国的金属冶炼技术——青铜器冶铸也出现在龙山文化时期，多是刀、锥等小工具和环、铃等小饰品，未见有大件的生产工具。商周时期青铜器虽发展，但均用于"礼器"的冶炼，说明中国古代金属冶炼技术未用于经济生产上，而是被贵族所占有，多用于政治性的"礼器"上。

水利灌溉等大型工程的出现，是表明文明社会的组织能力的程度，当然，这些遗迹在考古学上已很难发现。但是"大禹治水"的传说却可以从另一个角度说明这些传说并非无史实根据的臆说。

中国文明起源的标志与西方文明起源的标志相比较，两者在实质上显然有很大的不同。正如美国哈佛大学张光直所说："西方社会科学中一般被认为具有普遍适应性的学说主张是：文明出现的主要表现是文字、城市、金属工业、宗教性建筑和伟大的艺术；文明的出现，也就是阶级社会的出现，这是社会演进过程中一个突破性的变化。……文明与野蛮的不同在于文明人把他自己与自然的原始环境隔离开来，其中的重要含义即：文明是在技术和贸易经济的新环境中形成的。……中国古代社会的基本特征与上述西方社会科学家提出的文明产生的法则很显然的有基本点上的不同。"张光直认为玛雅文明与中国文明相似，应属于一种形态，而代表西方的两河流域的苏米（Sumerian）文明则是另一种形态。"中国的形态很可能是全世界向文明转进的主要形态，而西方（苏米文明）的形态实在是个例外，因此，社会科学里面自西方经验而来的一般法则不能有普遍的应用性。"张光直从世界史前史的立场上，把文明社会的转变方式分成两种。他说："一个是我所谓世界式的或非西方式的，主要的代表是中国，一个是西方式的。前者的一个重要特征是连续的，就是从野蛮社会到文明社会许多文化、社会成分延续下来，其中主要延续下来的内容就是人与世界的关系、人与自然的关系。而后者即西方式的，是一个突破式的，就是在人与自然环境的关系上，经过技术、贸易等新因素的产生而造成一种对自然生态系统束缚的突破。"张光直十分强调中国的历史经验在世界古代史上的重要作用，他说："根据中国上古史，我们可以清楚、有力地揭示人类历史变迁的新法则，这种法则很可能代表全世界大部分地区文化连续体的变化法则。因此，在建立全世界都适用的法则时，我们不但要使用西方的历史经验，也尤其要使用中国的历史经验。"

中国文明起源的考古学研究，具有重要的理论和现实意义。

马克思主义阐明了人类社会历史发展的规律，世界历史已证明了这种规律的普遍性。但是，由于受历史条件的限制，对中国进入文明社会的历史几乎没有论及。今天，确实是中国历史学家和考古学家要完成的历史任务，这一研究将会丰富和补充马克思主义历史唯物论的理论。

世界文化的发展是多元的，世界考古学的发现改变了人们对"文化发展中心论"的认识。在文明起源的问题上也不是只有一种模式，西方模式并不适用于东方。中国从氏族社会进入阶级社会也有自己的模式和发展规律，完全套用西方的模式是不符合历史实际的。中国考古学家利用新发现的考古成果，阐明中国文明起源的历史，是极有现实意义的。

（刊登时间：1997 年 4 月 7 日。作者系第七、八届
全国政协委员，中国社会科学院考古所原所长）

延展中之中华人文精神

叶秀山

目前人们常说的"人文精神"中的"人文"译自英文以 human 为字根的词，humanism，humanity，尚有 sciences of human 译为"人文科学"，不过 sciences of human 又被英美人用来译从狄尔泰到胡塞尔的 Geisteswissen-schften。这是哲学上的一种理解，以 human 来译 Geist 说明了一种哲学观点，即对于"人"来说，"Geist"是最为核心的。就这个意义来说，我们所说的"人文精神"就很难翻译，英文勉强译为"humanistic spirit"，指的是一种"人文"的态度。

就我国的传统思想看，用"人文"的很少，但就"精神"、"态度"来说，则是贯串古今的。

我国古代"人文"这个词，最早似乎见于《易·贲象》："文明以止，人文也。……观乎人文，以化成天下。""人文""化成"就是对待宇宙、万物的"人文精神"。"人文"是"人"的"轨迹"、"人"的"事迹"，"化成"是"成""天下"的"事"，而"天"的"下"面是"地"，"化成""地上"（世间）的事。

"人文化成"涉及"天"、"地"、"人"的关系，这也是我国古代哲学——包括《易经》在内所考虑的核心问题。《易经》就是要把握天、地、人的关系，以见出世事的运行进程。

按照《易经》——包括《系辞》的思想，天、地、人中"人"占一个很特殊的位置。《易经》没有讲"天人合一"，而讲"天"、"地""合一"，这个"合"力，乃在于"人"。所以在《易经》看来，不但"天""人"要"合一"，而且"地""人"也要"合一"，"天""地"更要"合一"——"天""地"通过

"人""合一"。

《系辞》第一句话说："天尊地卑，乾坤定矣，卑高以陈，贵贱位矣……在天成象，在地成形，变化见矣。"天、地乃是高下的方位，天因其高而贵，地因其下而贱，但地并不因其下贱而可以忽视，因为"地"肩负着"（完）成"的重任。就观测的眼光来看，"天"呈现的只是一种"气象"，"象"是很恍惚的；而"地"才成"形"，"形"是具体的事物。

那么，为什么有"贵贱"、"尊卑"之分？因为在古人看来，天因其高而有一种"支配"力量，所谓"居高者""临下"。"天""支配"着"地"，但"天"又只有"象"，不能自己成"形"，所以"地"虽卑下，仍是很重要的，是一种"承受"、"负担"的力量。所以"乾道成男，坤道成女，乾知大始，坤作成物"，这样，乾坤、男女、阳阴、始终（成）、父母、道器……在《易经》来说都是必要的、重要的，所以《系辞》说："有天道焉，有人道焉，有地道焉。兼三材而两之，故六。六者非它也，三材之道也。"故《易经》有三材、三道，天地人各占其一。

"人"生"天"、"地"之"间"，"人"在"天"、"地"之"中"。"人"下"立足"于"地"，上"承受"着"天"，"人"在"天"、"地"之"中"、之"间"，"人"为"天"、"地"之"交"——"人"为"天"、"地"之"子"，"人"不仅是"天"之"子"，而且也是"地"之"子"。所以后来《礼记》（《礼运》）说："人者，其天地之德，阴阳之交，鬼神之会，五行之秀气也。"

"天"高高在上，"冥冥"中"支配"着"地"，但"天"只显示一些"象"，它的"道"太普泛、太恍惚；"地"上万物，承四时之恩泽、雨露之滋润，"形成"自己的"诸存在者"，但"天有不测风云"，并非都是"恩慈"的；"天""地"有了"人"这个"产物"，才不"各行其道"，"天道"、"地道"才通过"人道""和合"起来。所以"人道"无他，为"参""天地"之"道"。

就这个意思说，"天"虽高贵，但光观"天象"是不能卜吉凶的，所以荀子说："天行有常，不为尧存，不为桀亡。"（《天论》）吉凶乃是"人事"，即"人文"，是要把"天""地""人""合"起来说的。《系辞》说："道有变动，故曰爻。爻有等，故曰物。物相杂，故曰文，文不当，故吉凶生焉。""物"是"地"的事，物与物的关系（杂）为"文"，"人"根据对"天"

垂"象"之理解，来处理"地"上"物"与"物"的关系，使"天""地"配合，是为"人文化成"。

"人文化成"说的是"人"在"天""地"的"中"、"间"的地位。"人"可上，可下，可以"高贵"，可以"卑下"，可以仰观"天象"，俯察"物理"。

"人"在"天""地"之"中"、之"间"，"中间"，也就是"中心"，《礼记》（《礼运》）说："人者，天地之心也，五行之端也。"这里的"心"与"端"对应来用，实是"中心"——"中间"的意思。

"中心"乃是"核心"，所以我国的"人文化成"的传统，实在也是"人类中心"的思想，不过在古代相当朴素，并没有近代西方哲学那样严密的逻辑体系，所以西方更为激进的反对派——如德里达的"解构主义"，也反不到我们这个传统上来，因为在我们古代，至高的是"天"，"人"只是"天"、"地"的"中间环节"。

然而，这个"中间环节"还是很"神"的。中文里"神"的意思是多方面的，不专指西文里的 God；不过在古代，"神"与"天"的关系更多些，而"鬼"与"地"的关系更多些。"人"作为"天"、"地"的"中间环节"，不仅有"神"气，也有"鬼"气，所以叫做"鬼神之会"。

《系辞》上说："富有之谓大业，日新之谓盛德；生生之谓易，成象之谓乾，效法之谓坤，极数知来之谓占，通变之谓事，阴阳不测之谓神。"拥有许多物质财富，每天都有新的臣民来归，这是部族社会的"盛德大业"。而要有此成果，则要重视"易"之理："易"为促进生长，"乾"为显示天象，"坤"为按大地的法则办事，"占卜"要穷尽"卦"的数，"事"要掌握变化规律，"神"要认识到阴阳转化的深远性和偶然性——要在诸偶然性中运用自如，这是"神"，而"运用"阴阳的变化的是"人"，所以，在这个意义上说，"人"又是"神"，"人"总有那么一些"神"气。因此《系辞》上又说："神而明之，存乎其人。"阴阳不测的变化，全看"人"的具体运用了。

"人"是天地、乾坤、阴阳……"生"出来的，在它们"之间"、"之中"，所以两个方面都是可以相通的，参天地、通乾坤、卜阴阳，都在一个"神"字，是一种"精神"。

这里的"神"——"精神"，很像德文里的 Geist，在这个意义上"人文"就是物（质）化了的"精神"。

Geist 基本的意思是一种"活力"、"生命力"，是人的生命中最重要的部分，在古代希腊叫 ψυχη，也有"灵魂"（英文 soul）的意思。

古代希腊早期主要讲 ψυχη，到了阿那克萨哥拉，vous 的问题被突显出来。vous 是理智性的、认知性的，它与 ψυχη 强调的方面不同。ψυχη 不容易一代代传下来，离开躯体的"灵魂"是没有活力的，处境很悲惨，但苏格拉底在吸取阿那克萨哥拉 vous 观点后，ψυχη 似乎只有脱离躯体后才"纯净"起来。vous 保证了 ψυχη 的"永存"。vous 的"产品"——科学性的思想的记载，是可以长久流传下来的。希腊人以"科学"来使"灵魂""不朽"。

Geist 同样保留了 vous（理智）的意思在内，这一点，我们在黑格尔的哲学中看得很清楚。在黑格尔那里，Geist 是理性的，是 Vemunft，但仍保持着自身的"活力"、"生命力"。

在黑格尔那里，Geist 首先是一种否定的力量，所谓"活力"、"生命力"乃在于对现存的世界说出一个"不"字。"不对"、"不行"，于是"人"们努力劳作，使 Geist"外化"出来，即人们在一切现存的东西中，看到"本来可以不是如此"，而它"应该"如何、如何。于是，又表现为"现在"的东西在激发、邀请人们来"改造"它，如此经过历史的发展，Geist 又回到自身，是为"哲学"，即 Geist 自己直接观照、思考自己。在这个意义上，Geist 是"不可限制"的，是"无限"的。"无限"不是 1，2，3，4，5……而是就在那"有限"的、现存的事物中，因为一切"有限"的、"现存"的东西都是要变的，可以变的。

黑格尔这个理性的、生气勃勃的 Geist，后来成为"人文科学"所要研究的对象，所以"人文科学"实际是"精神科学"。

希腊人以"理智"vous 统率知识，使"知（识）"成为无时间的结构，以使人类生命得以存留。胡塞尔说，现在的人在解几何题时和欧几里德一样，因而不必到历史上去找"起源"；这样，"历史"亦成为一门"科学"、"知识"。黑格尔以 Geist 统率科学知识，Geist 必体现在具体的事物中，故不能不重"历史"和"时间"，但他的"哲学"在"逻辑"范畴推演中纳入历史和时间内容，从而需要一个纯范畴体系——思辨概念体系的"哲学"总其大成。

就黑格尔言，"时间"本在"有限"之中，这与经验科学——或形式科学中"无限时空"的观念已经不同。海德格尔更进一步开发"时间"之"有限性"，使之与自希腊以来"人"之"有死性"联系起来，又有很巨大的现代意义。海德格尔从"人"之"有死性"来理解"时间"，已没有黑格尔 Geist 的不可限制性的特点，所以他不大谈 Geist，不大强调"无限"。

然而，海德格尔在后期不再一般地强调 Dasein，而却很着重地讨论了天、地、人、神。他提出的"四大"，比我们古人提出的三材、三道，多了一个"神"——他的"神"，是 God，也是"神圣性"。

西方远古时代，当然也分天、地，而"大地"崇拜似乎是比"希腊神话"——奥林匹亚山上(天上)诸神崇拜更为古老的宗教；但按他们的科学传统，天和地都是"自然"的，因而他们强调思考的是"自然"与"人"的关系。海德格尔当然不会不知道这个传统，但他却将天、地分了开来说，这真是很值得注意的。据他的一篇《论艺术之本源》中所谓"艺术把大地带到(突显于)世(界)上"的观点看，他把"(大)地"与"天"分开，似乎用意在强调"大地"的作用。的确，西方人也把"(大)地"遗忘得太久了。

海德格尔说，天、地、人、神合而为"一"，就是"人"的"历史命运"，"人"受制于"四合一"的"运作"，"四合一"就是 Sein，就是 Ereignis。可见，海德格尔也在批判"人"的中心(西方人)说，即似乎是"人"的"主体性"原则在支配着——当然要经过艰苦的学习、劳作、斗争——"自然"(天地)。海德格尔是说，"人"作为"有死的"、"时间性的"Dasein，固然使 Sein"明"了起来，但"明"出来的 Sein 却是一个"问题"，是一个"玄"、"暗"的东西。

我们古代讲天、地、人中的"天"，只是垂"象"，这个"象"也是模糊的，并不那样清楚明白。"天"高高在上，"天道远""非所及也"(子产语，见《左传·昭公十八年》)，因其高、远而恍惚，老子的"道"，亦有这种意味。"地"当然更是"黑暗"的，"人"在"母"腹中连天日都见不到。

"天"因其高远虽"明"而模糊不清，"地"因其深厚而漆黑一团。只有"地"上之"物"，才是真正"明"的。

"天"之所以有这种模糊性，还在于它也是"动"的。"天行健"，"健"与"乾"音近，所以《系辞》上又说："天地之大德曰生，圣人之大宝曰位，何以守位？曰仁；何以聚人？曰财。理财正辞，禁民为非，曰义。"天、地都是动态的，"动"才有合不合"度"的问题，所以圣人按照天地的"度"（位），立"仁"、"义"之说，"仁"要人"安"于"名"（位），而"义"则约束着"利"，所以"仁"、"义"是"名"和"利"的"度"。这个"度"，是"人"参照"天""地"运行的"度"（道）制定的。"人"的"度"——仁和义是"明"的，但天地未身的度，并不是一眼就能看穿的，它们是"不透明"的。所以，我们古人早就体会出那个 there is；il y a，单纯的 Sein 是玄的、暗的，而对于它的"度"的运用，全存乎"人"；但"人"运用这些"度"（制度），总是相对的，是因时、因地制宜的，而天和地的"道"则占主导的地位，尤其是高高在上的"天道"支配着地上（世间）万物（包括人在内）的"历史命运"。

这并不是说，"天道"和"地道"是一些抽象的、概念的"规则"、"公式"，果如是，则"人"生在世就很容易了，按照那些"规则"、"公式"办事就可以了。所以在古代，"天"和"地"也都是"变"的，"天不变，道亦不变"说的是"人"不能左右它，天知道不因人的参与而改变自己的"道"，而这个"道"本身并不是那样一成不变的；就像海德格尔的 Sein，并不是一不变的抽象概念，而同样是由动词变化来的，保持着"动"词的原意。

"动"就是"历时性"的，不仅是方位的移动，还是"空间性"的。历时性、时间性的"动"，是"绵延"（duree）；空间上的"动"为"拓展"（extension），这两者在中国传统看是相对应的。天、地、人都有时空，都有绵延和拓展，"天"为"时"，但居"高""位"；"地"为"方（位）"，但亦随"时""荣枯"。要之，时空之"延展"在于"不断"。"天""地"既有"人"居中，"天""地"亦不"断裂"——不仅仅是"开天辟地"而是大裂口。

"不断"并非"物"之间没有分别，"物""杂"才能成"文"，"人文"不是没有区别，而说"物"虽"断"，但"精神"相"连"。黑格尔的 Geist 为一种"否定性"力量，中国的"(精)神"则更多有"肯定"的力量。Geist 的"活力"、"生命力"说"不"，"人文"的"活力"、"生命力"则更多说"是"。这种倾向上的区别，是现代现象学以来经过海德格尔以及伽达默尔解释学的思路，于是有海德格尔的"Sein"("是"、"在"……)以及伽达默尔的"有效历史"观，都是在历史中、时间中、万物中见出相继的肯定力量。

当然，见出肯定力量不是说否认"变"和"动"，不是完全抹杀"否定"，只是说理解的方式不同，侧重点不同。"否定"的问题在于现成的事物本可以(应该)"不是"如此，而"肯定"的问题则在于现成的事物本可以(应该)(更)"是"如何、如何。

我们的古人同样要扩展自己的疆土，繁衍自己的子孙，同样要改造世界，也要改进自己的制度、政策，但他们侧重于从此种历史的"变革"中看到其间的承续性；西方人也不是不要继承，但他们着重的是看历史中的"变革"性。同样的，在思想史上有不同学派，也有不同的侧重点，只是从大致的趋势来说如此。康德的"应该"本是最大的"肯定"力量，但这个"无条件的命令"，就现实的感性世界言，却永远强调为"本不该如此"；而海德格尔的"时间性"却建立在人的"有死性"的基础上，为了使"有限的""时间性"连续起来，"人"要"提前进入'死'的状态"。这样，在"时间"中，"延续"的似乎不是"生"，而是"死"。"人"作为 Dasein 之"生"使"死"得到延续。

中国传统的观念则重在"生"，"生生不息"，因为天、地之大德在"生"。儒家不言"死"，道家齐"生""死"，都是重生轻死的态度。当然，古人也知道"人固有一死"，但"人"作为"天""地"之中间、中心，要协助天地"生生"，要使万民、万物都能获得生机。"生生"就是"催生"、"促生"、"助生"。"生"不仅是肉体的生命，而且是精神的生命，是知识，是智慧，是力量。一切精神产品，一切"人文化成"的作品——"文化"的作品，都是存留着"生"，存留着"精神"。

"人"这种"生生"的能力(德)，"得"之于"人"自身，也"得"之于天、地，天地是比这个中间环节更为根本、更有力量的源泉。《系辞》上说，"原始反终，故知死生之说"。自"天""始"，由"地""成"，"天""始"

"地""终"（成），如是反复，是"人"的基本的"道"。"天"生之，"地"成之，天地都是"大"于"人"的力量，也是"长"于"人"的力量，所以"天长地久"；而"人世"要能"长治久安"，则要效法天地造化之道，而不完全是"人"之"主体性"的发挥。海德格尔说天地人神得其一必见其三，得"人"，则必见"天""地"（"神"），"人文"合"天文"和"地文"。

中国人并不是无缘无故就要聚到一起，我们同在一个蓝天下，同在生我们、养我们的土地上，我们的"天"、"地""令"我们相"合"，我们的"历史""命"我们相"合"。中华的"人文"的精神，无论多久、多远，仍是"延展"的精神，是合天、合地的"和合"的精神。

（刊登时间：1997 年 5 月 5、19 日。作者系第八、九、十届
全国政协委员，中国社会科学院研究员）

敞开思与思之路

王树人

当今，哲学虽然被冷淡，但人们的内心，还是渴望着哲学的净化与升华。因此，即使不甚懂哲学的人，有时也把"哲理"挂在嘴边，张口"哲理"，闭口"哲理"，以示对哲学的崇敬。这样，也就提醒从事哲学研究的人，应当作一点像样的认真的哲学思考。在这里，提出"敞开思与思之路"，就是想尝试进入一种哲学思考。虽然这个提法，似乎与已经流行的"解放思想"有点相似。但是，两者的内涵与层次，却是很不同的。

当然，又不能不说，这是一个与常人所思相关的哲学话题。不过，这种相关，是比较间接的。这一点，在如下的分析中，就不难看到。在这个话题中，有三个概念需要解析，这就是"敞开"、"思"与"思之路"。应当说，要说明这三个概念，是相当困难的。虽然人们在日常也经常使用这三个概念，但正如黑格尔所说，"熟知"并不等于真知。例如，有一首歌的歌词说："敞开你的心扉。"所谓"心扉"，实际上就包括这里所说的"思与思之路"在内。当歌唱家这样演唱时，人们对于"敞开"和"心扉"，肯定会有所感悟。但是，如果有人这时问：如何"敞开"？何为"心扉"？即使有所感悟的人，也难于作出明确的回答。我认为，在这里，能提出问题和指出对问题回答的困难，就已经进入"思"了，而且是进入"哲思"即对于所思之"思"了。

现在所要作的，是使这种"哲思"继续下去。也就是在继续发问中，使问题具体化。记得，被称为亚圣的孟子说过："心之官则思。"但是，心的这种官能，是既看不见也摸不着的。因其看不见，摸不着，所以，歌词作家用"心扉"这个形象性或描述性的表达作指引。仿佛人们从心这个门户进去，就可以窥见"思"与"思"之运动了。在这里，又进而提出"思"之运动的问题。我想，对于这种运动，在每个正常人那里，大概都不会感到有问题。因为，事实上，人们总是处在这种"思"的运动之中，倒是要让这种运动停下来，是非常困难的，甚至在睡梦中也不能完全停下来。如果人们确乎能感受到这种"思"的运动，那么，人们能不能认识或把握这种运动？将在什么意义上能或不能把握这种运动？

对于看不见摸不着的东西，人类也从来不放弃认识和把握。这是人类的一种本性。于是，人类发明了各种符号，从而借助于符号，采取间接认识和把握的方式。这其中，最重要的是，人类发明了语言文字这种符号。语言文字的产生和运用，就包括不自觉的逻辑的产生和运用。语词和概念，可以说是并生的。名词和动词结合成主谓关系，已经蕴涵着最基本的逻辑形式。这样，人类的"思"之运动，随着语言文字的成熟和运用，特别是逻辑的产生和运用，似乎就与语言文字或概念分不开了。这种"思"之运动和表现形式，就是所谓的"概念思维"或"理性思维"。这种思维，诉之于概念或理性，也就是用语言文字符号或逻辑概念，来认识和把握"思"之运动。在西方哲学史上，理性主义学派认为这是唯一真实有效的"思"之运动。但实际上，这不过是把"思"之运动的一种可能性，推向极端而已。当然，在西方与此相对立的，还有经验主义学派，诉之于感觉或感性。但是，这两派所争论的问题，只是在于强调理性为真为根本，还是感性为真为根本。事实上，它们的哲学体系，在借助语言文字符号作概念思维上，并没有不同。也就是说，它们都是在概念思维的框架中建构自己的哲学体系。

崇尚概念思维的人，或者理性主义者，他们向人们提出的问题是：离开语言文字符号或概念，还存在"思"吗？还能找到"思之路"吗？这在语言文字发明出来以后，人类须臾离不开语言文字的时候，是一个尖锐的问题，并且似乎只能给予否定的回答。但是，如果作出或完全相信这样的回答，那么，这仍然不过是囿于概念思维框架而不能自拔的表现。对此，就必须提出"敞开思与思之路"这个问题了。或者说，就要领悟"敞开"的内涵和深义了。如果说，"思与思之路"只表现为用语言文字符号所显示的"概念思维",那么,"敞开"的问题,似乎就变得简单了。就是说,"敞开"只要求助于语言文字或概念的变化就行了。但是,即便如此,仍然需要追问:语言文字或概念的变化又靠什么来推动?事实上,语言文字或概念不仅不是表现"思与思之路"的唯一方式,而且其本身还有僵化从而局限"思与思之路"的负面效应。这在中国古代的先贤那里,例如儒家的孟子、道家的庄子,早在两千多年的战国时期就指出来了。后来,魏晋时期王弼所提出的超越言象之说,所谓"得象而忘言"、"得意而忘象",就是对孟、庄的继承与发展。在西方,例如在已故的现代大哲学家海德格尔那里,也指出了存在着不能用语言文字或概念对之提出和回答问题的"思"(见《面向思的事情》)。因此,所谓"敞开",它所针对的正是在"思与思之路"上占统治地位的"概念思维"或"理性思维",即针对这种思维统治对于"思与思之路"所造成的"遮蔽"。

可见,"思与思之路",并不是只有"概念思维"或"理性思维"一条,或只有"概念思维"或"理性思维"那么宽。针对上述局限或"遮蔽",曾经有"超越"之说的提出。为了寻找新的"思之路","超越"是必然的。但是,在"思与思之路"上,新路与所谓老路的关系,并不是弃旧图新的关系,而是有点像现代的城市道路交通,人行道、自行车道、汽车道,各行其道。因此,"敞开"包括"超越",而不能归结为"超越"。也就是说,"敞开"并不是在使新路解蔽的同时,又将老路遮蔽起来。实质上,"敞开"是在拓宽"思与思之路"。

说到这里,还只是停留在对"敞开"意义的评价,指出它解蔽而拓宽"思与思之路"的作用。对于"敞开"的真正内涵,还有待揭示。就是说,还要追问:"敞开"何以能解蔽而拓宽"思与思之路"?或者说,它所"敞开"的"思与思之路"又是怎样一条路?就"敞开"之可能而言,在西方哲学家中,从古希腊就有智慧之"光"的说法。在现代,胡塞尔则明确提出认识中的"理智之光"。也就是说,因为存在这类的"光","思与思之路"才能"敞开"。但是,海德格尔的观点与此不同,他认为,有"光"还不足以"敞开",相反只有"敞开",才能使"光"得以显示。为了解释胡塞尔与海德格尔的观点,我想再回到孟子的"心之官则思"的命题。就是说,如果"思"是"心"的官能，那么，上述"敞开"与"光"又是何者之官能？在中国传统哲学中，"心"与"性"是分开说的。孟子说了"心之官"，没有说"性之官"。我认为，上面胡氏与海氏所说的"理智之光"、"敞开"，似乎就属于"性之官"的范畴。如果我这里提出的"性之官"可以成立，那么，首要的问题就是：这种"性"与"性之官"的性质如何？

所谓提示"性"与"性之官"的性质及其意义，也就是回答"敞开思与思之路"如何可能以及它所"敞开"的是怎样一条路。这里所说的"性"，是一个广大的领域，例如包括情感、意志、趣味、风格等等。现在，仅就"思"而言，如果说"心之官则思"表明为"理性思维"或"概念思维"，那么，"性"与"性之官"则属于"非理性思维"或"非概念思维"。在中国人的传统修养中，经常提到一句四字真言，叫做"修真养性"。从"思"的角度看，所谓"修真"，就是"理性思维"或"概念思维"的培养和锻炼；而所谓"养性"，则是"非理性思维"或"非概念思维"的培养和锻炼。

从人类的发展及其个体发展史看，都是非理性的东西先于理性的东西而发生。例如，一个婴儿，早在他或她会说话之前，就有了哭笑的情感，有了欲望倾向所显示的意志等等。同样，就"思"而言，"非理性思维"或"非概念思维"最早产生，而后才逐渐发展出"理性思维"或"概念思维"。那么，应当如何正确看待这两种思维方式？由于以"科学思维理性"为代表的"理性思维"或"概念思维"，直接与近现代社会的发展相联系，所以，理性至上的思潮，一直占统治地位，以至产生出"科学主义"与"技术主义"这种新的异化形态。事实上，晚出的"理性思维"高于早生的"非理性思维"，不是绝对的，而只是在一定意义上。在"思之官"发展的同时，"性之官"也在发展。而且，"思之官"原本就是在"性之官"的基础上发展出来的，在"思之官"继续发展和大显神通之时，从来没有也不可能离开这个基础。前面已经提到"理性思维"或"概念思维"的局限性，即它所显示的抽象、概括和定量分析精细这些特点，一方面能有效地把握现实具体对象，但是，另一方面在思维方式上也容易陷入僵化或绝对化。若要打破这种僵化，在概念里兜圈子是没有出路的，而只能求助于"非概念思维"，求助于"敞开"（也包括智慧之"光"、"理智之光"）。实际上，那些真正能一生保持其创造活力的科学家，都不仅具有发达的"理性思维"，而且同时也具有发达的"非理性思维"。

那么，现在要问，"敞开"（包括前述的智慧之"光"、"理智之光"），作为"非理性思维"，其特点如何？如果说"概念思维"或"理性思维"的僵化"遮蔽"了"思与思之路"，那么，所谓"敞开"，首先就表现为对于"概念思维"或"理性思维"的"中断"，或者如前面所说的"超越"。用禅宗的说法就是求"顿悟"或"开悟"。常人也说："一经点化，豁然开朗。"其所指，也是一种"悟"。如果同作为"理性思维"或"概念思维"相比，那么，这里的"非理性思维"似乎可以称为"悟性思维"。禅宗的"开悟"虽然属于"悟性思维"，但是，它对于"概念思维"或"理性思维"的"中断"，就存在前述缺点，即停留在仅仅"超越"的水准上。在"开悟"的同时，把"概念思维"或"理性思维"完全抛弃了。这里所谈的"敞开"式的"悟性思维"，则不然。它对于"概念思维"或"理性思维"的"中断"，只是为了打破这种思维所造成的僵化或异化，除此之外，并不抛弃这种思维。因此，这里所作的"中断"不是绝对的。也就是说，这种"敞开"式的"悟性思维"，源于大众的教养，也能够融入大众的教养，而不像禅宗那样必须脱离大众，独立地形成一个宗派。

可见，"敞开"的深层内涵，不仅在于"超越"，也不仅在于"解蔽"，而且还在于不同"思与思之路"的"接通"或"打通"，例如上述"理性思维"与"悟性思维"两大"思与思之路"的"接通"或"打通"。历史上，禅宗有许多"公案"，无论是"棒喝"，还是言语的"机锋"，都还停留在"超越"或"解蔽"的层面上。已故日本的禅学大师铃木大拙，想进一步，曾提出这个"接通"或"打通"的问题。但是，他感到这是一个尚待解决的难题。所谓难题，主要是在理论的说明或描述上。因为，在人们的实际思维过程中，不同"思与思之路"的"接通"或"打通"，是经常发生的。此外，所谓难题，还难在所要说明或描述的对象，是现有语言文字所难以完全胜任的，就像老子所说的："道可道，非常道。"也许正因为如此，这个问题才成为常青的哲学课题，并具有永恒的魅力吧。

（刊登时间：1997 年 6 月 16 日。作者系中国社会科学院研究员）

加强社会史的研究

戴　逸

近年来，社会史的研究蔚然成风，取得了丰硕的成果，为历史研究开拓了广阔的前景。

社会史以探索群体生活为目的，研究社会构成、社会变迁、社会运行、人们的物质生活与精神生活、衣食住行、家庭婚姻、风俗习惯等等。它是历史科学的一个分支，又与社会学、民俗学、民族学、人口学、宗教、艺术等交叉渗透，具有边缘学科的性质。

中国的历史学非常发达，有两三千年连续不断的历史记录，史家辈出，册籍浩瀚。以往的历史研究着重于人物、事件、制度的活动、演变。历史无非是在一定制度下，人们进行活动而发生的一系列事件，因此，研究人物的活动、制度的得失、事件的因果，这是历史研究的主要任务，人物、事件、制度的总和就构成了全部历史。这是古老的理解，也是很朴素、很实在的理解。过去的历史著作，无论是纪传体、纪事本末体、通考体、编年体都围绕着人物、事件、制度构筑其框架。因为，这些是最明显、最引人注目的，一提历史就自然而然会想到人、事和制度。

晚近，出现了另一种历史研究的途径，即从政治、经济、军事、民族、外交、文化思想等不同的方面切入历史、解剖历史，人物、事件、制度均可以分类，分别归属于以上不同方面，陈述各个不同方面的历史发展，理清其脉络，揭示其规律，更从分析的研究走向综合的研究，这就是历史研究。毛泽东主席曾经说："对于近百年的中国史应聚集人材，分工合作地去做，克服无组织的状态。应先作经济史、政治史、军事史、文化史几个部门的分析的研究，然后才有可能作综合的研究。"（《改造我

们的学习》）

社会史研究则与上述两种研究途径不同，它从另一角度切入历史，进入研究。人是社会的动物，在一定的社会中诞生、成长、受其教育、受其熏陶。人创造了社会，而社会环境、社会风气又决定和影响人的行动、思想、心理。因此，研究社会本身，研究其构成、变迁、运行，研究各种社会问题，就是研究历史本身。这是近十多年来受到社会学复兴的影响而勃兴起来的历史研究的第三条路径，即社会史研究。

这三种不同的研究历史的途径，应该说都行之有效，可以并存不废，相互补充。研究的对象都是人类历史，但每种途径各有不同的视角，不同的方法，不同的范围，对历史内容认识的侧重点，也各有不同。

从社会史视角去研究历史，我们过去不认识的或忽略了的历史内容，可能会凸现出来，成为注视的重点，如人口问题，这是历史发展和社会生活中的一个基本问题，极大地制约着历史的发展。我国历史上有关人口增减、流动、构成的资料十分丰富，但一直未受重视，亦未成为研究的重点。近二十年以来，人口压力越来越大，人口问题受到普遍关心。这就促使研究者从社会史角度去研究历史上的人口问题，历史研究中开辟了人口史研究的分支，使我们对于中国几千年来人口增长、迁徙和活动规律有了更明晰、更深刻的认识。此外，如家庭史、禁毒史、灾荒史、秘密结社史，近几年来均有可喜的进展，这些都属于社会史研究的范围。

社会史所要研究的是普遍性的社会现象，而不是研究社会上的个别人物与个别事件。当然，人物和事件是十分重要的，如果抹去了人物和事件，历史将不成其为历史。即使是社会史研究，也不能不通过个别人物、个别事件来认知社会的普遍性现象。但人物和事件，在历史长河中存在的时间是短暂的，几十年或几年即行消逝，昨天还是轰轰烈烈，今天已是烟消云散。它在历史上留下的痕迹，相对而言，较少些、浅些。中国历史上曾有几百个皇帝，当年在位时都声威显赫，不可一世。但从今天来看，他们各自的影响是很小的，只有体现在几百个皇帝身上的封建专制权力却影响深远。社会史不是研究个别的皇帝，而是要研究体现在皇帝身上的社会权力的形成与运作。

社会史研究的问题更具普遍性、抽象性，对历史的影响更长远、更深刻。它是历史长河中强劲的潜流，不是浮在表面上稍纵即逝的泡沫。它楔入多数人的生活，关系到多数人的利害。我们说：历史有借鉴作用，但历史人物和事件不会重复发生，历史上不可能产生两个完全相同的人物或完全相同的事件，因此，历史的借鉴作用都是间接的，只能从揭示历史规律、吸取经验教训入手，而对社会问题的研究，其借鉴作用更为直接，过去有灾荒，今天还有灾荒，过去有吸毒禁毒，今天还有吸毒禁毒。当然，过去和今天的社会问题，处在不同的背景下，其性质、尖锐程度和对策很可能是不相同的，但它不像个别人物和个别事件那样具有迥不相同的特质和外貌。因此，研究社会史，对我们说来，具有更直接更重要的借鉴作用。

社会史的研究更贴近下层人民的生活，历史上重大的政治、军事、外交、文化活动，无论怎样轰轰烈烈、有声有色，主要是精英人物的活动。一次改变，由少数王公贵族策划进行；一次战争，由几位将军决策指挥；一部著作、一首诗、一幅画，由个别作家、诗人、画家创作完成。大多数群众与之无直接关系，最多是部分群众在事件中扮演过被动的角色。但社会生活、社会组织以及衣食住行、风俗习惯却牵涉到全体老百姓。社会史是真正研究底层人民自己的事情。

总之，把社会作为整体或各个剖面进行研究，是历史学研究的新途径、新方法，社会史这一晚近开辟的历史学分支学科已经取得了重大成就，希望进一步加强这方面研究，以丰富和加深我们对历史的认识。

（刊登时间：1998 年 1 月 19 日。作者系中国人民大学教授）

读王国维先生《古史新证》

李学勤

王国维先生在清华国学研究院任教时的讲义，已于1994年以"古史新证——王国维最后的讲义"为题，列入《清华文丛》出版。这不仅对了解王国维先生晚年的思想与成就至关重要，在学术史研究上尤有特殊的价值。

评述学术史中的人物及其著作、学说，历来可以有两种角度。其一是采取当代的标准，以评述者所处现代的价值取向来权衡；另一是历史的标准，即将被评述者置于当时的社会文化环境中考察估价。这两者尽管彼此关涉，仍是有明显差别的。本文想侧重于后者，说明《古史新证》一书内容为古文字学，但绝非超越现实，而在20年代的学术思潮中有着关键的位置和深刻的影响作用。

如裘锡圭先生在《古史新证——王国维最后的讲义》前言里所描述："现在影印的这本讲义，包含王氏撰写的二十九篇讲稿和文章。其底本是当年由研究院办公室按线装书的形式装订成册并加上目录，供保存之用的。封面右侧偏上处题：'清华学校研究院讲义（王静安先生）（民国十四年至十六年四月）'，中间偏下处署'研究院办公室'六字。"按王国维先生于1925年2月就清华之聘，4月迁入清华。"9月14日，清华国学研究院'普通演讲'正式始业。王国维开讲的第一堂课为《古史新证》，听者甚众。"到1927年6月2日，即自尽离世。因此，这部讲义的时间跨度，可以说包括了他在清华的整段期间。

王国维1925年所讲《古史新证》的第一章《总论》，开宗明义便说："研究中国古史，为最纠纷之问题。上古之事，传说与史实混而不分。史实之中，固不免有所缘饰，与传说无异；而传说之中，亦往往有史实为之素地，二者不易区别，此世界各国之所同也。在中国古代已注意此事……然好事之徒，世多有之，故《尚书》于今古文外，在汉有张霸之《百两篇》，在魏晋有伪孔安国之书，《百两》虽斥于汉，而伪孔书则六朝以降，行用迄于今日；又汲冢所出《竹书纪年》，自夏以来皆有年数，亦谍记之流亚，皇甫谧作《帝王世纪》，亦为五帝三王尽加年数，后人乃复取以补太史公书，此信古之过也。至于近世，乃知孔安国本《尚书》之伪，《纪年》之不可信，而疑古之过，乃并尧、舜、禹之人物而亦疑之。其于怀疑之态度及批评之精神，不无可取，然惜于古史材料未尝为充分之处理也。"

王国维这里提到的"信古"、"疑古"等语，溯其来源，实出于胡适，查曹伯言、季维龙《胡适年谱》，于 1920 年 12 月 18 日云："致顾颉刚信，告拟作《伪书考》长序。内容初定：……'申说我自己"宁可疑而过，不可信而过"之旨'。"1921 年 1 月 28 日致顾颉刚先生《自述古史观书》称："现在先把古史缩短二三千年，从《诗三百篇》做起。将来等到金石学、考古学发达上了科学轨道以后，然后用地底下掘出的史料，慢慢地拉长东周以前的古史。至于东周以下的史料，亦须严密评判，'宁疑古而失之，不可信古而失之'。"同年 7 月 31 日，在东南大学及南京高师暑期学校演讲《研究国故的方法》，所谈第二点是"疑古的态度"，"简要言之，就是'宁可疑而错，不可信而错'十个字"。所用语句前后稍有不同，实质是一贯的，即宁疑古而失之，不可信古而失之。王国维则认为，信古固然有过，疑古也可能有过，和胡适之说显有差别。

胡、王之说的区别，仔细分析，仍在于对待文献的态度。胡适主张文献中的古史均属可疑，只能从《诗三百篇》做起。王国维则认为文献所载，传说与史实混而不分，乃世界各国之通例，即使是古史传说，也"往往有史实为之素地"。从这样不同的观点出发，胡、王对古史研究出路的看法，自然互不相同。胡适也讲到"金石学、考古学"，他只是提出"用地底下掘出的史料，慢慢地拉长东周以前的古史"，而王国维却创立"地下之新材料"与"纸上之材料"互相证明的"二重证据法"。他在《古史新证》的《总论》中说："吾辈生于今日，幸于纸上材料外，更得地下之新材料。由此种材料，我辈固得据以补正纸上之材料，亦得证明古书之某部分全为实录，即百家不雅驯之言，亦不无表示一面之事实。此二重证据法，惟在今日始得为之。虽古书之未得证明者不能加以否定，而其已得证明者不能不加以肯定，可断言也。"

《古史新证》第二至五章，就是以他本人运用这种"二重证据法"研究的实践作为证据。如第二章《禹》，引金文秦公敦（簋）"禹责"即《诗·文王有声》之"维禹之绩"、《殷武》之"设都于禹之迹"，齐镈（叔尸镈）言成唐（汤）"咸有九州，处禹之堵"亦犹《閟宫》的"缵禹之绪"，故"知春秋之世，东西二大国，无不信禹为古之帝王，且先汤而有天下也"。赵万里已经指出："此言实为近时疑古者而发。"

这里应当附带说到，1930 年 2 月，郭沫若先生作《中国古代社会研究》的《追论及补遗》中之《夏禹的问题》，也举出齐侯镈、钟和秦公簋，并有进一步的考释。他说："由上可知在春秋时代一般人之信念中，确承认商之前有夏，而禹为夏之先祖。"当时他不会见到《古史新证》，而他的见解在这一点上恰与王国维相合。

《古史新证》第三、四章论述殷墟甲骨所见商朝先公先王及先正，这是王国维最著名的学术发现，用不着在此复述。他于第四章末加按语云："由此观之，虽不免小有舛驳，而大致不误，可知《史记》所据之《世本》全是实录，而由殷周世系之确实，因之推想夏后氏世系之确实，此又当然之事也。"这为夏史的研究确立了基础。

王国维接着还有一段富于方法论意味的话："又虽谬悠缘饰之书如《山海经》、《楚辞·天问》，成于后世之书如《晏子春秋》、《墨子》、《吕氏春秋》，晚出之书如《竹书纪年》，其所言古事亦有一部分之确实性，然则经典所记上古之事，今日虽有未得二重证明者，固未可以完全抹杀也。"这段话进一步补充了"二重证据法"，也是对文献内传说、史实混而不分，即使是传说也有史实为之素地的观点作了深入的说明。

我近年曾反复引述尹达先生 1982 年的下面几句话。他在谈远古的历史时说："毫无疑问，夏曾佑先生把这一段历史看作'传疑时代'是很有道理的。顾颉刚先生认为这是神话性质的'伪古史',进一步把这种歪曲了的我国古代社会的本质戳穿了。""我们能不能因此对祖国的远古社会采取虚无主义的态度?这就成为值得我们深思的重要问题。"这些话不妨同《古史新证》所说参看。

《古史新证》说过:"地下之材料仅有二种:(一)甲骨文字,(二)金文。"王国维在国学研究院讲授金文,讲义内有金文考释、释文多篇,不足为异,然而讲义中又有《西吴徐氏印谱序》以及几篇与之配合的文章,这同样是与当时学术界的争论有关的。原来,20年代的疑古思潮在一定方面承续了晚清今文经学的统绪,1926年6月11日出版的《古史辨》第一册钱玄同先生《论〈说文〉及壁中古文经书》,就属于这个趋向。裘锡圭先生的前言已指出,钱玄同"反对王氏秦用籀文六国用古文之说,认为《说文》古文为汉人伪造,更进而断定孔壁古文经为伪造。当时,向王氏问学的容庚亦主此说。王氏大不以为然。'拟为一文以正之'……此年九月,王氏因长子之丧在上海逗留时,浙江桐乡人徐安曾请王氏为其古印谱作序。由于古玺文字是研究六国古文的重要资料,王氏决定以此序来代替他准备写的关于古文的文章"。

王国维在"古文"问题上下过极深的功夫。他在1916年,即撰有《史籀篇证》、《魏石经考》、《汉魏博士考》、《汉代古文考》等论著,对"古文"从经学、小学(文字学)作了清算;1923年以后,因魏三字石经不断出土,又继续进行探讨,成果卓著,因而在回顾历史上重大发现时,必以孔壁中经、汲冢竹书为言。为反驳钱玄同及容庚先生,他在1926年秋有许多讨论,11月还"出汉魏唐宋石经墨本或影本多种,以示诸同学,并讲述石经历史及其源流"。王国维对"古文"的研究,特别是秦用籀文六国用古文之说,在学术界有很大影响。50年代末兴起的战国文字研究,即以之为滥觞,以至形成古文字学的新分支学科,发展正难限量。不过迄今为止,运用战国文字研究的新成果,重新来考察经学、小学史上的"古文"问题,还需要我们努力,在这里不能多谈了。

许多人熟悉罗振玉《丁戊稿》中为王国维写的传,其中说罗、王至日本京都,王遵从罗的劝导,"专研国学"。罗自述与王论学术得失,"谓尼山（孔子）之学在信古，今人则信今而疑古。国朝（清）学者疑古文《尚书》，疑《尚书》孔注，疑《家语》，所疑固未尝不当；及大名崔氏著《考信录》，则多疑所不必疑矣。至于晚近，变本加厉，至谓诸经皆出伪造。……方今世论益歧，三千年之校译不绝如线，非矫枉不能反经。士生今日，万事无可为，欲拯此横流，舍反经信古莫由也"。这件事据说在1912 年，但细察其间词语观点，放在那样早的时期实是不可能的。所讲"反经信古"，也与王国维《古史新证》的思想不符，只好说是罗氏的看法，我们不能以此强加于王氏。从这一点，也可以看到罗、王间的不同。

王国维的学说既不同于信古，又有别于疑古，应叫做什么呢？他自己并没有给以说明。继之对信古、疑古之说给以评骘，并作出理论发展的，是 1928 年来清华执教的冯友兰先生。1935 年，冯先生作《近年史学界对于中国古史的看法》讲演，他指出："现代史学研究可分为三个时期，或三个倾向，即信古、疑古和释古。释古'是与信古、疑古两者迥不相同的，同时也是研究史学的态度进步到第三阶段'。他以诸子是否出于王官论为例，说明信、疑、释是'正、反、合'的过程，'释古'包含了前两阶段的合理因素，'比较有科学精神'，是古典文化研究的更高阶段。"

与此同时，他为 1938 年 9 月出版的《古史辨》第六册撰序，也说："中国现在之史学界有三种趋势，即信古、疑古及释古。……疑古一派的人，所作的工夫即是审查史料。释古一派的人所作的工作，即是将史实融会贯通。就整个的史学说，一个历史的完成，必须经过审查史料及融会贯通两阶段，而且必须到融会贯通的阶段，历史方能完成。但就一个历史家的工作说，他尽可作此两阶段中之任何阶段，或任何阶段中之任何部分。……由此观点看，无论疑古释古，都是中国史学所需要的，这其间无所谓孰轻孰重。"这于正、反、合三阶段论之外，又肯定了疑古的实际效用，也是很公允的。

以冯先生的观点衡量，王国维的学说已超出了疑古，称之为释古是合宜的。这样我们就可以知道，《古史新证》的"二重证据法"何以至今备受推重（1930 年郭沫若先生对王的评价现在仍被广泛引用）。

最后应该提到，王国维先生虽在学术上与主张疑古的诸先生有所歧异，并未影响他们彼此敬重的关系。据《顾颉刚年谱》，顾先生于 1924 年 12 月 4 日致函胡适，"荐王国维入清华研究院"，胡适即向清华推荐。1927 年王氏自沉后，顾先生专作《悼王静安先生》，表示"恋慕之情"。直至晚年，他还申述过"内心对王国维的钦敬和治学上所受影响之深"。前辈学者这样的风范，是我们需要学习仿效的。

（刊登时间：1998 年 2 月 2 日。作者系第九届

全国政协委员，清华大学教授）

中国传统文化的两点重要精神

钱　逊

中国传统文化有两点重要精神，今天特别值得我们予以注意，加以研究、继承和发扬。

其一，学者为己。孔子说："古之学者为己，今之学者为人。"提出了为己不为人的要求。所谓为己不为人，就是为了完善自己而不是为了做给别人看。他又说："知之者不如好之者，好之者不如乐之者。"（《论语·雍也》）"仁者安仁，知者利仁。"（《论语·里仁》）区别了利仁、安仁、乐仁几种不同的境界，提出了安仁、乐仁的要求。认为只有安仁、乐仁，以仁为安，以仁为乐，才是真正的君子；如果只是为了得到别人的赞许，只是为了对自己有利而去行仁，那就不是真正的仁的境界。孟子继承孔子的思想，提出君子"自得"的思想。自得，就是自己得到提高和完善，也就是为己。荀子对为己之学做了具体的解释。他说："君子之学也，入乎耳，箸乎心，布乎四体，形乎动静；端而言，蠕而动，一可以为法则。小人之学也，入乎耳，出乎口。口、耳之间则四寸耳，曷足以美七尺之躯哉？古之学者为己，今之学者为人。君子之学也，以美其身；小人之学也，以为禽犊。"（《荀子·劝学》）以后，学者为己就成为中国传统文化的重要传统，也凝成了中国传统文化的一个重要特点。现代中国哲学家金岳霖曾经在一篇文章中这样写道："中国哲学家都是不同程度的苏格拉底。其所以如此，因为道德、政治、反思的思想、知识都统一于一个哲学家之身；知识和德性在他身上统而不可分。他的哲学需要他生活于其中；他自己以身载道。遵守他的哲学信念而生活，这是他的哲学组成部分。""对于他，哲学从来就不只是为人类认识摆设的观念模式，而是内在于他的行动的箴言体系；在极端的情况下，他的哲学简直可以说是他的传记。"应该说，这是中国哲学的特点，也是中国哲学的优点。

学者为己的精神，在中国的马克思主义者那里得到了继承和发挥。刘少奇在《论共产党员的修养》中强调："我们要去虚心的了解马克思列宁主义的立场、方法和精神，了解马克思、恩格斯、列宁、斯大林的为人，而在一经了解之后，就立即运用到自己的实践中去，运用到自己的生活和言论、行动与工作中去"，"我们说到的，就必须做到。我们忠诚纯洁，不能欺骗自己，也不能欺骗人民，欺骗古人"。这些正体现了学者为己的精神已经被赋予了新的内容。

其二，极高明而道中庸。《中庸》说："群子之道费而隐。夫妇之愚，可以与知焉，及其至也，虽圣人亦有所不知焉；夫妇之不肖，可以能行焉，及其至也，虽圣人亦有所不能焉。"中国哲学和中国文化的一个特点，在于它与人生的紧密联系。它的理想目标是高远的。孔子说他自己"五十而知天命"（《论语·学而》），又说"不知命，无以为君子也"（《论语·尧曰》）；司马迁则说要"究天人之际，通古今之变"（《报任安书》）；《易传》提出有天道、地道、人道，说要"极深研几"，"探赜索隐"，"弥纶天地之道"（《易·系辞上》）。穷尽天人之道是中国先哲共同的理想，但它不是脱离实际的空谈，也不是纯粹的抽象思辨，而是直接面对人生，不离人伦日用；它又是很现实的，能为普通百姓所能知能行，如《易传》所言"百姓日用而不知"，百姓天天在用，只是不自知罢了。它立足现实，从现实人生出发，又追求超越现实，致力于把这两个方面统一在一起。这就是孔子说的"下学而上达"，《中庸》说的"极高明而道中庸"。一方面，下学是为了上达，回答现实人生问题是为了探究天人之道；另一方面，探究天人之道也以不离人伦日用为宗旨，天人之道植根于现实生活，就体现在人伦日用之间。

这两点精神相互联系，从一个方面集中体现了中国哲学和文化的特点；同时也是中国哲学和文化生命力之所在。一种肤浅的思想是不会有生命力的；一种思想如果脱离生活，不能为民众所接受，不能在人们日常生活中生根，也是不会有生命力的。同样，一种思想，如果它的倡导者和传播者只是停留在口头宣扬，而不去实行，那也是不会有生命力的。而中国哲学和文化因为有这两点精神，所以就能既深刻而又不脱离生活，既现实而又不肤浅。

在中国文化发展的历史上，也曾经有过背离这种精神的情形。汉代以后经学发展，逐渐走向烦琐，皓首穷经，终一生而不能通一经，"其功倍于小学而无用"（朱熹《四书集注·大学章句序》）；终于脱离了生活，走向了穷途末路。宋代理学兴起，一方面是建立起以天理为核心的形而上体系；另一方面则是上接孟子，发挥儒家修身养性之学，重新关注人伦日用，在极高明和道中庸两个方面都发展到了新的高度。理学重四书，正是突出了后一方面。《大学》提出为学"三纲领、八条目"，强调"自天子以至于庶人，壹是皆以修身为本"。程子以为是"初学入德之门"。程子谈学《论语》之法说："如读《论语》，未读时是此等人，读了后又只是此等人，便是不曾读。"（引自《四书集注·论语序说》）也是重新强调了为己之学。而《三字经》之类的蒙学读物，则实实在在地把理学的思想灌输到了普通百姓中去，可以说真正做到了妇孺皆知。正是由于理学在极高明和道中庸两个方面的发展，它才能恢复了儒学在中国社会上的主导地位，在几百年的时间里影响了整个中国。可是，理学发展到后来，又一次背离了它原初的精神，走向了空谈心性和假道学的道路上去；而明代实学强调经世致用，再一次恢复了中国文化的基本精神。所以，尽管有过背离的情形，但总的说来，中国文化的这两个基本精神是占着主导的地位的，而且不断得到了发展和提高。

近代以来，中国社会经历了深刻的变革，中国文化也处在变化和转型之中。传统文化在很大程度上只是一种研究的对象，一种学问和专业，并且受到批判。对传统文化做分门别类的研究，无疑是一种进步，是学术发展的趋势。这方面的研究已经取得了很大的成绩，并且需要继续加强。特别是为了批判地继承传统文化，更需要做深入的研究。然而，研究的专业化又不免使传统文化的精神有所削减以至失落。一些人把传统文化只当作知识的工具，把研究工作只看作职业，既不用于自己的立身处世，也不关怀社会的需要；因而只注重知识而忽略其义理和精神；务求高深而忽略中庸，轻视普及，学术研究成果往往只停留在狭小的圈子里；甚至出现一些与传统精神背道而驰的不良现象，以研究孔子、儒学思想为标榜，实则以此为牟利的手段。所以，我们今天研究传统文化，提倡以传统优秀道德教育青年，特别要注意提倡上述两个基本精神。要把深入的专业研究与修己成人相结合，以求学问与道德的统一；在致力于提高的同时关心普及，在言教的同时也以身教；同时也要教育青年继承学者为己的优秀传统，懂得学以致用，言行一致。如此，才能真正使中国传统文化的优秀精神继承下来，得到发展和发扬。

（刊登时间：1998 年 3 月 2 日。作者系清华大学
思想文化研究所原所长）

从"三径"说到用典

金开诚

听说有个学生问老师，《红楼梦》描写的大观园规模不小，其中必有许多路径。为什么第三十八回记菊花诗的创作都只说"三径"，譬如《供菊》诗说"隔坐看兮三径露"，《簪菊》诗说"短鬓冷沾三径露"，《菊影》诗说"潜度偷移三径中"等。老师答道，大观园中的路，未必每条路边都种菊花，也许种菊花的就只有三条小径。又说，在古文中，三和九都可用来表示多数，三为稍多，九为很多。"三径"也可能是诸多路径的意思。

后来，学生又听另一个老师讲陶渊明的《归去来辞》，讲到"三径就荒，松菊犹存"二句时，老师特意指出，"三径"就因为陶渊明这篇名作而成典故，多见于后世咏菊之诗。学生听后恍然大悟，并认为前一位老师没学问，回答问题出于想当然。

其实，"三径"还有更早的出处。《文选·归去来辞》李善注引东汉赵岐《三辅决录》，说西汉末兖州刺史蒋诩归隐，"舍中三径，唯羊仲、求仲从之游，皆挫廉逃名不出"。于是，"三径"便成为隐者居处的代称。陶渊明因归隐而写《归去来辞》，其中"三径"即是用典，未必小园中果真有三条小路。初唐卢照邻《元日述怀》诗先说明"筮仕无中秩，归耕有外臣"，后边才述其居处"草色迷三径，风光动四邻"。可见"三径"与归隐的关系。

不过，"三径"因陶渊明《归去来辞》用了之后，它又与松菊发生了关系。但松多见于山野，山野之松才有妖娇姿致与苍壮气度。所以不大放到园圃中去写，与"三径"也就联不上。菊的情况就不同了，它主要生于园圃，而"渊明爱菊"又因"采菊东篱下，悠然见南山"而脍炙人口，因此咏菊就往往联系到"三径"。

由这一层意思来看，上述第二位老师说后世咏菊之诗多言"三径"，是出于《归去来辞》，这也还可以。倘若能上溯到蒋诩故事，说明陶渊明辞中的"三径"还有更早的出处，当然更好，因为照规矩数典不能忘祖。

中国古代的格律诗文（如律诗、骈文），按照定例要隶事用典（广义还包括词语有出处）。这作为创作经验来看，现在已不必多加评议，因为无论评议出什么结果来，反正大多数作者已不可能再去写古代那种格律诗文。少数人仍对写旧体诗有兴趣，大致只为了自娱，并不想把自己的主张强加于人。

但古代诗文作为历史的文化遗产和创作成果，仍有许多人学习和欣赏。因此，从欣赏角度来看，如何看待隶事用典，倒还值得一说。

一种情况是在诗文创作中"掉书袋"，堆砌典故。这种写法并不能给人以美感，起不了感染作用，所以即使在古代也已有不少批评，今天当然更不能被人欣赏。

再一种情况如前人赞扬杜甫诗"无一字无来历"，这赞扬究竟对不对？不妨举例来说明。如杜诗《望岳》"齐鲁青未了"句，仇兆鳌注引《子夜歌》"寒衣尚未了"；"造化钟神秀，阴阳割昏晓"二句，仇注引《庄子》"造化之所始，阴阳之所变"；"决眦入归鸟"句，仇注引曹植诗"归鸟赴乔林"；"会当凌绝顶"句，仇注引王褒诗"绝顶日犹晴"，沈约诗"绝顶复孤圆"；"一览众山小"句，仇注引《世说》王珣语"若使阡陌条畅，则一览而尽"，等等。从这些注文可以看出，仇兆鳌的确有学问，但如果照这样寻求诗中词语的出处来历，那么除了惯于生造字词的人之外，凡以语言文字写作诗文者，不论新旧都必然大致是"无一字无来历"的，因为他所用字词的绝大多数，前人必已用过。所以，像这样的发掘考证用字来历，实与欣赏无关。事实上杜甫本人或其他诗文作者也不可能有意去作这样的追求。

隶事用典而值得欣赏的主要有三种情况：

第一种情况是抒情述意婉曲尽致，用典比不用典更适于表达。如辛弃疾《摸鱼儿》词上阕以惜春、伤春作比喻，曲折表达感世忧时的爱国情怀；下阕则以"长门事，准拟佳期又误，蛾眉曾有人妒。千金纵买相如赋，脉脉此情谁诉"及"君莫舞，君不见玉环飞燕皆尘土"等典故，来表达他因抗敌主张不能实施、优异才能反遭谗妒而郁积的悲愤情怀，并警示谗佞之辈必不会有好下场。从本篇上下阕的关联比较中可以看出，用典其实也是一种比喻，只是用作喻体的只限于历史文化中的故事旧典，其婉而多讽的作用，则与一般所说的比喻完全一致。辛词中抒述的国势败坏和个人挫折，在当时现实中显然难以作直截了当的表达，即使敢说也不可能像本篇这样婉曲尽致而富有感染力。

第二种情况是因为用典而与历史文化发生联系，从而具有相应的意味。如王勃《滕王阁序》后半篇表现了浓重的怀才不遇之感，在"关山难越，谁悲失路之人；萍水相逢，尽是他乡之客"以下，连用"怀帝阍而不见，奉宣室以何年"、"冯唐易老，李广难封。屈贾谊于长沙，非无明主；窜梁鸿于海曲，岂乏明时"等典，铺叙了古代怀才不遇者的种种情况，表现了浓郁的失落感。但是，他这样一个小青年突然闯到欢乐的盛会之中，如果只是大谈怀才不遇的悲怨，则未免有悖于特定的情境气氛而不大得体。因此紧接着写出几句很有力度的话："所赖君子安贫，达人知命。老当益壮，宁知白首之心；穷且益坚，不坠青云之志！"随后又是一串典故："孟尝高洁，空怀报国之志；阮籍猖狂，岂效穷途之哭？""无路请缨，等终军之弱冠；有怀投笔，慕宗悫之长风！"都是先说两句怀才不遇，又说两句志坚意定，因而大有跌宕姿致，是"老当"四句的具体发挥。所有这些典故，既淋漓尽致地表现了一个年青士人的挫折感和进取心，亦因这种士人心态与历史上积累的丰富人生经验相通相联，而使人感受到厚重的历史文化意味，并因而诱发读者的思古幽情。总的来看，《滕王阁序》中许多典故的运用是熟练而多姿的，很有表达力与感染力，大可玩味欣赏。

第三种情况是用典本身构成优美的形象，并引起联想与想象。如杜甫《秋兴八首》之七写作者对长安昆明池的忆念。昆明池为汉武帝时所凿，其遗迹至唐犹存，诗人晚年在夔州，仍追忆往时在长安之所游。诗中颔联"织女机丝虚夜月，石鲸鳞甲动秋风"二句，仇兆鳌注引曹毗《志怪》"昆明池作二石人，东西相望，像牵牛织女"，又引《西京杂记》"昆明池刻玉石为鲸鱼，每至雷雨常鸣吼，鬐尾皆动"，可见是用了旧典来描写昆明池的景观。但杜甫此诗又不是简单的运用旧典，而是通过活跃的形象思维和情感投入将其熔铸为新的意象，很能诱发不同读者的不同联想与想象。如明代杨慎说此二句是"荒烟野草之悲见于言外"，又联下二句说"兵戈乱离之状俱见矣。杜诗之妙，在能翻古语"。清人钱谦益却说"杜公以唐人叙汉事，摩挲陈迹，故有夜月、秋风之句"，并总括全诗为"自伤其辟远而不得见也"。可见不同的联想与想象还导致了不同的理解。唐代诗人李商隐也是善于运用旧典铸为新意象的高手，如《锦瑟》诗中的"庄生晓梦迷蝴蝶，望帝春心托杜鹃；沧海月明珠有泪，蓝田日暖玉生烟"，便是在这方面有典型意义的名句，很有诱发联想与想象的作用。"旧典意象化"，可以说是唐代诗人在用典方面提供的新经验。这个经验对后世的诗词创作影响很大，即使是现代的新诗人也不妨变通运用，这也许有助于加重新诗的历史文化内涵，欣赏起来更为耐人寻味。

（刊登时间：1998 年 4 月 13 日。作者系第七、八届全国政协常委，

九三学社中央原副主席，北京大学教授）

学术史三型及其内涵

时至世纪末，人们似乎普遍有一种回顾往昔、展望未来的情绪。这从"学术史"成为当前学术研究与出版的热点，也反映了出来。其实，"学术史"本是一切学术研究的基础性工作，也是学术规范的基本要求之一。任何人在确立并进入自己择定的课题之前，都必须对有关这个问题的"学术史"作一番调查。当然，这种常规工作与目前形成热潮的学术史著述，既有联系也有区别。它们的区别不仅在于范围的大小，尤在于研究的目的。就后者而言，它的主要任务是提炼学术思想，总结学术方法，并要对学术的成败得失从理论上进行评论剖析，要从学术的演变发展概括出某些规律性的认识。

客观地说，在中国，"学术史"的研究也早已形成了"史"。

从书籍的目录提要到史书的《儒林传》和一般的学者传记，从诸种《学案》到各种名目的《学术史》、《研究史》，中国的学术史研究经历了漫长的途程。前人和时贤的经验有不少可以沉淀下来，成为规范或被当作范型来利用。

学术史无论是通代的，还是断代的，无论是综合的还是专题的，都可以有多种形式。就其基本范型而言，主要的是三种，即以"书"为中心、以"人"为中心和以"问题"为中心。这三种形式，功能各有长短，使用起来各有利弊，应该互补，而不宜偏废。

以"书"为中心，就是我们通常所见的书目类著作，《四库全书总目提要》可以算晚出的集大成的一部。这类书在分类、提要述评和各级小序中见出编者一定的学术史观点，给读者的具体材料较丰富，并提供了进一步深入研究的线索。但是，书目毕竟还不是严格意义上的学术史，体例限制编者，使它不可能系统而酣畅地阐述自己的学术观点，书目提要提供的只是学术史的原始资料。

这种著述形式在我国有悠久的传统，至今也不断有新作产生。在文学方面，如《中国文学史书目提要》（陈玉堂，合肥黄山书社，1986），《中国二十世纪文学研究论著提要》（乔默主编，北京大学出版社，1994）等。由中华孔子学会编辑委员会组编的《国学通览》（群众出版社，1996），按"学"列目（如易学、先秦儒学、理学、陆王心学之类），每一"学"除简述其主要内容外，大抵以介绍这一领域中的代表性著作为主，于重要的研究者则亦略作评介，所以这实际上也可以说是"以书为中心"型而又汲取了其他型的内容，是具有某种综合性的学术简史汇编。

近年出现一种系列丛书，收书规模大致在三五十种左右，每种实为一位或数位学者学术论著的选集，而书前有编选者的前言，或有长篇总序，论述这些学者学术思想的内涵、特色、成就和发展变化的轨迹等等。这是一种有学术史意识的资料丛书，虽然它还不是史著而是选本，但从编选到作序，处处渗透了学术史的观念和追求，写得好的前言和总序本身也就是有价值的学术史论文。由于它篇幅较大，所以又弥补了目录书和学案式附录的某些不足。前几年在新儒学方面出过不止一套这类丛书，目前比较有代表性的，则有刘梦溪主编的《中国现代学术经典》（河北教育出版社，1997）。

以"人"为中心的学案，是以学者和学术派系为载体，将学术发展体现于人物言行活动、人才的培养赓续和学派的成立衍化。这种形式继承了我国纪传体史书的传统，它突出了学者在学术活动中的主体作用，能够集中地叙述每位学者的学术成就和贡献，对其学术思想和方法特色作深入的剖析和批评。优秀的学案能将案主的学术思想、学术成就和他作为一个学者的形象刻画得十分丰满而生动，这是它明显的优长。

以学者为中心来讲学术史，当然也离不开评介他的学术著作，正如"以作家为纲"的文学史，实际上也必须大量介绍作家的创作成果一样。所以这种形式在一定程度上可以涵盖前一种，只不过因为它是以人而且往往以学术大家为单位，所以在资料的齐备、系统和分类的清晰方面往往不及书目提要。

这类学案式的著作在黄宗羲手中定型以后，后继者不少，出现于现代的，如曾得国学大师章太炎指导的《清代朴学大师列传》（作者支伟成，上海泰东书局，1925 年初版），就是一部相当系统的学术史。又如《清代学者象传合集》（叶衍兰、叶恭绰编，上海古籍出版社，1989），全书虽以刊出人物画像为主要目的，但其中"传"的部分，也有一定学术史意味。另外，由北京图书馆《文献》杂志编辑部和吉林省图书馆学会会刊编辑部合编的传记丛书《中国当代社会科学家》（第一辑 1982 年 5 月由书目文献出版社出版，至 1990 年共出十一辑），也是极有价值的一种。该书主要收入自传，少数传主已故，由其亲属或学生撰写，传后均附著述目录，有的目录编得十分精细，如程俊英为其丈夫、心理学家张耀翔编的著作目录就极赅备而清晰。山西人民出版社也出过一套《中国现代社会科学家传略》（共十辑，1982—1987）。近年，江西百花洲文艺出版社组织出版的《国学大师丛书》（已出二十八种），是一套有着更为明确的学术史意识的学者传记丛书，其雄心在于以一整套的学案式传记，来证明清末民初堪与春秋战国、宋明时期比并，是大师群起的"第三个诸子百家时代"。像这样的书，实际上也带有学术史三型互补的性质。

所谓以"问题"为中心的学术史，就是如《中国古典文学研究史》（郭英德等著，中华书局，1995）和《中国近代史学学术史》（张岂之主编，中国社会科学出版社，1996）那样的著作。它们虽在提炼"问题"的方式和程度上有所差异（后者似更概括），但其书在打破以"人"和"书"为序的编排方式上则完全一致。二书均将所述之学者与学术著作分附于各"问题"之下，而以学者的思想言行及其著作的内容作为论析"问题"的依据，对"问题"的论述则力求其理论化，从而把学者列传式和书目提要式的准学术史变成了真正意义上的"学术"史。虽然这种形式在具体运用中还有一些矛盾需要解决，目前尚未达到成熟的境地，但其作为"学术"史的性质却最为纯正，因此前途甚为远大。

作为一部学术史，尤其是一部以"问题"为中心的学术史，哪些内容是必须包含的，也就是说，它应该具有怎样的内涵？弄清这一点，对于搜集材料、思考问题和实际写作，都是十分必要的。我以为，以下四个方面应是基本的，可以说是学术史的题中应有之义。

一是梳理学术思想的演变。

学术思想是学者的灵魂，是其全部学术活动的精神支柱，也就是贯穿于其全部学术活动（以其论著为主体）的基本观念。学术思想是一位学者世界观的重要组成部分，但两者并不完全等同。它们可以是一致的，这是通常情况；但也可以存在矛盾，一个世界观并不先进的学者，其学术思想却可以相当先进（例如，是唯物的，甚至是符合唯物辩证法的）。当然，这情况也可以反过来。学术思想与政治态度的关系更是如此。因此，在论析学者的学术思想时，对其究竟属于通常一般还是特殊的情况，是需要时时考虑并细加分析的。

梳理学术思想的关键，还在于把它尽可能上升到哲学层次。因为，每一门学科在它的发展史上，必然有一个由初级到高级、研究范围由具体细小到抽象宏大的过程，在这个过程中也就一定会产生出本学科的哲学来。例如，史学为历史哲学，文学则为文学哲学，文学史则为文学史哲学，语言则为语言哲学等等。而这种学科的哲学，往往就成为学术思想的核心，当然应该予以特别注意。事实上，一门学科能否理论化、哲学化，一位学者能否自觉把具体研究往哲学层次上提升，乃是衡量该学科和学者学术上成熟程度的重要标志。

同时，任何学术都离不开一定时代的政治经济状况，离不开那个时代的文化和社会思潮，并且与形形色色本土的、外来的学术传统发生瓜葛，因此妥贴地处理好学术思想与政治、经济、文化、社会思潮和中外学术传统的关系，也就是处理好学术史与政治史、经济史、文化史、社会思潮史和文化交流史，处理好本学科学术史和相关学科的学术史之间的关系，既将它们区别开，又看到它们之间的联系，这是研究、编撰学术史著作者所不能不注意的。

二是提炼体现于学术著作中的方法。

事实上，一个学者能否称为学术大家，一部学术著作是否具有很高价值，固然首先取决于学术思想真理性的程度，但与所用方法的科学性也有极大关系，两者往往又是有联系的。在这里，陈寅恪在《王静安先生遗书序》中对王国维学术的概括，无疑具有典范意义："其学术内容及治学方法，殆可举三目以概括之者。一曰取地下之实物与纸上之遗文互相释证，凡属于考古学与上古史之作，如殷卜辞中所见先公考及鬼方昆夷狁狁等是也。二曰取异族之故书与吾国之旧籍互相补正。凡属于辽金元史事及边疆地理之作，如萌古考及元朝秘史之主因亦儿坚考等是也。三曰取外来之观念，与固有之材料互相参证。凡属于文艺批评及小说戏曲之作，如红楼评论及宋元戏曲考唐宋大曲考等是也，此三类之著作，其学术性质固有异同，所用方法亦不尽符会，要皆足以转移一时之风气，而示来者以轨则。"（《金明馆丛稿二编》）陈寅恪从王氏全部著作抽绎出三种他用得最纯熟、最有效也最有开创性的方法，这种总结，超越了对王氏个别具体学术成就的评价，而达到方法论的层次，也就是抽出了更具一般性的科学研究的规律，对学术界显然具有更大更长久的启发和指导意义。陈寅恪的做法，昭示了学术史研究的一个重要方面。

三是整合出各学科的学术范型，并以范型的变化为重要依据，来看学术史的演进。

所谓学术范型（亦称范式，Paradigm），是来自西方的一个概念，据我理解，指的是由学术思想、研究方法和操作程序综合而成的一整套科研规范，具体而言，包括论题、话语方式、基本观念、定律原理、材料鉴定、评判标准、实验工具、操作方法等等。在学术工作中"范型"始终在起着作用，它有点像一条轨道，学术的列车就在它上面行驶，所以实际上每个研究者的思维和实际操作，总离不开一定的学术范型。而这种范型最后却会像盐溶化于水那样无处不在地体现于完成了的学术著作之中。范型的意义在于令人不能不遵循，多数人总是在已有的、行之有效的范型内工作，而能够在突破旧型、开创新型上迈出一小步，已很不易，因此对于在这方面做出贡献者，学术史应予格外留意。

正因为这样，作为学术史的研究者，必须通过自己的工作，对体现于学术著作的各种范型进行整合，尽可能准确全面地复原范型的真实面貌，并从纵（历时的）、横（共时的）两个方向上对各种范型进行比较，从而揭示学术发展演变的过程。这样做的理由，就在于范型的优劣新旧可以作为衡量学术水准的重要参照，范型的演化转变实际上也就构成了学术发展史的基本内容。

从范型的角度清理学术史，有助于学术史的科学化，也给后来的研究者提供了一个便于对照的准绳，使他们能够清晰地把握学术史发展的一个个链环，并能主动自觉地将自己的研究工作成为其有机组成部分，同时又是最新最前沿的部分。

四是叙述评论学术业绩和成果。

这本是任何一种学术史的基本内容，即使没有前三项，只要有了这个内容，学术史也勉强可以成立。可是，作为一种范型，仅仅如此，却太简陋而落伍了。所以我把前三项作为重点来论。

然而，这不等于说对业绩和成果的评述在学术史研究中不再重要，相反，这仍然是学术史很重要的一环。在这里将要更多地涉及人（学术家）和书（他们的论文和专著），究竟哪些人和书可以入史，入史后又应置于怎样的地位，与其前后左右的人们和同类著作的关系应当如何摆，这一系列的问题，都是很费周章的，是学术史研究和著述者所必须妥善解决的。为此，也需要学术史三种范型之间的共济与互补。

（刊登时间：1998 年 4 月 14 日。作者系中国社会科学院研究员）

呼唤一部理想的近代文学史

吴小如

撰写此文有远因近因各二。远因之一：根据过去我教中国文学史的经验，自鸦片战争到五四运动，即所谓"近代文学"阶段，在课堂上只是一表而过，讲授极为草率。有时因课时不足，干脆一字不提。作为教师，我一直感到遗憾。远因之二：即使课堂有时间讲授，内容亦多偏颇，观点尤欠正确。许多应该提到的作家作品，被扣上一顶"资产阶级改良主义者"的帽子，便无端一笔抹杀。讲近代诗歌，从龚自珍一下子就跳到秋瑾；讲谴责小说，连《孽海花》和《老残游记》讲起来也吞吞吐吐，若即若离；讲文艺理论，最多批判一下梁启超的《小说与群治之关系》；至于戏曲，因过于看重剧本文学，便搬出一个演过个人本戏的汪笑侬来；至于散文，则根本无一席之地，其内容之偏枯与数量之稀薄，实与这个转型期的时代太不相称了。所以从我个人的愿望来说，我很早就盼着有一本具有科学性的、内容翔实的"近代文学史"能够问世。

近因之一：自改革开放的二十多年来，情况已大大改观。在学术界，近代通史、文化史、思想史、政治经济史的研究正在逐步展开，且不断拓宽与深入。一时岐嶷杰出的风云人物也已陆续浮出水面，"改良主义"的帽子早已制约不住那些对国家、对时代确有贡献的志士仁人。可是，近代文学史的研究步伐与成果却显然跟不上发展形势，对比之下实在是相当落后了。作为一名教书匠，真诚希望有人急起直追，赶紧动手写一部理想的"近代文学史"以弥补不足。近因之二：今年 10 月，在福州召开近代文学学会的年会并对这一阶段的学术问题进行研讨。我因故无法出席，只能写此小文一表个人心愿。刍荛之言，或不为大雅之士所弃也。

　　谈到撰写近代文学史的内容，姑仍以诗词、散文、小说、戏曲和文艺理论这五个方面大致划分一下，略陈个人一孔之见。先说诗词。除了启蒙时期的林则徐、龚自珍，以及稍后提倡诗界革命的黄遵宪（包括梁启超）之外，"同光体"这一特定的（但又比较松散的）诗歌流派确应投入力量认真研讨。而过去人们对同光体诗人及其作品，几乎没有几个人认真阅读过，只是随波逐流、人云亦云地批判几句，仅用"封建遗老"这顶桂冠便把一大批作家作品轻而易举地从文学史中"扫荡"出去。即如陈三立、沈曾植直至30年代初逝世的黄节，除了他们写诗的艺术成就值得研究借鉴外，其诗中的爱国思想与忧患意识，至今犹足令读者掩卷深思，盖"殷鉴不远，在夏后之世"。在词的领域中，文廷式、朱祖谋等，与陈、沈诸家正属同工而异曲。谈到近代散文，由曾国藩所倡导的所谓"桐城派"古文的中兴，仅从王先谦编选的《续古文辞类纂》中便可发现不少足以传世之作。此外如以严复、章炳麟为代表的先秦汉魏体散文，以张之洞、王闿运为代表的骈四俪六体（这在"五四"时期统名之曰"桐城谬种"、"选学妖孽"），直到鲁迅早年写成的《摩罗诗力说》、《文化偏至论》，在当时都发生过一定的积极影响。如果我们参考一下钱基博写的《中国现代文学史》，就会发现从晚清到民初有多少作家和作品都被人们忘掉了。关于小说，除侠义公案、谴责小说外，还有苏曼殊的传奇小说、林纾的翻译小说，以及大批涌入市民读者眼中的所谓"鸳鸯蝴蝶派"之作（依魏绍昌先生归类，未免失之太泛，其中包括言情小说、侦探小说、狭邪小说和大量反映社会现实的世情小说，并非全属鸳鸯蝴蝶派）。中诚不免精糟并存，鱼龙混杂；但作为专门研究课题，就我所知，在美国的哈佛和德国的海德堡，以及其他欧美各个汉学研究中心，均有人已经或正在进行研究探讨，而我们对此却往往掉以轻心，视而不见。在我们今天的文坛上，只纠缠于张爱玲、金庸等人的作品够不够进入新文学殿堂的资格，算不算文学的主流，却很少有人去追本溯源，看看这些当代作家与近代文学发展有无传承关系，研究一下其间的来龙去脉。至于近代戏曲，窃以为不能仅局限于有文本可稽的书面作品，而应考虑到自南戏、诸宫调、杂剧、传奇以下的戏曲与说唱文艺间的交互关系，考查一下它

们与今犹"健在"的全国各种地方戏(包括昆曲、京戏)的传承脉络与演进
轨迹,并对演员流派史、剧目演出史乃至音像文献资料的挖掘与保存等
诸多方面进行深入的研究,而不宜听其自生自灭。说到"文论",我希望
有识之士能把林(纾)译小说若干篇书前的序言拿来与"五四"发难时期陈
独秀、胡适诸家所标榜的各项文学主张和意见进行一次详尽深入的梳理
和分析比较,看看两者之间到底有无脉络可寻。周作人晚年当了汉奸,
而研究者们尚且为他"五四"时期的贡献与成就评功摆好;林纾晚年是封
建顽固派,难道就不能为他前期所阐发的进步文艺观做一点调查研究的
工作吗?至于诗话与词话,则有《石遗室诗话》、《人间词话》和《词话丛
编》在,我就不再一一列举了。

　　总之,近代文学的各个领域中,可写可评、可歌可泣、可广为宣扬
并使之流传久远的作家作品实在太多,非此小文所能囊括。姑举一反三,
供有志撰写《近代文学史》的专家学者参考。

　　(刊登时间:2000 年 12 月 8 日。作者系北京大学教授)

和合文化与 21 世纪的展望

——21 世纪人类所面临的冲突和危机

张立文

世界多极化，经济全球化，因特网进入每个百姓家，人类文明正经历着由工业文明向信息文明的转型。由高科技、电脑网络的数字化方式所建构的虚拟世界，不仅要冲击人类传统的生活方式、工作方式、行为方式，而且要改变人类传统思维方法、价值观念，引起人文社会科学领域的革命。面对这个转型和革命，东西方的政治家、思想家、谋略家都在思考如何应付，应以什么样的新原理、新原则来建构世界的新关系、新秩序、新规范，使人人都能安身立命。中国文化面对这个转型和革命能否做出成功的回应？能否仍有其生命智慧？这是一个很严峻的问题，笔者认为，源远流长的中国和合文化，不仅能做出创新性的回应，而且有强大的生命力。

中国和合文化之所以如此，是因为和合文化是中国人文精神的精髓，是化解由工业文明向信息文明转型过程中所凸显出来的人类共同面临的五大冲突和危机最优化的文化选择。这五大冲突是：人与自然、人与社会、人与人、人的心灵、各文明之间的冲突，由此冲突而引发了五大危机，即生态危机、社会危机、道德危机、精神危机和价值危机。它关系着人类的生命存在和利益。

人类共同面对这五大冲突和危机，是可能建构人类共同价值理念的基础。尽管不能建构全人类一统的伦理道德、价值理想、终极关怀、精神家园，但可以确立某些各民族、各国家、各宗教最低限度认同的规则、原理和价值观念。人们应把热点聚集到能否化解现代人类所共同面临的冲突和危机的现实，促进人类社会的持续发展，这是 21 世纪时代的需要和时代精神的呼唤。人们若以此为基点来审视一切文化，就无所谓东西文化的绝对界限或优劣之分，可以用一种新的冲突、融合而和合的理念，来思考人类所共同面临的冲突和危机。

数典忘祖没有走出贫穷落后

工业文明为人类创造了前所未有的巨大财富，使人类社会获得了空前的发展和福祉，但由于人的偏激价值观和对高科技片面的利用，亦给人类带来巨大的灾难，而产生五大危机。它困扰着人类的创造，亦桎梏着社会的发展。

自近代以来，中国的先进分子前仆后继地向西方追求真理。他们所思考的热点是如何救亡图存，如何引进西方的技术、制度和价值观念，如何赶上西方而不挨打、受侵略。在向西方学习的过程中，人们产生了一种错觉和价值误导，以为学西方文化，必须批判传统文化，两者不两立。事实证明，这种挖自己民族文化之"根"数典忘祖的后果，是中国文化主体性、自主性的淡化和丧失，同时也失掉了中国文化对人类共同面临挑战的关注及相应的回应，在人类所面临的前沿问题上，听不到中国文化的应有声音、主张和设想。

在经济全球化，因特网普及化大潮下，以资本为核心的生产要素的跨国流动和配置在发达国家的推动下，发展中国家不可避免地被卷了进来，在这个过程中，西方强势文化对发展中国家的弱势文化构成威胁和冲突。即全球文化与民族文化的冲突，民族文化的传统性与现代性的冲突，因特网上英语与非英语的语言文化冲突，跨国公司的工作语言与捍卫本国语言的冲突，全球化的全球伦理与民族伦理的冲突，等等。对于这些前沿性问题，都需要建构一种新的原则、原理，使全人类都走向繁荣发达。

融突和合生生的意蕴

如何适应人类文明的转型和化解人类所面临的种种冲突危机，便强烈要求建构人类新秩序的原则、原理，呼唤新的理论思维形态的出现。中国在其几千年发展过程中所凝聚的文化精髓——和合文化，具有成功回应人类所共同面临五大冲突和危机的功能，以及有效化解全球化所引起种种冲突的魅力。

所谓和合的和，是指和谐、和平、祥和；合即合作、合好、融合。和合是指自然、社会、人际、心灵、不同文明间诸多形相和无形相互相冲突、融合，与在冲突、融合的动态过程中各形相和无形相和合的新生命、新事物、新结构的总和。和合是人世间的现象，而被和合学作为研究主题。建立在和合文化基础上的和合学，是指研究在自然、社会、人际、人自身心灵及不同文明中存在的和合现象，与以和合的义理为依归，以及既涵摄又超越冲突、融合的学问。

和合是由深厚的中华文化沃土上培育起来的。和合二字都见于甲骨文、金文。和的初义是声音相应和谐，合的本义是上下唇合拢、结合。春秋时期，和合二字相联并举，构成和合范畴。《国语·郑语》讲："商契能和合五教，以保于百姓者也。"五教即父义、母慈、兄友、弟恭、子孝。契把有差别的人伦道德加以规定，而达到和合，使百姓能安身立命。接着记载西周末年史伯论和曰："夫和实生物，同则不继。以他平他谓之和，故能丰长而物生之，若以同稗同，尽乃弃矣。""和"蕴涵着"他"与"他"的关系，即互相差分、对待、冲突的事物，互相融合或平衡；阴阳和而万物生，或金木水火土差分、冲突合而成百物。

怎样"和实生物"？《周易·系辞传》有一个解释："天地氤氲，万物化醇。男女构精，万物化生。"王充在《论衡·自然》中亦说："天地合气，万物自生，犹夫妇合气，子自生矣。"男女、夫妇、天地，都是阴阳两极，具有差分、对待、冲突性质，氤氲、构精、合气是融合的诸形式。男女双方的对待、冲突互相融合，便生出许多子女来，新生儿女的本质，在和合中存在。中国古人"近取诸身"，"以类万物之情"，于是由己及人，由人及物，天地氤氲和合气，便产生万物。这便是冲突→融合→和合体（如新生儿）。从这个意义上说，和合学的主旨，是生生不息，和合文化即生生文化。

和合生生回答了天地万物从哪里来的问题，他与西方讲唯一绝对的、全知全能的上帝造万物大异其趣：（1）和合生生的前提是多样、多元事物的差分、冲突，在其发展过程中达到合气、媾精，而化生新事物；上帝是绝对的、唯一的，排斥多元融突和合。（2）天地、男女作为每个事物来说是相对的、平等的，男方的地位、作用、性质、功能需要女方来肯定，否则就无意义，反之亦然；上帝的地位、作用、性质、功能是不需要另一方面来肯定的。（3）和合生生的冲突→融合→和合体（万物化生）是一过程；上帝造物是直接创造。（4）和合生生的新生物与人类是"物吾与也"的同伴，于物必爱的对象；上帝创造的万物是供人类始祖亚当、夏娃利用的。

和合在现代意义上，是人类在 21 世纪和平与发展两大主题的体现。和平要求"和"，由动乱、冲突而达到和平共处；发展需要合作，由互相合作而达到共同发展。没有和平，人类就会在无休止的动乱、战争中消亡；没有发展，人类就会在无极限的贫穷、饥饿中停滞。和平与发展是人类生存所必需，是社会进步所必要，总之是现代社会的需要。

和合三个世界的建构

和合文化之所以能具有现代的生命智慧，是因为它是回应人类共同面临的五大冲突和危机以及全球化的诸冲突而提出的化解之道，是基于融突和合观对于和合生存世界、和合意义世界、和合可能世界建构的支撑。

（一）和合生存世界。是以大地为根基的生存界，它体现了"人法地"的生存法则。和合生存世界由于选择人为其一切活动的主体，才使生存世界具有无限的生气和生命力。

　　人一来到这个世界上，不管人的自我主体意识愿意还是不愿意，便到了一个特定的时空之中，即和合生存世界所表述的"境"中。单个人作为生态环境的生命个人，要适应生物进化的自然规律，接受自然无情感的生死考验和无意志的优劣筛选；人类作为文化系统的社会群体，要适应社会进步的文明规律，促使生态平衡趋向有序和有利方面演化。由于人与自然生态环境和社会文明环境冲突的紧张，迫使人不得不去追究自然生态、社会文明环境现象内在的所以然，即要人去体认、把握异在于人的自然生态、社会文明环境的所以然之理，这就是和合生存世界所表述的"理"。和合生存世界由"和行"的转换，而"知理明境"和"行理易境"，"知理"而"行理"，"明境"而"易境"，变易、改善人的自然生态和社会文明环境，使人生活得更美好。

　　（二）和合意义世界。是以人伦为经纬的意义世界，它深刻体现"为天地立心"的意义标准。人在定位天地中定位自身，在为天地立心中立己之心。人是天地间价值和意义的能动的、创造的主体，人在创造天地的价值意义中，获得自身的价值和意义，人的价值需要是多元的、多层的、统合的、序化的，蕴涵着意义世界的价值和合。

　　在和合意义世界，每个种族、民族、国家，都有自己独特的生命智慧和文化传统，从宏观价值测度的相对性出发，各种族、民族、国家，都有其闪烁的阳刚之美，也都有其暗郁的阴柔之善，这便是"一阴一阳之谓道"。任何种族、民族、国家都是社会组织系统内的文化存在者，必须接受人文精神的和合培育。每一种人文精神只有贯彻到每个民族、种族、国家的心理结构、行为方式和生活世界，才能成为活生生的文明灵魂。

　　和合意义世界依据人规范社会价值的涵养、修治和合特征，差分为"性"与"命"。"养性"是为了"明命"；"修命"是指修治命运，蕴涵扫除旧命、创造新命义。人的心性随人对必然命运的体认和把握，对自身心性本质有了更深的体贴。人自觉地"养性"，精神世界的价值理想、道德境界的提升，要求改变人性，这便是"修命易性"。

　　（三）和合可能世界。是以"天"为终极的可能世界，是精神自由与价值创造和谐而成的名字虚拟空间。可能世界是思维的创造活动，是对现实生存世界的超越，超越并不一定背离现实生存世界，而是依据现实生存世界的模态构造去理解和构想的可能世界。

和合可能世界是一个"虚灵不昧"、"净洁空阔"的虚拟空间，具有和合的虚拟品格，其中荡漾着"健顺"迭合而成的逻辑规律，通过"顺道求和"与"健道达和"，而具有无穷的自由度和无限的可能性。

化解人类冲突和危机五大原理

我们期待 21 世纪将是和平、发展、生态、信息的世纪，是文化冲突与融合的世纪，即文化融突的和合世纪，亦可谓文明融突的和合世纪。基于"融突论"的和合观念，以观 21 世纪人类所面临的五大冲突和危机，人类可以通过最低限度的共识，而获得五大中心价值或五大原理。

一是和生原理。自然、社会、人己、心灵和各文明，都是生命体，都有生存的权利。在它们之间的相依性、互动性愈来愈紧张和强化的情境下，而达至和生。和生，才能共荣共富，否则只能共毁共灭。和生拒斥剥夺，但并不拒绝竞争。和生的竞争，是以和合为导向的良性竞争。和生原理下的竞争意味着新的生命、新的境界的呈现。

二是和处原理。和处是达到和生的基础和条件，任何生命体都生活在一定关系网络之中。在这个关系网络中，自然、社会、他人、心灵和他文明之间，都应以宽容、温和、善良的态度互相和平共处。和处强调一种责任，责任是双向的、互动的。在和处的交往中，需要"中和"的原则。

三是和立原理。世界上任何事物都有自身相对独立的、特殊的生存发展方式。和立所强调的是"自做主宰"的精神，它所凸现的是主体精神，即自己决定自己的命运和发展道路。

四是和达原理。和立基于和达。人与自然、社会、他人、他文明都需要也应该共同发达。和达在当前世界多极化、经济全球化、发展模式多元化的融突情境中，协调、平衡、和谐，以达共同发达，这就是孔子"己欲达而达人"的意识在现代的拓展。

五是和爱原理。和生、和处、和立、和达的基础与核心是和爱。孔子讲"泛爱众"，墨子讲"兼相爱"。对自然、社会、他人、他文明应充满爱，所以中国古人讲"仁民爱物"。人类要懂得爱，学会爱，这是人类生存的第一要义。

以上五原理，应是人类和合发展所应遵行的基本原则，是人类社会和合发展所必须，亦是人类社会最低限度的共识。

（刊登时间：2001 年 1 月 16 日。作者系中国人民大学教授）

曹寅诗考略

周汝昌

　　清代诗人，我最喜曹寅——楝亭先生。他为人是一位俊杰，为诗是一名奇才。他的诗、词、曲均称擅场，而诗最富；但他的诗甚不易读——古风(汉魏六朝气味体格)还较易领会，近体的律、绝，则需要读者的学力；因为他藏书读书极为广博，又喜效宋诗手法，好用"僻典"，处处避俗而生新，一般人很难尽晓其词源与旨归。

　　昔年我向李一氓先生(他主持古籍的整校刊印之事)建议要出版楝亭的大全集，已承他同意——而欲求一个胜任校注的学人，竟不得其选。这就说明了曹寅的文化品位是高是低了。

　　本文拟就两首诗作一简说粗讲：一篇七古，一篇七律。

　　七古之题曰《恒河》，题下有小注。先看那诗句——

　　　　五年不梦长江水，胸中忽作波涛起。

　　　　搅尽悠悠一片心，谁怜弃置风尘里？

　　　　今夜天涯何处归。三屯塞上行人稀。

　　　　西辞金阙在云表，东瞻山海多旌旗。

　　　　马疲道远日投岭，解鞍枵腹风吹衣。

　　　　茫茫春色散原野，仄峰直走长河下。

　　　　荒鸡三唱栎林深，炊烟一片浮千瓦。

　　　　借问此乡俗如何：瘿颈广额语字讹。

　　　　银钗土蚀野花涩，顾我两鬓青婆娑。

　　　　此去渔阳三百里，边墙落照胭脂紫。

　　恐是秦时避世人，荒原别复井墟市。
　　款塞穹庐星散居，雕弓吹火射飞鱼。
　　及时立业苦不早，牙旗金角光门间。
　　何当置此百绳地，还如谷口人号愚
　　朝看晴霞漾㮽翠，夜弄素月凌清虚。

　　这首诗不算难懂的，章法是四句一换韵，平仄韵相间，是为"歌行"体。

　　此篇佳作的背景是康熙二十七、二十八年间的一个春天。他到了三屯，所见所思，百感交集，于是写为长句，以抒积愫。

　　三屯在哪里？这是此一篇诗的核心主题之所在。

　　按普通地理常识说，它在长城的喜峰口之"内"，河北遵化（当时为州）之"外"——当然不是"直线"关系。具体说喜峰口在遵化的东北约50余里（当然是"华里"），而三屯在喜峰口的东南约亦60里，即遵化与喜峰的中间。

　　当时军制，喜峰是关，三屯是营，关为第一线防守，营为第二线应援。

　　三屯为何重要？因它的位置正在蓟镇长城全防线的正当中（至山海关350里，西至黄花镇400里）。三屯营初置于宣德年；天顺四年筑城周四里，三门；至万历二年都督戚继光又曾展创。侍郎汪道昆建言：将遵化忠义中卫移于三屯。盖"三屯"本忠义中卫之三"百户所"的军屯之地，故得此名。

　　戚继光亲为三屯新城作记，曾云营去喜峰"二舍"，似"舍"为30里之距。叙明三屯与喜峰的位置关系极其重要，可同读诗人的另篇七律《登喜峰城》。诗云：

　　二十年来站伐馀，一城山色晚烟初。
　　白盐赤米饱亦足，碧草黄花春晏如。
　　石戌火寒投野鹆，陇头沙浅渡樵车。

　　　　貂裘自顾增羞涩，明月天涯有敝庐。

　　我想，无待多言，两诗之间的内容联系就已豁然于眼前了。

　　诗人十分喜欢这处地方——三屯、遵化、喜峰，也许可以说是"三位一体"吧？这地方既是"天涯"之喻了，又有何可喜可爱，可咏可念？

　　这就又需要再读他为《恒河》篇所作的小序：

　　　　恒河在滦河之北，水冽而深；岭环之，中有人家，鸡犬肥驯，黍稷在场。解鞍坐息其侧，陶然有馀乐也。因悲世路之险，嗟行役之苦，遂赋此篇，以期异日云尔。

　　这个小序重要无比——它是作者唯一的一次敢用如此显露的文词来表达他的复杂的深隐的心情：身为旗奴，职为侍卫，行役于边关，旅经于故土，见山林百姓之安居自由，感自家身世之辛酸悲怆，其久藏于胸怀的一个大愿是一旦得以脱离当差服役的假荣华，即于此一带"桃源"之地求一"敝庐"，以归根终老。他的这一大愿，多次向族兄们表示过，也以不同形式语言触事即发。其感情十分强烈而动人深思。

　　例如他给"冲谷四兄"（丰润曹鋡）的诗，不时出现"末路相看（平声）有敝庐"、"何日对床听瀧酒"（对床是弟兄联榻共眠的典故）、"枣梨吹罄头将雪，身世悲深麦亦秋"（枣梨句是写他们弟兄辈自幼在一处生活而及今年已老大，童年之乐不复可得）……极盼有朝一日再能相聚而居，永"无离别"。

　　"貂裘"在身而自羞，"牙旗金角"的荣耀门闾则是反语以对衬隐居的"郑谷口"，尤其令人感到身落旗籍的诗书世胄的难言之苦，因为这种"身份"将自己与平民百姓之间划了一道不可逾越的鸿沟严槛。还应注意，读《登喜峰城》律诗不可忽略了"白盐赤米"、"碧草黄花"二句颔联。他在此处笔下透露出对祖上居地的熟悉情景与留恋心怀。

　　喜峰、三屯，境属遵化。康熙帝因东陵所在，将遵化升县为州，而且顺天府尹也驻于此——不但是实际上的"府级"之地，也形成了京都的

"分管"之界。遵化州辖领的二县即玉田、丰润。

丰润本玉田的"永济务"，金代分出为县，初名"丰闰"，元代改名"丰润"，此地为产盐的中心。北方最大的盐务机构是"长芦"，其范围东起山海关，西迄沧盐津沽，而丰润的"越支"盐场最大，是以《大清一统志》载云："顺天府土产：丰润宝坻盐、遵化铁、宛平琉璃、房山石灰。……"可见丰润之盐实居首位。

至于"赤米"，则如今很多人已然知晓：遵化、玉田、丰润皆产"胭脂米"，色红而味香，成为贡品，名贵异常。此米并由曹雪芹写入《红楼梦》，我于 40 年代已有考论（曾引起毛泽东主席之注意，向河北省讨来，曾分赠当时的东邦首相……可参考拙著《胭脂米传奇》等书）。这一切，丰富的内容，复杂的心境，都包含在两篇佳作之中。这种诗，作者本已删削不存，可知心有顾虑；后经门人之言，方才编入"别集"。所以"别集"的诗，有其特殊历史背景意，我素来更喜循诵研思。

读《楝亭》佳构，除它本身的价值之外，还与《红楼梦》时时发生微妙深曲的文化、家世的重要关系。本文只是拈取一二为例，诚望专家对曹氏诗作的价值作出深细的研究。例如诗中所写遵化州一带地势风光、乡土特色那几句，说此处之民是粗脖子大脑门儿，语字发音有异于京城，妇女是银钗野花农家妆饰……十分亲切生动。"语字讹"之例最明显的就是把"二"念成"厄"（è），此音在史湘云口中流露过，非常有趣。又如"款塞"一词在平时可指叩关贸易，而在战乱时则可以是犯边的婉词，"穹庐"指蒙古包。当时清廷与蒙古厄鲁特部的叛者关系十分紧张，上文"多旌旗"一段已隐伏了边防的加倍严重，这几句暗指此种情势——所以才引起下文的"立业"等语（指征伐的战功）。这种历史事态也在《红楼梦》有所隐指（即钞本中皆有宝玉为芳官起别号"耶律雄奴"那段谈论），而后世及今日不明历史者皆将此语误认为是"反满"的证据，这就太违背历史真实了。所以读楝亭诗有助于理解《红楼》一"梦"。

此二诗是否同时所作？有其可能，但不敢遽定。其时曹寅年约三十多岁，常因差使驰驱于京东塞上，故而引发了归乡恋故的思绪。

［追记］据亲赴遵化三屯的友人见告：恒河不在滦河之北，所记欠

确；盖恒河实为通向丰润繩水（还乡河）的一条支流。附记以供参考。

（刊登时间：2001 年 9 月 11 日。作者系第五至八届
全国政协委员，中国艺术研究院研究员）

国学研究呼唤务实学风和创新思维

——从两个实例谈起

傅璇琮

近些年来，论文、专著，数量猛增。有些人，申报成绩时，一年可有一二十篇论文，好几本著作。但同时，报刊媒体也披露，目前，那种论著抄袭、履历伪造、浮夸虚假、商业骗局等丑恶怪状，真是层出不穷，使人触目惊心。如前不久揭露的，浙江省新闻出版局原局长罗鉴宇，已因贪污巨额钱财被判死刑。此人据说连手也不便提笔，更不用说著书立说，但他有论文发表，有书出版，都是别人捉刀代笔的。

社科界如此，科技界也有类似情况。《中华读书报》2001年11月14日曾有一篇报道，题为"学术腐败：中国科学的恶性肿瘤"，也是很说明问题的。

因此我觉得，在目前各种新著频繁、新词频出的情况下，我们的传统文化研究或云国学研究，的确应该安下心来，结合传统文化的特点，探索一条健康的学科之路。

现在有些论著，名义很好听，一谈就要从宏观上把握，或者动不动编一些大书，挂几个主编的空头衔，而实际上没有扎扎实实地下工夫。国学或传统文化，本来就是一个相当宽泛的概念，如果不从一个个具体的课题进行研究，很容易热闹了一阵之后，过了若干年，回过头来一看还是停留在原来的起点上。对文化，宏观的把握和规律性的探索固然重要，但基础则是个体性的研究。对我们的传统文化来说，比较实际的则是专书研究。我一向认为，专书的研究，实际上是对研究者功力的一种考验，也是我们整个研究的不可或缺的支撑。如果我们对古代若干种有代表性的专著分别做专题性研究，这就会使我们整个研究基础较前更为扎实，也会使年轻的研究者得到谨严学风的熏陶。

　　为把这问题谈得实一些，我这里想举两个例子。我个人以为，从这两个实例中，是可以看出务实学风与创新思维的。

《醉翁亭记》的例子

　　大家知道，宋代大文学家欧阳修因受朝廷党争牵累，被贬在滁州做地方官，曾写有《醉翁亭记》一文。宋代朱弁《曲洧旧闻》卷三中说："《醉翁亭记》初成，天下莫不传诵，家至户到，当时为之纸贵。"这当然是件好事，但正因流传广，版本多，历代相传就有不少文字差异。安徽滁州有位上年岁的业余研究者管笛同志，先后到北京、上海、山东、河南、安徽、江西等十几家大图书馆、博物馆查阅资料，尤其是他得悉山东费县藏有与欧阳修同时的苏唐卿篆书碑刻《滁州琅琊山醉翁亭记》拓本，就不辞辛劳，三次去费县。苏唐卿碑要比苏轼楷书碑早，而且他的篆碑文字经欧阳修两次过目，欧阳修未提出过异议。这样，管笛同志就以此作为重要依据，并参考其他代表性碑刻及书面文献，发现《醉翁亭记》这四百余字的文章，须要辨正和研讨的字和词，就有二十九处。明显之处，如"泻出于两峰之间者让泉也"，南宋以后的传本，"让"大多作"酿"；"水清而石出"，现在流传的本子，"清"一般作"落"。管笛同志花了十几年的工夫，反复修订，写了《醉翁亭记研究》一书。这部三十几万字的专著，以碑文考、词句辨、创作谈、价值论、诗文选、碑帖集六个部分组成，不仅订正异文，辨析词句，还对《醉翁亭记》本身，及欧阳修的政治观念与创作思想，进行具体深入的探讨。

　　管笛同志的研究方法是值得一提的。如上面提到过的苏唐卿篆碑拓本，是现在所见最早的校勘底本，但管笛同志并不完全以此为准，他还对照苏轼的碑文，以及欧阳修文集的版刻传本，做综合的考察。如篆书碑所写"往来而不穷者滁人游也"句中的"穷"字，他即依苏轼楷书碑、欧阳修《居士集》刻本以及上下文对照，认为应作"绝"。这是合乎情理的。

又如文章首句"环滁皆山也"，南宋朱熹说，他曾买得一份《醉翁亭记》稿本，最初作者说滁州四面有山，凡数十字，末后改定，只"环滁皆山也"五字（见《朱子语类》）。这极为概括并寓含诗意的开篇五字，一直为人们赞赏。但明清人也有提出异议，认为"滁州四望无际，只西有琅琊"，"今日环滁皆少山"。现在去滁州旅游的人，似也有同感。管笛同志则详细考察滁州城地理位置的历史沿革，指出唐宋时滁州城很小，仅限于弘济桥以西一带，就那时的视界来看，确会有"环滁皆山也"之感。唐代曾任滁州刺史的诗人韦应物，其《简郡中诸生》诗即有"守郡卧秋阁，四面尽荒山"之句。明代以后城区不断扩大，所获印象自然不同。这种将书面文献与实地考察结合起来，应当说是传统考据学的一种新探索。

《东京梦华录》的例子

另一例子是黑龙江省社科院文学所伊永文作《东京梦华录笺注》。

前辈历史学家邓之诚先生于 20 世纪三四十年代作《东京梦华录注》，于 50 年代后期由商务印书馆出版。出版不久，就受到日本学者的挑剔，指出不少毛病，当然日本学者的批评，有些正确，有些是不能成立的。

伊永文同志于 70 年代中期在南开大学中文系读书，曾对《水浒传》所表现的市民阶层生活很感兴趣，写有文章，自后即有意投入城市历史的研究，具体即从《东京梦华录》着手。90 年代初，我在任中华书局总编辑期间，他即与我接触，并寄我样稿。邓之诚先生的注，曾引用宋元典籍148 种，而伊永文后出的注，则引有 450 种书，再加上明清人的书，共达1000 余种。邓注有 13 万字，伊注则有 30 余万字。邓先生当初作注时，感到最难的是饮食、伎艺两类，而伊注则在这两方面集中力量。如书中"饮食果子"条，他就注了 39 条，其中如"淹藏菜蔬"、"兜子"、"洗手蟹"，都是别人未曾注意的。又如"奇术异能"、"泥丸子"及"猴呈百戏、鱼跳刀门，使唤蜂蝶、追呼蟋蟀"，以及有关"元宵"中伎艺的注释，如把正文和注文串联起来，真可视为一部北宋伎艺短史。

他的注文范围颇广，注意用 80 年代以来新出土的宋代文物，如卷七

"园囿之间"条，就引用 1992 年洛阳发掘出来的北宋衙署庭园遗址。书中还引用大量经得起推敲的宋元话本材料，如宋话本《闹樊楼多情周胜仙》，其中樊楼、曹门、金明池、桑家瓦，都是东京实地；《万秀娘仇报山亭儿》中的山亭儿、茶坊、行院规矩，皆得东京习俗之真；《简帖和尚》中的鹌鹑吃法，可使人如睹东京饮食风貌，现于眼前。这些，都可以说是扩大了宋代文明史研究的领域，而其起点，则是这部《东京梦华录笺注》的个书研究。

与管笛同志作《醉翁亭记研究》相似，伊永文同志作《东京梦华录笺注》也是：一、时间长，作了二十几年(其间也曾写有论著，如《宋代"船坞"考略》、《宋代城市风情》)；二、费用自支。

以上讲的两位，算来还不是所谓著名人物，但应当说，他们对名是看得很淡泊的，否则不可能十几年、二十几年才拿出成果来研究。当然，也正因如此，使他们在从事的领域内能长占一席之地。西晋诗人左思在《咏史》诗中有这样两句："连玺耀前庭，比之犹浮云。"展望前景，我想我们这一代学人，应能超脱名利，安于奉献，如陶渊明所说的那样："欣有所托"，"怡然自乐"。

(刊登时间：2002 年 1 月 1 日。作者系第八、九届
全国政协委员，中华书局原总编辑)

读张风《渊明嗅菊图》

袁行霈

张风《渊明嗅菊图》，纸本墨笔，现藏故宫博物院，收入《中国绘画全集》（中国古代书画鉴定组编）。渊明弯腰侧身，捧菊花一朵作嗅闻状，表情专注，几近陶醉。头戴风帽，帽半透明。宽袍大袖，袍长及地。人物无背景，亦不傅彩，纯用白描手法。整幅画的线条包括衣褶都极其简练，与传为梁楷减笔画法的《李白行吟图》有异曲同工之妙。

左上方题诗："采得黄花嗅，唯闻晚节香。须令千载后，想慕有陶张。"署"上元老人 写渊明小炤（同"照"） 庚子"。上元老人即张风，庚子当清顺治十七年（1660）。诗的末句"陶张"二字，陶当然是指陶渊明，张者何所指？久不得解。近检明彭大翼撰《山堂肆考》，卷一百九十九《花品》下"菊花""陶张各爱"条曰："刘蒙《甘菊论》：'陶渊明、张景阳、谢希逸、潘安仁等或爱其香，或咏其色，或采之于东篱，或泛水于酒斝，疑皆今之甘菊也。'"始知所谓"张"盖指张景阳，即西晋诗人张协。陶张并称，渊源有自。张风言自己千载后所想慕者，乃陶渊明、张协也。张协，《晋书》卷五十五有传：曾任"中书侍郎，转河间内史，在郡清简寡欲。于时天下已乱，所在寇盗。协遂弃绝人事，屏居草泽，守道不竞，以属咏自娱。……永嘉初，复征为黄门侍郎，托疾不就，终于家"。其《杂诗》有句曰："寒花发黄采，秋草含绿滋。""寒花"即菊花也。张风所题诗中"晚香"三字亦见《山堂肆考》，上引"陶张各爱"条后有"香晚节"条曰："宋韩魏公在北门，九日燕诸僚佐诗（按此诗又题《九日水阁》）：'不羞（一作"虽惭"）老圃秋容淡，犹有寒花晚节香。'识者知其晚节之高。"韩魏公即北宋韩琦，封魏国公。张风所题诗的首句或许也有出处，明杨基《眉庵集》卷七《句曲秋日郊居杂兴》十首其二："自采黄花嗅，谁知独步心。"或即张风所本。

渊明爱菊，人所共知。昭明太子萧统《陶渊明传》曰："尝九月九日出宅边菊从中坐，久之，满手把菊。忽值弘送酒至，即便就酌，醉而归。"此事传为美谈。其《饮酒》诗曰"采菊东篱下，悠然见南山"，乃千古名句。于是菊花遂成为渊明高洁人格的象征。但值得注意的是，在他的传记中既没有"嗅菊"之事，在他的诗文中也没有提到"嗅菊"二字。古人有在诗中写到嗅菊的，如宋王十朋、谢翱等已在渊明之后。张所绘渊明嗅菊，乃出于他本人的想象，或者说是把别人的雅事融入到渊明的身上了。又，渊明著风帽亦未见记载，其所著者乃葛巾也，萧统《陶渊明传》曰："郡将常候之，值其酿熟，取头上葛巾漉酒。漉毕，还复著之。"我所知古人所绘陶渊明像，如元钱选《柴桑翁像卷》、元何澄《陶潜归庄图卷》等，大都著葛巾，长带飘然。可能张风绘《渊明嗅菊图》时并未深究，采用了他自己那个时代比较普遍的装束。

再深入一层看，张风《渊明嗅菊图》是一幅寄托遥深之作，其中不仅融入了他自己的感情，或许还融入了他自己的形象。张风是明遗民画家，字大风，上元（今南京）人。关于他的事迹，周亮工《读画录》记载较详：少时为诸生，甲申后遂焚帖括，绝意仕进，走北都，出卢龙、上谷，览昌平天寿诸山。"大风画无所师授，偶以意为之，遂臻化境。潇然澹远，几无墨路可寻。"又说他著有《双镜庵诗》、《上药亭诗余》、《楞严纲领》、《一门反切》，惜未传。周亮工与张风有交往，所记可信。秦祖永《桐阴论画》将他列入"书画大家"，论曰："山水既臻化境，即闲写人物，亦恬静闲适，神韵悠然，无一毫妩媚习气。盖由其摆脱尘鞅，另辟蹊径。"今知张风所绘人物除陶渊明外还有张良等。结合张风的身世，再看其《渊明嗅菊图》及其题诗，便会觉得渊明的形象和张风本人的形象，在某种程度上仿佛已经合而为一了。李凯先生在《清代绘画概论》（见《中国绘画全集》第十九册）中说："张风所作的人物画，显然是有所寄托的。"所论为是。

周亮工《尺牍新钞》收录张风书札四通，其中三通是论画的，见解精辟。如谓："画要近看好，远看又好，此即仆之观画法，实则仆之心印。盖近看看小节目，远看看大片段。"(《与郑汝器》)"善棋者，落落布子，声东击西，渐渐收拾，遂使段段皆赢，此弈家之善用松也。画亦莫妙于用松，疏疏布置，渐次层层点染，遂能潇洒深秀，使人即之有轻快之意。"(《与程幼洪》)所论有助于绘事以及绘画鉴赏，姑录于此，以供参考。

（刊登时间：2004 年 6 月 14 日。作者系第八、九届全国政协常委，
中央文史研究馆馆长，北京大学教授）

中华优秀传统文化略论

张岂之

什么是"文化"？

我的讲题是"中华优秀传统文化略论"，重点放在我国优秀传统文化所折射的中华民族精神，选择若干重点加以论述，供大家参考。

"文明"一词是我国固有的，并非从外国移植而来，与 civilization 不完全一致。"文化"虽然古汉语中也有表述形式，与 culture 相对应的"文化"一词却是 20 世纪初辗转来自日本的词汇。《周易·贲·彖辞》："观乎天文，以察时变。观乎人文，以化成天下。"认为君子应当研究两门学问：一是天文，使人知道季节时令变化，不违农时；一是人文，用文明去教化、感化人们，使社会平安和谐。《周易·乾·文言》："见龙在田，天下文明。"《周易·大有·彖辞》："其德刚健而文明，应乎天而时行，是以元亨。"认为有文明美德的人像龙一样，能适时行事，其事业伟大美好。

"文化"是一个国家的"软实力"（这个词是美国哈佛大学的一位教授提出的），包括：国家和民族的生活方式、思维方式、风俗习惯、价值观、社会制度、生态文明。这些对应于具体的国民生产总值、经济发展水平，以及国防军事力量等硬实力而言。判断一个国家的实力，既有硬实力，也有软实力；在一定的条件下，软实力显得更加重要，例如价值观、民族精神，就是一个国家和民族的灵魂，而生态文明则是人健康生活和社会科学发展的根本保证。

　　世界上不同国家、民族有不同的文化，称之为文化的多样性，每年5月21日是"世界文化多样性促进对话和发展日"，联合国每年为此举行庆祝活动。我国十分重视世界文化的多样性，尊重不同国家民族的文化。

　　中华文化是人类文化的组成部分，具有鲜明的民族特色，用"源远流长"来表述，非常恰当。如何给中华文化一个完整并能全面反映中华民族特质的界定，前人做过许多努力，有很大贡献。在此基础上，中共十七届六中全会提出"文化是民族的血脉，是人民的精神家园"。在十八大报告的第六节《扎实推进社会主义文化强国建设》中一开始就用了这个关于文化的界说。

　　这个界说阐述了中华文化连绵不断，传承创新，至今已有5000多年的历史。中国考古学告诉我们：新石器仰韶文化后期和龙山文化时期，是中国文明起源时期。据历史学家的研究，炎帝族和黄帝族是中国史前两个关系密切的大氏族部落，黄帝被称为人文初祖。黄帝陵在今陕西省黄陵县境内。1993年江泽民总书记为黄帝陵题词："中华文明，源远流长。"1994年4月7日中共中央政治局常委李瑞环同志在《人民日报》发表文章《整修保护黄帝陵，增强民族凝聚力》，强调："黄帝是中华民族历史上最有代表意义的旗帜。而通过整修黄帝陵工程可以使所有中华儿女在共同祖先面前，搁置一切歧见，找到共同的语言，达到最广泛的团结，从而振奋民族精神，实现中华民族的伟大复兴。"黄帝陵整修后，进入21世纪，陕西省在祭陵活动上不断改进，每年清明公祭黄帝，成为弘扬中华优秀传统文化的一次重要活动。

　　文化界说中的"人民的精神家园"，源自十七大。十七大报告对推动社会主义文化大发展大繁荣，从四个方面论述，其中第三个小题是："弘扬中华文化，建设中华民族共有精神家园"，说明既要弘扬优秀民族文化，又要创造发展新的社会主义文化，并指出"中华文化是中华民族生生不息、团结奋进的不竭动力"。

　　总之，上述的"文化"界说体现了中华文化的民族性与时代性的统一，阐明中华文化与民族精神的内在联系：文化的力量主要在于使民族精神得以凝聚、提升、发展，永不衰竭。

中华优秀传统文化的核心理念

文化的核心是精神、思想、价值观。优秀传统文化之所以是我国社会主义先进文化的深厚基础，应从价值观的传承与发展上看。即今天我们倡导的社会主义核心价值体系，是中华优秀传统文化的提升与发展。这个道理，2006年4月21日，国家主席胡锦涛在美国耶鲁大学演讲中这样说："现时代中国强调的以人为本、与时俱进、社会和谐、和平发展，既有着中华文明的深厚根基，又体现了时代发展的进步精神。"他以"自强不息"为例，说："这是中国的一句千年传世格言。中华民族所以能在5000多年的历史进程中生生不息、发展壮大，历经挫折而不屈，屡遭坎坷而不馁，靠的就是这样一种发愤图强、坚强不拔、与时俱进的精神。"

关于中华优秀传统文化的核心理念，我国学术界近几年来展开讨论，取得许多成果。我的浅见是：关于中华优秀传统文化的核心理念，似可归纳为：1. 天人和谐；2. 道法自然；3. 居安思危(忧患意识)；4. 自强不息；5. 厚德载物；6. 诚实守信；7. 以民为本；8. 仁者爱人；9. 尊师重道；10. 和而不同；11. 日新月异；12. 天下大同(对这些理念的阐释，可参看我主编的《中华优秀传统文化核心理念读本》，学习出版社，2012年11月版)。这里，我想以忧患意识为例作些说明。

"忧患"一词出于《周易·系辞下》："《易》之兴也，其于中古乎？作《易》者，其有忧患乎？"《系辞》的作者认为《周易》可能是西周文王时期的忧患之作。在《系辞》的作者们看来，《周易》主要讲天地、人事变化的道理，即"变易之学"，正如《系辞下》所云："《易》：穷则变，变则通，通则久。是以自天佑之，吉无不利。"认为社会及其礼仪刑法都会有变化，变化了就能发展，发展了就能畅通，畅通了就能长久。对于这种变易之学，《系辞》的作者们用"生生"、"日新"加以称赞，认为这是"穷神知化，德之盛也"。

由于社会处于变化中，与此相应，《系辞》倡导当政者们应当"安而不忘危，存而不忘亡，治而不忘乱，是以身安而国家可保"。这种朴素的辩证思维在《老子》、《孙子兵法》等古籍中有深刻全面的论述。

忧患意识世代相传。唐代政治家魏征将"忧患"解为当政者应当具有的精神状态，他说："思所以危则安矣，思所以乱则治矣，思所以亡则存矣。"（《新唐书·魏征传》）要治国理政者去研究、认识安与危、亡与存之间的辩证关系，提高忧患意识（"思"），国家就可以安全太平。

在中国思想文化史上，关于"忧患"意识的文字表述，并不少见。如北宋时期关中大学者张载提出"为天地立心，为生民立命，为往圣继绝学，为万世开太平"（《张子全书》卷14《近思录拾遗》），这是批评当时学人追求功利、缺少远大理想而言的，其中含有深刻的忧患意识。

儒学本质上是"人学"

在距今 2500 多年前的春秋末期，由孔子创立的儒家学派，其基本思想对中华民族精神的培育起了重要作用。为什么儒学有这样的历史功绩？我想，由于儒学本质上是"人学"。

一、儒学从人心（思想）、人性讲起，倡导人们勤奋学习，成为君子。不论早期儒学，还是宋明时期的儒学，始终守住这个基点，尽管在具体的阐释上有差异。

孔子的一生是勤奋学习的一生，他自述："吾十有五而志于学，三十而立，四十而不惑，五十而知天命，六十而耳顺，七十从心所欲不逾矩。""七十从心所欲不逾矩"，用今天的话说就是主观与客观相符的精神世界。达到这个境界，靠的不是苦思冥想，而是"学而时习之，不亦说乎！"

孔子不谈怪、力、乱、神，不谈生前死后，他说："未知生，焉知死？"在春秋末期，能说出这样的话，很了不起。当时有人提出"三不朽"：人皆有死，但人在生活时有立德、立功、立言三方面的贡献，世代相传，风范长存，因而子孙们应"慎终追远"，"前事不忘，后事之师"。这叫作文化传承。

二、儒学强调人应当有道德修养，认为这是"人禽之辨"的界限。孔子倡导的道德论，集中在一个"仁"字上。这个词商代已有，指的是人与人的关系。孔子用"仁"字阐发出新道理。什么是"仁"？他回答："爱人。"解释说："己所不欲，勿施于人。"又说："己欲立而立人，己欲达而达人。"一个君子，他的道德操守体现在既尊重自己，同时又尊重别人；自己要做有道德有尊严的人，同时也要引导别人去做有尊严的人；一个君子，心中不能只有自己，更要有别人，去关爱别人。

在孔子看来，人的思想行动符合"仁"的标准，可称之为"仁人"。这样的人当他的理想与现实发生冲突，二者不能兼顾的时候，他会牺牲个人的生命，去殉他的理想，孔子说："志士仁人，无求生以害仁，有杀身以成仁。"秦统一六国后，两汉时期，个人的"人格"观念与时俱进，演变为"国格"观，不但个人有尊严，国家更要有尊严，为了国格，中华民族的仁人志士不惜牺牲自己，去捍卫祖国的尊严。

三、孔子"和而不同"的文化观具有重要的历史意义，它为中华优秀传统文化的传承发展，提出了理论依据。孔子说："君子和而不同，小人同而不和。"认为君子应当以"和"为准则，听取各种不同的声音，接触不同的事物，博采众家之长，达到和谐的境界——这是多样性的统一，即"相反而相成"，它反映了学术上百家争鸣的本色。

春秋战国时期，道家主张"天而不人"，向大自然回归，否定人的主观愿望与知识；儒家荀子批评这种主张是"蔽于天而不知人"。儒家主张仁义道德不仅是人的特征，而且是天地万物的法则；庄子就曾批评这种观点是狂妄无知，他举例说，毛嫱丽姬是人见人爱的美女，但鸟类见了都会高飞而去，鱼类见了会沉潜水底，可见人的美感标准就不能为鸟类、鱼类认同，等等。不过，儒家在批评道家的时候，也注意到道家在天道探索上取得的理论成果，意识到知人不可不知天，对自然天道作了一系列创造性贡献。而道家也意识到儒家人学的长处，道家后学，所谓秦汉之际的道家，就试图调和道家自然观与儒家道德教化的矛盾，吸取儒家关于人的认识学说的成果，如《吕氏春秋》一书就体现出融合儒、道的特色。

在中国封建社会中，"和而不同"的理念推动了外来（印度）佛教传入后的中国化。比如，佛教相信它所论述的精神境界及其体证方式比儒家高明。南朝僧人慧琳作《白黑论》，指出佛教讲的是人生之外的真理，而儒家讲的不过是人世间的道理。但在儒、佛交流、融合中，人们认识到，人不能不讲人间的道理，因此中国化的佛教汲取了儒家的某些理论成果，建立了不同于印度原有佛教的理论体系，形成了诸如天台宗、华严宗、禅宗等中国佛教宗派。所谓"人人皆有佛性"，和儒学人人皆可成为尧舜，就有相似之处。从以上的举例，不难看出孔子"和而不同"文化观在推动中国优秀文化的传承创新中起了很大作用。

四、儒学重视人的生命，关注人的身体健康，创造了具有特色的养生学。孔子说："仁者寿。"将"仁"和"寿"结合起来。这里所说的"仁"有特定的含义，据东汉时包咸的解释是"性静"，唐孔颖达解为"少恩寡欲，性常安静"，这类似于北宋苏轼所说的"心平气和"。在孔子看来，有德者长寿。

孔子以后，曾子、子思、孟子、荀子等儒家代表人物都有关于养生的论述。比如，孟子就是最早提出"养生"概念的两位思想家（还有一位是庄子）之一，他把"养生"与"送死"作为人生面临的两大问题之一。"养生"指侍奉父母，使其身心健康、颐养天年。在早期儒家文化中包含养心与养生两个方面。养心就是精神修养，"养身"指多层次的身体保健。在《论语·乡党》篇中记载了孔子关于衣食保健的方方面面，他提出八种饭菜"不食"，食物发霉变味不食，鱼肉腐烂变质、气味难闻、饭菜夹生或太过、不到吃饭时间、不得其酱不食等。这个"酱"，据说指的是一种白芍酱，具有消炎的作用。除儒家外，老子和庄子等道家人物，在养生学上也有重大贡献。我国第一部编撰于战国时代，在西汉时写定的医学经典《黄帝内经》，完成了中医药学和养生学的理论体系。总之，中华优秀传统文化中的"人命至重，有贵千金"、"天人和谐，形神一体"等理念，在今天更加需要继承发扬。

五、中国的儒学不仅是一种思想学说，它在中国封建社会中发挥了应有的社会功能。不能否认的是，儒学为不平等社会里的"各色人等"找到了一些平衡点。皇权统治以儒家"经学"为统治思想，而社会民间也以经学作为维系社会关系（含宗法关系、人际关系等）的机制、准则。历代的官方版刻经籍、社会启蒙读本、民间乡约村规，在思想观念上都同儒家有关。从历史上可以看到，西汉时有"五经"(《易》、《书》、《诗》、《礼》、《春秋》)，东汉时"五经"加《孝经》、《论语》，成为"七经"。唐时，《易》、《书》、《诗》外，有《周礼》、《仪礼》、《礼记》、《春秋左传》、《春秋公羊传》、《春秋穀梁传》，成为"九经"。宋代，"九经"与《论语》、《孝经》、《尔雅》、《孟子》，成为"十三经"。儒家的经书从"五经"到"十三经"，是因为社会演进的需要，封建社会的各个阶层都可以从其中找到自己需要的思想资料。儒家经书既维护社会尊卑贵贱的分野，又从个人的道德修养、立身处世，到社会责任、实现理想，甚至如何调节人的喜怒哀乐，都有所论述。儒家经书所体现的等级性、包容性、普遍性，使它成为中国封建社会最适用的教科书。钱穆先生在《国史大纲》一书中说，从《三礼》可以看出，"中国士人不管来自何方都有一个共同的文化"，"无论在哪里，'礼'是一样的"。"对中国人来说，文化是宇宙性的(按：指的是普遍性)，所谓乡俗、风俗和方言只代表某一地区"。也就是说，在中国各地，不论风俗和方言有何不同，但在"礼"的层次上是认同的，扩而大之，这也叫作文化认同，由此加强了民族的凝聚力，为培育民族精神起了积极作用。

当然，儒学不可避免地有其历史局限性，其中也有糟粕，但这些并不是我今天讲演的侧重面，不作发挥。还有，我国"五四"时期新文化运动中，对于儒学有所批评，这是当时的历史条件所决定，不能因此而否定倡导开展新文化运动的先驱者们的历史功绩。我们今天走在民族复兴的大道上，反思过去，有经验，也有教训，认为中华优秀传统文化，以及由此形成的中华民族精神，是我们前进的动力之一，应当加以弘扬。因此，有些学人建议将孔子的诞辰(9月28日)定为教师节，我以为这是顺理成章的事。

老子"道法自然"哲学观

一个民族的理论思维越高，对文化的传承创新能力越高。而民族的理论思维往往集中体现在哲学思想上。中华民族在生衍发展过程中，创造了丰富的哲学思想，它明显地带有自身的特色。

这个特色体现在：古代哲学是"天人之学"中的重要组成部分。中国在世界的东方，独特的自然地理环境使之具有悠久的农耕历史和农学成果，贯穿其中的就是研究天与人的关系。

我国古代思想家对"天"的认识，始于夏商时期。从西周时起，"天"的概念有两种不同的含义：一种是天命、天神；一种是自然的天体，即古文献所说的茫茫苍天。以《周易》经文为例，其中有些对"天"的理解，是指自然的天体、天象，但多数是关于天命、天神的记载。

春秋末期，老子和《老子》书将"天道"与自然联结起来，构建了"道法自然"的哲学体系，这是中国古代哲学思想的重大创造。

有些学者认为，《老子》书(《道德经》、《老子五千言》)并非老子本人所著，成书于战国时代。三国时期魏人王弼为《老子》作注，其注与《老子》文本珠联璧合，都是哲学美文。后人将王弼注本称为《老子》书的通行本。20 世纪 70 年代和 90 年代又发现了《老子》的地下文书——马王堆帛书与郭店楚简，足见研究老子思想的材料相当丰富。

《老子》五千字，赫然在目的一个理念，就是"道"。该书第一章为老子思想的总纲，称"道"是"有"与"无"的统一。"无"，名天地之始；"有"，名万物之母。什么是"无"？不能照字面解释成什么都没有，"无"指的是空间、空虚。"无"还指"道"不同于常见的物体，不能说它是圆或方，它具有不确定性。天地万物的最初形态，可称之为"有"，由此演变出纷繁复杂的大千世界。

老子不用神(上帝祖先神)去说明世界，也不用不同的物质(如金、木、水、火、土)去揭示世界的本原。老子用智慧去推断世界的本质与来源，这是哲学的思维方式。哲学，简言之，是智慧之学，是从多中求一的学问。世界现象多种多样，其中贯穿着的本质或本原，就是"一"，老子称之为"道"。

世界万物怎样从"道"中产生？老子回答说："道法自然。"道自然而然地产生了千变万化的世界。"天道"即自然而然的道理，它不争、不言、不骄，没有制物之心，像无形的巨网广大无边，虽然稀疏却没有任何遗漏，将一切都囊括在其中。在老子看来，与天道自然相反，人道显得自私、不公。如何改造人道？老子回答说：人道应当效法天道自然的本性。这种抽象的论述是否有社会的意义？有的。在老子看来，天道表现出"损有余而补不足"的慈善，而现实社会与此相反，呈现出"损不足以奉有余"的不公。

老子这样描述"天道"的自然本性："反者道之动，弱者道之用。""反"指向相反的方向发展，直至回到原初的状态。因此，在老子思想中，"反"具有转化和返本两种含义。在这个总法则的影响下，老子描绘了强与弱、生与死、福与祸、上与下、前与后等相反而相成的画卷。他主张把天道的自然特征引入人事，使当政者具备"柔弱"、"无为"的品格和风貌：淳朴、谦卑，不自以为是，不扰民，"以百姓心为心"。这样，经过天道自然理论浸润的人道，才能立于不败之地，达到"道法自然"原初的和谐境界，这就是《老子》所说"道生一，一生二，二生三，三生万物。万物负阴而抱阳，冲气以为和"的境界。"和"就是和谐，在老子思想中对此也有其他的表述名称，例如"无为而无不为"等。"无为"主要指清除独断的意志和专断的行为，含有不妄为的意思，并不是什么都不做。

通过以上的分析，可以看到在老子穷本探原的朴素辩证思维中，没有人类中心的偏执，也没有否定人的作用。老子理想的世界蓝图是万物和谐，各有个性，充满生机的协调世界，从这个意义上说，老子是人类最早提出生态文明含义的哲学家。《老子》书和儒家的《易大传》奠定了中国古代哲学的基本模式。

战国时期，庄子继承老子思想，但是他强调自然而否认人为的观点，把人的主观努力看成是对自然界的一种破坏作用，是不全面的。《庄子·大宗师》中，子桑遭受饥饿，于是思考饥饿的原因："父耶？母耶？天乎？人乎？"他想父母不会使他挨饿，天也不会这样，难道是人吗？最后却归结为人的命运，命不好就要挨饿。这样，庄子在天人关系上否定了有意识的天，却宣传了无可奈何的"命"，这种自然宿命论，受到战国末期儒家荀子的批评。在荀子看来，自然之理与人为努力应当结合起来，不能偏废。

　　朋友们，限于时间，我只能讲到这里。通过以上的举例，可以看到，在今天和未来，"建设优秀传统文化传承体系，弘扬中华优秀传统文化"，是大家都应当关心的大事。

（刊登时间：2013 年 2 月 4 日。作者系第八届

全国政协委员，西北大学名誉校长）

鲁迅读书的辩证法

陈漱渝

英国思想家培根(Francis Bacon)有一句名言:"读书使人渊博,辩论使人机敏,写作使人精细。"(《谈读书》)这三者在作为中国现代文化巨人鲁迅的身上,得到了十分完美的结合。

据统计,现存鲁迅藏书有4062种,约14000册,其中中文书籍2193种,外文书籍1869种,包括中文线装书、中文平装书、俄文书、西文书、日文书等。鲁迅1936年7月7日致赵家璧信中说:"本来,有关本业的东西,是无论怎样节衣缩食也应该购买的,试看绿林强盗,怎样不惜钱财以买盒子炮,就可知道。"鲁迅将他位于北京西三条的工作室戏称为"绿林书屋"。他在购置图书方面,也确实有"绿林好汉"买盒子炮的气魄。

在藏书家中,有为藏书而藏书和为读书而藏书之分。鲁迅无疑应划归后一类。中国有些藏书家常以孤本秘籍为惊人之具。外国有些藏书家也往往只看重书籍装帧版本,据说巴尔扎克就偏爱收藏装潢华丽的书籍。鲁迅藏书多着眼于实用。他购买外国书籍,旨在"传播被虐待者的苦痛的呼声和激发国人对于强权者的憎恶和愤怒",以促进中国社会的进步和国民劣根性的改造。他不仅关注从希腊、罗马、中世纪、文艺复兴、十八九世纪直至当代的文学名著,同时更热心收集和译介弱小国家、被压迫民族的文学作品和新兴文艺理论及创作,完全摆脱了"欧洲文学中心论"的偏见。他尖锐指出,"世界文学史,是用了文学的眼睛看,而不用势利眼睛看的,所以文学无须用金钱和枪炮作掩护"(《且介亭杂文二集·"题未定"草(三)》)。鲁迅购买古籍,旨在对中国传统文化中的精华予以承传弘扬。他感兴趣的不是宋儒的学说和唐宋八大家的古文，而偏爱小说野史之类的非正统部分。

鲁迅后期最感兴趣的是新兴文艺理论、苏俄文学作品和外国版画。他曾托曹靖华先生在苏联购买艺术类和文学类书籍，范围极广。为了逃避国民党当局的海关邮件检查，曹先生先将这些书寄到比利时、法国，重新包装，再寄到中国。这个办法，曹先生称之为"二仙传道"。他又托女作家陈学昭在法国购买版画书籍。陈学昭有一个法国外交部的记者证，买书可打八折。还托徐诗荃先生在德国买书，特别是版画和用唯物史观研究文学的书。当时柏林多旧书，价格便宜。徐先生怀着对鲁迅的崇仰之情，用代购书籍的行动报答鲁迅此前对他的"无涯之惠"。

读书要有纯正的学习目的，刻苦的学习精神，同时也要有科学的学习方法。未来的文盲不再是大字不识的人，而是没有掌握学习要领的人。鲁迅是一位辩证法的大师，他同样在用辩证法指导他的阅读活动。我归纳了一下，鲁迅读书的辩证法至少体现在五个方面：

一、能够辩证地处理"职业的读书"与"兴趣的读书"的关系。

二、能够辩证地处理读"有字之书"与读"无字之书"的关系。

三、能够辩证地处理"博"与"专"的关系。

四、能够辩证地处理"记忆"与"思索"的关系。

五、能够辩证地处理"传承"与"创新"的关系。

琳琅满目的"读书"

先讲"职业的读书"与"兴趣的读书"和辩证地处理读"有字之书"与读"无字之书"的关系。

1927 年 7 月 16 日，鲁迅到广州知用中学讲演，题为《读书杂谈》。他把读书分为两种。一种叫"职业的读书"。这种读书有很强的功利性，比如学生为考试而读书，教师为备课而读书，这类读书相当于木匠磨斧头，裁缝穿针线。如果读书人对所读的书没有兴趣，那就成了一件很无奈、很被动的事情。人生苦短，再把有限的生命耗在自己不乐意做的事情上，那真的是相当痛苦。

"嗜好的读书"则全然不同，因为出于自愿，全不勉强，没有鲜明的功利性，目的是找乐子，比如老年人退休之后聚在一起搓麻将，目的不在输赢，更不下赌注，全为调剂生活。

古代就有人分别提倡功利的读书和非功利的读书。相传宋真宗赵恒写的《劝学诗》说得最露骨：

富家不用买良田，书中自有千种粟。
安房不用架高梁，书中自有黄金屋。
娶妻莫恨无良媒，书中自有颜如玉。
出门莫恨无随人，书中车马多如簇。
男儿欲遂平生志，六经勤向窗前读。

这位皇帝对年轻的男人们说，你想家中粮食满仓吗？你想家居雕梁画栋吗？你想妻子貌若天仙吗？你想出门前呼后拥吗？那么，请你埋头苦读儒家的六部典籍：《礼记》、《乐经》、《书经》、《诗经》、《易经》、《春秋》。

不过古代也有人提倡"嗜好的阅读"。比如明代有一位泰州学派的思想家叫王艮，他写过一首《乐学歌》：

不乐不是学，不学不是乐。
乐便然后学，学便然后乐。

"呜呼！天下之乐，何如此学；天下之学，何如此乐！"这位思想家能以快乐的心情去读书，又在阅读的过程中寻求到快乐。他把"读书"与"快乐"融成了一体。这给我们一个启示，那就是兴趣是可以培养的，也是可以改变的。比如我原先不喜欢吃苦瓜，不喜欢吃洋葱，后来在电视上看了《养生堂》的节目，知道苦瓜、洋葱有多种食物疗效，也就开始吃了，并且越来越吃出了味道。学生厌学，如果教师能正确引导，也能使他由"要我学"变为"我要学"。这样精神上就主动了。

读"有字之书"与"无字之书"。鲁迅把人生教材分为"有字之书"与"无字之书"。"有字之书"是前人实践经验的总结。他在《南腔北调集》的《经验》一文中说："古人所传授下来的经验，有些实在是极可宝贵的，因为它曾经费去许多牺牲，而留给后人很大的益处。""无字之书"指的是生活和实践。鲁迅重视书本而不迷信和盲从书本。他在谈到后期政治态度的转变时说："即如我自己，何尝懂什么经济学或看了什么宣传文字，《资本论》不但未尝寓目，连手碰也没有过。然而启示我的是事实，而且并非外国的事实，倒是中国的事实，中国的非'匪区'的事实，这有什么法子呢？"（1933 年 11 月 15 日致姚克）将生活体验与书本经验相结合，这也就是作家王蒙所说的"读书与人生互相发现，互相证明，互相补充"。

任何时代的任何书籍都有其不可避免的局限性，需要我们阅读时采取一种辨析的态度。比如，要了解中国源远流长的历史，不能不读以"文直""事核""不虚美，不隐恶"著称的《史记》。但当代考古成果证实，《史记·高祖本纪》中关于项羽"掘始皇帝冢，私收其物"的记载纯属子虚乌有。要了解中华民族的医学瑰宝，不能不阅读明代李时珍的《本草纲目》。但这部中国古代药书的登峰造极之作中，也有内容的失误、引文的错讹。书中对于有些语源的考证更是令人啼笑皆非。比如，"琥珀"，原系叙利亚语或波斯语的音译，而李时珍却解释为"虎死则精魄入地化为石"。文化经典尚且如此，更遑论其他著作。"尽信书不如无书"，就是基于这个道理。

再举几个例子。比如大家在中学时代都读过唐代边塞诗人王之涣的《凉州词》：

> 黄河远上白云间，一片孤城万仞山。
> 羌笛何须怨杨柳，春风不度玉门关。

玉门关在今天甘肃武威一带。杨柳是曲牌名，用羌族的笛子吹奏起来声音非常哀怨。这首诗我长期这样读，这样背，从没产生过怀疑。但地质学家竺可桢经过实地考察，也就是读了"无字之书"，认为这首诗中的"黄河"是"黄沙"之误。因为在玉门关一带，每天中午都刮黄沙，直冲云霄，而黄河跟凉州和玉门关都没有什么关系。我认为竺可桢的说法很有道理，至少是一家之言，可聊备一说，因为他的解读更切合古凉州的实际。

中学语文课本中还有一篇教材，题为《冯婉贞胜英人于谢庄》，写的是 1860 年 10 月初的第二次鸦片战争期间，英法联军火烧圆明园，掠夺中国文物。当时圆明园附近谢庄有一个小姑娘叫冯婉贞，带领乡亲抗击敌人，消灭英法联军百余人。她采用的战术是巷战，避开洋枪洋炮，跟敌人拼刺刀。这篇文章读后大快人心！但经过文献和实地两方面考察，才知道圆明园附近并没有谢庄，也没有冯婉贞这个人，更没有她率众消灭英法联军一事。原来故事是出自江苏武侠小说作者陆士谔的创作，刊登于 1915 年 3 月 19 日《申报》，后被编入《清稗类抄》，所以不能当成历史来读。

博与专，记忆与思索

鲁迅读书，能够科学处理博与专的关系，泛览与精读的关系。"博"就是放大度量，广采博取。他强调读书必须如蜜蜂采蜜，采过许多花，这才能酿出蜜来，倘若叮在一处，所得就非常有限。正是基于这种认识，他鼓励求学者读一些本专业以外的书："学理科的偏看看文学书，学文学的，偏看看科学书。"（《而已集·读书杂谈》）鲁迅提倡一种"随便翻翻"的阅读方式；也就是先行泛览，而后精读。他写道："书在手头，不管它是什么，总要拿来翻一下，或者看一遍序目，或者读几叶内容"，"不用心，不费力"，"觉得疲劳的时候，也拿这玩意来做消遣了，而且它也的确能够恢复疲劳"（《且介亭杂文·随便翻翻》）。"随便翻翻"获得的知识虽然"杂"，但也有好处：比如看家用账，可以从中获得经济史料；翻老黄历，可以了解民间习俗和禁忌。看到讲娼妓的书不必皱眉头作憎恶状，因为这是研究妇女史、社会史的史料。"专"就是由博返约，由"浅阅读"

进入"深阅读"。许广平把鲁迅攻读科学社会主义著作比喻为制作中药的"九蒸九晒",指的就是精读。

当今全球科技发展的总趋势,就是人文科学与自然科学日益交融。自然科学的新成果可以改变固有的人文观念,而人文科学的发展又可以为自然科学导向。比如艾滋病和吸毒的防治,光靠药物治疗恐怕不行,必然还会涉及伦理、道德、教育、法律等一系列问题。在人文科学与自然科学的交汇点上,往往能产生现代科学最新成果。可见"博"是很重要的。

不过人们服务于社会,主要还是靠他的一技之长。在社会分工日趋细密的当下尤其如此。我们不能做那种"万金油干部",似乎什么都懂,但实际上什么都不精通。鲁迅也讲过:博识家的话多浅,浅就是肤浅。专门家的话多悖,悖就是混乱谬误。他提倡的是由博返约。战国时期思想家荀子《劝学篇》以蚯蚓为例,说"蚓无爪牙之利,筋者之强,上食埃土,下饮黄泉,用心一也"。"用心一也"就是要专,在博中求专。《水浒》有 108 将,每个人都有特长,如李逵的板斧、张清的石块、关胜的大刀、吴用的计谋、时迁的偷盗、金大坚的篆刻、张顺的游泳……各有所长,各有各的用处。

再谈"记忆与思索"的关系

掌握基础知识必须依靠记忆,比如学化学,必须掌握元素周期表;学英语,必须记住足够量的单词。古今中外都有一些博闻强记的人。比如东汉思想家王充,"家贫无书,常游洛阳市肆阅所卖书,一见辄能诵记,遂博通众流百家之言"(《后汉书·王充传》)。当代作家王蒙,近五十岁才开始学英语,每天能背三十个单词,如今能用英语演说。鲁迅的记忆力也是惊人的,他在杂文中征引了很多中外典籍,有些是全凭记忆。

但是,记忆并不等于智慧。孔子说,"学而不思则罔",这就是说,光读书而不思索就是迷惑。思考是阅读的深化,是认知的必然,是把书读活的关键。宋儒程颐也说:"为学之道,必本于思,思则得之,不思则不得也。"(《遗书》)这就是说，治学的关键在于思考；思考则有所获，不思考则无所获。外国的作家、学者也有同样的体会。伏尔泰说："书读得越多而不假思索，你就会觉得你知道得很多，但当你读书而思索越多的时候，你就会清楚地看到你知道得很少。"托尔斯泰说："知识，只有当它靠积极的思维得来而不是光凭记忆得来的时候，才是真正的知识。"鲁迅也再三告诫读者——特别是年轻人，要他们学会独立思考，不使自己的大脑成为别人的跑马场。他说：读死书会变成书呆子，甚至于成为书橱。这也就是说，读书的乐趣不仅仅停留于文本，更在于探究与思考的过程中。在读书过程中，我们不应该是一个简单的接受者，也应该是一个互动者、参与者。读书过程既是欣赏和接受的过程，也是一个思考和判断的过程，其中有摄取，也有排拒；有共鸣，也有矫正。

一般人读书有三种境界。第一个境界叫信赖，即认为书本上的知识全都正确，以书本上的答案断是非。第二个境界叫怀疑。随着阅历丰富，知识增多，就会发现不同书对同一问题可能有不同的说法，书上的说法跟在实际生活上的感受也可能相抵触。这就产生了怀疑，由怀疑引发了思考。第三个境界叫包容，那就是既有自己的独到见解，又能尊重持不同意见者，允许他们有同等的发言权利，而不是党同伐异，封锁不同的声音。

我们知道，鲁迅有着深厚的国学素养，但是鲁迅对古人古训从不盲从。鲁迅小说《狂人日记》中有一句名言："从来如此，便对么?"国学中的糟粕部分到了鲁迅手中，就变成了反戈一击的武器。鲁迅对《二十四孝》的批判就是一个典型的例子。鲁迅还提供了一个有助于思考的方法，那就是比较。他说，比较是医治受骗的方法，比如，哪一块是金子，哪一块是硫化铜，拿来一比较就清楚了。所以，硫化铜被称作是"愚人的金子"。

在读书中掌握传承与创新

鲁迅是一位具有天马行空精神的文化大师。这种精神也就是当今时代热切呼唤的创新精神。据说，天马是汉武帝时从西域大宛国得到的一匹汗血马，它能在空中奔驰，气势豪放，不受约束。鲁迅在《〈苦闷的象征〉引言》中说："非有天马行空似的大精神，即无大艺术的产生。"鲁迅认为，天马行空的精神就是一种跟萎靡锢蔽决不调和的精神，就是一种冲破一切传统思想和手法的精神。在《中国小说史略》中，鲁迅对于单纯模仿前人之作的志怪小说以及公案小说评价极低，就是因为这些作品只有因袭而无创新。

鲁迅的天马行空精神当然主要表现在文学创作领域。比如鲁迅创作的第一篇白话短篇小说《狂人日记》，就没有停留在对日记小说体裁的移植仿效，而是把果戈理同名小说中对平庸弱小人物的同情提升到了暴露家族制度和礼教弊害的新高度。文末的"救救孩子"，也并非一个精神受虐者个人的呼救之声，而成为了对整个封建体制的反叛之声。这样的作品，就是周作人所说的"创造的模拟"。鲁迅创作历史小说是以博考文献为基础的，但由于他执着于现实战斗，所以以古喻今，古今杂糅，运用了相当于当下影视界视为新潮前卫的穿越手法。鲁迅《故事新编》的创作实践证明，一个没有创新精神的作家，同时也必将丧失传承传统的能力。至于在小说创作中把农民和其他弱势群体作为关注对象和表现中心，打破了中国传统小说中以帝王将相、才子佳人为中心的格局，这也是在内容上的一种创新。

鲁迅小说创作的创新精神同时表现在艺术形式上。早在 1923 年 10 月 8 日，雁冰（茅盾）就在《时事新报·学灯》上发表了《读〈呐喊〉》一文，指出"在中国新文坛上，鲁迅常常是创造'新形式'的先锋；《呐喊》里的十多篇小说几乎一篇有一篇的新形式，而这些新形式又莫不给青年作者以极大的影响，必然有多数人跟上去试验"。雁冰这一论述，不仅指出了鲁迅小说在形式上的创新意义，而且指出了鲁迅这一创新对后继者的启示和带动。文学作品的形式，包括了体裁、格式、手法、风格、韵律诸要素。雁冰的上述评价侧重于文学体裁，这是独具慧眼的。三年后，作家黎锦明在《论体裁描写与中国新文艺》一文中指出鲁迅是一位"文体家"，鲁迅深以为然，有空谷足音之感。

　　鲁迅的创新精神当然也表现在小说创作之外，比如杂文创作。中国的传统杂文（主要是指议论色彩比较浓厚的"杂说"）和西方的"随笔"是鲁迅杂文的中外文化渊源。为了能够迅速反映急剧变化的现实，增强文章的感染力，鲁迅又在这种本质上属于散文的体裁中融入了诗与政论的因素，从而使这种体裁在鲁迅手中成为了一种全新的创造。又如鲁迅旧体诗词对前人的超越，是连他当年的论敌也不能不承认的事实。著名南社诗人林庚白曾经写诗谩骂，说鲁迅是"刀笔酸儒浪得名，略谙日语果何成？挟持译本欺年少，垄断书坊是学氓！"但他真正读到鲁迅的七律《惯于长夜过春时》和七绝《悼丁君》之后，也承认鲁迅的旧体诗词"不假雕琢，耐人寻味"，甚至认为鲁诗的工力"突过义山"，即超越了唐代大诗人李商隐（《孑楼诗词话》，第 128 页，上海书店出版社 2002 年重版）。此外，鲁迅的创新精神还表现在学术领域、美术领域、翻译领域。受时间限制，不一一展开。鲁迅的创新精神，正是当今时代热切呼唤的时代精神。

（刊登时间：2013 年 5 月 13 日。作者系第九、十届

全国政协委员，鲁迅博物馆原副馆长）

中国画之美与中国艺术精神

薛永年

中西异趣

20 世纪以来，中国画处境发生了史无前例的变化，西方的艺术文化对中国画产生了极大的冲击。究其原因，一是清末民初的临摹仿古，丢失了"外师造化，中得心源"的优良传统，使得中国画陈陈相因，丧失了生命力；一是衰落的中国，面对西方的船坚炮利，为了救国图强向西方寻求真理，也寻求改造艺术的良方。

在 20 世纪初，改革家大都以科学的眼光批判中国画，否定写意画，主张改造中国画，他们都要求艺术像科学一样求真务实，在形似基础上发挥创造，特别是以西化的写实技巧改造中国画。其结果，一方面提高了中国人物画的"应物象形"能力，丰富了中国画的面貌；另一方面也在一定程度上遮蔽了中国画的写意传统。齐白石先生则是一个例外。

从齐白石谈起。齐白石画过很多幅荷花图，他在 92 岁时画过一幅《荷花影》：水面上一枝荷花，水面下一道荷花影。齐白石在这幅画中发挥了大胆的想象：在现实生活中，荷花在水面上的影子应该是倒影，但齐白石老人画成正影；水面被微风吹过，荷影应该是散乱的，但画中的荷影却是完整的；画中还有一群蝌蚪在追逐水面下的荷影，但现实中荷花的影子只有经过光折射才能看到，水下的蝌蚪是看不到的，又何言追逐荷影。齐白石这一大胆的想象，如果仔细品味，其实是在告诉我们一个道理，追逐美丽的事物是一种很美好的行为，但如果追求的是水月镜花般虚幻的事物，则永远无法追逐到。可见，齐白石在这幅画里，不仅仅单纯在画植物，还在告诉观者一个生活的哲理。齐白石还有一幅《荷花图》，画中一株荷花落入水中一个荷花瓣，一群蝌蚪在追逐荷花瓣，这是很有情趣的一个构思，但和上幅荷花画作相比，又不完全一样。齐白石还有一张《秋荷》，残荷在阳光照耀下非常娇艳，没有秋天凋落的零落感，而是"不是春光胜似春光"的感觉。可见，三幅画中第三幅是比一般的秋荷更好的作品，第二幅是比第三幅更有意趣的作品，而第一幅是最好的作品，是神来之笔。

中国画何以能够屹立于世界民族之林呢？它有它独特的贡献。要了解中国画独特的艺术美，就需要了解中外绘画的共同性和差异性，就要进行比较，以认识"同"中之"异"（中国画的特殊性）和"异"中之"同"（中西绘画的共性）。我们讨论中西绘画的不同，为的是弄清中国画之美的特殊性，不等于否认中西绘画作为视觉文化的共性，更不等于主张中国画不需要吸纳西画的有益因素。对中西绘画的比较，不能只看个别的现象，做枝枝节节的比照，应该放到整个历史发展的概貌中去比较，但从作品入手进行视觉图像的比较，摆事实，讲道理，是最明白易晓的方法。

人物画的传神美。中国人物画的写意以传神为基础。东晋画家顾恺之《女史箴图》中有一段"冯媛当熊"，画的是西汉元帝时，冯婕妤随汉元帝到皇家园林观赏，一只黑熊突然蹿出来，威胁到汉元帝的安全，冯婕妤奋不顾身地迎上前去保护汉元帝。在这幅画中，不同人物有不同的神情状态。汉元帝作为一国之君神情比较凝重，后面两个宫女是撒腿就跑，前面武士是且战且退，冯婕妤则挺身而出、毫无畏惧。这幅画通过不同情态的比较，突出了冯婕妤大无畏的精神，不是面面俱到地描写，这就是中国人物画的传神美。五代南唐画家顾闳中的《韩熙载夜宴图》，描绘南唐韩熙载家夜宴行乐的场景。北方人韩熙载到南方做官，怕被怀疑有异心，天天晚上夜宴，让人感觉他沉迷吃喝玩乐，没有政治野心。但是皇帝不放心，还是派两位画家潜入韩家去目识心记，其中就有顾闳中，在顾闳中的画里韩熙载表面上是看跳六幺舞，但他的面部表情是很忧郁的，有些心不在焉，是在想心事。当然，传神也可以说是中西绘画的一个共性，区别只在于中国画的描绘有详有略，所谓"四体妍蚩本无关乎妙处，传神写照正在阿堵中"，紧紧抓住关键的眼睛。不妨比较一下清代宫廷画家、意大利人郎世宁的《乾隆大阅图》以及清代画家、扬州八怪之一金农的《自画像》。前者是全面表现了人物形象的方方面面，讲求体感、质感、光线、透视，符合西方的写实观念，但不分主次，平均使用力量。郎世宁对中西交流作出了贡献，但他的画在当时并不是一流。而后者通过用一笔画就将人物逍遥自在的神形表现得十分生动。

山水画的意境美。中国山水画讲究意境美。西方没有山水画，只有风景画，大多描写眼前所见，不赋予景物更多的文化意蕴。中国山水画则不仅要画所见，还要画所想、所知，赋予画作更多精神层面的含义。如宋代李成的《读碑窠石图》中，有一位旅行者骑着驴在看古树旁的碑文，画家通过与自然对话，来与历史对话，不是画风景，而是画以往的功业，历史的沧桑。西方的风景画，比如《造船木森林》则表现植物对人类实际的功用，而非精神层面的旨趣。

花鸟画的意趣美。中国花鸟画讲究意趣美。宋代画家李迪的《禽浴图》，描绘一只八哥鸟跳到浴盆里洗澡。浴盆是小孩洗澡用的，但小孩还没洗，八哥却跳了进来，非常具有生活情趣。17世纪荷兰的一些静物画，虽然画了鸟，但是作为人类的猎物，是死的，没有生命的。由此可见，中国花鸟画中的鸟儿是活灵活现的，是有生命的，是和人同时存在于一个世界中的；而荷兰静物画中的鸟儿是被人所虏获的，是作为人的食品、物品出现的。法国画家莫奈画的《荷塘图》，是描写室外荷塘闪烁着天光的景象，没有赋予其更多主观意象。而金农的《莲塘图》，则赋予了画外意象。金农是杭州人，到扬州工作后想家了，当时正值六月，杭州已是"接天莲叶无穷碧，映日荷花别样红"了，于是画了这幅画。不仅画荷叶田田，还有一叶小舟，虽然看不到任何人物，但题跋说能引起读观者的联想，仿佛能感受到衣香鬓影，丝竹管弦，给观者画外的意象。

中国画之美

不似之似。对于"不似之似"，齐白石的说法是"妙在似与不似之间，太似为媚俗，不似为欺世"。本质是中国画对象形、形似的超越。现实中虾的眼睛是圆点，而在齐白石的画中，虾的眼睛变成两个"直道"。他不是在画虾的眼睛，而是在画虾游动时眼睛在闪光的感觉，这样显得更生动更传神。你说它不像，实际更像。山水画也是，宋代画家范宽的《溪山行旅图》，是在山脚下描绘的，但山上的树林却描绘得非常清楚，在山下根本看不见，这需要提升视点才能看到。可见，范宽描绘这幅画并没有固定在一个立足点，而是不断地移动视点，当然不是实际的移动，是想象中的移动。这幅画中所描绘的景象在真实生活中不可能存在，跟实际景象拍摄出来的图片绝对不一样。似与不似之间，还可以表现为"语带双关"，清初画家梅翀《松芝图》中的松树，既像松树又像山，但又都不完全像。如果看作松树，则松枝是一边倒的；如果看作一座山，"松枝"是山的脉络纹理，画家是用视觉的"语带双关"的形式，来表达寿比南山不老松的祝寿美意。这是一个特例，此类作品不太多，但对我们很有启发意义。

舍形悦影。中国画特点之一是舍形而悦影，就是从投影的启示来把握对象。元代画家顾安擅长画竹，说是得自唐代画家萧悦观墙上竹影而画竹的启发。历史中有很多记载都是在画影子，而不是在画形。比如陈淳《白阳集·墨牡丹诗序》中说："甲午春日，戏作墨本数种。每种戏题绝句，以影索形，模糊到底耳。"他讲的就是通过形来找影子，再通过影子来把握形，要模糊地把握对象。明代画家徐渭在《徐文长集·画竹》也说道："万物贵取影，写竹更宜然。"清代郑燮有一段《板桥题画》非常生动："余家有茅屋两间，南面种竹，夏日新篁初放，绿荫照人，买一小榻其中，甚凉适也。秋冬之际，取围屏骨子，断去两头，横安以为窗棂用匀薄洁白之纸糊之。风和日暖，冻蝇触窗纸上冬冬作小鼓声，于时一片竹影零乱，岂非天然图画乎？凡吾画竹，无所师承，多得于纸窗粉壁日光月影中耳。"20 世纪以来，我们对古代传统画作的认识有些是片面的，中国传统有时候被遮蔽，所以我们在力求建立传承体系时，有时候还要挖掘传承。

程式语汇。中国画的另一个特点是程式化。中国画的图像是程式化的，是对应物象的符号，不是如实描写。闻一多先生曾讲过，中国画是提示性的，通过意会就能达到目的，比如画竹从程式入手，程式用活了，修改程式变成自己的语汇，就有了自己的特点。中国画程式的形成，一方面是对应物象的图式，另一方面是按照一定的程式来操作。

奥理冥造。中国画还有一个特点是奥理冥造——大胆的想象与幻化。奥理冥造为北宋沈括所言，就是说要大胆地想象与幻化。齐白石《自秤图》中，一只小老鼠跳到一杆秤的秤钩上，似乎想称称自己的重量，奇怪的是，上面的秤绳不知由谁来提，秤砣不知由谁挪动使之平衡。画中的图像其实是齐白石的想象，通过想象来调侃小老鼠：你这只小老鼠偷油吃，偷粮食吃，不要自以为有什么了不起的，你到底有多大分量，不妨自己来称一称。所画内容在现实中并不存在。再说一个大胆想象幻化的例子。清代黄慎的《瓜月图》中，瓜藤上的西瓜是切好的一牙西瓜，旁边题诗："剖开天上三秋月，飞作人间六月霜。"说的是，夏天天气很热，晚上如果剖开一个像月亮一样的西瓜，吃到嘴里一定会很凉快。再看八大山人的《鱼鸟图》，说是鸟，但有鱼的尾巴；说是鱼，又有鸟的翅膀。对此可以有两种解读。一是八大山人作为明宗室后代，明朝灭亡对他来说可谓国破家亡，清初又实行极端民族政策，"留头不留发，留发不留头"，八大山人这样的前朝王孙，只能出家做和尚，意为不留头发，并不是承认清政权。从这个角度理解，他经历了跌宕起伏的身世悲剧，内心非常悲凉，如果想到"海阔凭鱼跃，天高任鸟飞"这句古诗，会感到海再阔，鱼也没法跃；天再高，鸟也没法飞。再一种则从大的禅僧身份来索解，意在不执着一物：鱼和鸟是可以转化的，这件作品的题跋就是引用了庄子的《逍遥游》："北冥有鱼，其名为鲲。鲲之大，不知其几千里也；化而为鸟，其名为鹏，鹏之背，不知其几千里也。"这种大胆的想象，也并非凭空而来，而是有文献典籍的依据。

仿佛有声。 中国画还讲究"仿佛有声",即视觉的转化。齐白石的《蛙声十里出山泉》,通过画水里游来的蝌蚪,表现远处的蛙叫,用视觉形象表现听觉的感受。这是一幅作家与画家合作的作品,是作家老舍先生命题请齐白石所画,老舍写信说:"蛙声十里出山泉,查初白句。蝌蚪四五,随水摇曳,无蛙而蛙声可想矣。"齐白石根据老舍的意思画了这幅画。中国画不仅要表现画外意、象外意,还要表现视觉以外的其他感觉。俞成《萤雪丛说》言:"徽宗政和中,建设画学,用太学法补试四方画工,以古人诗句命题,不知伦选几许人也……又试'踏花归去马蹄香',不可得而形容,无以见得亲切。一名画者,克尽其妙,但扫数蝴蝶飞逐马后而已,便表马蹄香出也。"这位画家通过视觉表现了嗅觉。钱锺书在《通感》中说道:"在日常经验里,视觉、听觉、触觉、嗅觉、味觉往往可以彼此打通或交通,眼、耳、口、鼻、身各个官能的领域可以不分界限。颜色似乎有温度,声音似乎会有形象,冷暖似乎会有感觉,气味似乎会有体质。"近年来,有学者就指出中国诗歌讲究通感,我觉得在现代艺术创作中也可以发挥通感的作用。这也是一个好的传统。

比兴如诗。 中国画追求诗歌一样的比兴手段,重视儒家的比德思想。五代荆浩就在《笔法记》中以儒家"比德"的思想赋予松树人文精神。宋代《宣和画谱·花鸟叙论》主张,通过表现诗人一样的感受("寓兴")来寄托情怀,与观者进行精神的交流,所谓:"所以绘事之妙,多寓兴于此,与诗人相表里焉。故花之于牡丹芍药,禽之于鸾凤孔翠,必使之富贵;而松竹梅菊,鸥鹭雁鹜,必见之幽闲;至于鹤之轩昂,鹰隼之击搏,杨柳梧桐之扶疏风流,乔松古柏之岁寒磊落,展张于图绘有以兴起人意者,率能移精神遐想,如登临览物之有得也。"虽然混同了"象征"和"寓兴",但揭示了两种表现精神世界的途径。南宋画家陈居中的《四羊图》中,嬉戏玩耍的两只小羊活泼可爱,母羊慈爱地欣赏着两个孩子的玩耍,公羊则站在上面显现出比较严肃的样子。这幅画充满了亲子之爱,是在画感受,也是拟人化的。

以书入画。 以上的"寓兴"主要是中国画跟诗歌的密切关系,除此之外,传统中国画与中国书法的关系也很密切。南宋画家马远的《水图》

中，黄河的奔腾澎湃、长江的烟波浩渺，都是靠线条表现出来的。靠线条轻重、虚实、刚柔、组合，再稍微着墨就会把对象惟妙惟肖地表现出来。这跟毛笔关系密切。元代赵孟頫《秀石疏林图》是其非常著名的作品，画后题诗："石如飞白木如籀，写竹还须八法通。若也有人能会此，方知书画本来同。"讲的是笔迹形态与物象的结合，要画石头就用飞白来画，表现石头历经千年风霜的沧桑；要表现树木的生命力就用钟鼎文，线条是很圆润的；而画竹枝竹叶"永字八法"都能用上。书法入画，对线条、点画形成了一种历史积淀，积淀了质量上的要求，黄宾虹论笔墨讲"平如锥画沙"、"一波三折"、"屋漏痕"，都是对点画质量的基本要求，更能体现"一阴一阳之谓道"的"天地之心"。再说墨，可以是泼墨，一气呵成，也可以是破墨，先用淡墨再着浓墨，也可以先着墨再用水，形成不同的形态。黄宾虹《九子山》图，就是用积墨，一层一层地着墨，线条是编织的、不重叠，黑中透亮。笔墨除状物外，还可以写心，让点线形成一种节奏或韵律，跟人的性格及当时的感情状态相对应。

　　诗书画印结合。中国画讲究诗书画印的结合，一幅画其实已是一种综合艺术，形成了相关艺术的综合与互动。清代画家郑板桥的《衙斋图》，就通过与书法题跋的结合体现了作者的仁心。他在衙门中听到风吹竹子声，以为是老百姓的啼饥号寒，就通过画老竹子和小竹子的关系，将画作跟题跋结合，表现了亲民之官关心百姓疾苦的思想感情。清代画家李方膺的《钟馗图》，创作于他做官丁忧回家期间，家乡遇到天灾，他很有感触，便画了这幅《钟馗图》，在诗画结合中表达了愤世嫉俗的感情。题中文字是"节近端阳大雨风，登场二麦卧泥中。钟馗尚有闲钱用，到底人穷鬼不穷！"画的是钟馗撑着破雨伞，看似很穷，可腰里却别着一串铜钱。由此可见，作者并没有按传统将钟馗画作正义的正面形象，而是画成了一个装成清官的贪官。诗书画印的结合除可以拓展意境，使画外意和画内表现密切结合起来，生发延伸画境之外，还影响了画面构成，李方膺《游鱼》中，如果没有右侧的柱式大字题字，画作所表现的气势就会有所削弱。

中国画的艺术精神

最后简单谈谈中国画艺术精神的一些方面。中国画作为综合艺术，具有其独特的艺术精神，主要表现为天人和谐以及载道、畅神三方面。中国画讲究天人和谐。如齐白石《青蛙图》，画一只小青蛙被抓住了，拴在岸边，另几只小青蛙跑过来，可能在想方设法营救小伙伴。在齐白石看来，青蛙不是人类的果腹之物，而是一个生命，跟人一样，同样有忧虑。这种"齐物论"思想，是符合生态保护意识的。清代画家华嵒的《腥羽寒溪图》，画水下三只鱼鹰追逐一条大鱼，题字写到"腥羽猎寒溪，搅乱一潭玉"，作者站在爱护自然保护生态的角度，强调的是人与自然的和谐之美。郑板桥的《墨竹荆棘图》就更明显了，他借哲学家张载的《西铭》，阐述了一个道理。并不是说，竹子是君子荆棘是小人，没有小人君子就显不出来。而是在讲自然生态，荆棘和竹子并存是很正常的。"莫漫锄荆棘，由他与竹高。西铭原有说，万物总同胞"。在自然界，荆棘和竹子是互相依存的，强调既要开发自然又要保护自然。

从功能上来看，中国画的艺术精神还包括载道、畅神两方面。中国画之美，与求真向善联系在一起，好的作品都是真善美的统一。一般而言，中国画有两种功能。一种是载道，是对群体的，有其认识客观世界和道德教化的作用；另一种是畅神，是对个体的，帮助陶冶性情，实现精神超越。两种功能都是终极关怀，而且很多时候会结合起来，寓教于乐。

关于载道，顾恺之的《女史箴图》中，有一段画宫廷妇女正在对着宫廷镜子梳妆，画旁题箴文曰："人咸知修其容，莫知饰其性；性之不猡，或愆礼正；斧之藻之，克念作圣。"讲人人都知道去美容，但不知道修炼自己的内心，试图起到一种道德教化作用。山水画也是如此。明代沈周的《庐山高》图，通过山的高来表现人的道德高尚。还有元朝水利专家任仁发的《二马图》，画一只胖马一只瘦马，题字曰："世之士大夫廉滥不同，而肥瘠系焉。能瘠一身而肥一国不失其为廉。苟肥一身而瘠万民，岂不殆污滥之耻欤!"这是一件反腐倡廉的作品，实际也涉及了道德教育。

　　关于畅神，很多山水画以及之后的花鸟画、人物画都有这样的作用，比如黄公望的《富春山居图》。还有八大山人，一说到他，我们总会想到他的画作思想多表现一种愤懑不平的情愫，但其实到了晚年八大山人已完全超越了这种思想感情，他的《河上花》就是更讲求自然和谐的。

　　（刊登时间：2013 年 12 月 30 日。作者系中央美术学院教授）

感受不同音乐之美

田　青

中西音乐发展的两条线

听一首中国的古琴曲《鸥鹭忘机》与听一首贝多芬的《第五交响曲》，人们的感受会有很大的不同。古琴艺术与交响乐，可以视为中国古典音乐与西方古典音乐的代表，甚至可以视为中、西古典音乐的高峰。但中、西方音乐的差异如何形成？其各自的表现形式又有哪些特点？应该说，中、西音乐的差异与各自的自然环境、历史、人文传统密切相关，也与整个中国文化和西方文化的遭遇、撞击密切相关。近两百年来，中国的传统文化不但在世界上沦为弱势文化，在国内，中华民族的子子孙孙们也曾对自己祖先创造的文化有过完全不同的两种态度。从"五四"新文化运动到今天，人们对中国传统文化的态度有 180 度的转变。中国从一个自认为有着五千年文明历史、为自己的传统文化自豪的国家，突然沦落，被人家欺侮，如此巨大的精神落差是造成中国现在所有问题的根源。所以，要了解中国文化目前存在的问题，包括社会上的种种问题，离不开三个数字：一个是五千年的文明史，一个是两百年的屈辱史，一个是我们这三十多年改革开放后的奋斗和成就史。

五千年的文明史和两百年的屈辱史，使我们所有的中国人——从文化大家到北京茶馆里号称"两大强国伺候我一个人儿"的胡同串子，每个人的心里都非常纠结，既有自豪，又有自卑，还有不服气。而这三十多年我们取得的经济上的巨大的成就，在增添了我们底气的同时，也让我们有可能回眸重新认识自己的历史。古人讲"衣食足而后知荣辱"，正如这些年我们所做的非物质文化遗产保护一样，也是在我们经济建设取得巨大成功的时候才有可能。今天我们在回望历史时会发现，中华传统文化虽然有过辉煌，但是这两百多年来在走下坡路。直到今天，我们缓过劲儿来了，我们想提高自己的文化软实力，却发现现在的青年人，甚至包括我们这一代人，对自己的传统文化知之甚少。

传统音乐今天应该怎么做？艺术的界限是什么？本质是什么？民族音乐怎么发展？这些问题都和前面讲的大背景有关。我们听贝多芬的第五交响曲《命运》，会深切感受到人类的意志——那种顽强、奋斗、睥睨一切甚至战胜一切的精神通过交响曲这种西方古典音乐的最高形式表现得淋漓尽致，它会激励你，让你对生活重新有信心，它像是号角，又像是旗帜。听过了《命运》交响曲之后再听中国的古琴，你会感慨这两种音乐怎么相差这么多？交响乐那种磅礴的音响、那种震撼，和古琴的宁静完全不同，那么这两种音乐是怎么产生的？它们是在各自的土地上，在各自的自然环境、政治背景、生活方式、生产条件的基础上沿着不同的两条线发展起来的。

西方的音乐和西方的美术一样是在基督教堂的穹顶下诞生和发展的，可以这样说：没有基督教就没有现在的西方文明。我一直有这样的疑问：在把人们引入教堂的这个问题上，究竟是《圣经》的力量更大，还是西斯廷教堂穹顶画与巴赫音乐的力量更大？一方面，基督教借助艺术的力量使基督教文明成为目前世界上的"头号"文明；而另一方面，基督教的传播和推动又吸引着人类历史上最伟大的、第一流的艺术家参与其文化和文明的创造，从米开朗基罗到海顿、亨德尔、莫扎特、贝多芬，每个人从某种程度上也都可视为宗教艺术家，西方文明本质上是基督教文明。

西方文化的底色当然是希腊人描绘的，传说上帝给了希腊人一个礼物，就是贫瘠的土地。但正因为贫瘠，他们把眼光投向大海，他们要奋斗，他们鼓励人和自然斗争，恶劣的环境和向海洋讨生活的艰难培育了西方文明个体性的自由意志，这种意志一直融汇在西方的宗教与艺术中。神父、牧师和有着虔诚信仰的艺术家们一起创造了西方音乐形式，从格里高利圣咏到复调音乐，到主调音乐，到歌剧序曲，最后产生了交响曲。交响曲的产生是人类音乐史上的高峰，古典交响曲的四乐章结构，奏鸣曲式主部、副部的对比、冲突，以及交响曲所表达的深厚、广博的社会生活，可能是中国古典音乐所缺乏的。交响曲的廓然视野与缜密表达，尤其是对人类心灵深度的探究与表现是西方音乐最伟大的成就。贝多芬、马勒、肖斯塔科维奇等作曲家用交响曲这种形式把无比丰厚的人类生活表现得淋漓尽致。我们应该知道，交响曲的诞生和整个资本主义的产生和发展有着密切联系，大工业的发展为交响乐队的产生创造了条件，几乎所有交响乐队中的管乐器都是在资本主义大工业生产出现之后才定型的。

中国古典音乐产生的环境则完全不同，所谓"郁郁乎文哉"的"郁郁"，其实是和西周时中国北方的自然风貌一致的。另外，与西方中世纪多种政权的频繁斗争不同，中国从秦以后就基本上视统一为常态，视分裂为再次统一的"间奏"。中国五千年的文明史是在一个庞大的自给自足的环境中产生的多元一体的文明，农业社会让中国人的文化有一种既丰裕又相对保守的特性。

从审美之异到艺术表现之异

中、西方音乐的不同可以从几个方面来看，首先，是中、西方对音乐的功能看法不同；其次，因为功能的不同，造成了审美观的不同；最后，因为审美观的不同，造成了题材和表现手段的不同。

从整个人类的文明史上来看，我们是最早的最重视音乐和文化的国家。中国号称"礼乐之邦"，中国古代的礼乐制度是先人们对人类文明的巨大贡献。从周代开始，中国建立礼乐制度，"礼"和"乐"结合起来，就是构建理想社会的基础。古人说"乐和同，礼别异"，极智慧地概括了礼乐的功能。"乐和同"是让人们找到彼此相似之处，建立亲密关系，但光讲"同"不行，你也说我也说，谁说了算呢？用"礼"把人的不同之处区分开来，父子、君臣、上下级。把"礼"和"乐"结合起来，这个社会就和谐了。

中国的哲学对中国音乐的发展产生很大的影响，先秦诸子们对音乐有很多精辟的理论，其中对中国音乐影响最深的是儒家和道家。无论是儒家的"与天地参"还是道家的"人法地，地法天，天法道，道法自然"，都讲"天人合一"，这是中国哲学的核心，对中国音乐的影响非常大——认为音乐是自然产生的，是人面对自然有所触动之后的反应，所谓"凡音者，生人心者也。情动于中，故形于声，声成文谓之音"。最好的音乐应该是与大自然和谐的音乐。而且，中国的音乐讲究中庸。先秦诸子对音乐提出很多限制，比如古代对编钟的大小、重量都有规定，太奢侈了不行，声音太大、太细都认为不好，只有中庸的音乐才是最合适的音乐，像西方那种强烈的能让人热血沸腾的音乐在古代中国人看来绝不是最好的音乐。

中国人在讲一个传统文化要消失灭绝时有一个比喻叫作"广陵之散"。《广陵散》是中国著名的琴曲，嵇康当年临刑之前"顾日影索琴而弹之"，弹的就是这首琴曲。但大哲学家朱熹就认为《广陵散》不好，为什么认为它不好呢？中国音乐非常讲究"天人合一"，将"宫、商、角、徵、羽"五音与"金、木、水、火、土"五行相对应；音乐的起、承、转、合与春、夏、秋、冬四时相对应；"天、地、人"三才和最基本的曲式结构"慢、快、慢"的三段体对应。更重要的是，"宫、商、角、徵、羽"五音还对应政治上的"君、臣、民、事、物"，宫为君、商为臣、角为民、徵为事、羽为物。当弹奏《广陵散》时，要把商弦调低一个二度，和宫音一样高，于是朱熹认为这样的音乐有"臣凌君之象"，大逆不道。虽然《广陵散》"纷披灿烂，戈矛纵横"，是非常了不起的音乐，但因为在政治上不好，所以朱熹反对。中国对音乐的这种要求就使其不可能像西方音乐一样有那样的嘹杀之气。正是因为政治和哲学上的不同，中国的音乐一直追求自然、中和、宁静的声音，也因为审美观不同，我们会认为只有这样的音乐才是好听的，进而也造成了题材的不同。

西方的艺术和中国的艺术有一个很大的不同点，就是西方艺术主要以人为中心，但中国艺术主要以表现自然为主。以清代上睿的《携琴访友图》为例，这是中国古代绘画有代表性的一幅作品，山水是主要的场景，人是整个大自然中非常渺小的一部分，人和自然融为一体。而西方以《蒙娜丽莎》为例，大家都赞美这个女人"永恒的微笑"，她的眼神、面容、双手，都精细入微、美好传神。但你看她背后的风景，跟人物比起来，是人的陪衬，和中国画中人是自然中很小的一部分完全不同。音乐也是这样，西方音乐主要是描绘人，以人为中心。当然，也有描绘自然的，不过数量太少了。像贝多芬创作了 9 部交响乐，除了第六交响曲《田园》，其他 8 部都是描写人的。当然我说的这种题材上的倾斜，不是绝对，并不是说西方绘画中就不画自然，中国音乐中就不表现人，但有一点可以说得比较肯定，中国从魏晋之后，从山水诗开始，文人对自然的歌颂，包括对人与自然和谐共处的描写就非常之多。拿古琴曲来讲，现在流传的古琴曲目大概有 3000 多首，其中有 2/3 全是描写自然的，比如大家都熟悉的《流水》、《高山》、《潇湘水云》等。基本上中国最好的古琴曲都是描写自然的，像《文王操》这样描写人的曲子很少。中国人对自然的热爱以及中国艺术中大量出现的对自然的描写，实际上也是中国的儒、释、道思想共同塑造的结果。佛教有句话"青青翠竹，皆是法身；郁郁黄花，无非般若"，中国的哲人把大自然的一草一木、一朵落花、一片绿叶、一溪浅水、一缕云山都当成佛性的显现和智慧的存在。

　　题材上的倾斜又造成了艺术形式和表现形式的不同，比如西方交响曲是复音音乐，而中国古典音乐主要是单声音乐。交响乐的希腊文原意就是"一起响"，于是产生了和声，在和声的基础上产生了织体，构成一种宏大的音响，这和基督教的需要相吻合——在教堂中要歌颂上帝，要制造一种天国的气氛，从壁画、穹顶到彩色玻璃，到唱诗班、管风琴，调动一切艺术手段表达对上帝的赞美，制造一个与世俗气氛截然不同的天国气氛。但是中国的音乐没有这个需求，孔子讲"大乐必简，大礼必易"。中国人认为最简约的东西才最深刻，太极图一分为二，黑白两个颜色，就代表了宇宙的一切。中国的宗教对音乐的要求也不仅仅是创造一个和世俗不同的音响与画面让人们感受，它最大的功用是宣传佛教教义。基督教中神父讲道和唱诗班唱诗是分开的，音乐的主要作用是创造气氛，而中国寺庙则通过唱把佛教基本的道理告诉你。中国佛教音乐从唱导、变文发展开来，后来的鼓词、弹词、说书等这些说唱音乐的源头实际是佛教的唱导和变文。基督教通过宏大的音响制造天国的辉煌，佛教通过音乐来讲故事让你明白道理，这是功能的不同。为什么中国的音乐是单声音乐？讲佛本生故事，唱段变文，如果是大合唱，四个声部出来，根本听不清唱的是什么，所以一定要一个人娓娓道来，要清楚明白，这就需要单声音乐。但是单声音乐不等于简单。一个演讲两小时，听众听三分钟腻了走了怎么办？所以曲调一定要优美动听。

中国的音乐靠旋律取胜，其旋律之美远远超出西方。贝多芬第五交响曲，呈示部的主题就只是 4 个音，其中 3 个还是同音反复。中国的音乐是什么样的？比如阿炳的《二泉映月》，绵长凄婉，扣人心弦。2006 年我带"中国非物质文化遗产展演团"到联合国教科文总部去演出，当时就演奏了阿炳的这首曲子。阿炳是个乞丐，也是火居道士，像阿炳这样的盲人艺术家在中国的历史上太多了！谁知道有多少这样美好的音乐是由这些卑贱者演奏出来，也随着他们草芥一样的生命消失了呢？在联合国演奏这首曲子之前我介绍，小泽征尔上世纪 70 年代末第一次到中国听一个学生演奏《二泉映月》之后潸然泪下，他说："这样的音乐是应该跪着听的！"法语翻译把"跪着听"解释说应该抱着在教堂听基督教音乐那样虔诚的心来听，结果全场都被《二泉映月》优美而深刻的旋律所感动。

中国的音乐不是立体的声音，而是线性的声音，但这条线讲究得很。有一个现在我们很多民族音乐家已经不知道或者不再追求的词——"韵"。中国音乐最讲究的是"韵"，比如古琴，弦非常长，左手在弦上游走吟猱后，右手在弦上揉弦，有时候似乎声音已经结束了，你已经听不到声音了，但演奏家的手还在弦上滑走，这就是此时无声胜有声。一个音和一个音之间的过渡在中国音乐中是非常重要的，它不是前一个音的余响或是后一个音的准备，它本身就有美学的价值，就有味道，就是独立的存在。这跟西方不同，西方的钢琴音乐，从这个音到下一个音，是跳跃式的，中间没有过渡。而中国音乐中常常有些音就在白键和黑键之间的"钢琴缝"里，这个音才有"味儿"！而在两个音的接续转折之中妙趣横生，则是中国音乐常见的艺术手段。这种"味儿"，一半是乐律的不同，一半是审美观念的不同。而这并不简单的"味儿"，也像禅宗所讲"如人饮水，冷暖自知"，要靠亲自体味、长期浸染才能感觉到。

中国音乐还有一个西方音乐基本没有的特色，就是散板。中国人讲究板眼，称赞一个人办事牢靠就说"一板一眼"，板眼就是节奏。所谓散板就是没有固定的拍子，没有节奏，比如京剧的导板，晋剧的二导板，佛教梵呗维那的引腔等。本人在《禅与乐》这本书的光碟中精选了几首中国音乐，其中有一首叫作《行道章》，乐曲开始的散板部分非常精彩，足足有 3 分钟，这样大段没有固定节奏、全凭演奏家内心的感觉，或抻拉或收缩、灵动自由、纵横捭阖的演奏，在西方音乐中大概是找不到的。

中国音乐还有一个很了不起的创造就是乐谱。中国人特别重视乐谱，说一个人可靠，就说这个人"靠谱"；不可靠，就说"离谱"；心里虚，没有定见，就说"没谱"。现在世界通用的五线谱真正使用是在 17 世纪，而中国的古琴减字谱早在七八世纪就开始使用了。一直到今天，古琴家们仍然还在用这个谱子，这在世界音乐史上是绝无仅有的现象，是人类历史上使用时间最长的谱子。除了音高，减字谱把弹奏每一个音的技法也记录了下来，用哪只手，怎么弹，弹第几根弦，按什么位置，但没有记录节奏和音的长短，所以需要琴家根据古琴谱进行二度创作——靠老师的传授、自己的琢磨以及琴家的习惯和大致的规律，把这些结合到一起，把琴曲再现出来，这叫作"打谱"。在西方的音乐体系中，作曲家是神，是创作者，演奏家是"打工的"。演奏家弹奏肖邦，每个人会有不同的理解、不同的表现，但这种不同的理解和表现太微妙、空间太小了，所有的节奏、强弱、表情符号都写得清清楚楚，因此，在西方古典音乐领域里，再伟大的演奏家也只是作曲家的再现者、阐释者。但是古琴不一样，每一个演奏者都可以和乐曲最初的创作者有心灵的交流、有对话和商量的空间。打谱的过程常常是很漫长的，"打谱"让每一个后世的琴家都参与了琴曲的创作，每一个琴家都可以把自己的风格以及对音乐的理解通过打谱表现出来，当然这其中有一定的习惯、规范和美学的原则。

回归传统的民族音乐

古琴艺术对整个人类音乐文化是一个杰出的贡献，在人类创作的所有乐器当中，没有一件乐器身上所负载的文化内涵有古琴这么深厚。2006 年温家宝"融冰之旅"访问日本时带了一台节目进行国事演出，那是第一次也是唯一的一次带了整场的非物质文化遗产的节目演出。本人担任那台节目的艺术总监和主持人，在考虑究竟要带哪些节目去的过程中颇费神思。演出对象是中日政治、经济、文化界的高层，见多识广，看过很多一流的演出，我们这场演出应该怎么做？当时我作了一个大胆的决定：用古琴作为开场的第一个节目。通常演出开场都是用一个气氛热烈的节目镇场，而古琴音量这么小，这么温，能不能压住场？当时就有人质疑，但是我很有信心。节目之前我介绍说，古琴在中国不仅是乐器，它还是圣人之器，孔子以它弦歌教化人生。传说中诸葛亮在一座空城之上，就凭着一张古琴，两扇城门，就吓退了司马懿的 30 万大军。古琴音乐在中国是自古相传的一种文人音乐，从魏晋时就"左琴右书"，在中国古代，不会弹琴就称不上文人。当时古琴家李祥霆使用的是唐琴"九霄环佩"，我请李祥霆把古琴的背面朝向观众展示落款"至德丙申年"。至德丙申年是公元 756 年，我介绍说："这张琴制作出来那一年，李白 55 岁，杜甫 44 岁，这张琴问世之后 3 年，伟大的鉴真和尚开始在奈良建造东大寺。"台下一片唏嘘声！在这样的文明面前，只有一个字——"敬"。节目开始后，台下鸦雀无声，真是掉根针都能听得见。

然而古琴艺术在近代非常衰落，因为用西方的审美眼光来看它，它不适合表演。但古琴从来就不是一件在广场上或几百人的场合演奏的乐器，它顶多是三五知己的"雅集"，更多的是琴人自己与天地、与先人交流。钟子期和俞伯牙高山流水遇知音的故事家喻户晓，中国人把"知音"当成"知心"的代名词，它从来不是表演。古琴的衰落在近 100 年的大背景下是不可挽回的，在 20 世纪五六十年代，中国艺术研究院音乐研究所做了全国琴人的普查，当时全中国弹古琴的人是 100 个左右，几近衰亡。

什么时候迎来了古琴的春天呢？从2003年成为联合国教科文组织的"人类口头与非物质文化遗产代表作"开始，古琴真的火起来了，但火并没有改变音乐的本质，它现在仍然是文人音乐。

古琴界现在有两种倾向，一种倾向于古琴的乐器属性，强调技巧技能；另一种倾向于古琴是一种修身养性的工具，"琴者，禁也"。中国人过去弹琴要焚香沐浴，通过弹琴让自己的心安静下来，用琴来收敛规范自己浮躁的心，它甚至也是一种修行，一种功课。这两种倾向同时都存在，各有各的道理，但我个人还是主张回归古琴原来的文化。在新的时代里，这样一种负载着如此深厚文化内涵的乐器如何发展，也是仁者见仁智者见智，我现在倾向于在文化上一定要采取"多元"的态度，你可以喜欢什么，不喜欢什么，但你绝不可以反对什么或者禁止什么。古琴应按照它自己的传统在自己的轨迹里发展。

还有用传统音乐表现现代生活的问题。说实话，要用古琴表现现代生活比较难，我不赞成这种改造。中国有这么多乐器，留一个古琴专门表现古人的精神生活不行吗？中国的戏曲艺术也一样，20世纪60年代统计我国还有370多个剧种，现在仅存200个左右，各有特色。现存的这200个左右的剧种当然都可以表现现代生活，都可以演现代剧目，但是我们可不可以就留一个昆曲表现我们祖先的生活呢？为什么？因为昆曲的唱词用的是文言，这是昆曲和其他剧种最大的不同点。京剧的唱词是口语，"我正在城楼观山景，耳听得城外乱纷纷"，"一马离了西凉界"，一唱观众就懂。可昆曲是文言，"袅晴丝吹来闲庭院，摇漾春如线"，什么意思？观众光听不看根本不懂。现在有一些剧团"改造"昆曲，结果"你爱我""我爱你"的这种词都唱，那就不是昆曲了！

我希望我们的民族音乐回归自己的传统，按照中国传统的方式传承。中国的民族乐队不能光学西方的管弦乐队，西方的管弦乐队有它产生的背景，有它的审美习惯。中国现在大的民族乐队就是模仿西方管弦乐队模式的产物，西方管弦乐队有"第一提琴"组，我们就有"第一二胡"组，但是这样的乐队音响完全不是我们的所长，我们的长处是每一种乐器独特的韵味，我们把它凑在一起成为大的民族管弦乐队，奏出来的音响却永远不可能超过西洋管弦乐队，因为这不是我们中国乐队的编制，不符合我们民族乐器的特性。其实，我们有自己的乐队模式，也非常丰富。有南音的乐队，有十番的乐队，有潮州大锣鼓的乐队，有笙管乐的乐队……这才是中国音乐的传统。

　　总之，中、西音乐各有其美，无所谓高低贵贱，也没有先进、落后之别，它们都是自己民族文化的合理的产物。还是费孝通那句话，要"各美其美，美人之美，美美与共，天下大同"。

　　（刊登时间：2014 年 1 月 13 日。作者系第十一、十二届
　　全国政协委员，中国艺术研究院音乐研究所名誉所长）

礼乐皆得谓之有德

彭　林

　　中国文化的核心是"礼"，但是这"礼"包含着"乐"，讲得周备一点，中国文化是礼乐文化。《礼记·乐记》说："礼乐皆得，谓之有德。"只有把"礼"和"乐"的真谛都得到了，才是有德之人。其中的道理何在呢？我今天就来谈一谈。

　　全世界无论哪个地区、哪个民族，它的文明发展到一定阶段，都会认识音乐，用音乐自娱、互娱或者娱神。但是，没有一个民族像中国这样，把音乐作为教化的工具。《礼记·经解》提到孔子的六经之教，其中，以礼为教称为"礼教"，以乐为教称为"乐教"。在中国文化中，"乐"不仅是娱乐的手段，而且是社会教化的重要工具。

上古音乐成就及儒家音乐理论

　　中国是音乐发端非常早的国度，根据文献记载，中国音乐的起源可以上溯至黄帝。相传黄帝时有许多创造，其中之一就是发明了十二律。音乐中有1（哆）、2（来）、3（咪）、4（发）、5（嗦）、6（拉）、7（西）七声音阶，它们之间的音高是不平均的，有两个半音，在一个复杂的演奏当中，需要把这个七声音阶平均起来，才可以旋宫转调，它的基础就是把七声音阶分割成十二律。

　　《尚书·尧典》记载："帝曰：夔，命汝典乐，教胄子，直而温，宽而栗，刚而无虐，简而无敖。诗言志，歌永言，声依咏，律和声。八音克谐，无相夺伦，神人以和。"夔曰："於！予击石拊石，百兽率舞。"当时舜帝任命了一批官员，其中一位名叫"夔"，职责是"典乐"。夔掌管音乐，主要是教育"胄子"，使他们通过学习音乐，正直而温和，宽厚而懂得敬畏，刚毅而不暴虐，行事简而无敖。"八音克谐"，就是用金、石、土、革、丝、木、匏、竹等八种材料制作的乐器在一起奏响也能和谐。

中国人懂得和谐的道理是从音乐开始的。整个社会由不同的人组成，不同特长、不同思想的人在一起，能做到和而不同，和谐相处，好比"笙"的七根管子，高低、粗细、大小不同，但能围绕着主旋律吹奏出和谐的曲子。这就是中国人的思想，不要求同一，但能在大主题下追求和谐。既保留个性，又能找到共性。夔说，啊！我很高兴，我重重地敲编磬（石），一奏起乐，凤凰来仪，鸟兽皆舞，天下一片和谐景象。

上述关于尧舜时代音乐生活的记载，长期以来被人们所怀疑，四千多年前的中国，音乐水平有这么高吗？然而，考古学提供了大量可以佐证的材料，仅举几例。比如河南舞阳贾湖出土的骨笛。贾湖文化大约距今七千到九千年，比仰韶文化还要早。贾湖遗址发现了 16 支用鹤类的肢骨制作的笛子，先民将鹤的腿骨两端截掉，在一侧钻 6—8 个孔，但没有吹孔，也没有贴膜的孔。实验演奏证明，需要直着吹，吹时口与管壁形成一个角度，把气吹到内壁上，使笛子内部产生气流震荡而发声。经过仪器测音，其中的 20 号骨笛，音准相当精确。这些笛子手工制作，孔与孔之间距离不等，说明制作者已经懂得某种数理关系，知道距离和音高是有联系的，且每个孔位都做有记号，不断调整，以求最佳音准。有的小孔只比针眼大一点，很难想象它是用什么工具钻的。这是世界上最早的吹奏乐器之一。再如殷墟出土的一件五孔陶埙，已经具备十一个半音，离十二律只有一步之遥。

更有让人叹为观止的是湖北出土的曾侯乙编钟。曾，是古代一个名不见经传的诸侯国，国君的名字叫"乙"。这套编钟共 64 枚，分 3 层悬挂在铜木结构的钟架上，编钟与铜构件的总重量达 4400 公斤。编钟是合瓦型的，敲击钟的中间和两侧会发出两个不同的乐音，称为"双音钟"。钟体多有铭文，注明该钟的音高以及与有关国家音律的对应关系。编钟的音域宽广，跨五个八度（现代钢琴为七个八度），中心区域可以旋宫转调。两千多年前，小小的曾国的乐器就已发达到这种程度，当时诸侯、天子的乐器，水平又将是如何，简直令人不敢想象。

古代群众性的歌唱活动也非常普及，著名歌手史不绝书。《列子·汤问》提到，薛谭到秦青门下学习唱歌，一段时间之后，自我感觉特好，故不想再学，欲辞别老师。老师很伤感，在郊外为他饯行。秦青"抚节悲歌，声振林木，响遏行云"，连白云都停下来听他唱。薛谭非常惭愧，自知浅薄，便留下来继续跟老师学习。

《列子·汤问》还提到民间女歌手韩娥，她游历到齐国，最后断粮了，就在临淄城下唱歌求食，她美妙婉转的歌声吸引来很多民众，人们纷纷赠以食粮。她离开之后三天，当地人们发现，家里梁上还回荡着她的歌声，这就是"余音绕梁，三日不绝"典故的来历。

《昭明文选》里《宋玉对楚王问》记载，有客在郢中唱歌，一开始唱《下里巴人》，国中属而和者达数千人；接着唱《阳阿薤露》，国中属而和者犹有数百人之多；最后唱《阳春白雪》，音调高亢，国中属而和者依然有数十人。当时群众性歌咏活动之盛，于此可见一斑。

尤其可贵的是，春秋战国之际，在器乐、声乐都发展到一个相当高的水平以后，学术界开始研究音乐理论，包括音乐的起源、分类、功用、社会价值等，形成了独具中国特色、堪与古希腊音乐思想媲美的音乐理论，它的代表作便是儒家经典《礼记》中的《乐记》篇。

提到音乐，人们往往会联想到"黄钟大吕"、"弦歌干扬"之类的道具，《乐记》说，这些不过是音乐的外在形式，属于"乐之末节"，不是音乐的本质，所以，"童者舞之"，让舞童去操演便是。音乐的本质究竟何在？儒家对此进行了深入的探索，其中"声、音、乐三分"的理论，是儒家音乐思想的核心。

音乐的起源与人的心理、情感活动密切相关。《乐记》说："凡音者，生人心者也。情动于中，故形于声。声成文，谓之音。"人是有着丰富情感的动物，人心被外物打动后，情感随之而起，并且会"形于声"。《毛诗序》说："情动于中而形于言，言之不足，故嗟叹之；嗟叹之不足，故永歌之；永歌之不足，不知手之舞之、足之蹈之也。"情动于中而后会形于言，如果觉得这样还不足以表达内心的情感，就会"嗟叹之"；如果觉得还不足，就会"永歌之"，甚至"手之舞之、足之蹈之"，手舞足蹈。人的情感一层一层地渐次高涨，就形成了各种表达情感的方式。

"情动于中"而"形于声"，用"声"表达情感，是音乐的最低层次，想要吼一嗓子，把心声喊出来。"声"，是最低的层次，单调，直白，没有审美情趣，连动物都能感知。

古人通过长期的探索，发现了七声音阶。藉由七声音阶，以及调门和旋律等技术手段创作的乐曲，表达的情感更加丰富、生动，具有审美价值，更容易打动人心。"声成文，谓之音"，"文"是文采，是艺术规律，由此形成的"音"，是高于"声"的第二个层次，相当于今天所说的音乐。

音乐的种类很多，或者庄严，或者典雅，或者颓废，或者放荡。不同的音乐，给人以不同的感受，好的音乐催人向上，让人的心智、理想沿着正确的方向走；也有的音乐让人沉溺不起。因此，喜欢听什么样的音乐，人的气质也会随之改变。

儒家认为，"音"的范围太过宽泛，良莠不齐，理应有所区别，再作细分，把那些内容健康纯正，风格典雅，能体现道德教化的"音"单独提出来，这一层次格调最高，称为"乐"。《乐记》说"德音之谓乐"。"音"和"乐"很相近，都是七声音阶，都是根据一定的旋律、调门创作出来的，但是两者在本质上不同，有优劣、高下、精粗之别，这正是《乐记》中子夏说的"夫乐者，与音相近而不同"所体现的思想。

《乐记》还讲到"君子乐得其道，小人乐得其欲。以道制欲，则乐而不乱；以欲忘道，则惑而不乐"。人不能没有快乐，人一快乐就自然而然地想跳舞或唱歌。君子关注的是，如何把握住娱乐活动中的道。一味追求感官的刺激与情绪的发泄，心性由此失去理性的把握，迷离惑乱，泛滥不归，就不会有真正的快乐。如果用道来制约，就能达到乐而不乱的境界。所以，要懂得"以道制欲"，倡导健康、高雅的歌曲，那么，社会风气才会端正。

《乐记》说："德者，性之端也。"人心显露在外的，是德。人心的仁、义、理、智四端都是德的体现。"乐"是"德之华"。"金石丝竹,乐之器也。诗言其志也,歌咏其声也,舞动其容也。三者本于心,然后乐气从之。是故情深而文明,气盛而化神,和顺积中而英华发外。"真正的乐,犹如道德之花,而道德是人性的开端。金、石、丝、竹,只是表达这种情感的器具。

《乐记》又说:"凡音者,生于人心者也;乐者,通伦理者也。是故,知声而不知音者,禽兽是也;知音而不知乐者,众庶是也。唯君子为能知乐……是故,不知声者不可与言音,不知音者不可与言乐。知乐,则几于知礼矣。礼乐皆得,谓之有德。德者,得也。""音"是人的心声,从"音"区别出来的"乐",可以通伦理。禽兽只能感知"声",人能创作"音",这是人与动物的区别之一。众庶由于受教育的机会不足,所以只懂得"音"而没法懂得更高层次的"乐"。君子真正懂得"乐"的精义与妙用。

有个典故,讥讽魏文侯知音而不知乐。魏文侯喜好附庸风雅,有一天,他和孔子的学生子夏讨论音乐。他问子夏,"吾端冕而听古乐",总是担心会睡着;而"听郑卫之音",就不知疲倦。"敢问古乐之如彼何也?""新乐之如此何也?"子夏就说,古乐"进旅退旅",进退齐一,"和正以广",表达的是平和中正之道。"弦匏笙簧,会守拊鼓",用的都是非常正的乐器,互相配合,没有奸声。君子聆听到此,可以说出古乐的义理,然后想到文武之道,想到修身齐家、治国平天下。但是新乐不然,行伍杂乱尊卑不别,一曲终了,君子不知所云。"此新乐之发也",非常之肤浅。最后子夏讥笑魏文侯,"今君所问者乐也,所好者音也"。你不懂什么叫乐,所以听了会睡觉。《乐记》说,如果你连"声"都不懂,那怎么讨论"音"?如果连"音"都不懂,又怎么讨论"乐"?懂得"乐"的人,就一定懂得"礼"。在先秦文献中,"德"与"得"可以互训,得到事物真谛的人,才是有德之人,所以说"德者,得也"。礼使人的行为合于道德理性,乐使人的心性中正平和。按照"礼乐"的要求来生活,便能内外兼修,成为德性高尚的君子,所以《乐记》说:"礼乐皆得,谓之有德。"

音乐通乎政

古代君子特别注重音乐的社会教化作用。

音乐与为政得失、社会风气好坏紧密相关。街上流行什么样的音乐，就可以知道民风如何。如苏州人说话，吴侬软语，评弹从内容到唱腔都是缠绵悱恻，所以当地民风柔弱，多出才子佳人，鲜出武将。西北则完全不同，秦腔激越高亢，人们每每在田间吼着嗓子唱，所以民风就比较刚烈。民风与音乐有关，这是不争的事实。人在唱歌之时，内心必然受到熏陶，天长日久，就会随之转移，所谓"润物细无声"，就是这个道理。

《吕氏春秋·音初》说："闻其声而知其风，察其风而知其志，观其志而知其德，盛衰、贤不肖、君子小人，皆形于乐，不可隐匿。故曰：乐之为观也深矣。"听听当地流行的民歌，可以知道民众的志向，他们崇尚什么，道德水准如何。所以一个社会的盛衰，一个人是贤还是不肖，是君子还是小人，只要看他喜欢什么样的音乐，就不难洞悉，通过音乐可以观察到非常深的问题，所以《吕氏春秋》又说"音乐通乎政"。

《礼记·王制》记载，上古君王要定期巡守四方，了解风俗人情。所到之处，地方官员要述职，内容之一，是展示当地的民歌。音乐能够反映民情。《乐记》说："治世之音安以乐，其政和。乱世之音怨以怒，其政乖。亡国之音哀以思，其民困。"有道之君，上下和乐，民声一定安详愉悦，清正典雅。反之，昏君当道，其政乖违，民生困顿，民声必定怨而怒之。至于行将灭亡的国家，民生困顿，民声必然怨恨。

历史上圣明时代，必定有时代颂歌，有史诗般的歌曲出现。相传黄帝时代的乐章叫《咸池》，颛顼的乐章叫《承云》，帝喾的乐章叫《唐歌》，尧的乐章叫《大章》。这种标志性的时代乐章，称之为"圣乐"。

除了尧舜这些传说中的圣贤之外，但凡有功于天下百姓的，也会留下歌颂他们的乐章。如大禹治水，万民欢欣，留下的乐章叫《夏迭》；汤商伐桀，除暴安良，留下的乐章叫《大护》、《晨露》；武王克商后，周公作的乐章叫《大武》。王国维先生曾有论文专门考证《大武》乐章。成王时，殷民叛乱，周人曾用大象冲锋陷阵，所作的乐章叫《三象》。

《吕氏春秋·适音》说："故有道之世，观其音而知其俗矣，观其政而知其主矣。"世界上有哪个国家是把音乐与政治、与为政得失如此紧密地联系在一起的？只有中国。

孔子所处的春秋晚期，社会风气非常之衰败，表现在音乐上，则是流行音乐的泛滥，其中郑国的郑声尤其糜烂淫荡。孔子对此非常生气。他反对这些格调低下的、不健康的音乐，他说，"恶紫之夺朱也，恶郑声之乱雅乐也，恶利口之覆邦家者。"（《论语·阳货》）朱色是正色，紫色不是，但是人们不喜欢正色，反而喜欢不正的颜色，紫色把朱色的地位、影响都掩夺了。郑声就好比是紫色，把雅乐搞乱了。另外还有所谓"利口"，即能言善辩、巧言令色之徒，他们足以把国家给颠覆了。所以，孔子极其厌恶这不正的紫色、令人颓废的郑声，以及佞巧的"利口"。

需要指出的是，后史书上所说的"礼崩乐坏"，并不是说那个时候没有音乐、没有乐器，而是说音乐的格调低下，乐手的乐器虽好、技巧虽高，但演奏的已经不是德音雅乐，而是靡靡之音，郑卫之声。儒家在分辨这些音乐的时候，有一个背景，那就是流行音乐的产生。在历史上，雅乐和流行音乐的较量都没停止过，时至今日，依然如此。

移风易俗莫善于乐

治理一个国家，最基本的问题是治民，民风民情淳朴敦厚，则社会安定，百业兴旺。但是人心难测，不易措手。此外，中国幅员辽阔，是世界上任何一个古文明都无法相比的，由此带来的问题是风俗歧异，难以统一。所以，古时曾有学者用"如朽索之驭六马"来比喻治理百姓的艰难。

在儒家文化的体系中，音乐的功用，从根本上讲是要解决人心的问题。《郭店楚简》讲："凡学者，求其心为难。"要变化人的心最难，与人相交要得到彼此的心也最难。"虽能其事，不能其心，不贵。"一个人虽然能把一件事做好，或者尽管做的是好事，但如果动机不正确，没有把心放正，就并不可贵。《郭店楚简》有两句话讲人心与音乐。一句是"凡声，其出于情也信，然后其入拨人之心也（厚）"，"信"是真实的意思，心声是真实的感情，最能打动人，拨动人的心弦。另一句"乐之动心也，濬深郁陶"，乐能直接打动人心，深入人心。这是音乐的重要特点。孔子听了歌颂舜的乐曲《韶》，居然"三月不知肉味"，感慨说"不图为乐之至于斯也！"想不到听好音乐能达到如此境界。

儒家认为，治民并不困难。《诗经》说"诱民孔易"，"诱"是诱导、教育，"孔"是非常的意思，诱导民众向上，其实很容易，因为人心本善，性情相同，经常听德音雅乐，是教化民众、敦厚社会风俗的最佳途径。教化，不是生硬地强迫百姓去认同，而是用民众喜闻乐见的方式，在愉悦的氛围中涵养德性，化民成俗，做到"民不教而自化"。

古人深谙此中奥妙，所以想方设法利用各种场合推广乐教。例如周代每隔三年，各乡就要选举贤能之士，推荐给国君任用。在向国君举贤之前，要在乡学中举行"乡饮酒礼"。在整场礼仪活动中，一乡之人按照礼仪规定依序喝酒，而乐工在堂上堂下奏乐助兴，这些音乐经过精心选择。首先，乐工歌唱《诗经》中的《鹿鸣》、《四牡》、《皇皇者华》，说的都是君臣之间的平和忠信之道。接着，笙奏《南陔》、《白华》、《华黍》，说的都是孝子奉养父母之道。然后，堂上、堂下轮奏，堂上鼓瑟唱《鱼丽》之歌，堂下笙奏《由庚》之曲；堂上鼓瑟唱《南有嘉鱼》之歌，堂下笙奏《崇丘》之曲；堂上鼓瑟唱《南山有台》之歌，堂下笙奏《由仪》之曲。最后器乐与声乐合起，奏唱《周南》的《关雎》、《葛覃》、《卷耳》，《召南》的《鹊巢》、《采蘩》、《采蘋》，说的都是人伦之道。一乡之人揖让升降，觥筹交错，涵咏于笙歌雅乐之中，润物细无声，为德音雅乐所化。

《礼记》说，"是故乐在宗庙之中，君臣上下同听之则莫不和敬"，这是发自内心的因"和"而生的敬；"在族长乡里之中，长幼同听之则莫不和顺。"长幼之顺，也是发自内心之和；"在闺门之内，父子兄弟同听之则莫不和亲。"总之，社会各层面的和谐，都是通过德音雅乐的传唱来完成的。

中国传统文人抚琴弹曲，旨在陶冶心性，净化灵魂，追求意境是第一位的。因而在抚琴之前，要沐浴焚香，静坐入定。轻轻拨动琴弦，脑海里出现的是静谧的山林，有曲径通幽，松涛与瀑布声徐徐入耳，心灵宁静。由琴声导入，深深涵泳其中。一曲终了，灵魂如洗。要成为一位温良亲和、有品位的人，就要懂得这样用乐来谐和自己的心性。

《礼记·乐记》说："乐者所以象德也，礼者所以缀淫也。""乐"是内心德行的体现，"礼"是防止行为出格的规范。"礼"和"乐"令你内外兼修，尽显君子风范。

改革开放之初，中央乐团首席指挥李德伦痛感大学校园弥漫低俗音乐，严肃音乐几乎没有听众，作为有社会责任感的音乐家，他率领中央乐团走进北京各高校，亲自讲解交响乐的基本知识，并演奏西方古典乐章。每一乐章演奏完毕，全场鸦雀无声，半分钟后，全场响起暴风雨般的掌声。在场的一位同学感叹地说："心灵就像被洗过了一样。"心灵宁静、灵魂升华的感觉，油然而生。演出结束后，李德伦先生与笔者交谈时，引用《孝经》里的两句话："移风易俗莫善于乐，安上治民莫善于礼。"足见李先生是一位懂得乐教理念，并且身体力行，将它付诸实施的音乐家。

古希腊著名学者毕达哥拉斯认为，音乐可以培养人的美德，可以治疗疾病，可见儒家的音乐思想与古希腊哲人的理念是相通的。时至今日，西方人依然非常重视青少年的古典音乐教育，认为这是人生教育的基础，所有孩子从小都接受系统的古典音乐教育，以此树立学生的文化根基，涵养贵族气质。

近年，关于音乐具有缓和人的情绪的功用，正在被越来越多的人重新认识。报载，德国某个小镇的汽车站，等车者常常在此吵架。有人就提议，在那里装个喇叭放古典音乐。自那以后，吵架的现象明显下降。候车者听着巴赫、莫扎特的音乐，会跟着哼起来，吵架的心情随之消失。还有一则报道，说新加坡的监狱，每到放风时，都是囚徒寻衅闹事、打架斗殴的好机会，这在新加坡、香港的电影里时常可以看到，警官一来马上装作没事。后来，尝试在放风时放古典音乐，结果囚犯闹事者明显减少。此外，台湾的东海大学，一位女教师开设一门音乐欣赏课，一开始，课上的男同学都坐不住，但几堂课下来，这些学生都变得沉稳、安静了。这就是音乐的妙用。

遗憾的是，上述古人都懂的道理，我们偏偏浑然不知了。改革开放之初，西方音乐蜂拥而至，我们不加甄别，一概欢迎，某些低俗的、不健康的音乐，在我们有意无意的帮助下流行国中。我们甚至认为，音乐的本质是娱乐，是纯粹的个人行为，任何人无权干涉，因而放弃了引导大众的责任。之后，商业加入音乐文化生活，把收视率、票房价值作为衡量作品高下的唯一标准，一些高雅的作品遭到唾弃与排斥。笔者有一位朋友，立志在民间提倡高雅音乐，把《兰亭序》谱成曲，在小范围演唱，极受欢迎。但却很难进入国家媒体，原因是收视率不可能高！如今学声乐、器乐的孩子越来越多，但孩子的气象并没有整体提高。其原因是，不少家长让孩子学习音乐，纯粹出于孩子高考可以加分的功利目的，从而背离了音乐教育的本质，使之沦落为纯粹的"术"，令人扼腕长叹！

今之于古，时代不同了，但社会面临的问题依然没有改变：如何让人的身心走向完美。从这一点而言，礼乐的社会价值依然没有过时。创作出符合我们这个时代的德音雅乐，引领社会进步，依然是我们的历史使命。

（刊登时间：2014 年 2 月 24 日。作者系清华大学教授）

故宫文物上的清代文化

郑欣淼

收藏热中的宫廷与社会

对于源远流长的皇室收藏，它不仅是"宜子孙"的一笔宝贵财富，也不只是供皇帝个人赏玩的珍稀艺术品，更重要的是这些藏品所具有的强烈的政治与文化的象征意义。

中国历代宫廷都有收藏文物的传统，清代此风尤盛，特别是乾隆时期，闳富的宫廷收藏达到封建时代的顶峰。后来随着国势日衰，外患频仍，宫廷收藏也屡遭厄运，大量珍贵文物被劫掠、毁损或流散，但仍留存下相当丰富的文物藏品，成为中华历史文化的实物见证与中华文明的重要载体。

在考察乾隆时期宫中收藏的盛况时，应该注意到清代前期、中期文化建设与学术发展的一些特征。王国维在谈到清代学术时说："国初之学大，乾嘉之学精，而道咸以来之学新。"这种"大"与"精"的结合，就使清代文化艺术发展具有了一个重要特征，就是总结性，即集传统之大成的潮流。所谓"集大成"，从本质上讲是对传统的全面整理和总结。如在学术文化方面，有《康熙字典》、《佩文韵府》、《古今图书集成》、《四库全书》等的编修；在美术方面，如《营造法式》集历代建筑之大成，苑囿离宫集公私、南北园林之大成，景德镇官窑集历代制瓷之大成，造办处诸作集历代特种工艺之大成等。

还应看到，这种总结又与清代文化的复古潮流相联系。清政府高度认同汉民族的封建文化，一切"仿古制行之"。汉族文人以选择古学而维护民族的自尊，维护既有文化底色。同时出于对明政权覆亡的反思，许多人认为祸根就在于明末对于传统文化的反叛。鉴于此，清人有一种明显的向传统复归的心理态势，这种心理与当时整个时代环境相汇合，造成了清王朝持久而深入的一股复古潮流。在这种以古雅为美的审美风潮中，对古代文物的收集和珍藏可算是一个突出的表现。《清稗类钞》中有《鉴赏类》，收录了无数清人好古董的故事。这种好古之风，更充分体现到清代的仿古瓷器中。

《是一是二图》为故宫藏画。图绘乾隆皇帝身着汉人服饰，正在坐榻上观赏皇家收藏的各种器物。其身后点缀室内环境的山水画屏风上，悬挂一幅与榻上所坐乾隆皇帝容颜一样的画像。上有乾隆皇帝御题："是一是二，不即不离。儒可墨可，何虑何思。长春书屋偶笔。"

图中乾隆皇帝的画像具有肖像画特点，40余岁，其面部刻画细致传神，表现出他睿智而自信的神态。书房中有一组古物，左上角的古铜器为"新莽嘉量"，为王莽在创立新朝时所颁的度量衡标准。其形制乃是据《考工记》的文字叙述推衍想象而成。这是王莽当时在文化上复古企图的体现。高置方几之上的是明宣德青花蓝查体梵文出戟法轮盖罐，侍童手执明永乐青花缠枝文藏草瓶，圆桌上置有明永乐青花双耳扁瓶及明宣德青花凤穿花纹罐等。这些古物至今仍珍藏着。通过这幅图画，可见乾隆皇帝对古物的痴迷，也可见那个朝代，互动于宫廷与民间的复古之风。

"三希堂"与"四美具"：收藏的巅峰

故宫文物的来源，主要有三个渠道：一是承袭前朝皇室的收藏。清军入关进驻北京，也接收了明皇室的文物收藏，包括各种三代铜器、瓷器、书画、玉石器、典籍等，并且通过努力搜求，征集了一批珍品。以书画为例，例如晋王珣《伯远帖》、隋展子虔《游春图》、唐韩滉《五牛图》、五代顾闳中《韩熙载夜宴图》等著名书画，都曾载在《宣和书谱》、《宣和画谱》或《石渠宝笈》中，现仍藏在北京故宫。晋王羲之《快雪时晴帖》（唐人摹本）、唐孙过庭《书谱》、唐怀素《自叙帖》等著名法书，曾入存宋元宫廷，现藏于台北故宫。

二是清宫制作。为了满足皇帝对宫廷日用器皿及各种工艺品的需要，从康熙初年起，清宫内府就创立了造办处。康乾时期是清代社会发展的盛世，尤其是乾隆皇帝对各类艺术的酷爱，推动了当时工艺的发展，工艺技术达到了前所未有的高度，新奇制品层出不穷。遗留至今的很多精美绝伦的工艺品，如玉器、珐琅器、钟表、文玩等，都是当年造办处制造的。造办处的档案保存至今，故宫所藏清代工艺美术品，有许多仍可以在档册中找到作者是何人，是某年月日开始设计画样、做模型，某日完成，以及陈设地点等。

三是新的收藏与征集。除承袭前朝文物、制作新的美术工艺品外，清朝统治者还多方搜求，不断充实新的收藏。其中一个重要方面是贡物。朝贡制是中国特有的一种体现中央和地方、中心与属国之间关系的等级制度。清宫收藏有大量贡物，故宫至今仍集中着一批。从现有史料来看，清朝特别是作为进贡顶峰时期的乾隆朝，臣工的进贡早已突破了传统意义上的进贡，内外官员都可以进贡，贡品不再限于茶果、吃食等方物，而是种类繁多，如金银、玉器、古玩、字画、瓷器、铜器、绸缎织物、皮张、洋货等等。逢年、过节、万寿大典或外出南巡，臣工往往多有贡献，其中又以进贡书画、文玩较为讨喜。乾隆皇帝在《石渠宝笈续编·序文》上说："自乙丑至今癸丑，凡四十八年之间，每遇慈宫大庆、朝廷盛典，臣工所献古今书画之类及几暇涉笔者又不知其凡几。"

查抄没收物品也是宫廷收藏的一个来源。清代特别是乾隆时期，许多犯案的官员被查抄，财产被没收入官。入官之物分为解京物与留变物两类，解京物也分为两类，金银、玉玩、书画、铜瓷及其他特别贵重之物大部分解内府，其余值钱的，含新旧但不一定珍贵之物，都可解崇文门变卖。整个乾隆六十年间因案被抄家的不下 200 人，其中不乏总督、巡抚、藩臬二司等地方大员，大半都是贪赃所致。他们的珍玩都成了内府的收藏。

访书与刻书、抄书。清宫藏书是以明代皇室遗存为基础，经过数百年的访求、编刻、缮写，收藏了大量的珍贵图籍，超越以前各代。清朝统治者以"稽古右文"自命，对图书典籍非常重视。从顺治初年为纂修《明史》即下令搜采明朝史志，康熙、乾隆二帝又广搜博采天下遗书。为纂修《四库全书》，乾隆帝数次下诏求书，并采取奖励政策，凡进献百种至百种以上者，分别赏给内府初印本《佩文韵府》等书一部；或于精醇之本，高宗亲为评咏题识简端，优先发还；或将藏书家姓名载入《四库全书总目提要》之末等，后来共采访得书 13781 种。清宫藏书是以明代皇宫秘籍为基础，又经过历年的搜求，加上清宫编纂刊刻、抄写的各类图籍，其收藏之富，超越以前各代。清前期，清内府主持编纂、刊刻和抄写了许多大部头的图书。这些图书不仅在中国图书史上占有极为重要的位置，同时也成为清宫藏书的重要来源。清内府在编刊图籍的同时，由于康乾二帝崇尚书法，内府抄写书籍亦极为盛行，其抄写之精、装帧之美、数量之大，均可与内府刊本书相媲美。乾隆年间编纂的《四库全书》最为有名，同时产生的《四库全书荟要》和《武英殿聚珍版丛书》也颇有影响。这些内府刊本与抄本，都成为尔后故宫博物院的文物藏品。

在清宫收藏中，"三希堂"与"四美具"有着标志性的意义。王羲之的名迹《快雪时晴帖》原放在乾清宫，此为皇帝之正式寝宫。王献之的《中秋帖》则置于御书房。乾隆皇帝在乾隆十一年（1746）得到王珣的《伯远帖》后，遂在自己进行日常政务的养心殿居所中，辟专室存放这三件晋人名迹，并铭之为"三希堂"。他为此写有《三希堂记》，认为这三件书迹不仅是中国书法的"希世之珍"，而且是分别经过宋、金、元诸代的皇室收藏的"内府秘笈"，三帖的重聚因此就有着非凡的意义："今其墨迹经数千百年治乱兴衰存亡离合之余，适然荟萃于一堂，虽丰城之剑、合浦之珠无以逾此。子墨有灵，能不畅然踊抃而愉快也。"

"四美具"同样具有重要意义。所谓"四美"，即晋顾恺之《女史箴图》和传为宋李公麟的《潇湘卧游图》、《蜀川胜概图》、《九歌图》。这四件画作，明代为上海人顾从义所收藏，顾能书善画，好古精鉴，嘉靖年间以善画选直文华殿，后授中书舍人。这四件国之瑰宝，在明代即被董其昌称为"四名卷"，他对此四件巨迹散佚后自己只能得其一而为之感慨不已。乾隆年间，在有史以来最大规模的艺术搜集行动中，这四件名品相继进入清宫，至乾隆十一年夏，"四美"重新团聚。

乾隆皇帝对"千古法宝，不期而会"叹为"不可思议"，并非常高兴，御题《蜀川胜概图》有"乃今四美具一室，赏心乐事无伦比"诗句。于是，特在建福宫花园静怡轩辟出专室存放"四美"，并命名曰"四美具"。又命董邦达绘《四美具合幅图》，并御题《"四美具"赞》："虎头三绝，妙极丹青，桓元巧偷，自诧通灵。有宋公麟，名冠士夫，海岳避舍，顾陆为徒。潇湘澹远，蜀江清峻，九歌瑰奇，奕奕神隽。中舍鉴藏，名迹归重，剑合珠还，雅置清供。"与"三希"重聚的感慨一样，也将"四美"重聚比作春秋时期的干将、莫邪雌雄双剑在西晋永平年间重现，以及东汉顺帝时期合浦珍珠在吏治腐败时避迁交趾、吏治清明时重到合浦的传说，足见乾隆皇帝的志得意满及其收藏的千古之盛。

鉴赏功力与藏品整理

乾隆皇帝不仅致力于收藏，而且重视文物的鉴赏，常在文学侍从、内廷画家陪侍下阅赏品鉴，作为政务之暇的消遣。乾隆朝著名的文学侍从，有梁诗正、张照、汪由敦、董邦达、钱陈群、沈德潜、于敏中、刘墉等。这些人学问优长，能诗能文，兼具书画艺术创作与鉴赏能力，陪着酷好诗文艺术的皇帝进行创作、鉴赏，整理皇室收藏。乾隆皇帝本人艺术修养甚高，精于古物鉴赏，嗜古成癖，对于收藏的书画及工艺珍品进行过认真的鉴评。阅赏钤印是乾隆帝的喜好，故宫藏的很多传世书画精品上都钤有乾隆的玺印。乾隆一生拥有过的玺印远远超过他曾钤用过的玺印，据统计，乾隆一生共治玺印1800余方，钤用过的也有千余方，是历史上留下印迹最多的一位皇帝。

乾隆皇帝对古玉的鉴别水平很高，对玉器的沁色和俏色很有研究，这是在实践中学习获得的。他写有《御制玉杯记》，记载玉工姚宗仁祖制玉杯的经过及做旧方法。这种方法给乾隆帝留下了深刻印象，他也积累了好多经验，能够准确鉴别古玉的真赝。

元代至正十年（1350），82岁的黄公望画成生平最重要的名作——《富春山居图》卷。这幅画卷为纸本水墨画，在清顺治年间不幸遭遇火厄，分成两卷，残存的一段，通称《富春山居图》（剩山图），为全卷起首。360余年间，《剩山图》与《富春山居图》各自流传。此外，流传的《富春山居图》有构图完全相同的两卷，一为题赠郑无用师的《无用师卷》，另一为落款"子明"的《子明卷》。两卷于乾隆时期先后进入内府。乾隆帝误辨《子明卷》为真，《无用师卷》为仿本，引发后世诸多讨论。

清宫有无假画？肯定有。1936年马衡院长曾因易培基冤案问题，在庆贺张菊生（即张元济）70寿辰时写的《关于书画鉴别的问题》一文中，列举了历史上许多书画名家和风雅帝王关于书画鉴定方面的理论，指出："书画之真赝问题早已成为不易解决之问题。虽一代鉴家董文敏（即董其昌）也认为'谈何容易'。其中问题复杂得很，不是简单的几句话所能解决的。"他说："现在故宫所藏书画，有许多品质虽劣，名头则甚不小，……凡是名气越大的，件数必愈多。大约臣工进献之时，不管内容如何，贡品单子上不能不写的好看。好在是送礼的性质，无关政事，也谈不到欺君之罪。于是'往往有可观览'之外，尽有许多不可观览的。"对有些虽为赝本但流传有序、本身价值并无动摇的书画，马衡也发表了自己的见解。总之，马衡通过大量实例，论证了书画之赝本，自古有之。帝王之家、社会名流所藏书画，大多来自民间，当然不乏赝品。书画的真赝鉴定"谈何容易"，而法院仅听黄宾虹一家之言就断定"帝王家收藏不得有赝品，有则必为易培基盗换无疑"，实在是没有道理的。

鉴与赏是分不开的。乾隆皇帝的阅赏活动在他的诗文中也有充分反映。除诗歌之外，乾隆皇帝在书画上题跋则更多，仅《快雪时晴帖》就在49年中题跋达73处。对于许多工艺珍品，他也常有题跋和题诗刻在其上，例如御题官窑葵瓣口碗、御题剔红《百花图》长方盘、御题尤侃雕犀角槎杯等，或记叙文物的收藏经过，或抒写感想，反映了他的艺术趣味和审美观念。

乾隆皇帝不仅重视收藏，还对宫中藏品进行了整理、登记，例如《秘殿珠林》、《石渠宝笈》，就是两部大型书画著录。《秘殿珠林》专记宫藏宗教题材的书画，《石渠宝笈》则专记宫藏一般题材的书画及其他，全书的编纂过程，前后长达 74 年之久，共收录书画作品一万多件。包括《西清古鉴》、《西清续鉴》、《宁寿鉴古》在内的《西清三编》，收录了清宫所藏的数千件古代铜器；《四库全书》，则共收书 3503 种 79337 卷，约 9.97 亿字。乾隆年间，于昭仁殿庋藏宋金元明之精善藏书，编有《钦定天禄琳琅书目》（前编）十卷，嘉庆二年（1797）昭仁殿失火，前编书尽毁，乾隆又令再辑宫中珍藏《钦定天禄琳琅书目后编》二十卷。《天禄琳琅书目》为我国第一部官修善本目录，沿袭汉代以来书目解题传统，在版本著录体例方面多有创见，如记载收藏家印记即为其中一大创举，于清代藏书家讲究版本鉴定、注重善本著录之风影响深远。

乾隆皇帝对于收集的许多珍贵法书名作，不仅自己摹写欣赏，还热衷于书法艺术的普及推广，命令于敏中、梁国治等大臣组织刊刻了"淳化阁帖"、"三希堂法帖"等供给普通士人临摹之用。

当然，我们在看到乾隆帝以收藏为中心的文化大业时，也要清醒地看到其中的文化专制主义，大兴文字狱，编纂《四库全书》时对古籍的窜改、禁毁等，这也是不容讳言的。

我们今天如何看待乾隆皇帝的收藏？乾隆皇帝生活的 18 世纪，在人类历史上具有特殊重要的意义，以英国产业革命和法国大革命为标志，资本主义在西欧已确立了统治地位。成立于 1753 年的大英博物馆在 6 年后正式对公众开放。1793 年 8 月 10 日，卢浮宫艺术馆正式对外开放，成为一个博物馆。18 世纪的中国仍处于漫长的封建社会的末期，封建专制政治的典章制度得到进一步完善。清统治者自认为是"天朝上国"，君临天下，统驭万方。宫廷的收藏，自然也是作为君主法统的象征和仅供皇帝观赏享用。但是，这些文物毕竟是中华文明的载体和记录，是中华传统文化的结晶和瑰宝。乾隆皇帝毕竟也是中国历史上一位了不起的帝王。辛亥革命后，故宫博物院成立，这些文物成为全国人民共享的文化财产。

现在主要收藏在两岸故宫博物院的故宫文物有三个特点：一是这些文物包括了古代艺术品的所有门类，具有品级、品类、数量上的优势。其历史文化内涵更涉及建筑、园林、历史、地理、文献、文物、考古、

美术、宗教、民族、礼俗等诸多学科，在我国历史文化遗产中具有突出
的历史价值、科学价值和艺术价值；二是这些文物显示了中华民族五千
年的文明是一条绵延不断的历史长河，中华民族绵延不断的历史文化在
故宫的各类文物藏品里均得到充分的印证；三是这些文物与我们民族有
着特殊的关系，特别是在抗日战争时期，故宫文物南迁，和我们民族共
患难，赋予其特殊的价值，寄托了我们民族的感情。

（刊登时间：2014 年 2 月 27 日。作者系十一届

全国政协委员，故宫博物院原院长）

现代大国应对文化经典进行生命还原

杨 义

寻找文化的原本，疏通精神的脉络

一个现代大国需要对自己的文化经典进行还原研究，清理原始经典的知识发生的根源，思想者的文化生命基因，文本背后的文化意义密码，以及诸多被历史烟尘遮蔽的千古之谜。要弄清自己的家底，激活这份深厚的家底的文化生命，才能有根有据、底气深厚而又潇潇洒洒地开展新的文化创造。对家底做一个明白人，是莫大的幸运而莫大的快乐的事啊！连祖宗的遗产都是一笔糊涂账，时时聚讼纷纭，道不清一个子丑寅卯，又如何去说服别人呢？现代大国责无旁贷地应对自己的基本经典和文化伟人，给出一个原创性的，既根基牢靠又生趣盎然的说法，才能形成自己的最为根本的文化软实力。

"还原"就是寻找中国文化之原本，寻找它的思想力和生命力发生及存在的本真。还原似乎是一个二律背反的命题：一方面，历史是不可能原原本本、百分之百地重新复原的，历史进入人们的记忆和记录，都要经过筛选和叙说，这就有所删除，有所聚光。不要说二三千年前的历史，就是昨日发生在另一房间的事情，你派人现场记录，再来向你复述的时候，已经不能纹丝不动、任何细节都不遗漏地重现出来。另一方面，还原又是非常必要的，对于一个文化而言是具有根本性的。虽然你不可能重现你经孕育出生的全部细节，但通过 DNA 的检测和分析，你还是可以指认亲生父母。经典是人书写和编纂的，那里蕴含着人的生命痕迹，可以追问著作者是谁，为何把书写成这个样子，其中的知识如何发生，思想如何被原创和接受。推求原始，辨析原委，走近诸子，触摸他们的体温，还原历史现场，是艰难的，也是必要和具有可能性的。

我们应该重温唐代刘知几《史通·书志篇》提到的两个掌故，其中说："帝王苗裔，公侯子孙，余庆所宗，百世无绝。能言吾祖，郯子见师于孔公；不识其先，籍谈取消于姬后。故周撰《世本》，式辨诸宗；楚置三闾，实掌王族。逮于晚叶，谱学尤烦。"中国人重视谱系学，不应仅限于家族谱系，更重要的是弄清自己的文化谱系、精神谱系。孔子向东夷酋长郯子请教远古的文字记载之外的职官制度和图腾崇拜，打通了民族间隔，打通了文献传统和口头传统的间隔，并且说出"吾闻之：天子失官，学在四夷，犹信"的感慨。可见 27 岁的孔子问礼还原远古的礼制，是采取了何种开放的胸襟。

另一个反面的掌故，发生在此前两年，《左传》鲁昭公十五年（前527）记载：这年的 12 月，晋国的荀跞去洛阳，参加穆后的葬礼，籍谈作为副使。葬礼完后，周景王以鲁国进贡的酒壶斟酒，宴请晋国的使臣。宴席间，周景王问籍谈："诸侯都有礼器进贡王室，为何晋国独独没有？"籍谈回答："诸侯受封，都在王室接受明器的赏赐，用来镇抚社稷，所以能够把彝器进贡给天子。晋国居住在深山，与戎狄为邻，远离王室。天子的赏赐达不到，拜见戎狄还来不及，又怎能进贡礼器？"周景王反问，"你忘了晋国始祖唐叔是成王的同胞兄弟，受赏怎能没有份？"并且列举了历朝赏赐给晋国的车马、斧钺、皮甲、香酒、弓箭，这些都是晋国要记录在册，用来彰显荣耀、教育子孙的。"籍氏是因官职得姓氏的，从你的九世祖以来，就管理晋国的典籍，作为籍氏子孙，为何连这些都忘了呢？"客人离开后，周景王说，"这就是'数典忘祖'"。这里涉及封建制度、赏赐制度、进贡制度、丧礼制度、书籍制度，作为籍氏后人竟然忘记了掌管的典籍，忘记了典籍背后的祖先。这与孔子的文化旨趣决然相反，孔子倡导"礼失而求诸野"，在这"失"与"求"之间，是要聚合各种生命痕迹、缀合各种文化碎片，以还原文化的根本的。

正是基于这么一种文化思路，我近年潜心于"先秦诸子还原"研究。

其旨趣，是要在文本、生命、文献、民俗、考古等多个学术维度上追求的一种学术境界，透视诸子创造学说的生命过程，对诸子学说进行文化基因的分析，以疏通中华民族在其思想文化史上生长起来的文化精神脉络。

在材料的缝隙中寻找古人的生命存在

令人深感遗憾的是，在诸子学研究中，一些文献根柢相当好的学者，经常忽略了文献、典籍之中，蕴含着著作者的生命。这种生命，使典籍得以发生；对这种生命的寻求和激活，又使古今可以进行对话，共享智慧。《礼记》记载，孔子临终对子贡说："丘，殷人也。"这是追述和强调他的祖籍在宋，是殷人后裔。既然孔子这样强调了，弟子对孔子的丧葬就要按照殷礼实行。众弟子在孔子墓前庐墓守心孝，就是仿照商朝初年太甲到成汤、太丁在桐宫的墓地庐墓守孝的殷人丧葬之礼来执行的。以礼解经的结果，就会发现，《论语》材料的最初回忆记录，只有承认发生在庐墓守心孝的三年(二十五月)的历史现场。如果众弟子分散前的这25个月，不对夫子进行深切的追思和编纂追思录，那么对于事师如事父的弟子而言，又怎么面对孔子反复对他们讲的"三年无改于父之道，可谓孝矣"呢？这就印证了汉儒所讲，《论语》第一次编纂发生在"夫子既卒"的时候(鲁哀公十六年，前479)。

以礼解经，就是以当时士人行为规范来把握他们的办事方式，它应该与以史解经、以生命解经相互配置。由此又可以推导出《论语》第二次编纂，发生在庐墓守心孝结束，子夏、子张、子游推举有若主持儒门(鲁哀公十八年，前477)的很短时间内，这在《论语》文本中留下足够的生命痕迹。第三次编纂发生在曾子死(鲁悼公三十一年，前436)后不久，这是柳宗元在《论语辨》中考证出来的，宋儒程朱辈也认同这个说法，《论语》文本中也留下足够的生命痕迹。第一次编纂的主持者，据郑玄说，是仲弓、子游、子夏，这条线索经过荀子，通向汉儒；第三次编纂的主持者是子思及乐正子春等曾门弟子，这条线索经过孟子，通向宋儒。两千年儒学的汉、宋两大学派，在《论语》于春秋战国之际五十余年间的三次编纂中，埋下了它们的最初源头。

这也告诉我们，东周秦汉的书籍制度与宋以后的刻本制度存在着实质性的差异，它往往不是一次编成的，或现有一个祖本，然后在多次编纂中有所调整、有所增删；或组简传抄、单篇别行，抄录、口传、汇集、整理交叉进行，从而在不同时间、不同地域、不同学派的手中，形成了类乎考古学的"历史文化地层叠压"。研究者不应抓住以后来叠加和扰乱的某些痕迹，就攻其一点不计其余，轻易地斥之为"伪书"；也不应由于记载很早，就忽略有晚出的材料掺入，并叠加于其中。认真的态度，应该是细心辨析文本中的裂缝，各家记载的差异，材料沾染的飘尘，推究不限于真伪的多种可能性，究其发生，察其原委，从字里行间窥见生命的脉动。若要形容这种研究方式，当可用得上"披沙拣金，集腋成裘"八个字。

我常有一种感慨，在材料的缝隙中发现古人生命的存在，或者说"以迹求心"，是需要悟性，需要敏锐的眼光的；而某些科班训练却钝化了被训练者的悟性和眼光，把材料当成死材料，对其中蕴含着的生命脉动视而不见。在这一点上，有些学者简直不如一个破案的警察。按照这些学者的方法，只要拿尺子量量脚印的方位和尺寸大小，就心满意足，觉得非常"实证"了。许多人读《史记》，连"老子者，楚苦县厉乡曲仁里人也"，都不问一问老子仅是"周守藏室之史"，对于如此官阶，先秦的官方文字会把他的里籍记录得如此详细吗？《史记》记载那么多人，里籍记得最详细的，只有三个人，一是《本纪》中的刘邦，二是《世家》中的孔子，第三个就是《列传》中的老子了。这说明了什么？说明老子的详细里籍，应是司马迁20岁远游所得，《史记·太史公自序》说他"二十而南游江、淮，上会稽，探禹穴，……北涉汶、泗，讲业齐、鲁之都，观孔子之遗风，乡射邹、峄。厄困鄱、薛、彭城，过梁、楚以归"。他到过刘邦、孔子的故乡，而"过梁、楚以归"，是指他过大梁之墟，观秦引黄河水灌大梁而灭魏的遗迹，以及信陵君拜访岩穴隐士，不耻下交的城东之夷门；而又经过"楚"，按照他回洛阳、长安的路途计，这个楚只能是"陈楚"，即老子的家乡。

至于梁启超发现老子传八代就到文、景之世，而年少于他的孔子传了十三世；尤其是老子之子李宗"为魏将"，如果按照周烈王于魏文侯四十三年（前403）承认魏、赵、韩为诸侯来算，距老子出生已经一百六七十年了，因此他的儿子无论如何是够不上的。新发现的唐朝墓碑中，有《唐右骁卫朔坡府故折冲都尉段公墓志铭》，其中记载："公讳会，字志合，淄州邹平人也。其先颛顼之苗裔。盖李宗自周适晋，仕魏献子为将有功，赐邑封段干大夫。孙木，文侯之师，偃息蓍于王室，因地命氏，遂立姓焉。"这块墓碑照顾到李宗够不上魏文侯，就把他为魏将的时间上推了百年左右，安置在魏献子执政晋国的时期（前514—前509），这倒是对上榫卯了。

但是以下六代，又如何能够延展到文、景之世？问题在于老子出关隐居的时候，已是起码六七十岁的高龄，他的儿子辈不可能把他抛下，出山应聘为将；经过三四代之后，耐不得寂寞的后人出山求职，才在事理之中。细读《老子列传》，既然老子出关后"莫知其所终"，那么谁又能知道"盖老子百有六十余岁，或言二百余岁，以其修道而养寿也"？如果抽掉插入的老莱子、太史儋两则材料，接下来的就是老子之子李宗为魏将。揆之情理，这个李宗实际上是老子的三四代孙，他出山后凭着何德何能被聘为魏将？最好的办法就是自称老子之子，老头子还活着，已经一百六十多岁了，甚至后来还活到二百多岁。战国初年，老子的"长生久视"之学已经流行，说他"修道养寿"，成了活神仙，当是令人惊叹的奇迹。后人如此神化祖宗，也就抬高了自己的身价。

战国神仙信仰的风气中，并非李宗一人耍弄"年龄崇拜"的戏法。大梁人尉缭于秦王政十年（前237）游说秦王，但他写的《尉缭子》一开头就是："梁惠王问尉缭子曰：'黄帝《刑德》，可以百胜，有之乎？'尉缭子对曰……"梁惠王在位时间是公元前369—前319年，即便尉缭二十岁，在梁惠王最后一年与他对话，那么他拜见秦王政时也已经一百〇三岁了，又怎么能接受秦王政的挽留，当上秦国的将军，帮同规划消灭六国的军事谋略呢？于是乎，人们就只能猜测大梁人有两个尉缭了。其实，这是掉入了古人利用年龄崇拜所设下的文化陷阱。这就是孟子为何说"尽信书，则不如无书"了。古人也是人，他为何这样说、这样写，必须看透他的内心，才能解读他的生命密码。退而言之，事物是存在着多种可能性的，为何人们只是质疑认认真真地搜集材料、想为世间留下信史的太史公，而不去质疑历史上那些求职者、游说者呢？这是一时风行的思维定势在作怪。

只有超越前贤，才能与世界对话

我们面临着如何对待前人成果的问题。两千年来，无论汉儒、宋儒、清儒或民国前辈学人，研究六经诸子都积累了丰厚的成果，许多建树都可以成为我们进一步探本寻源的前阶，这不是一日半日就能讲得透彻的。现在严峻的思维定势是，有相当一些学问不可谓不博的学者，每每将前人的成果当成压抑自身创造力的负担，离开前人扔下的拐杖就不会走路，遮蔽了以明敏的眼光直探原始典籍之本原的视野。而一代学术气象，并非只靠一味仰脖子就可以开创出来的。过度的崇圣或过度的非圣，能够当"敲门砖"，能够制造思潮，但是与现代大国的学术风范存在着错位。现代大国学术可以接纳前贤，却又必须超越前贤，才能与当代世界进行广泛的对话。清学是古学的集大成，在文字、版本、校勘、辑佚上，其功至伟，不容狂妄抹煞。但是任何一代学术都有其强项和短板，我曾经分析过"清学三弊"，一是在文化高压下不敢讲民族问题，而中华民族文化共同体的精神谱系，离开汉胡或华夷的互动，是讲不清楚的。二是贬抑民间口头传统，只有经传神圣，民间文学不够"雅驯"。三是他们没有看到近百年的考古发现，对战国秦汉许多要籍的形成、演变或缺环，只能在因袭多于发明的注疏中兜圈子。至于民国学术，引进新学理，开拓新学科，做了许多得风气之先的奠基工作。但是疑古过度，是否反映了弱国心态，值得思考。辨伪，提出了许多新锐的问题，但由于没有大量的出土材料的参照，往往容易以宋元以下的版本知识，去评判战国秦汉属于另一种书籍制度的典籍之真伪，因而新出土的材料每每令之陷入尴尬。这样说，现代大国学术并不是存心菲薄前人，而是为了解放今人，只有认识前人的不足处、薄弱处，才能拓展今人的原创空间。

　　既然当代学者有志于开创现代大国的一代学术风范，就应该更新思想方法。思想方法的更新，可以使我们看到经典的新的侧面和层面，从这些新发现的侧面、层面触摸生命的温度，直抵意义的本真。一切资源，对先秦诸子进行深度的还原。比如孔子适周问礼于老子，在战国秦汉的儒家典籍、道家著述、诸子记述、史家叙事，甚至汉画像石中，都是没有怀疑的。但是由于孔子随行弟子较少，没有录入《论语》，儒学后来做大，难以忍受自己的祖师前面还有一个道家的祖师，有碍于道统的纯粹，因而就使得本是先秦诸子光彩夺目的"老孔会"的开幕式，"雾失楼台，月迷津渡"了。

　　《史记》在《孔子世家》、《老子列传》中，以互见法记载"老孔会"，《仲尼弟子列传》也有所涉及，一个卓越的历史学家如此使用材料，说明他对此事发生过，是坚信不疑的。但他并没有准确地考明"老孔会"发生的具体时间，对于《左传》鲁昭公七年（前 535）记述孟僖子安排鲁昭公由楚归鲁的礼仪，紧接着记述孟僖子病将死，遗嘱孟懿子、南宫敬叔向孔子学礼，二者相距十七年，《史记》却没有仔细辨析，造成了史源学上的混乱，导致后世即便相信孔子适周问礼与老子者，对他们相会的年份，出现五花八门的说法，谁也说服不了谁。

　　其实，只要将散落在《左传》、《礼记》、《史记》、《说苑》、《孔子家语》等典籍中的材料碎片，考之以史，辩之以礼，贯之以生命脉络，再对当时列国的治乱形势加以核对排除，尤其是把握住《礼记·曾子问》中孔子与老子参加一次出殡而遭遇日食这个关键，就可以缀合材料碎片，发现孔子适周问礼的时间是：鲁昭公三十一年（前 511），孔子四十一岁。《礼记·曾子问》记载孔子曰："昔者，吾从老聃，助葬于巷党，及堩，日有食之，老聃曰：'丘。止柩，就道右，止哭以听变。'既明，反而后行。曰：'礼也。'反葬，而丘问之曰：'夫柩不可以反者也，日有食之，不知其已之迟数，则岂如行哉！'老聃曰：'诸侯朝天子，见日而行，逮日而舍奠。大夫使，见日而行，逮日而舍。夫柩不蚤出，不暮宿。见星而行者，唯罪人与奔父母之丧者乎？日有食之，安知其不见星也！且君子行礼，不以人之亲痁患。'吾闻诸老聃云。"从这则记载"柩不蚤出，不暮宿",可知周人出殡是在上午。

经过严密的史源学、文献学、考据学、历史编年学的辨析所得出的结论,不妨以现代天文学加以验证,查《夏商周三代中国十三城可见日食表(食分食甚)》及 Five Millennium Canon of Solar Eclipses:-1999 to +3000 (2000 BCE to 3000 CE),可知在洛阳可见的日食的准确时间是,鲁昭公三十一年(前 511)在公历 11 月 14 日上午 9 点 56 分前后。《仪礼·既夕礼》记述入葬之日,"厥明,陈鼎五于门外",举行郑重而简单的祭奠哭踊礼仪之后,"主人拜送,复位,杖,乃行",可知按照周制,葬礼是在上午举行。因为葬礼之后还有虞祭,《礼记·檀弓下》云:"日中而虞。葬日虞,弗忍一日离也。"疏曰:"虞者,葬日还殡宫安神之祭名。"《释名·释丧制》又云:"既葬,还祭于殡宫曰虞。谓虞乐安神,使还此也。"因此孔子从老聃助葬所遇到的日食,应发生在上午 10 时左右,正好符合周朝礼制。若考证在其他年份,出殡遇日食的时刻皆不合周朝礼制。由此证得,孔子适周问礼于老子,在鲁昭公三十一年秋冬之际。

从散落多处的材料碎片中还原古老的生命活动,既是对古人的尊重,也是对自身学术敏感力和解释力的试练。我有一种感受,抱着一种尊重心,对散落的碎片精思明辨,穷原竟委,进行认真、审慎、科学的复原性缀合,乃是还原诸子生命的有效方法。这不仅是技术问题,关键的还是一种文化态度。这是一个艰难而浩大的以碎求全的"逆向工程",不是将已经碎片化的历史残片再捣成粉末,而是聚精会神、锱铢必较又呕心沥血地还原典籍的生成、历史的现场、古贤的情感生命,破解诸多千古谜团。

唯有通过还原诸子经典的本义,还原诸子思想发生的生命性和过程性,还原中国文化完整的而不是碎片化的生命过程,进而破解历史公案,释疑千年谜团,才能使我们的文化根柢牢固、根脉舒展,从而开启古今互通智慧的闸门,为现代大国的文化创造输入丰沛的元气。

(刊登时间:2014 年 3 月 24 日。作者系中国社会

科学院学部委员、文学所原所长)

古典诗词欣赏的四种类型

刘 石

有情读诗

有一类诗，抒发的是普遍、普通的人情、人性，加之诗风快如并剪，爽如哀梨，只要依着常理去读，带着感情去读，即眼便知为好诗，不必深究，也无法深究，深究则落言诠。如李白《静夜思》：

床前明月光，疑是地上霜。
举头望明月，低头思故乡。

何人没有家乡，谁没有思乡的经验？不需要刻意地调动，这些经验就会涌上心间。对这首诗诗意和诗艺的理解有很多，如"忽然妙境，目中、口中，凑泊不得，所谓不用意得之者"；"悄悄冥冥，千古旅情，尽此十字"；"此诗如不经意，而得之自然，故群服其神妙"等等，完全不错，但于诗歌的情感上并没有太大的意义。

但有人不认为这首诗容易理解，有一册书中写道：

"怎么样才算理解了呢，不妨用下面两个问题检测一下：一、诗中所说的床到底是什么东西，如果是睡床，他怎么能举头望明月呢？如果是井栏或马扎，那说明诗人始终处在月光之下，怎么会有'疑是地上霜'的心理过程呢？二、诗人只说'举头望明月'，那他这时'思故乡'了吗？他为什么要低头？是因为举头太久脖子累了吗？"

这就有些近乎玩笑了。

在这种诗面前，我非常同意闻一多对《春江花月夜》的感叹："一切的赞叹都是饶舌，几乎是渎亵。"

读这样的诗，不仅不必了解创作的背景、不需了解别人的饶舌，甚至不必知道作者究竟是谁。

比如这首诗："白日依山尽，黄河入海流。欲穷千里目，更上一层楼。"大家耳熟能详，而且也知道诗题叫《登鹳雀楼》，作者是王之涣。但这还真不一定。《全唐诗》里两见，它同时也归入一位叫朱斌的诗人名下，诗题也有不同，叫《登楼》。但就欣赏而言，不用管作者是谁，也不用知道登的是哪个楼，诗歌本身创造的、呈现的情思哲理神完气足，完全不劳外求了。

此外还有抒发爱情、友情、亲情的诗。孟郊的《游子吟》：

> 慈母手中线，游子身上衣。
> 临行密密缝，意恐迟迟归。
> 谁言寸草心，报得三春晖。

孟东野 46 岁进士及第，4 年后即 50 岁时才铨选为江苏溧阳尉这一小官，随即迎其母侍奉。古代的孝子比今天多，孟郊可算其中的一位。但我们何尝需要了解了这些才可以被感动，"仁孝蔼蔼，万古如斯"（明人对这首诗的评语），"孝"是传统的美德，不也是亘古不变的人性吗！

还有体现其他人性光辉的诗篇，如平等意识、人道关怀等。范仲淹的《江上渔者》：

> 江上往来人，但爱鲈鱼美。
> 君看一叶舟，出没风波里。

平等与关怀甚至延伸到动物与植物。宋人叶元素的《绝句》：

家住夕阳江上村，一湾流水护柴门。

种来松树高于屋，借与春禽养子孙。

启功先生《古诗》中的四句：

见人摇尾来，邻家一小狗。

不忍日日逢，恐成莫逆友。

袁枚的这首小诗《苔》：

白日不到处，青春恰自来。

苔花如米小，也学牡丹开。

18世纪法国思想家卢梭说："人生而平等，却无往而不在枷锁之中。"人在枷锁中是现实，人不甘于待在枷锁中也是现实。这些诗作，吟咏、赞美的又岂止是动物和植物。

又如对充满生机的山水自然的关注和赞美。清代广东诗人张维屏的《新雷》：

造物无言却有情，每于寒尽觉春生。

千红万紫安排著，只待新雷第一声。

每读此诗，耳畔竟真能响起隐隐春雷，眼前河澌冰涣，花骨朵缀满枝条，真不亚于听一曲短小而磅礴的《春之声》圆舞曲！

套用古人读《出师表》不落泪者必不忠、读《陈情表》不落泪者必不孝、读《祭十二郎文》不落泪者必不友的说法，读上面这些诗而不满心感动或倾情向往的人，或者读上面这些诗而忙着去找分析文章来参考的人，必是寡情不可交之人。

有意读诗

与上面不同的一种情形是，有些诗词如果不了解作品的相关知识就体味不出或不能充分体味出诗之意蕴与诗之美，明珠就算给暗投了。

诗圣杜甫有一首七绝《江南逢李龟年》：

岐王宅里寻常见，崔九堂前几度闻。
正是江南好风景，落花时节又逢君。

这算诗吗？还是诗圣写的诗？我们试着用今天的语言翻译一下，那简直没劲极了。西方有人说过：诗是什么，就是在翻译过程中失去的那些东西。意思就是说，诗是不可以翻译的。这种巧而有味的表达真好。诗固然不可以翻译，但这诗似乎就算不翻译也不觉着好啊——不过，这是在不了解写作背景的情况之下。

如果我们了解这是杜甫59岁的生命走到尽头，即他去世的当年（770）所写，所涉人物李龟年是唐代最繁盛的开元、天宝年间著名的宫廷乐师，作者青少年时期赶上了大唐盛世，出入公卿之间；以及相关知识如安史之乱前后大唐帝国国运的盛衰和作者自身命运的跌宕；再知道岐王就是唐玄宗的弟弟李隆范，崔九是唐玄宗时任为殿中监的崔涤，亦即中书令崔湜之弟，总之都是些达官贵人吧，就能够理解此诗之妙了。

用研究中国古典文学著述颇多的美国学者宇文所安《追忆》中的话来说："这里有一条回忆的链索，把此时的过去同彼时的、更遥远的过去连接在一起。"我们能够读出清人黄生的感受："今昔盛衰之感，言外黯然欲绝。见风韵于行间，寓感慨于字里。"也会同意衡塘退士在《唐诗三百首》里的评价："世运之治乱，年华之盛衰，彼此之凄凉流落，俱在其中。少陵七绝，此为压卷。"我们还能体会到这首诗如何将"笔愈简而气愈壮，景愈少而意愈长"、"含不尽之意见于言外"这种"含蓄"的艺术手法用到极致。

还可以再举可以类比的宋代的一例，王安石《泊船瓜洲》：

> 京口瓜洲一水间，钟山只隔数重山。
> 春风又绿江南岸，明月何时照我还。

我们都知其为名诗。名在何处？那还用说，名在第三句，名在第三句中的那个"绿"字，那可是王安石费尽心思才想出来的！宋人洪迈《容斋续笔》中说，见过别人家藏的这首诗的草稿，这个字先可不是"绿"字，先用的是"到"，圈去后改为"过"，又圈去改为"入"，再改为'满'，改了十几个字，最后到了"绿"就不改了，满意了。今天人们对这个字也颇为追捧，如词性活用、使动用法等等，都不错。

问题是前两句怎么样？

京口，今江苏镇江，在长江南岸；瓜洲，在长江北岸，是古渡口（在邗江，今属江苏扬州），两地隔江相望；钟山，在南京，代指南京。南京在京口之西，两者相距不足百公里。

这样前两句不就成了画地图似的索然无味了？

其实非也。

王安石 17 岁时随父定居江宁（今南京），19 岁时父亲去世，葬于南京，43 岁时母亲卒于京师，王安石护其灵柩归葬南京。诗作于宋神宗熙宁元年（1068）春王安石自江宁府赴朝中任翰林学士时，时 48 岁。自 17 岁至 48 岁，共 31 年。虽然他 22 岁中进士后辗转各地为官，如知鄞县，通判舒州（今安徽潜山），入京做三司度支判官等，但由上述可知，他与江宁有着不可割断的牵挂，尤其是父母葬地在此，其感情可以推想而知了。

了解了这些，就会发现诗歌前两句可能蕴含着比字面多得多、深得多的意蕴。居住了 31 年的故地，父母灵柩安置之所，第二句中为何提及钟山就很明白了。又由诗题可知诗作于瓜洲，抵瓜洲前，王安石在京口与金山寺僧宝觉会宿一夕（参其《赠宝觉序》），就可以明白第一句中何以提及京口、瓜洲了。两句的言外之意是，人在瓜洲，再往北就离开江宁属地了，就真的离开友人，离开待了多年的故地，更离开父母灵柩所在地了！我们就可以理解全诗前两句蕴含着的，是对友人的怀想，对父母安息之地江宁的存念，而绝不是在无谓地画什么地图。

现在我们也可以理解，此诗的出色虽然离不开后两句，但绝不仅仅是后两句。前两句的深情委婉配上后两句对在强大自然主宰力映照下的一身渺渺不得自主的感慨，隐约而又分明地告诉我们：作此诗时的王安石起身赴京，大任将降其身（次年任参知政事，推行变法，再次年即宰相位），意气不能说没有一些风发，但他清楚地知道他的前面是万丈深渊，他去了，带着的是多么复杂难言的情绪！总之，只会欣赏诗中的那个"绿"字，未免像对着一桌子的美味佳肴只知道尝鼎一脔，太不懂得享受了。

慧心读诗

除知人论世外，还得用一种慧心来读诗，因为诗是一种艺术，艺术是情感的结晶，也是智慧的产儿。不妨探究，但不能学究。

什么是慧心？就是审美的眼光与能力，对艺术规律的了解与把握，很难一言以蔽之，那么我们就来看看什么不是慧心吧。

王之涣的《凉州词》：

> 黄河远上白云间，一片孤城万仞山。
> 羌笛何须怨杨柳，春风不度玉门关。

此诗一题作"听玉门关吹笛"，也有学者认为王之涣可能到过玉门关（见傅璇琮先生《靳能所作王之涣墓志铭跋》），加之诗中末句又提及玉门关，就有人认为玉门关与黄河距离甚遥，在玉门关无法看见黄河，首句不合情理，应该依南宋计有功《唐诗纪事》作"黄沙直上白云间"。

这是不是有道理呢？没有。

一是没有艺术感受的能力，不知这样改动后诗的意境远不如改动前那样雄浑阔远、情景相融，不够美了。恰如程千帆先生《论唐人边塞诗中地名的方位、距离及其类似问题》所说："这首诗中的地名，彼此的距离的确是非常辽远的，而当时祖国西北边塞荒寒之景，征戍战士怀乡之情，却正是由于这种壮阔无垠的艺术部署，才充分地被揭示出来。"二是不懂得艺术创作的特点。艺术创作不是作地理志。西晋人陆机早说过："精骛八极，心游万仞"、"观古今于须臾，抚四海于一瞬"。德国作家歌德在《歌德谈话录》也说过："在许多情况中，作家为了使他所要描写的现象更鲜明突出，甚至可以违反生活事件的原有次序，借以加强作品的普遍的真实性，获取更大的感动力。"鲁迅谈小说创作体会也说："人物的模特儿也一样，没有专用过一个人，往往嘴在浙江，脸在北京，衣服在山西，是一个拼凑起来的角色。"（《我怎样做起小说来》）三是即使从版本讲，同为盛唐而稍后一点的芮挺章《国秀集》、薛用弱《集异记》都作"黄河远上"。

再举苏轼《惠崇春江晚景》：

> 竹外桃花三两枝，春江水暖鸭先知。
> 蒌蒿满地芦芽短，正是河豚欲上时。

诗作以想象赋予画面以生机，大化流行、各有条贯、万物一体、生生不息的和谐天趣与哲理情思非刻意道出而自然流露，实在妙不可言。

孰料奇事惊人。清初一位大学者毛奇龄任清代翰林院检讨，是《明史》的纂修官，学识渊博，著述宏富，有《西河合集》400余卷，可不是一个小学者了。王士禛《居易录》卷二却记载了他的一件糗事，说他素不喜苏东坡诗，有一位朋友在旁边举出这首，心想这首总不能说不好了吧。您猜怎么着？"毛愤然曰：'鹅也先知，怎只说鸭？'"苏东坡要是听到他的这个"酷评"，用现在的流行语言来说，一定会大呼"给跪了！"

想给跪了的岂止苏东坡一人，北宋的宋祁恐怕也得算一个。宋祁有一首名词《玉楼春》：

东城渐觉风光好，縠皱波纹迎客棹。

绿杨烟外晓寒轻，红杏枝头春意闹。

浮生长恨欢娱少，肯爱千金轻一笑。

为君持酒劝斜阳，且向花间留晚照。

清初的大文人李渔于词中的"闹"字有自己的见解："若红杏之在枝头，忽然加一闹字，此语殊难着解。争斗有声之谓闹，桃李争春则有之，红杏闹春，予实未之见也。闹字可用，则吵字、斗字、打字、皆可用矣……予谓闹字极粗极俗，且听不入耳，非但不可加于此句，并不当见之诗词。"（《窥词管见》）我们当然无意用这一例来将李渔的艺术水平全盘扫倒，但如果对照着王国维《人间词话》的评价："红杏枝头春意闹，这一'闹'字而境界全出。"可以见出差距的巨大。

白居易是另一个直接给跪了的人。他的《花非花》：

花非花，雾非雾。

夜半来，天明去。

来如春梦不多时，

去似朝云无觅处。

有人称之为较早的朦胧诗。好诗而朦胧的很多，很正常，朦胧一定是说不清道不明，也不必说清道明的。诗不会只因朦胧就好，但朦胧诗一定不会因明白而好。偏有人宣称，揭秘了，是谜语，谜底是——"霜"。

细心读诗

慧心之外，还有细心。为什么要细心？因为古人作诗常常是很用心也很细心的。《文心雕龙》说："呕心吐胆，不足语穷。煅岁炼年，奚能谕苦。"有人"吟安一个字，捻断数茎须"。唐代贾岛作诗"二句三年得，一吟双泪流"，为僧"推"月下门还是"敲"月下门踌躇不已。不仅苦吟家，非苦吟家亦然。苏门四学士的张耒曾"见白公（白居易）诗草数纸，点窜涂抹，及其成篇，殆与初作不侔"。不仅小家，大家亦然。杜甫就宣称"为人性僻耽佳句，语不惊人死不休"。怎么才能惊人呢，改！所以他又以诗句说："颇学阴何苦用心"，"新诗改罢自长吟"。

因此之故，我们读诗有时也要细读，得求甚解，不能囫囵吞枣，否则诗的好处不易尽显，辜负了古人投入在诗歌创作中的无限心血。

这里着重从关注异文的角度讲一下细心读诗的问题。

首先要强调，出现异文的情况复杂，有后世的误抄或误刻，也有作者本人生前的修改和选择。有人说，弄清作者用的到底是哪一个，或最早的版本用的是哪一个就行了。其实没这么简单。关于文本的历史还原问题难度很大，何况最早的不一定就是最可靠的，不要说宋本未必就可靠，就是作者的手迹，也难讲就一定是最可信的依据。更重要的是，最早的甚至手迹也未必就是最好的。

比如苏轼《前赤壁赋》那段充满哲理情思的前几句：

客亦知夫水与月乎？逝者如斯，而未尝往也；盈虚者如彼，而卒莫消长也。

"盈虚者如彼"，朱熹《朱子语类》中说曾见东坡手写本，"彼"作"代"。是的，"代"可当"更叠"讲，于文意未必不通。但我以为"代"不如"彼"。"彼"与"斯"相对，前后的排比整饬而自然。朱熹看见的墨迹我们看不见了，难得真有一本墨迹留存下来，就在台北故宫博物院，上面用的是"彼"，不作"代"。这说明什么？说明苏东坡两个字都用过。著作权是属于作者的，作者本来想怎么改就怎么改，想改多少次就多少次。既然不能明确取舍，作为异文并存，就可以讨论哪个更好。利用异文，可以捕捉不少容易忽略的细微信息，是感受、理解诗文艺术的一条好渠道。

我们看贾岛的《剑客》：

十年磨一剑，霜刃未曾试。

今日把示君，谁为不平事？

末一句中的"为"字有一个版本作"有"，"谁有不平事"。哪个好呢？我们不妨潜心思索。

我个人很同意清人冯班的见解，以"为"字为优。冯班说："谁为不平，便须杀却，此方见侠烈之概。若作谁有不平，与人报仇，直卖身奴耳。"（卢文弨《题贾长江诗集后》引）真可谓一字之异，高下立判。就算"有"字是贾岛所用，"为"字是他人擅改，我也要说，改的人足为贾岛的一字师。

再举前面说过的王安石《泊船瓜洲》为例，上面说了，"春风又绿江南岸"一句，人们都津津乐道于"绿"字的出彩，却忽略了其中的一个异文，即"又"字又作"自"，而且都是见于宋本或宋人的记载，就是说宋时已两存。那么哪个更好呢？吴小如先生《读书丛札》中说，作"又"不过表达时光易逝，如此而已；而作"自"更耐人寻味。春风本应有情而偏无情，自绿江南岸，而不管诗人思归不得。春天回归有时，人的去留却不由自主，故发末句之叹。吴先生往往于细致入微的解诗中体现自己深湛的艺术眼识，这样的人当今不多了。

当然，细心的问题同时也是慧心的问题，慧心的问题未必不牵涉有情的问题，有情与有意是相互补充的问题。总之，诗词、诗文的欣赏说易好像不难，说难却真不容易。深者得其深，浅者得其浅，根本说来取决于欣赏者的性情襟抱、学识涵养。要想增强欣赏的能力，提升审美的眼光，又远远不是听一次所谓的讲座、了解几种"类型"就能办到的。

（刊登时间：2014 年 4 月 21 日。作者系清华大学教授）

从时尚回归传统

——梅兰芳中晚期的艺术人生

傅　谨

古装新戏在昆剧的典雅中"舞蹈"

梅兰芳在小时候学了很多传统戏，他可以演，并且走红了，走红以后怎么办？梅兰芳走红以后开始演时事戏，开始赚钱，兑现自己的名声了。但是他很快明白这条路是不对的，所以重新拜老师学昆曲。所有优秀的京剧演员都必须从昆曲开始学，才有可能真正成为大师，因为昆曲有一个成熟的表演规范，这个表演规范是有深刻艺术内涵的。难以想象的是，梅兰芳是在成名以后开始重新学昆曲的。昆曲里面这些角色、这些人物其实很有意思，同时昆曲是一个很典雅的艺术，但是怎样才能特别体现昆曲的典雅？我给大家介绍以下几个故事。

有这样一个故事，一个小尼姑，很小就被卖到寺庙，慢慢长大到16岁懂事了，开始知道尼姑庵其实是一个很枯燥、很憋闷的地方，于是她开始渴望青春的生活，渴望拥有自己真正的人生。这是一个小尼姑思春的故事，她是一个小尼姑，并不知道什么才是她想要的，所以她只会有想法，她会想逃下山，但是她不知道逃下山后等着她的是什么，因为她不是那种经历了风尘的女子，因此小尼姑角色的表演既要有对生活的热情，对现实、世俗的渴望，同时也有涉及一些男女感情的想法，这才是昆曲所要表现出的东西。昆曲要表现人类的感情，但一定是有度的，一定是不能下流的，否则那不是昆曲的风范。在《游园惊梦》中，杜丽娘整天读书很闷，就游园，游园过程中做了一个春梦，这也是一个思春的故事。但是她作为一个千金小姐，思春的情节应该怎么表演，并且应该怎么抓住这样一个特点：杜丽娘既是一位大户人家的有良好家教的少女，又是在思春。这是昆曲所能教给梅兰芳的，而在这点上，京剧是做不到的。

其实《贵妃醉酒》也是这样"春意盎然"的，讲的是杨贵妃和唐明皇所谓的爱情故事。对杨贵妃来说，唐明皇就是她的天，就是她的一切，可是对于唐明皇来说，杨贵妃只是他万千妃子中的一个。皇帝是很忙的，不能只照顾你，还有别的事要做，还有别的妃子要照顾，这时杨贵妃就会很失落，喝完酒以后借着酒把她的那种欲望、她的那种失望表达出来。后宫里一个贵妃怎么来表现自己的欲望，表现自己对于情感的需求，这需要表演者掌握一个度。

这些故事都是在表达女性对于情感的渴望和需求，但是都被控制在一个很适当的度里面，只要在这个度以内，就会做到雅致。梅兰芳重新学昆曲，慢慢提升了自己的表演境界，于是他才真的成为大师。我觉得梅兰芳在演时装新戏时还离大师很远，在重新学习昆曲时他才成了大师。他演了传统戏又开始走新的路，这些古装新戏跟前面的时装新戏不一样，梅兰芳慢慢意识到，以前他自己从小学的这些东西似乎无法掌控，那么这些基本功在什么样的剧目里面才能够得到充分的展现呢？京剧的魅力最能够在哪里表现出来呢？不是时装新戏，而是古装戏。在演时装新戏的时候，他所学的传统的东西都用不上；在演古装新戏的时候，他所学的所有东西则都能用上。因此，从小学京剧，之后学昆曲，所有这些成为他的财富。

在这个过程中除了继承传统的功法以外，梅兰芳还改装了京剧的装扮、衣服。这都是缘于梅兰芳受到周围文人的影响，包括他学昆曲也是。我要强调的是，这些古装新戏都有一个特点，里面都有很重要的舞蹈身段，梅兰芳是把京剧的表演当作舞蹈来创造编排的，为了演这些戏他查遍中国古代跟舞蹈有关的文献，并都用舞蹈术语为他的很多表演身段命名。因此这些戏本身戏剧性都不是很强，完全可以被看成小舞剧。但是古装新戏对梅兰芳的艺术人生是非常重要的，一方面丰富了梅兰芳的表演剧目，另一方面为京剧艺术发展增加了一条道路，这就是看看我们能不能在传统功法基础上发展一些新的可能性，以及怎么处理新的题材。

梅兰芳的国际影响力

而在这一时期，梅兰芳已然成为北京城的代表，几乎所有到北京城的人都觉得能观看到梅兰芳的演出是一件很有价值的事。因此，梅兰芳的社会影响、国际影响越来越大，并远远超过其他人。

我举一些例子来证明梅兰芳的影响到底有多大。众所周知，印度诗人泰戈尔是当时闻名世界的大文豪，中国也有一批年轻人很喜欢他，以徐志摩为代表的一些年轻文人们就成立了一个新月社，为什么叫新月社？因为泰戈尔有个诗集叫《新月集》。徐志摩老想拜泰戈尔做老师，于是找机会终于把泰戈尔请到北京来。但泰戈尔到北京来对这些年轻人不感兴趣，那他感兴趣的是什么？他到北京来就是想和梅兰芳见面。由此可见梅兰芳的国际影响力。

因此，人们一般把梅兰芳看成是中国文化最重要的代表，所以1919年和1924年梅兰芳两次被邀请到日本去演出，并受到日本观众特别热情的欢迎，故此有人说梅兰芳有5亿戏迷，其中有4亿在中国，1亿在日本。当然这是一个夸张的说法，但如此可知日本人对梅兰芳之迷恋程度。在日本我们现在都可以查到梅兰芳当年访日的情形。举一个例子，梅兰芳到日本演出的场所是帝国剧场，帝国剧场现在还存在。帝国剧场曾经被摧毁过两次，一次是关东大地震的时候被毁了，一次是"二战"的时候被毁了。经历关东大地震的破坏，帝国剧场重新修建竣工后的揭幕演出，邀请的就是梅兰芳。在这样一个具有象征意义的剧场受邀演出，梅兰芳一定是被给予非常高的评价的。

梅兰芳在1919年的赴日演出是他的第一次出国演出，他出国演出最受欢迎的有两出戏：《天女散花》和《御碑亭》。其实《天女散花》就是他的古装新戏，没有什么故事性，只是表演而已。而《御碑亭》则是一个故事性很强的传统戏，很有人性内涵。此剧是说一位女子从娘家出来回家的路上遇到下雨天，在村间凉亭里面避雨，恰好有一位书生路过，也在凉亭里避雨，两个人在凉亭里面过了一个晚上，虽然彼此之间有一些想法，但没有发生任何事情。等天亮了，雨也停了，两人各自回家。但是这位女子回到家后她的丈夫则开始怀疑她，并要休掉她。从女性的角度来讲，这是一个悲剧故事，但我觉得这个故事有着丰富内涵，主要在于它没有把这位女子写得有多么纯洁、多么干净，当然事实上是没有事的，但是孤男寡女同处一个凉亭里面想法会很多。每个人都可以有想法，但你没有做就是一种品德。

由此可见，梅兰芳在日本最受欢迎的就是这两类剧：一类是古装戏，一类是传统戏。所以要强调支撑梅兰芳艺术的两个主要支柱：第一个是他的传统戏，第二个是他在传统功法基础上发展出来的这些新戏，一直到晚年都在支撑他。

梅兰芳不仅在日本受欢迎，他还应邀到美国访问。梅兰芳1930年在美国的演出是非常成功的。访美演出成功是一件非常了不得的事情。现在出国演出在大家看来是一件很平常的事情，可是从1930年至今80多年来，中国还没有任何一个表演团体曾经有过梅兰芳1930年访美演出时所获得的那么隆重的欢迎。当时梅兰芳访美演出时，美国有一个庞大的后援会，这个后援会由总统夫人领衔，涵盖了几乎所有知名人士。中美双方都有很多的著名人士观看表演，这其中，我国著名学者胡适起到重要作用，胡适的导师杜威教授在里面也起到很大作用。

梅兰芳在世界上所产生的真正重大的影响其实不是去美国访问演出，而是1935年到苏联访问演出。梅兰芳访问苏联，当然待遇也很高，整个艺术界的主要人物专门为他举行了一个盛大的欢迎会。真正要说到梅兰芳访苏的重要性是什么？即梅兰芳访苏对后现代艺术的根本影响。其中有两个人所提出代表性的戏剧表演方法或理论就是观看梅兰芳演出被震惊而受到很大启发的。一位是苏联的戏剧导演梅耶荷德，梅耶荷德是当年苏联最著名的导演，也是对其他国家产生巨大影响的，后来斯坦尼不认梅耶荷德是他的学生，一部分原因就是梅耶荷德欣赏了梅兰芳的演出和思考了梅兰芳的表演，发明了新的表演方法，这个表演方法是说我们表演的训练是由外而内的。京剧的训练就是你不用问为什么，只要跟着练就成了。你不用考虑这个人的身份、人物形象、人物心理，只要学会技法，自然就可以表现出来内心了。这是由外而内的一个表演方法。而斯坦尼则认为，你必须理解了人物内心，才能表演出来并表演好。这其实是两种完全不同的教育方法，都能教出一流的演员，一流的艺术家，但在梅兰芳去苏联之前，苏联只有一种表演方法，就是斯坦尼的方法。而这种由外而内的表演方法现在在整个西方戏剧教育界都非常有影响。另一位受梅兰芳演出影响的是著名戏剧家布莱希特。我们经常说世界有三大表演体系，其中之一就是布莱希特体系。布莱希特之所以成为世界著名导演，而且对于"二战"以后的西方戏剧史产生巨大影响，关键就在于他观看了梅兰芳的演出，后来发表了一套"陌生化方法"理论，强调演员要把观众带到戏里面，感染大家，并时时提醒大家我在演戏，让大家清楚地知道这是演戏，舞台上不是真的戏，我不要你感动，我要你思考。

西方人没有学戏曲，没有学梅兰芳，但是他们从梅兰芳身上看到普通的东西并发展出来不同的戏剧思想，这是致使梅兰芳在国际上产生真正重要影响的原因。整个中国艺术史上有那么多大师，但是有几个人是对西方艺术真正产生了决定性影响的？有哪个音乐家对西方人的音乐思想产生了影响？有哪个画家对西方的绘画思想产生了影响？几乎没有。但是在戏曲界，梅兰芳是一个例外，他对西方后期戏剧艺术有着深刻影响。

蓄须明志回归古装传统戏

从苏联演出回来以后，抗日战争很快就爆发了，于是梅兰芳没有再登台演出。这个问题我觉得可以做一点说明，很多人，包括陈凯歌导演的电影《梅兰芳》都会把梅兰芳刻画成一个抗日英雄，我个人不这么看。我觉得梅兰芳是一个很了不起的人，但是一定不是我们在电影里面看到的那种英雄，对着日本人的刺刀会挺胸而上，那不是他的性格。梅兰芳抗战期间没有登台，其实是有原因的。1937年他到香港演出，这个时候上海沦陷了，于是他没回来，在香港留下来了。其实梅兰芳并没有打算留居香港太久，没想到留了好几年，好几年过去以后他当然想着就在香港定居算了，于是把夫人、孩子接到香港去，就想在香港定居，没想到太平洋战争爆发，香港被日本人占领，在这个时候他没有办法，匆匆忙忙就把两个孩子，一个送到贵阳，一个送到成都，之后他跟夫人一起回到上海。因为上海和香港都是日本人占领着，没有什么区别。回到上海以后，很多喜欢他的人，包括他的戏迷，对他帮助很多也很大，其中有一些很有影响的人都在汪伪政府里任高官，所以很多人就劝他出来演出。

这个时候他就开始给大家分发留胡子的照片，告诉大家他已经留胡子了，不能再演出了。大家知道他演旦角，旦角是不能有胡子的。至于梅兰芳八年里面是否真的一直都在留胡子，大概不是。当时演旦角的人是要每天拔胡子的，一定不能让胡子长上来，长出来以后再拔是非常痛苦的一件事情。虽然流传梅兰芳长胡子的照片也就那么两三张而已，但是我觉得他那种姿态是告诉大家我不能演戏，这已经非常了不起，只是大家不要以为他八年里面一直留着胡子，不然那样会很长，那样抗战胜利以后就不能再重新出来演出。正因为他一直保持很好的身体，包括他的长相、容貌都是护理得很好，才有可能在抗战胜利之后出来演出。包括当时一直给梅兰芳做西装的一位裁缝，也从来没见过梅兰芳长胡子。

梅兰芳发布蓄须照片的这个姿态很重要，对艺人来说，在那个时候他可以做到想方设法躲避演出已经是一个非常了不起的事情。为什么这样说？因为同样在那个时代，绝大部分京剧艺人都在演出。当然，他们也没有什么不对，毕竟每个人都是为了自己的生存，都有自己的日子要过。梅兰芳是个特例，非常值得敬仰，但是不能以此为标准要求别人。

在那一时期，梅兰芳也有自己的事情要做——画画，那个时候他画了很多画。他不演戏靠什么挣钱？靠什么过日子？画画、卖画，很多画都是被他的那些同行买走了。同时他也是一个广告明星，所以他的广告代言费也还是很可观的，不仅香烟用他做广告，咳嗽药也用他做广告，各种各样和他有边没边的东西都会找他做代言。

　　抗战胜利以后梅兰芳重新回到舞台，成为那个时代的民族的象征，尤其是他在抗战八年没有登台演出，使得人们对他更加钦佩。但是从这个时候开始，梅兰芳的戏就开始少些了，一般来说，梅兰芳经常演出的戏被人们称为"梅八出"，关于"梅八出"具体指的是哪八出戏则是有争议的，有着不同的说法，但经常演的则有《霸王别姬》、《贵妃醉酒》、《天女散花》等剧目。

　　从抗战胜利以后，梅兰芳中晚年演的这些戏基本都是主戏，连他原来创作的古装新戏也不演了，他自己认为最能代表他表演水平的就是古装传统戏。我在很多场合都谈过这样的看法，能够代表一个表演艺术家最高成就的是什么剧目？未见得是他自己创作出来的剧目。那么什么能代表我们这个时代表演艺术的最高水平？举个舞蹈的例子，如果有人能够把《大红灯笼高高挂》跳得不错，那就很不容易，但是如果能够把《红色娘子军》跳到上世纪 60 年代水平那更牛，假如能把《天鹅湖》跳到让俄罗斯人震惊的程度那才真正牛，对吧？所以体现表演艺术最高水平的是什么？梅兰芳告诉我们，他自己觉得要体现他的最高水平的不是他自己创造的剧目，而是演传统戏，因为他的传统戏是一代一代人演过，没有人表演超出他的高度，这是有可比性的。梅兰芳在前人路上把传统戏演得比前辈更好，更有内涵，更有内容，他的这个认识对于我们今天所有人来说都有启发。他晚年写的回忆录，我们如果有兴趣其实可以看看，非常好看。最后梅兰芳以京剧《穆桂英挂帅》完美谢幕，他的艺术人生就到此为止。

　　（刊登时间：2014 年 5 月 12 日。作者系中央戏剧学院讲座教授）

一情一景说唐诗

尚永亮

情景合一的诗歌美学

中国古诗的要项有二端，一为主观之情，一为客观之景。在情景之间，情为主，景为客，一主一次。虽然如此，但景的作用也不可低估，作为情的载体，景的描写对诗歌意境的营构是必不可少的。中国文化追求天人合一，表现在诗歌创作中，便是情景合一。

在诗歌创作中，不仅仅是山水外物属于景，宽泛地说，一切言事之笔无不属于景的范围。而这些景，一般都与情有着这样那样的关联。中国诗歌美学认为纯粹写景是诗歌创作的大忌，或者可以这么讲，优秀的诗歌创作没有纯粹写景的诗句，任何景语都包含有作者的主观情感，只是有的直露、有的隐晦而已。王国维在《文学小言》里说过："文学中有二原质焉，曰景，曰情。前者以描写自然及人生之事实为主，后者则吾人对此种事实的精神态度也。故前者是客观的，后者主观的也；前者是知识的，后者感情的也。"这里对情和景做了一个大致的分判，指出了二者的不同质性。明人谢榛《四溟诗话》也有一段论情景的话："夫情景有异同，模写有难易，诗有二要，莫切于斯者。……景乃诗之媒，情乃诗之胚；合而为诗，以数言而统万形，元气浑成，其浩无涯矣。"这里将情景之异同、表现之难易视为诗之二要，认为作诗应在作者独特的心理感受上用力，而在描写表现时，又要争取做到内外如一，使得心与物、情与景相合无间。景为诗之媒介，情乃诗之胚胎，两者如果结合得好，就可以"数言而统万形",达到元气浑成、浩然无涯的地步。明人李维桢在《青莲阁集序》中进一步指出:"触景以生情,而不迫情以就景;取古以证事,而不役事以骋材。"意谓优秀的诗歌创作应触景生情,而不宜让情去迁就景;可以借古代的人事来作例证,为诗歌的主题服务,但不能不分轻重地堆积典故,炫耀一己之才情。

从上引这些评说,可见古人对情、景二端的高度重视。实际上,在没有这些理论之前,早在《诗经》一些诗歌的创作中,就已经有情景相融的典型案例了。比如:"昔我往矣,杨柳依依;今我来思,雨雪霏霏。"(《诗经·小雅·采薇》)描写一个经年未归的戍卒在回家路上的内心感受。同是一个我,有昔与今之别;同是一条路,有杨柳依依和雨雪霏霏之异。人的情感,就在这样一个时间和空间的变换中生成了。当年他离家踏上征途时,春风吹拂着杨柳,一派和煦温暖的动人景象;而今由边地返乡途中,天寒地冻,白雪漫野纷飞。虽然作者在此并没有将情感明白道出,但在这"杨柳依依"与"雨雪霏霏"中,实际上就包含了人的欢乐与悲哀。今"来"和昔"往",痛苦和欢乐,在此形成了鲜明的对照。所以,这种表现既应该说是情与景会,同时也可以说是情寓景中,达到了两相结合的地步,以至于"历汉、魏、南朝至唐,屡见诗人追摹,而终有弗逮"(陈子展《诗经直解》)。

情景不可离

《诗经》这种情与景会的表现方法,在唐诗创作中得到了进一步的发展。其中用得较多的,是移情。

所谓移情,简单地说,就是将主体情感投射于客观景物,使外物具有人的情感因素。朱光潜先生曾经在《谈美》中非常形象地说过:"移情作用就是把自己的情感移到外物上去,仿佛觉得外物也有同样的情感。这是一个极普通的经验。自己在喜欢时,大地山河都在扬眉带笑;自己在悲伤时,风云花鸟都在叹气凝愁;惜别时蜡烛可以垂泪,兴到时青山亦觉点头。柳絮有时轻狂,晚峰有时清苦。陶渊明何以爱菊呢?因为他在菊的傲霜残枝中见出孤臣的劲节；林和靖何以爱梅呢？因为他在梅的暗香疏影中见出隐者的高标。"这里所举例证，大都缘于移情的作用，或者说属于移情的范围。如果举唐代诗作为例，那么，较为典型的应该是杜甫的《春望》了。《春望》开篇写道："国破山河在，城春草木深。"国已破，只有山河还在，说明已无余物；城虽春，惟草木深深，说明已然无人。在战火纷飞的岁月里，举目望去，整个一片残破，一片萧条，一片冷落。于是就有了颔联的"感时花溅泪，恨别鸟惊心"。这两句可有两种解释，一种解释，作者因感时而观花溅泪，因恨别而闻鸟惊心；另一种解释，因为感时，花好像都在流泪；因为恨别，鸟都为之惊心。一个主语是作者，一个主语是花和鸟。无论是哪一种情况，都可以说明这种移情的作用，就是说，因为作者有这种主观的悲伤情感，才使得他或花鸟溅泪惊心的。

除了这种移情手法，还有一种情形，就是情景互藏其宅，哀乐正反为用。王夫之《夕堂永日绪论》指出："情景名为二，而实不可离。神于诗者，妙合无垠。巧者则有情中景，景中情。"情、景之所以不可离，是因为"情景虽有在心在物之分，而景生情，情生景，哀乐之触，荣悴之迎，互藏其宅"。这就点到了问题的本质，情中景是把客观景物化作主观的景，使一切景物皆著我之色彩；景中情则是把主观感情融入客观景物，使一切景语皆成情语。人心与外物天然感应，景与情互相催生。有了"哀乐"，那么由视听所"触"之景物，便都染上了人的情绪色彩；反过来，用心去"迎"自然变化，情感必然波动。这样一来，可以说人心就成了外物的居所，外物也成了人心的居所，也就是"互藏其宅"。在情与景中，情固然是更为重要的一个方面，但景也忽视不得。所以王夫之又说："不能做景语，又何以做情语耶？"（同上）如果景语写得不好，情感就不能达到一种完满的体现。所以，写好情语的前提条件是把景语写好，使主观的情自然包含在客观的景中。这里表述的，实际上是一个看似矛盾实则统一的美学原则，一方面，纯粹写景是诗歌的大忌，另一方面，做不好景语就做不好情语。在景与情之间，是密合无垠缺一不可的关系，而优秀的唐诗，大都具有这种情景合一的完美体现。晚唐诗人许浑的《谢亭送别》是一个典型的例证：

> 劳歌一曲解行舟，红叶青山水急流。
> 日暮酒醒人已远，满天风雨下西楼。

读这首诗是一种感伤美的享受，特别是末句只写了一个动作，但作者的无尽伤别之情便已充溢在"满天风雨"之中，令人回味无尽。

先看诗题中的"谢亭"。谢亭在宣州，当年谢朓曾在这里送过范云，由是知名，常常被唐人在别诗中提及。如李白的《谢公亭》："谢亭离别处，风景每生愁。客散青天月，山空碧水流。"就是围绕谢亭和离别做的文章。实际上，类似谢亭这样的离别场所，在唐代还有若干处，劳劳亭即一显例。劳劳亭在南京西南，也是著名的送客之地。古人送客常常要唱歌，以表现送别的情感。而在劳劳亭唱的离别之歌就被称为"劳歌"。所以《谢亭送别》开篇就说"劳歌一曲解行舟"。既在谢亭，又唱劳歌，一上来就加倍染浓了离别的氛围。第二句不写对方，而是写景，"红叶青山水急流"。两岸是青山，山上又满是红叶，青碧的山岚加上红叶，一青一红，色彩极为绚丽，这样就把景象烘托得非常鲜亮。景虽极美，但送者已无暇观览，一个"水急流"，说明水流非常急速。"急"字可谓此诗的诗眼。表面写水流之急，实际上暗示出客人解缆登船后舟行之速；舟行之速，又暗示出客行之遥。

送走了客人，诗人并没有马上返回，在送客和下楼之间，有一个不算太短的时间过程。这从第三句的酒醒、日暮可以看出。送客时，可能尚未日暮，而且两人是饮了酒的，酒喝得还不少。何以见得呢？从"酒醒"二字。如果喝得少不至于沉醉，这个"醒"暗示此前已经醉了。送客用了那么长时间，饮酒又到达醉的程度，已从侧面交代了二人关系之亲密。客人走后，诗人独自在谢亭稍作休息，等待酒醒，而酒醒之时已是日暮时分了。日暮对于送别来说起着非常关键的作用，它烘托了一个暮霭沉沉的苍茫氛围。等到日已落山，酒已醒，诗人才感觉被送者已然远去，只剩下自己孤零零一个人，其心里的空落可想而知；不仅日暮，而且天下起了雨，刮起大风。这使得青山、红叶和水流统统都笼罩在这一片风雨之中。读者可用心体会一下，如果你身临其境，在满天风雨苍苍茫茫中独下西楼，会是怎样一种感受？这里，"满天风雨"是写景，"下西楼"是写行，其中并未明确写情，但就是在这写景和写行的句子中，寄寓了作者极为浓郁的伤别情感。反复赏读，可以感觉到其景极鲜活，情亦极浓厚，所谓"情景互藏其宅，情景相互为用"，说的便是这种情况。

情与景，正与反

在唐诗中，情与景的关系还表现出正和反两种形式。正的形式就是以哀景托哀情，以乐景衬乐情，情和景是同向度的。比如柳宗元的《登柳州城楼寄漳汀封连四州》，这首诗作于初到柳州之时。元和十年（815），被贬永州已达十年之久的柳宗元好不容易盼到了朝廷的诏书，从永州返回京师，可是到京师席未暇暖，就又被朝廷远迁柳州，史书称之为："官虽进而地益远"，比原来贬谪的打击还要严重。所以到了柳州之后，柳宗元登上城楼，看到重山叠嶂，江水回环，非常悲伤，写下了寄给被贬漳、汀、封、连四州友人的这首诗作。诗的前四句这样写道：

> 城上高楼接大荒，海天愁思正茫茫。
> 惊风乱飐芙蓉水，密雨斜侵薜荔墙。

"城上"，已经很高了，而且是城上"高楼"，愈发的高。站在城楼之上向远处望，那真是与大荒相接，海天茫茫呵！柳州实际上是看不到海的，但离南海不远，在作者想象中，那茫茫的地方就是海。海天相接，苍茫一片，这种景象，与作者的满怀愁思正好拍合，或者说正触发了作者的茫茫愁思，于是景也茫茫，愁也茫茫。接下来两句，进一步强化悲景与哀情间的关联："惊风乱飐芙蓉水，密雨斜侵薜荔墙。"这 14 个字可以说把作者远迁之后的悲痛、悲愤情绪和盘托了出来。我们知道，屈原赋作中往往以鲜花香草来比君子、美好的事物，如《离骚》有"制芰荷以为衣兮，集芙蓉以为裳。不吾知其亦已兮，苟余情其信芳"；《九歌·湘君》有"采薜荔兮水中，搴芙蓉兮木末"，都是借美好的外物来表现自己的情操的。在柳宗元这里，芙蓉和薜荔也是自比美德。然而，这美好却柔弱的芙蓉、薜荔竟遭到狂暴风雨的侵袭。这既是望中所见，也是意中所感。在这里，由于作者心绪是悲伤的，所以描写的都是和沉痛、悲伤相吻合、相配套的场景，情与景色彩相似，情悲景亦悲，不知是情悲还是景悲，或者说，借助悲景来渲染悲情，乃是此诗的最大特点。

这是正的形式，还有反的形式，就是以乐景衬哀情。这种形式在杜甫诗中用得非常之多。所以，前人曾将杜诗中此类表现概括为"丽景哀情"。举例来看，杜甫的《绝句》这首诗，是他在成都时写下的。杜甫流落蜀地，虽然生活得到了暂时的稳定，但他的思归之情一直没有打消，有时候表现得还很强烈。这首小诗就是表现这种情感的。

江碧鸟逾白，山青花欲燃。
今春看又过，何日是归年？

前两句完全是写景，用了四种物象：江、鸟、山、花。江是碧的，鸟是白的，山是青的，花是红的。光这四种物象、四种色彩搭配在一起，整个景致就美妙至极了，而由江之"碧"益发衬出鸟之"白"；由山之"青"加倍显出花之红；红到什么程度呢？红到"欲燃"的程度。这般景致简直可以入画，可以令观赏者心醉的。在这晚春时令，面对如此绝妙的景色，正应该放怀春游才是。然而，杜甫的心思却不在景色，他念念不忘的是千里之外的故乡，而且景色愈美好，他的思乡之念愈迫切。"今春看又过，何日是归年？"一年的春天又将过去，人的青春也在消逝，可是我年复一年日复一日地客寓异地，什么时候才是我归去的日期呢？这深深的一问，将他羁旅漂泊有家难归的苦闷和盘托出。杜甫的这种情感，如果以悲景来表现，也是可以的。但是，以丽景来衬托，哀情就越发浓重了。王夫之曾说过人所熟知的几句话："以乐景写哀，以哀景写乐，一倍增其哀乐。"（《姜斋诗话》）这话讲得非常深刻，指出了事物间相反相成的道理。情、景表面上的色调对立，不仅不会导致不和谐，反而会通过互相衬托达到更理想的互补效果。换句话来说，这里存在着一种反比的关系，景越丽，情越哀。

真情真景的力量

我们知道，与宋诗相比，唐诗的一大特点是重浑融，重情韵。唐人的情感，往往不是明白道出的，他们多将情感寄寓在景物之中，通过景物的描写，特别是通过结尾处的景物描写，来展示自己隐而未发的深长情韵。这样，就能使读者在形象的画面中，去感受、体悟作者的内在心曲，由此产生言有尽而意无穷的艺术效果。而诗歌要有感动人的力量，除此之外，关键还在于景真情真。只有写景真切，抒情真挚，不造作，不浮泛，有时即使只是几笔点染，也会满纸风云，令人感同身受。郑谷《淮上与友人别》就是这样一首佳作：

> 扬子江头杨柳春，杨花愁杀渡江人。
> 数声风笛离亭晚，君向潇湘我向秦。

这首诗，突出的特点在于别离氛围的渲染和烘托。作者为了烘托出氛围，首二句连用三个"杨"（扬）字，形成一种回环跌宕的声情效果。在诗歌创作中，某些字词的反复使用，不是简单的重复，而是营造特殊效果的必需。崔颢《黄鹤楼》诗的前三句连用三个"黄鹤"，就是如此，读来朗朗上口，有一唱三叹的韵味。

相别的地点是"扬子江"，就是长江的下游；相别的时间恰逢"杨柳春"的季节，这个季节万木争绿，春风摆柳，煞是诱人，而给人印象最深的就是漫天飞舞的"杨花"了。杨花的特点是轻柔、优雅，在风的吹拂下，纷纷然飞扬于天地之间。这是一种非常美丽的景象，让心旷神怡者看来，是很容易陶醉的。然而，作者看到这种景象，却用了"愁杀"二字，极力形容其愁的程度。原因何在呢？"渡江人"三字回应篇题的"淮上与友人别",初步作了回答。按理,两个关系亲密的友人,在杨柳春的季节来到美丽的扬子江头,正宜观赏杨花飞舞的美景,可是,天不遂人愿,偏偏让他们在此时此地硬生生地分道扬镳,你说可恼不可恼?所以,"杨花愁杀渡江人",表现的正是景丽情哀这种反差。当然,这里虽说"愁杀",但这愁还比较抽象,不具体,从前两句的整个气氛看,还没到令人很沉重的地步。只有到了三、四两句,这种离愁才浓重起来,才显出了它的分量。换句话说,只有前两句,没有后两句,这诗就很一般化;而有了后两句,此诗才具有了令人反复涵咏味之无穷的意蕴。

"数声风笛离亭晚,君向潇湘我向秦。"读这两句诗,我每每会沉醉其中,仿佛身历其境。离亭,多建于驿道旁,是古代送者与行者分手的所在。庾信《哀江南赋序》说:"十里五里,长亭短亭。"李白《菩萨蛮》说:"何处是归程,长亭连短亭。"这些长亭、短亭用来送别,就成了离亭,历史的积淀赋予它以深厚的送离伤别的感伤意味,而至傍晚时分,在离亭送别的感伤就愈发沉重。当然,这里的"离亭晚",并不是一个僵滞不变的时间观念,而是有一个时间延续过程的。前两句所写"杨柳春"、"杨花"应是日落之前所见之景,由于二人依依惜别,不忍分手,所以一直延宕到晚上,不得不分手了,这才准备作最后的别离。不过,这些还都是写别离的常用手法,此诗的精彩处在于,适时地给"离亭晚"的特定时空增添了"数声风笛"这样一个哀凉感伤的声乐背景,如此一来,便立即有了一种震撼人心甚至可以催人泪下的力量。笛声是很动情、很伤感、很催人别绪的,笛奏的什么曲调呢?可能是一般的曲调,也可能是唐人笔下最习见的《折杨柳》曲调——王之涣就有"羌笛何须怨杨柳"的名句嘛。如果是《折杨柳》的曲调,那就与前面的"杨柳春"暗中拍合,更为感人了。这笛声不是只响一声,也不是持续着一直在响,而是"数声",而且还是"风笛"。这个"风笛"用得真好,晚风中,数声笛音忽高忽低,时断时续,缓缓地悠怨地传送开去,一下子把境界拉远了,放大了。伴随着这样几声随风飘扬的笛音,两位友人南北异途,分道扬镳:"君向潇湘我向秦。"一个君,一个我;一个向潇湘,一个向秦中;二位都是离人,也都是送者,这样一种情形,比单纯的"送君"又多了一层意味,尤其动人心魄。从写法上看，末二句纯是写景叙事，不用情语，但充溢于景、事中的浓浓情怀却是任何人都感受得到的，而且比起前面明确说出的"愁杀"，显然要沉重了许多。

读这首诗，一方面固然会感受到其浓郁的伤别之情，另一方面又会感受到其风情摇曳、一唱三叹的深长韵味，前者使诗情厚重，后者使诗意流走，正是二者的有机结合，才使得读者读后产生一种由景见情、景情合一、既悲又美、余香满口的审美体验。

（刊登时间：2014 年 6 月 9 日。作者系武汉大学教授）

仁者清音

——昆曲小生表演艺术

蔡正仁

昆曲行当的魅力

大家都知道昆曲是中国300多个剧种当中一个比较古老的剧种，很多地方戏都曾经向昆曲学习过，学习昆曲的一些身段表演，吸收昆曲的营养来丰富自己的表演艺术。同时，我认为昆曲也向很多兄弟剧种进行了学习，丰富它自己的营养，所以中国的戏曲是互相学习、互相提高的，这一点非常重要。今天我讲昆曲，是讲戏曲当中的昆曲。特别要强调的就是，昆曲作为一个古老的剧种，是由很多行当组成的，比如人们熟知的小生、老生、闺门旦、武生、花脸、小丑等等。

昆曲的行当很多，我学的是小生这个行当。小生是一个总称，里面又分很多具体不同的行当，比如巾生、官生、穷生、雉尾生，官生还要分为小官生、大官生。以前小生里头还有一个娃娃生，我大概在五六十岁的时候还演过娃娃生，非常好玩。现在娃娃生主要由旦角儿她们来演，女孩子演好像更好一点，所以就归到旦角里面去了。小生当中的巾生，主要是表现青年男子读书人，读书、谈情说爱是主要情节，因此演巾生就必须用一方巾戴在头上，风流潇洒。大家注意，在几十年前我自己年龄上确实还属于小生的时候，演巾生比较自然。一旦老师们确定蔡正仁可以学小生，就把我归到小生组，那么我就整天跟小生老师学。慢慢开始学官生戏、穷生戏、雉尾生戏等等，越学越多，开始在台上演出，逐渐成为了一个名副其实的小生演员。一旦成为小生演员后，有一个问题就来了：随着我年龄的增长，过了 50 岁以后，已是人到中年，但我到台上演戏，我演的还是小生。演舞台戏不像拍电影，拍电影你年轻的时候是奶油小生，但是到了我这个年龄，如果在电影里还去谈情说爱，就很可笑了。可是戏曲不一样，在戏曲里，我一旦成为一个小生演员，就算老到在路上只能慢慢走，我一到台上还是一个小生。

这个问题其实正是昆曲艺术的魅力——行当的魅力。像我唱小生，小生就成了我演唱昆曲终身的行当。我现在白发苍苍看起来似乎应该唱老生，但是对不起，我没法唱老生，因为我从小学的不是老生。我们有句行话叫作"隔行如隔山"，要我跨过这座山，已经跨不过去了。中国的戏曲特别是昆曲，一个非常重要的特点就是有行当，这个行当一旦你掌握就成为你的终身职业。我现在 70 多岁，如果要上台演 20 岁的翩翩少年柳梦梅，凭的是什么呢？凭的就是昆曲小生行当的表演艺术。掌握了小生的表演，观众就认可你是柳梦梅，如果是靠生活当中是个年轻人，那就糟糕了，观众一看形象就不对。我在舞台上表演的人物形象，其实是经过了很多艺术加工和基本功后形成的小生表演艺术，所以即使年龄在变化，我仍然可以在舞台上表演小生。由此可见，每一个行当必须掌握它这个行当特定的艺术和技术，一个演员好还是不好，主要看这位演员行当的基本功。所谓基本功主要是唱和念，还有表演基本功，有台步、水袖、圆场等等。现在学昆曲的孩子都是从十一二岁的少年时期开始练功，实际上就是老师给每一个演员进行严格的基本功训练。基本功掌握好了，慢慢在舞台上就运用自如。相反，如果基本功没有掌握好，就麻烦了。比如一出戏上台要唱两个小时，如果你唱的、念的，特别是唱的基本功比较差，一上来可以唱，但唱一个小时以后就嗓子发毛，声音也不对了，这个演出就失败了，无法吸引观众。

我的小生之路

我小时候看戏，特别是看京剧，最讨厌的就是小生。我家在江南农村的一个小镇上，也许到这个小镇来的京剧团水平不是很高，其中的小生演员就更糟糕，嗓子不灵，表演也差。因此我进了华东戏曲研究院昆曲演员训练班(简称"昆大班")后，老师分行当时问我，说蔡正仁你喜欢什么行当？我毫不犹豫地回答：老生。老师一看我这个形象，觉得可以，于是同意把我分到老生组，学了一年多。我演小生的启蒙老师是昆剧名家沈传芷老师，他当时教一出戏——《白蛇传》，对京剧来讲叫《白蛇传》，对昆曲来说叫《雷峰塔》。《雷峰塔》里面有一出戏叫《断桥》，沈传芷老师在教《断桥》的时候，看来看去，始终对小生组同学的"许仙"觉得不太满意。于是他找老生组的老师，问能不能从老生组挑选，看是否有学生可以来排许仙。结果沈传芷老师到老生组一看，头一眼看——就是他(指蔡正仁)！老师说："他看样子扮个许仙还是可以的。"我们这些老师们有几十年丰富的教学经验，所以眼睛看人很准。

为什么沈传芷老师叫我学许仙，我就愿意跟他一块去呢？这里面有一个非常重要的前提，就是我还有一位恩师是大名鼎鼎的艺术大师俞振飞先生，他不仅能够演昆曲，还能够演京剧。当时俞老师和梅兰芳先生一块在北京拍了一个电影《断桥》，就是昆曲《断桥》。俞老师拍完电影以后回到上海，听说上海办了一个昆曲演员训练班，非常高兴，主动要求来看这个培训班的学生，而且跟传字辈的朱传茗老师在一个非常简陋的小舞台上给我们60个学习昆曲的小学生演了一出《评雪辨踪》。当时我坐在下面都看傻了，完全被俞振飞老师精湛的艺术迷住了。我想这个小生怎么会演得那么可爱，我一边看一边乐，一边乐一边就想演那样的小生，那才叫小生。从此我改变了对小生这个行当的看法，巧的就是正好在这之后，沈传芷老师挑中了我学许仙。当时我就想，假如沈老师教的小生也是俞振飞老师这样的类型，我是愿意去的。在这种情况下，我高高兴兴地去学许仙，接着就留在了小生组。现在回想一下，正式明确我作为小生这个行当，学的第一个戏就是《断桥》中的许仙。我由老生变成小生，哪里知道从此一变快60年了。

学习小生表演一学就是8年，对于学习昆曲的男孩子来说，嗓音是非常重要的问题，过了14岁，他会由童嗓逐渐变成大人的嗓子，戏曲上称为变嗓。我学《断桥》的时候，突然有一天嗓子就上不去了，我以为嗓子坏了，在课堂上就号啕大哭起来。沈传芷老师乐了，说你这个叫变嗓，又叫倒嗓。所以男孩子学戏的时候最最伤脑筋的就是倒嗓期，每个人情况不一样，有的人变得快，几个月就恢复了，有的人一两年甚至三年都还没有倒过来。

等到我觉得《断桥》学得差不多了，我的倒嗓也开始慢慢好起来，开始有点能唱上去了。有一次复旦大学纪念汤显祖，举办相关活动，要我们去演出几个折子戏，我要演的就是《断桥》。我记得那天早晨起来就喊嗓子，一喊，自我感觉非常好，觉得今天嗓子好像挺舒服，很听话。于是我就采取了一个办法，特意去买了一个口罩戴起来。别人都问我，蔡正仁你戴口罩干吗，感冒了？我不说话，我的意思是你到晚上听我上台一唱，一鸣惊人。那时候就真的那么天真，一整天什么话也不说，到了化妆的时候才把口罩摘下来。临要上台的时候，我心里还想要给大家一个一鸣惊人的感觉，一出来第一句是"夜沉沉"，那时候还是小许仙，没想到"夜"不出来，接着第二句使出浑身解数也唱不出来了，嘴张得很大，声音却出不来，台下观众哄堂大笑，当时真恨不得台上钻个洞我钻下去。从头到尾"白娘子"唱得挺好，等到我一唱就没声音，这次教训永远留在我的脑海之中。现在回想一下这个事情当然出了一个大洋相，不见得是好事，但是后来我却觉得坏事却变成了好事，为什么呢？从此我痛下决心天天去喊嗓子，我就不相信我不能一鸣惊人。哪天稍有懈怠，说今天算了不喊了，不行，一想到那天观众哄堂大笑，就坚持练嗓子，后来我真的把嗓子练出来了。如果没有那次台上的洋相，恐怕我还不见得有这么大的决心历练，所以坏事变成好事。

独特的小生行当

上面说到昆曲小生行当还要具体细分，首先是巾生。巾生主要是青年读书人，从字面上来看，头戴一个小生巾。在舞台上巾生的形象就是一表人才，风度翩翩，穿的是靴子，拿的是扇子，所以巾生又叫扇子生，常常是拿着扇子表演，在昆曲里面大部分的巾生戏主要任务是跟闺门旦谈情说爱。

其次，昆曲小生当中还有一类非常重要的官生，做官的官，又叫冠生。官生，顾名思义，肯定是考取状元后做官的，在地位等方面跟读书时候的巾生不太一样。巾生和官生，是小生的两大种类。每一个小生演员必须要基本胜任这两个行当，才够资格被称为小生演员。

还有一种类型，叫做雉尾生，帽子上面有两根很长的鸡毛，又称为鸡毛生。鸡毛生主要是表演像周瑜、吕布这种青年武生、青年武将，武戏偏重一点，也属于小生行当。

最后，还有一个行当叫作穷生，在古代青年读书人中非常穷苦的书生，我们在昆曲当中就叫他穷生。因为拖着鞋皮，所以穷生也叫作鞋皮生。上面说到的《评雪辨踪》就是一个以穷生为主的戏。小生主要有这四大类型，要当好一个小生演员，得把这四种类型都演好，真的很不容易。

下面我以官生为例来具体说说小生的表演艺术。昆曲中的官生分大官生和小官生，像《长生殿》里的唐明皇是赫赫有名的大官生，《千忠戮》里的建文帝也是大官生。小官生的职位则小一点。大官生有一个特点：都戴着髯口，气派要大，声音要洪亮。大官生，顾名思义一定是做了大官才有资格，既然气派大，嗓音各方面都要跟上才行，所以大官生的难度是比较高的。官生这个行当可以讲是昆曲的特有行当，我给大家透露一个消息，今年年底，全国有 7 个昆剧院团将要汇聚在北京，每一个昆剧团都演出一台《牡丹亭》，那么就有 7 台《牡丹亭》，有 7 个杜丽娘，7个柳梦梅。这应该说很有特色，剧团也都能拿得出来。但是如果说要 7个昆剧院团每个团都演出一台《长生殿》，要有 7 个唐明皇，7 个杨贵妃，那就麻烦了。据我现在的了解，全国 7 个昆剧院团没有几个团能够演出全本《长生殿》。问题就在于，首先找不出合格的"唐明皇"，官生比较难演。而且能够演杜丽娘的，也不一定就可以演好杨贵妃。所以演出《长生殿》的难度比《牡丹亭》要高。

《长生殿》主要是讲唐明皇和杨贵妃的故事，作者是清代的洪昇。《惊变》、《埋玉》是《长生殿》中非常著名的两出戏，唐明皇跟杨贵妃的爱情故事起了翻天覆地的变化就在这两出戏当中。《惊变》又叫《小宴》，描写唐明皇和杨贵妃在一个非常晴朗的天气里游览御花园，两人兴致勃勃，在花园当中弄几个清淡素雅的小菜，然后喝酒。唐明皇就利用这样一个机会要想把杨贵妃灌醉。因为杨贵妃高兴的时候是什么样子，不高兴的时候是什么样子，吵架的时候什么样子，他都看过，唯有喝醉的时候这个妃子到底是什么样子的，他没看过。所以在游览御花园很高兴的时候，唐明皇有意把杨贵妃灌醉，越看越觉得她美得不得了。也就是在他最高兴的时候忽然传来安禄山造反的消息，后来就发生了兵变，就是《埋玉》。

《惊变》这一段曲牌叫作《泣颜回》：

> 【泣颜回】携手向花间，暂把幽怀同散。凉生亭下，风荷映水翩翩。爱桐荫静悄，碧沉沉。并绕回廊看，恋香巢秋燕依人。睡银塘鸳鸯蘸眼。

这段表演中唐明皇和杨贵妃一边唱，一边舞蹈，载歌载舞，这也是昆曲最大的特色。通过唱，唱到哪舞蹈就演到哪里。唱完以后，唐明皇和杨贵妃就开始定席小宴。"妃子请"、"陛下请"……唐明皇成心要把杨贵妃灌醉，哈哈而笑。通过这个小宴，我想要思考一个问题，就是唐明皇有三宫六院，三千粉黛，为什么最喜欢杨贵妃，这绝对不是偶然的。杨贵妃想得非常周到，亲自拿着酒杯要给万岁满上，唐明皇非常喜欢。然后她又要万岁喝，两个人有一段舞蹈，很多情况下杨贵妃非常呵护唐明皇，我觉得这是唐明皇特别喜欢杨贵妃的原因之一。

大家可以注意到，这段戏唐明皇和杨贵妃每个人都拿一把扇子，这种扇子叫折扇，在闺门旦当中有很多戏都有扇子，比如《琴挑》、《亭会》等。不过，现在我们舞台上很多年轻演员有点乱用扇子。比如在《长生殿》里，唐明皇和杨贵妃的角色，在当时的年代，地位是至高无上的，文化水平也高，形体动作也应该是非常有身份的。请大家想一想，有可能皇帝一出来就拿着扇子猛地打开吗？皇帝当然是不可能，杨贵妃更是如此。所以唐明皇和杨贵妃打开扇子都有一个动作，然后关扇子都很文雅。

现在有很多年轻的演员没有"文雅"两个字了，这是昆曲发展当中要非常重视的问题。

其实不光是扇子，在昆曲表演中，每一个动作都要和舞台上的角色符合，不能随心所欲想怎么样就怎么样。我从12岁开始学习，老师们就教我巾生应该走台步，所以我们在舞台上所有的动作，都要经过一定的训练，不能随便来。大家到剧场去看戏，看到过一个小生上台走的是随意步伐吗？他一定是穿了一个厚底靴，要走台步，要走圆场，圆场和台步是任何角色在舞台上行走的主要手段。老师会教你台步怎么走，脚要勾起来，脚要亮出来，要抬多高，都有一定的尺寸和标准。跑圆场的要求是整个上半身不能晃动，腿要垂一点，像飘一样。圆场和台步，对于凡是学戏曲的学生都是非常重要的基本功，每天都得练。

在舞台上请大家注意一点，昆曲演员的表情都要比原来生活中的任何表情放大，为什么呢？很简单，因为我在舞台上离观众有一定的距离，如果像生活当中，看见了就看见了，台下观众不知道在干什么。所以如果我走到这儿，"哒"（做看见的表情），是不是大家就觉得我发现了一个人？所以这种放大在真实生活当中受不了，但在舞台上看着非常舒服。

再多说一句，在《惊变》中，唐明皇有一长段的"哈哈"笑，这种笑对小生来说是非常重要的，如果笑不好观众们笑不起来，但要一口气笑这么长时间非常难。我记得跟俞老师学戏的时候，我每次吸足了气笑，总是一会儿就没了，老是没有达到老师提出的要求。于是我就去问老师，怎么您笑起来那么长时间气不断，我憋足了气还是笑不长？老师一听就乐了，他说蔡正仁，这个笑是要好好地去练，不是你听我笑一笑，明天就会了。你看那个篮球、足球没有？球按一下又弹回来，你就把这个肚子当成足球，把它的气练好，气球练好，你的笑可以一直笑下去了。被老师这么一点，我回去勤加练习，没练多长时间就好多了。由此可见，学习昆曲要有好的老师教，演员则一定要练好基本功。

（刊登时间：2014年7月7日。作者系第八、九、十届
全国政协委员，昆曲艺术家）

非遗保护视野下的口头传统文化

朝戈金

口头传统的"另一只轮子"作用

口头传统是非物质文化遗产的重要部分，什么是非物质文化遗产呢？联合国教科文组织在《非物质文化遗产保护公约》中讲得很清楚，非物质文化遗产就是指特定的社区民众世代传承的知识、技能、艺术创造等。非遗在联合国工作框架下主要分为五大类，第一类就是口头传统和作为它的载体的语言。为什么要研究口头传统？这需要回到一个很根本的话题——人类物种是何时经过进化开始学会说话的？

"口头传统"是一个外来词语，在我国学术文化传承中，也有其他一些叫法，比如口头传承，都是用来概括这样一件事情——人通过说话的方式传递信息——传递信息的技能和传递信息的内容合起来就是口头传统。口头传统也有广义和狭义之分。广义的口头传统是指口语交流的一切形式，讲了什么都算口头传统；狭义的口头传统或者学术界研究较多的口头传统主要是指口头艺术，如神话、歌谣、故事、史诗演述等语词的艺术形式。英国某研究小组发现哺乳动物身上有5%的基因是稳定的、几乎不发生变异的，过去100万年中，这些基因的氨基酸在人类身上发生过两次突变，才让人具有了会说话的能力，而其他动物都没有进化出这种能力。当然，人会说话也是一个综合演化过程。

古希腊时期盛行演说术，那时一些政治家很擅长在公众面前演讲，纵观西方政治学术史，可以看到很多这方面的例子。无论是中国，还是外国，书面文学在发展进程中都大量吸收了民间的东西，有时还让这些民间语词精致化了。世界各地不同的人们都有会说话的能力，并借此将知识、信息、思想和艺术等一代代传承下来，让不同的文明更加灿烂。西方研究人类文明的专家认为，最早的书写符号距今有8000年历史，是巴尔干半岛一些记数符号，之后有两河流域的古代文字、中国的甲骨文、美洲的印第安文字等。文字的发明和使用也经历了一个复杂的演化过程，中间有些是彼此影响的，有些是独自发明的。文字的形态也很不一样，比如中国的方块字，西方的拼音文字，世界各地的人们通过自己的聪明才智，用不同的技术，记录和处理着他们的语音符号。由此可见，人类是先有语言后有文字，语言的历史长，文字的历史短。

文字被发明之后，是不是到处都通用呢？并不是。在中世纪的欧洲，读书、写字的能力多掌握在寺院僧侣及少数贵族庄园主的手中。中国也一样，截至1949年新中国成立时不识字的人数还是相当大。到20世纪初时，爱尔兰仍有1/3的人是功能性文盲，识字有障碍，也就是说不能真正流畅地阅读和掌握书写。如果再往前推，最初这些文字是干什么的呢？各地看到的情况是，早期文字主要不是为了撰写和记录文学作品，而是用来做实用性记录，比如占卜、商业契约等。

最近美国的基因学家写了一部书叫《出非洲记：人类祖先迁徙的史诗》，用基因方式来研究人类物种怎样走出非洲，这些古人类先来到今天的以色列地区，随后，一部分逐渐走到亚洲，一部分走到欧洲等等。通过阅览这样的迁徙历程和进化历程，我们可以得出这样一个简单的结论：物种在文明进步和发展中，大脑的发育为语言交流提供了生物学基础（有基因突变的很大功劳），通过合作、劳动，让人的综合能力逐步复杂起来，发展出会说话的技能，这一技能在人类漫长发展过程中一直占据了日常信息交流的最主要方面，也占据了知识传递相当主要的方面。一直到工业化时代后，西方发达国家很多人都会读书识字，即便这样，大量信息也是通过口耳之间交流的。我们有教科书，教科书不见得能让我们成为有学问的人，所以才有学校教育，如果书面传递信息就能完成一切，那么把教科书印好后发给大家，大家在家阅读就都成了很有学问的人，这可能吗？可见，在信息传递中，面对面交流是不可替代的。

在东西方民族发展进程中，我们都能看到知识存储和传递的主要方式。在西方文明中，比如最古老的图书馆之一亚历山大图书馆，比如欧洲活字印刷术的发明和使用，还有欧洲一些古老的大学等，通过这样的方式，用书面方式保留经典、传承文明。但还有另一个方面，就像推动人类文明进步是两只车轮一样，书面文字、图书馆和大学教育是一只轮子，民间文化是另一只轮子，千百年来民众通过口耳相传，传递了大量知识和信息。很多东西并没有进入书面文学传统中，而是在老百姓当中代代口耳相传，中华民族有大量东西就是通过这个渠道传承下来的。以前中国农村人口居多，中华文明的底色就是农村的爷爷奶奶、叔叔伯伯、姑姑舅舅等通过口耳相传讲给你们的，我们知道了传统节日该怎么过，我们知道了孟姜女哭长城的故事，《三国演义》、《水浒传》中的很多故事也是这样流传下来的。中华文化中有相当一部分文化底色是没有经过学校教育和图书馆的。

有些民族是没有书面文化的，基本是一只轮子——只有口头文化在发生作用。以中国为例，中国有 55 个少数民族，那么有多少种语言呢？目前有很多不同的说法，联合国教科文组织统计的语言地图，说中国有300 种语言，国内有专家认为比较准确的数字是 130 多种语言，有些民族不只讲一种语言，还有一些语言迄今没有被识别。语言现象是比较复杂的。真正使用本民族文字的民族有多少呢？不到 10 个。很多民族没有文字，那么这些民族的文明是怎么传承到今天的呢？全是靠口耳相传。如果想追溯各民族的文明进程，很多情况下光靠文字是不可行的，有些民族没有书面文字，他们的文明进步史、当地生产知识和技能的信息都在口头传统中，在长篇的叙事诗、歌谣、谚语中。像苗族、瑶族、白族等南方少数民族都经历过复杂迁徙，关于祖先的记录，全在口头传统中，口头传统对这些民族来讲非常重要。

追寻口头传统的"足迹"

人们对口头传统的研究开始得比较晚。虽然人类会说话的历史很久，但我们更倾向于崇拜文字。在西方文明传统中，如果说某人是绅士，他需要社会地位比较高，会读书识字、彬彬有礼；在中国也一样，做先生的人要读圣贤之书、熟悉孔孟之道等。西方开始关注口头传统、民间诗歌可能得到18、19世纪，为什么到这一时期才开始关心？因为在这时，欧洲开始了资本主义革命，从英国的圈地运动到蒸汽机的发明和使用，欧洲社会生活发生了很大变化。以德国为例，越来越多的人离开农村，进入到城市，德国开始有了大机器、大工业。格林兄弟这些文化人就开始担心了，觉得新兴资产阶级背叛了日耳曼的民族精神，那么，日耳曼的民族精神藏在哪儿呢？他们说藏在农民的诗歌中，结果农民都离开土地进城当工人了，怎么办？于是他们开始大量搜集民间诗歌。民间诗歌开始消失时，恰恰是少数有觉悟和内心充满担忧的、害怕民族文化传统断掉的人奋起工作之时，格林兄弟的《格林童话》就给我们留下了很有文化价值的东西。

真正开始关注口头传统是到20世纪中叶，古典学学者、传播学学者、结构人类学学者、文化学者们开始讨论这样的问题：人类会写字，也会说话，两者之间是什么关系？书写文化对人类大脑、心智和文明的进步到底发挥了什么作用？针对后者，学术界形成两派观点，史称"大分野理论"。一派观点认为，人类发明和使用了文字，这是巨大的进步和飞跃，数学的高次方运算、逻辑学的法则等人类比较复杂的高级活动，也因此得到了极大的支撑和发展。另外一些人不这么看，像斯特劳斯，他写过《野性的思维》这样的书，来研究原始人或者当代无文字社会，认为文字的使用对于人类头脑的复杂化固然会产生作用，但作用没有那么巨大。即便不识字的野蛮人，也懂得因果关系，也知道用力推动一个物体，该物体就会移动，而且很多民族在没有文字的情况下发展出了自然科学的很多知识，也学会了利用自然资源，还具有天文历法计算的能力、工艺加工的能力等。

这些研究逐步揭示出一个规律：语言和文字是人类发明的两个伟大的东西，文字是依附于语言的，语言是更为广阔、更为基础性的。发展至今天，据统计，全世界大概有6000种语言，保守来说有5000多种语言，而真正流行使用文字的，大约不到 100 种。这说明什么？说明在地球上每个角落的各种各样的信息交流中，主要途径还是口耳相传，而不是书写。当然，在后工业化时代，全球文化的整合、经济的发展以及市场的一体化，在极大地挤压着这些传统文化，许多濒危小语种迅速消失。据统计，大概平均每两天就有一种语言消亡，南美亚马逊流域、南太平洋岛的很多土著语言等都在我们眼前消失了。最近有人统计说，我国的一些少数民族语言也面临消失危机，比如赫哲语，只有一些抢救和保护非遗的专家和地方民间传承人在试图挽救它。其实，人口较少民族的语言多面临这一情况。语言是交流的工具，如果使用范围过窄，它的存在基础就变得岌岌可危了，因为你跟本民族成员彼此交流的机会变得很少了。

目前，联合国教科文组织有专门的濒危语言项目。语言是一个民族属性最直接的载体，随着语言的消失，这个民族的精神世界，它所掌握的特定的关于宇宙和自然的知识和技能，比如医药学知识、矿物学知识、植物学知识等就会随之消失。在联合国教科文组织划分出的非遗的五个大类中，口语是特别重要的。民间的知识很多都是通过口头传统完成的，而不是通过书面文化。可能你在河南种地，或者你在内蒙古自治区牧马，你的知识从哪儿来的？不是你父亲给了你一本关于耕作基本知识的书，而是在实践中言传身教完成的，这些东西很不简单。我在内蒙古锡林郭勒盟正镶白旗下过乡，知道养一匹马是极其复杂的事情：从小要观察马的特点，从它的骨骼、身架到毛色到家族遗传，这样才能选定种公马；等马长到三四岁时要驯马；夏天马出大汗，要用刮汗板刮汗；马长期奔跑后，不能立即卸下马鞍等，这些内容很少在书上看到，都是口耳相传的。

口头传统同时又统辖着其余门类，比如社会实践、仪式、节庆活动。我们在我国南北方见到的大量活动，很多都是口耳相传的。其他生活知识也一样。你被蜜蜂蜇了，将榆树叶或杨树叶拍上去就能消肿，但你很难找到一个"民间知识大全"：上面讲述被蜂蜇了怎么办，中暑了该怎么放血，遇到蝗虫后该怎么处置，久旱不下雨该怎么求雨……这些知识怎么来的？很多东西都是口耳相传，这是非遗的特点，而且要通过口传心授代代相传，不断生长、积累和发展，像知识树一样，互相之间有着非常复杂的关系。这些知识的增长，反过来给我们今天的生活带来大量知识和技能。文明和进步是知识积累的过程，我们的祖先通过对自然的长期观察，对物候气象的观察，使庄稼逐步变得高产和稳定，小麦、水稻等大量植物的栽培技术就是这么来的。

不是所有的生活知识都有教科书。人类的知识是汪洋大海，进入教科书、成为书写文化、变成经典的只是少部分。民间知识很庞大，我们不能斩断了文化传承，不能让大量宝贵的知识消失在工业化钢筋水泥的丛林中、消失在如今的课堂上、消失在人类的记忆里。

口语艺术与文化认同

语言如果只是用来传授知识，那么它还没得到充分发展。语言在人类长期的使用过程中，发展出了一种高层次的技巧，叫口语艺术，我们有了诗歌，有了长篇的韵文叙事和故事讲述等。这里举个例子。今年6月1日，新疆维吾尔自治区一位以演唱柯尔克孜族的史诗著称的民间老人去世，大家能想到他去世后是什么情况吗？他老家的小城只有3万人，他去世的第二天这个小城就增加了5000人，这5000人是来自国内外的官员、学者和民众，邻国吉尔吉斯斯坦总统专门派了一个代表团到新疆给他送别，新疆维吾尔自治区党委书记张春贤专门发了唁电，还派政府高级官员去他家吊唁和看望。他去世后不到两个星期，吉尔吉斯斯坦纪念这位老人的功勋，并授予他"英雄"称号。这位老人的记忆力很好，能唱八部《玛纳斯》，其中第一部就有四大卷之多，他可以滔滔不绝地唱很久，这得在脑海中记住多少东西才能流畅地唱出来！这是人类大脑的奇迹，也是人类语言能力的奇迹。

在20世纪中国的民间艺人中，这还不是特殊例子。我曾采访过一位唱藏族史诗《格萨尔》的西藏老人，他目不识丁，西藏解放前家境贫寒，四处游荡，靠演述史诗为生；西藏解放以后，党和政府觉得《格萨尔》史诗是瑰宝，就把他请到拉萨唱，两个年轻人录，一录就是一两年。我们研究所跟西藏方面合作，想出版这位老人表演的史诗《格萨尔》，结果只出版他演唱曲目的大约 2/3，就有 46 卷之多！这个篇幅差不多是《红楼梦》的 10 倍。精通藏文的专家和学者看完以后感到很惊讶，《格萨尔》的故事情节很曲折，人物形象生动，情节冲突复杂，语言很丰富，音调很优美。如果说语言艺术经过长久的进化和发展，可以达到较高层次的话，这就是语言艺术的高峰之一。通过这些现象我们可以看出，民间知识发展成高度发达的艺术之后会达到怎样惊人的高度。

如果再深讲一步，说这些民间艺术的生命力，比如藏族史诗《格萨尔》，大家可能会说，那不就是讲英雄从天界下凡除暴安良、保护百姓、抵御外侮的英雄故事吗？文化价值有那么大吗？经过深入研究发现，《格萨尔》不光是讲了一个故事，还是一部百科全书，从天文到地理，从动物到植物，从历史到文化，从社会到精神世界、信仰体系都蕴含其中，要想理解藏族，必须得先弄明白这些。这还不是一个特有的例子。比如印度的史诗，包罗万象，族谱、神话、传说、故事、历史事件、哲学思想、宗教精神、人伦情怀都在里面，是那个时代印度文明集大成的东西，而且传承很久，有西方学者说仅形成过程就是 800 年。一个大作品形成经历了 800 年，又传承了将近 2000 年，当代的印度学者前仆后继，研究了几十年，许多事情还没有搞清楚，可见工作的浩繁。我们如果想了解印度古代社会文化，就要看这些东西，不光我们，印度人自己也要看这些东西，不然怎么知道一两千年前的印度是什么样的呢？

口头传统，经过漫长的发展，会发展出复杂的艺术，我们刚才讲到有些杰出的艺人能唱那么多东西，那就需要回答一个新问题：不靠书写，他是怎么记住的呢？要研究口头交流的方式和表达的形式，这里边有技巧。有学者经过深入研究，认为这些民间艺人不是靠逐字背诵的，而是掌握了规则，这就发展出口头程式理论。在学习民间文化时，要先学一些固定表达，学一些描写、形容技巧，学一些推动故事的技巧，这些东西掌握多了就能现场创编了。民间艺人不是每次都严丝合缝、一字不差地复述古书，而是每次都讲一个内容大体一样的新故事。这就给口头文学研究带来了新问题：如果把一个故事讲三遍，讲的都不一样，以哪一遍为准呢？

通过更深入的研究，发觉民间知识里面存在大量规则，故事大约分出 3 个层次：第一个层次是故事范型，要么是娶亲故事，要么是征战过程，要么是复仇故事，要么是回家故事，类型不是很多。第二个层次是主题，或者叫故事的题旨，这就进入一些比较小的单元，比如"英雄待客"就是一个小的主题，讲英雄怎么接待客人，还有，如要出征了怎样准备，包括给马备鞍子，配备武器铠甲的主题等。第三个层次是语词句法的层次，就是大量出现"套语"，或者叫"程式"。"欲知后事如何，请听下回分解"，就是一个程式。不光有程式，还有变化，看过电影《刘三姐》的人都知道，刘三姐跟秀才对歌，你一句我一句，你来我往，唇枪舌剑，有时候还配着旋律舞蹈，有时候还有其他方式。

口头传统还是文化认同，用特定的方言、乡音来讲特定的歌谣、故事，自己人听到特别亲切，别人大概就听不懂，这时候就建构了一种文化认同感，觉得我们更亲近。口头传统还是民族叙事，还是地方知识，在大量口头传统中都可以见到地方知识的沉淀，比如驯马的知识、农学知识、植物学知识等都在这里。知识不是外在于我们的，是跟我们在一起的。低温超导、基因技术离我们比较远，但是我们生活在这些传统的民众知识之中。民俗知识就是我们生存的土壤，相当于空气和水，比如我们在端午节吃粽子，大年初一包饺子、放鞭炮，在重阳节登高、赏菊，都是跟着民间知识走。再一个特点，民众的知识是跟人结合在一起的。不是所有知识都这样，但是民俗知识是口头传统，须跟人结合在一起，有人就有非遗，没有人就没有非遗。假如有一天人类物种消失了，可能埃及的金字塔还耸立在那儿，中国的万里长城还在经历着风吹雨打，这些是文化遗存；自然遗产更是这样，很多东西是以自然的力量打造出自然美呈现在我们面前的。但是民俗知识不是这样，民俗知识是有人才有知识，不能脱离开人。对于知识的保存、研究、传承和复兴就带来了新的问题，不同的学科开展的研究工作可能不同，民俗研究主要有这样一些办法，比如问卷、观察、实验等。生物学研究需要一个组织、一个切片、一个样板，但是民俗知识是关乎人的情感、信仰和精神的。同时还要注重观察，比如想要了解河北的大年都怎么过，那好，我到河北正定找个村子蹲几天，把这个村子怎么过年记得清清楚楚：祭灶怎么祭，给祖宗怎么磕头，给老人怎么请安，给下一代怎么送红包或赏钱，年夜饭如何准备，这些我都要做细致的记录。记录下来以后才可以说河北正定某个地方春节是这么过的，对于华北平原过春节有典型意义。所以，要通过个案观察最细致的民众生活的细节。

（刊登时间：2014 年 7 月 14 日。作者系中国社会
科学院学部委员、民族文学研究所所长）

众妙之门

王　蒙

老子之"道"

我很年轻的时候，那时候我读的是任继愈先生的《老子今译》，我觉得老子的思想令我折服，比如老子说："故有之以为利，无之以为用。"他说一个房屋，它之所以有用，就在于它的中间是空的。他这是在讲方法。再如"夫唯不争，故莫能与之争"，他以这种智慧来达到超凡入圣的境界。

我今天想讲几个问题。第一个问题我想谈一下我对"道"的理解。我自己对此有一个最简单的说法，这个说法在学术上可能是站不住的。我觉得"道"就是中华文化的上帝。为什么这么说呢？什么是神？按照神学的教科书来说，就是终极关怀。在《道德经》里，道就是终极，道就是本体与本质，道就是起源，道就是归宿，道就是概括。所以它是一个概念神，终极本身就是一个概念，这个概念和"上帝"的概念非常接近，因为它是终极，是最高、最大、最概括、最完全、最永远。"上帝"到底是什么？按基督教来说，耶稣是上帝的儿子，上帝是耶和华，但耶和华是没有形象的，你到教堂里头，不管是雕塑，还是油画，耶稣、圣母、12个大弟子、圣保罗、圣弗兰西斯科、圣彼得等，都有形象，还有一些当地知名宗教人士都有形象，但耶和华是没有形象的。他一有了形象，神就人格化了，人格化后，就会出现很大的麻烦。你们看《达·芬奇密码》里说耶稣还有一个妻子抹大拉，梵蒂冈声明说这是胡说八道。再比如说你们看捷克裔的作家米兰·昆德拉，他说欧洲神学界曾经用一二百年的时间争论一个问题，就是耶稣进不进卫生间。因为他是人格化的，他当然就有这些问题。

中国人崇拜概念，什么叫"名"，对名的解释也非常多，但是我宁愿以我个人喜欢的想法来解释，我觉得名就是概念。有名、无名在《道德经》里面也是非常重要的概念。因为命名这是人类智慧的重要表现，孔子也最重视这个"名"，"必也正名乎"，他最重视这个名。而这个名到了道呢，"道通为一"，什么意思呢？用黑格尔的话，就是把杂多的世界统一起来，它都是道，都是从道当中来的，"道生一，一生二，二生三，三生万物"。道就是智慧，道就是规律。

《道德经》里还有一个说法，说道本无名，道是没有名的，"强字之曰道"。我有一个解释，名是名，字是字。名，譬如说蒋中正，中正这个是名，他的字是介石，当然我们平常都说蒋介石。毛泽东，泽东是名，润之，是他的字，过去都有正式的名和一个字，所以这个道呢，是字，因为它无以名之，你没有办法起一个名字，但是你在思想上，在理论上，以至于在语法上，都会追求终极、达到终极。终极是看不见的，你看到的都是有限，但是既然有了有限的，反义词构造的法则就可以让你有无限的概念，无限就是道。找到这个东西本来应该叫什么呢？就叫终极，有人问，你说了半天，到底什么是道呀？太好了，你不说这个"到底"了吗？道就是到底。你问到底什么是道，说明你已经感觉到道了。你只要是有这种无限的感觉、永恒的感觉、终极的感觉，你就是已经走进了这个"道"，触摸了这个"道"。但是，勉强的、正式的名字想不清楚到底是什么，这个"道"到底是什么东西，"强字之曰道"，我们给它勉强起一个字叫作"道"。

老子讲到道的特点是一曰大，二曰逝，三曰远，四曰反。第一，大，它是最大的，涵盖了一切的，好事、坏事，好东西、坏东西都是在这个"道"之间。二曰逝，它又是不断地变化的。三曰远，它是恒远的。四曰反，它又是辩证的，是自己不断地否定自己。大、逝、远、反，就是这个"道"。

这个"道"还像什么呢？如果用数学的观念来说，它像无限大，无穷大，就是"∞"，任何人都有对"道"的类似的这种体会。譬如说唐代陈子昂的诗说，"前不见古人，后不见来者，念天地之悠悠，独怆然而涕下。"道是什么呢？道就是不见，前不见，后不见。道就是悠悠，道就是怆然而泪下。这个"道"在《道德经》里头一共出现70次左右，但是出现得最多的字不是"道"，是"天"，或者是"无"，"天"和"无"到底哪个多，我现在还需要再统计，它们都出现百次以上。所以这个"道"作为存在的另一种形式，就是天。"天"很容易解释，全世界的人，对终极的触动、感悟，都离不开天。你看现在国家博物馆正举行托尔斯泰的展览，天津大剧院马上要演出《战争与和平》。《战争与和平》里面会写安德烈受了重伤以后，他的感悟就是天，他看到的也是那个天。

道的另一个方面就是"无"和"有"。《周易》上说的是一阴一阳谓之道，但是《道德经》里对阴阳讲得很少。我认为，对于老子来说，是一无一有谓之道。万物生于有，有生于无。为什么这万物生于有，有生于无呢？能够把有变成无，又能够把无变成有的只有一个概念，就是数学的无穷，无穷就是终极，终极就是无穷。

还有和"道"有关的一个字眼就是"自然"，这个"自然"跟英文的nature不是一个意思，而是它自己就是那个样子，它自己就是这样变化的，就是这样做的。这在《道德经》中也是非常重要的。如果我们再数学化一点，无的概念就是0，有的概念就是N，道的概念就是无穷大。为什么说道？一曰夷，二曰希，三曰微，一个是说看不见，一个是说听不见，一个是说摸不着、抓不着。为什么他看不见，抓不着，摸不着呢？因为它是一个概念，但是概念你不能说它是无，这概念哪儿来的？一切的无都是有的无。比如说一个人去世了，说这个人没了，因为他有，说李白死了，李白没了，因为有个李白，但是从来大家不会讨论"李黑"有没有，因为我们的脑子里是根本就没有存在过一个李黑。所以无就是因为有的结果，有就是因为无的结果。这也是西方讨论的本体，就是说道、无、有这都是一个本体的概念，都是一个存在的概念。这是我要说的第一个意思。这个意思如果说得不太清楚，也没关系，因为我也没有更好的办法或者更好的思考来把这个话说清楚。

有无之境

　　这个"无"还是一个理想的概念，而且是一个方法论的概念。刚才说一个存在的概念不容易解释，解释成一个理想的概念和方法论的概念就很容易。我们希望很多东西无，希望什么无呢？比如说无忧无虑，我们希望没有压迫，没有剥削，没有痛苦，没有枷锁。马克思是怎么动员大家来相信他的学说的呢？他说，工人阶级"失去的只是锁链，得到的将是全世界"。失去锁链这是前提，得到全世界是后果，是理想。失去了锁链，得到了全世界就是万物生于有，有生于无，你怎么样才能得到全世界呢？你必须失去锁链，你无。当然老子的说法就很高明了，比如一个房子，房子有四壁、有房顶、有地板，老子那个时候大概不用地板，就是土地，但是房子的用途不在于你有这些东西，而在于这间房子它是空着的，我们才能进来。这是一个非常了不起的观念，在某种意义上，"无"比"有"还重要。西方的政治学也有类似的观点，它认为一个政府让人们去做什么并不是它最主要的责任，它最主要的责任，最不可或缺的地方，就是它明确了你不可以做什么：比如你不可以偷东西，你不可以杀人，你不可以放火，你不可以破坏公共秩序，你不可以对别人造成人身伤害，你不可以侵犯别人的财产或者是公共财产。把"无"视为一种理想，其实很重要的一条表现在马克思主义的理论，共产主义的理论。马克思理论的魅力在哪儿呢？在我看来，就是实现了共产主义以后，没有国家机器，没有政党，没有阶级。从这个角度讲，我认为，马克思的理论和老子的无为理论达到了一致。

　　真正彻底的无为是什么意思呢？我认为老子提出这个无为来，是由于在东周时期，天下大乱，春秋无义战，而且每一个诸侯国、邦国都在那儿急着办自己的事，都在发展自己，强大自己，希望能够掌握当时的整个局面，他们认为中国就是天下。所以老子提出无为，他有挽狂澜于既倒这样一种想法。实际上，你做的许多事情都是适得其反。所以他提出来要无为而治，你最好什么都不要做。我们解释老子这个无为而治的时候，有时候会碰到一点尴尬，就是绝对的无为这是不可能的，你要绝对的无为，你连写个五千个字的《道德经》都是没有必要的。所以一个人不可能完全无为。所以有的人就解释，无为不是什么都不做，而是说让你不要刻意地为。但是他毕竟说的是无为，他不是说无刻意为，所以我愿意把它解释成什么呢？无为是一种理想，是一种文化，而且这个理想在中国来说源远流长，不限于老子。因为孔子在《论语》第十五章上也讲了，他说大舜是真正无为而治者，大舜怎么无为而治呢？他南面为王，往那儿一坐，天下事自然就是好好运行。这是我对无为的第一种解释，就是说这是一种理想。

我看"无为"还指什么呢？它主要指的是统治，它指的是君王，指的是臣子，它当然不是指工农、老百姓，工人不做工，农民不种地，老百姓不娶媳妇、不嫁人，那怎么行呢？所以庄子说得很清晰，说上无为而下有为。当然这种理解你也可以从反面说，它没有从勤政方面谈问题，没有从有一分热、发一分光这方面来谈。所以老子不是鲁迅，老子也不是那些最有作为的政治家。但是他们的无为，确实是针对了春秋当时的那种"乱为"，压迫人民、折腾人民、压榨人民的一些"为"。所以我第二个解释，就是它针对的是权力和权力运作者。

我对"无为"的第三个解释，这个无为和那个不刻意的为没有任何的矛盾，不刻意的为也是正确的。这个无为对我们方法论的作用是什么呢？就是有所不为。甭管你掌握不掌握权力，一个人有所为的前提是有所不为。譬如说我自己，面对别人对我的批评，我几乎没有接过"招儿"。为什么呢？不是由于我有什么特殊的构造，我只是要把时间用在更有价值的事情上。但是我该"搭理"的时候，又绝对要"搭理"。我对什么叫好人，什么叫坏人有个定义，好人就是有所不为。造谣的事不干，为自己蝇营狗苟的事不干，搞黑斗的事绝对不干，侮辱别人的事绝对不干。但是什么叫坏人？坏人无所不为。这个问题在香港我跟查良镛先生聊过，他非常赞成我这个说法。所以老子这种无为而治的思想是非常伟大的思想，它是一个向往，绝对的无为是不可能的，但是老子善于用这个

"无"。

我对"无为"还有第四个解释，就是无为的好处在什么地方呢？就是学会用减法。"为学日益，为道日损，损之又损，以至于无为"。你在计划你的生活、你的学习、你的人生的时候，除了考虑我要做什么以外，你还要考虑我不要做什么。学会用减法的人太主动了，太快乐了！学会乘以零，甭管闹得多厉害，你都可以给它乘以零。所以这无为里面也还包括学会用减法。庄子跟老子则不完全一样，庄子更多的考虑是自救，是精神上的自我救赎。庄子是我有我活下去的招儿，我有我的思路。

老子里还有一条就是"无争"，充分运用了这个"无"字，无争、无私，这一点一般人是难以做到的。当然以现在的眼光看，争也是必要的，这又是中国学说的一个特色。不只是老子无争，孔子也主张无争，主张争也是君子之争，客客气气，千万不要撕破了脸来争。所以有人说中国文化是早熟的文化，我们在东周时期已经预见到了竞争的恶性化、竞争的白热化、竞争的沸腾会造成什么后果。所以老子说，"天下皆知美之为美，斯恶已；皆知善之为善，斯不善已"。钱锺书先生对老子这个说法有点质疑，觉得老子有点矫情，说为什么知道美就不好，知道美就显出丑来了？丑也不是美的人给他造成的，比如说你知道西施美，你就认为东施丑了，但东施的丑并不是西施造成的。

老子对无争说得非常清楚："夫唯不争，故莫能与之争。"我不跟你争，你还跟我争什么呢？有时候要跟太极拳似的，有些事我不和你争，有些事我要争，不要什么都争，大事、小事，事无巨细。

无私也是这样。老子说："非以其无私邪，故能成其私。"所以有人说老子是阴谋家，说你看他实际很自私嘛，他的无私是为了能成其私。但是事实上，确实是你越不计较你的私利，你的私利就越多，你的人气就越旺，你的群众关系就越好。你又谦虚、又谨慎、又质朴、又真诚，好东西都在你那儿，评模范也是你，涨工资也是你，给教授头衔也是你，中国人是最讲印象的。你要从这个道理上理解老子这句话。你们看看老子对"道"的解释，看看老子对战争与和平的解释，看看老子对他的"无"和"有"的解释，就能够判断老子并不是要阴谋。老子究竟是什么意思呢？就是鲁迅最喜欢说的，实际上是俄罗斯的谚语："鹰有时比鸡飞得低，但鸡永远不能比鹰飞得高。"老子的意思是说，你对一些东西抱有退让的态度、豁达的态度、放松的态度、"无"的态度，你反倒该有的都有。人要无为才能无不为。这个无和有非常的麻烦，人生的主要悖论，数学的主要悖论就是无和有造成的。说今天讲课无，讲完了作用是无，你实际什么也学不到。若是这个无，就不好办了。但是你这个无的本身，能不能无呢？你说，既然是无嘛，无也应该无，那你就是较劲儿了。所以你那个无本身首先就应该无，就是什么都否定，你把否定给否定了，那就可以不否定了嘛，也就是可以肯定了嘛。无也可以无，那不就是有嘛。那么"有"，什么都可以有。那无可不可以有？无既然可以有，说明你那个有也是靠不住的嘛，也可以变成无的。所以一切的悖论的最根本的起源就是这个。有一个很有名的悖论，是罗素发明的，叫理发师悖论，说这个理发师他不给给自己理发的人理发。因为你已经自己给自己理发了，我就不给你理发了。那么现在就出现了一个问题，这个理发师给自己理发吗？他要给自己理发，他就是给自己理发的人理了发，就是你有的结果把无也有了。他要是不给自己理发，那理发师就是一个明明不给一个不给自己理发的人理发，理发师就应该给自己理发，他自己把自己否定了，就这么一回事。所以这人生很好玩儿，你研究数学、哲学、神学它都是相通的。

知白守黑

再讲老子的一些战略、策略的思想。老子有句很有名的话："知白守黑。"知白守黑，这是黑格尔最喜欢的话，我估计黑格尔不懂中文，他翻译出来的意思就是"把自己沉浸在黑暗里，注视着光明"。这一听还有点像顾城的诗，"黑夜给了我黑色的眼睛，我却用它寻找光明"。"知白守黑"究竟是什么意思？你什么都明白，你明镜似的，但是你宁可难得糊涂，你做糊涂客。"知雄守雌"，我知道"雄"更强大，但是我保持我的柔弱。"知荣守辱"，我知道什么叫风光，但是我愿意保持我这种低姿态。

我觉得这作为人生处世的道理，很有意义，当然也不是绝对的。比如老子还说"将欲歙之，必固张之"，你本来要把他囚禁起来，你先把他放开。"将欲弱之，必固强之"，你本来要削弱他，但是你要先使他强大。"将欲废之，必固兴之。将欲取之，必固与之"，你想要废除他，你先让它兴旺起来。你要从他那儿拿到什么东西过来，你先给他一点东西。这个策略有些时候是很有效的，但不是绝对的。据说有一个军阀，他就使用过这种办法。他想废了谁就封谁为司务长，当司务长三年，三年里都不查账，三年以后一查就够抓捕了，不用审就可以直接枪毙。南宋朱熹就特别不赞成这一点，所以朱熹先生说老子的心最毒。但是问题是，老子他是替老百姓说话的。为什么？老子说，老百姓为什么吃不饱？因为你当权的人吃得太好！老百姓为什么穷？因为你当权的人钱太多！尤其是老子的那句话，"天之道，损有余以奉不足"，就是要把太强势的东西往下压一压，压下去献给弱势群体。人之道，则不然。他说"人之道，损不足以奉有余"。什么叫"损不足以奉有余"呢？就是北京话"越穷越吃亏，越冷越撒尿（sui 平声）"。你本来就穷，还让你交苛捐杂税，要罚你的款，又要剥削你。所以历史上中国农民的起义，打出来的旗号都是"替天行道"。为什么叫"替天行道"？就是杀富济贫，就是"迎闯王，不纳粮"。那么什么叫"损有余"？我"喀嚓"你们这些"有余"的，你的钱太多了，你多的要去交税，开你的仓，我放粮。所以从这个角度来说，我们光从技巧上看，那么好人也可以用技巧，坏人也可以用技巧。庄子也讲"盗亦有道"，庄子甚至讲，那些道德的东西，好人也可以用，坏人也可以用。

但是老子还有些理论，比如他反对战争，他主张那些越是强势的越要对自己有所约束。所以他提出一个很怪的观点，全世界很少有的，就是"柔能克刚"，柔弱才能胜刚强。什么东西柔弱？他认为有生命的东西柔，柔是"生"的特征，坚强是"死"的特征。他拿植物作例子，一根树枝很柔弱，软软的，一弯就能弯好几圈，当然它是一棵活的树；一个干树枝，一弯折了，那当然是死的树。所以老子又说，"物壮则老"。你太壮了，你太棒了，你就老了，当然你不壮也照样得老。但是老子说，物壮则老，是为不道。查《辞源》，"坚强"有两个意思：一个是刚强，一个是固执。我查英语词典，英语中"坚强"这个词，它也是两个意思，一个是当刚强讲，一个是含有固执的意思。所以老子他提倡这一套，这一套你不能说没用，有些时候它有用。他说什么叫"勇"？"勇于不敢。"这也绝了，不是勇于去做什么，而是勇于不做什么，一看我惹不起你，我回头走了。惹不起，躲得起。我们这一类的思想很多。你看我虽然是躲得起，但是最后我还要战胜你，这是中国式的思想。"文革"当中大家都背毛主席语录，毛主席语录里有句很有名的话："捣乱，失败，再捣乱，再失败，直至灭亡——这就是帝国主义和世界上一切反动派对待人民事业的逻辑，他们决不会违背这个逻辑的。这是一条马克思主义的定律。斗争，失败，再斗争，再失败，再斗争，直至胜利——这就是人民的逻辑，他们也是决不会违背这个逻辑的。"我当时不明白为什么这么说，我就想，应该改成斗争，胜利，再斗争，再胜利，最后到决胜。但是毛主席说的是事实，有这种思想，有这种事实。因为中国人民革命就是不停地失败，但是到了关键时刻，它胜利了。楚汉战争也是楚国一直是大胜的，所以最后，项羽他也不承认失败，他认为是"天亡我也"。所以柔弱胜刚强，你不能说完全不可理解，就是这种情况，他处在弱势，所以一直退让。毛泽东在中国革命战争的问题里面讲，他的战略是什么？"敌进我退，敌驻我扰，敌疲我打，敌退我追。"所以老子的这种观点，用现代话来说，就是辩证的，这套辩证的东西，有些时候是管用的，但不是绝对的。也有人分析，说中国历代真正做到了无为而治的，同时也是真正做到了孔子所说的"为政以德"，仁政的，就是汉文帝和汉景帝时期的"文景之治"，所以孔子的"为政以德"和老子的"无为而治"，它们是一致的。

（刊登时间：2014 年 10 月 13 日。作者系第八、九、十届全国政协委员，全国政协原文史和学习委员会主任，作家）

寻找身边的手艺

潘鲁生

找回民族的文化自信

手艺原本就是我们日常生活的一部分，居家过日子的把什物件儿、女儿出嫁的衣服被褥衣裳、娃娃出生起即陪伴身边的虎头鞋帽、走亲访友的面花儿点心小食、祭祀时的纸扎纸马，还有年节里的年画剪纸红灯笼，可以说每个家庭都离不开手艺，人生里许许多多重要时刻都有手艺的装点陪伴，朴素温暖，充满情谊，包含着人生的礼仪和做人的道理。随着工业化和商品化社会的快速发展，手艺似乎一夜间淡出了我们的生活，街头巷尾的工匠艺人早已踪迹难觅，居家的女红木作变成了记忆，一些宝贵的民间技艺濒临失传，人们的家庭日用更多地依赖商场超市流水线和现成货，传统手艺已从热热闹闹的生活中心悄悄走向了现代生活的边缘。

所以，对于今天的人们来说，如何认识手艺、怎么看待手艺、怎样把这支亘古不息的造物文脉传习下去，是非常紧迫的社会课题，也是我们大家义不容辞的文化责任和使命。因为我们有义务把祖辈的造物智慧、生活品质传承下去，留给子孙一个具有传统文脉、感情温度、人生道理并充满艺术之美的生活世界，而不是一些贫瘠枯燥的数字、LOGO 和符号；应该给今天的"中国制造"植入文化的芯片、注入文化创造力的灵魂，复兴中华的造物文明。这些理想看似宏阔，其实又很现实，继承传统可以扎扎实实从我们身边做起。所以，今天的话题就是建议大家一起寻找身边的手艺，寻找造物的文化基因，寻找失去的文化记忆、重建文化的自觉和自信；真正在我们的生活中重塑手艺的价值，体验手艺的味道，捕捉那些即将消逝的技艺；在现代消费和商品包裹的空间里换一个视角来发现生活的情趣，体验手艺的境界，体味手艺人的匠心，发现可以创意设计的未来。其实，也只有当手艺文化真正融入我们的生活，成为我们身边的、常见常用的一部分，手艺的文脉才不会断流，手艺文化才能回归我们的心灵。

在当代，传统手艺似乎淡出我们的日常生活，但又一直承担着出口换汇的重任。无论是上世纪 50 年代至 80 年代的"草柳编换拖拉机"，为国家经济发展换取外汇支持，还是上世纪 90 年代以来，手工艺生产回归农村作坊，成为农民致富的重要行业，都是如此。几十年来，手艺生产面向外需市场、开展外贸经营是一种主要的存在形态。在创造显著经济价值的同时，存在的问题也值得我们思考。因为手艺生产中的来样加工和贴牌制造，依照的是西方市场要求和生活方式，往往与我们的生活传统渐行渐远，在订单式、模式化生产的同时，原本可以在生产生活中不断丰富和传习的手工技艺、手艺语言、手艺符号等逐渐遗失，传统手艺文化的根基被不同程度肢解。以我们曾经调研的山东临沂柳编产业为例，由于订单加工、面向出口，农村祖祖辈辈打柳编筐的技艺被纳入了国际市场。调研中我们看到，从事柳编的老人们为了保障编结过程中温度湿度合适，常常掘了地窖来完成活计，但是其中的辛劳付出与他们获得的收入其实难成正比。由于缺少自主设计和自己的生活创意基础，多少来样加工的背后，祖辈流传下来的编结纹样和技艺正在遗失，处在产业链末端的手艺农户很大程度上并未实现公平贸易和文化认同，手艺仍然缺少应有的尊重，缺少自主的文化表达，虽然输出产品获得了劳动力的效益，但没能充分发挥中华文化传承和价值观传播的作用。

究其原因，手艺要有自己的生活土壤，有自己的文化支撑，虽要行销海外，更要服务身边。如果我们能多一些文化自觉，能深刻认识到这些手工艺术、民间文化的价值，在更广泛的意义上加以保护和传承；如果我们能多一些自信，坚信手艺之美、手艺之道、手艺文化的生命力，把手艺所包含的语言、符号、精神和韵味融入到当代设计和产品生产中；如果我们努力寻求民族文化创造力的根基，把矿藏般丰富的造物文化转化到今天的中国设计、中国创意、中国制造中来，我们的民族文化会更有时代话语权，我们的文化传承与手艺产业会有更强大的生命力。

要举一个做得好的例子那就是我国台湾地区的工艺研究中心。早在上世纪80年代他们就着手实施民间工艺传习计划，开展手艺文化的保护和传承，将文化传承与工艺传习融为一体，设立了工艺之家的传承模式。近些年来更加大手艺设计的创意力度，并实施"YII计划"，促进手工业者与设计师合作，复兴濒临失传的台湾工艺，很多优秀的手艺创意设计在国际大展中获奖，有力地复兴和传播了民族文化之美。最近，设计师石大宇先生运用台湾传统竹艺设计的现代家具，获得IF设计大奖，这一以竹木为原材料的产品市值5000欧元。价值空间在于文化，示范意义在于自信，值得我们文艺界借鉴。从这个角度看，当前我们所面临的产业转型升级需要文化的驱动力，包括研究手工文化的内生力。寻找身边的手艺，是一种文化的自信，也是重塑文化创造力的根基。

发现传统生活审美

我国的传统手工艺可以说包罗万象，那些金工、漆工、陶器、瓷器、七宝、珐琅、琉璃、玉石、服装、刺绣、染织、木工、竹工等传统工艺，诉说着中华民族天工开物的历史；那些琥珀、珊瑚、玳瑁、贝壳、角、牙、骨、皮革等各种材质，体现了先辈造物重天时、讲地气、务材美、求工巧的智慧；还有被我们划分为乡土手艺、市井手艺和宫廷手艺的不同样态，形制各异、意态横生。这些手艺就在我们身边，影响我们的生活。举例来说，扎制灯笼用以装点气氛，但民间的灯笼、市井的灯笼、宫廷的灯笼又有着不同的韵味，带给人不同的感受。我们曾考察福建莆田民间灯笼工艺，一组灯笼组成轮盘，一人举，一人画，绘制过程粗犷有生气。再看市井节庆时的红灯笼，还有传统精美的宫灯，大家能体会到不同的味道和气氛。乡土手艺"土"而接地气，市井手艺"巧"而有韵味，宫廷手艺"精"而有品位。手艺既是心灵手巧之作，也带给人们特别的生活体验和感受。或者说，手艺是一个综合体，自然层面上的本能、文化层面上的形式、生活层面上的功能合而为一。今天，我们寻找身边的手艺，也是突破当前日常生活符号化、形式化、意义化、艺术化的藩篱，真切感受代代传习的审美意蕴。

所以，让传统手艺走进当代生活，审美是一个关键问题。如今，手艺文化要素已转入手艺产业，手艺定制、手艺体验、手艺收藏，是一种新的生活与消费趋势，也是传统手工艺融入创意产业、旅游服务业、艺术品收藏拍卖等业态的良好机遇。其实，传统手艺可以走向当代，比如陕西剪花娘子库淑兰的民间剪纸，把民间剪纸推向了艺术个性创造的高度，民间美术的符号、色彩、技艺和精神得到民间艺人个体创造力的融会，成为具有自发性和创造性的艺术。这也是民间原创与当代审美的结合，形成了个性化的艺术创作。传统手艺也可以发展为新兴的文化业态，比如苏绣，继承民间传统工艺，丰富创作题材，经过教育培训，形成具有现代语境、自身艺术样式和地方特色的群体性民间艺术，并与理论研究、市场营销和产品开发结合，成为地方文化产业和品牌。传统手艺还可以延展为与旅游文化、民俗体验、公共艺术等相结合的文化综合体，比如山东潍坊杨家埠木版年画和风筝工艺，保留了传统民间木版年画和手扎风筝工艺特色，与旅游文化结合，并通过国际性的风筝展会拉动，成为特色化的文化产品。又如陕西凤翔彩绘泥塑，延展其祈子、护生、辟邪、镇宅、纳福的功能，进入都市室内装饰和公共艺术领域，获得新的文化生命。总之，民间手艺在转型期有内在的传承与转化发展路径，有困境、有发展、有生存空间。虽然具体的手艺风格、工艺手段、材质在发生改变，但民间形态的核心内涵没变，有极强的文化再生能力。

当人们更热衷于手艺定制的服饰穿戴，更乐于从手艺元素、符号和纯粹的手艺体验中感受文化，生活将更加丰富、更有韵味和生机。如果说寻找身边的手艺不只是目有所见、心有所感、有所体验、有所应用，更是用创意和推陈出新的设计服务当代生活，那么我们尽可以拓展手艺的创意发展思路，不断融入新材料、新工艺、新需求来创意生活，并使越来越多的手艺元素应用到公共艺术设计、建筑空间装饰以及形形色色的日用产品之中，相信更多的人也将从中找到文化的共鸣。

延续民族造物文脉

手艺和汉字是中华民族五千年延续不断的文脉，汉字传承传播的是思想，手艺传承的是技艺，是工艺思想，是生产和生活方式。手艺里有表情、有境界、有思想、有深厚的文化根基。比如"天有时，地有气，材有美，工有巧"的工艺原则，深刻概括了造物过程中工艺与材质、人与天地自然的关系，所关注的不只是工艺和技术本身，还有关于物的认知和体验，是一种造物的"道"与"境"，这在今天也有重要价值。

所以，寻找身边的手艺，不只是认识和了解工艺规范、程式技法、符号元素等有形的构件，更在于把握与手工艺相关的思想和境界。正如庖丁解牛、佝偻承蜩所描绘的，手艺的过程是一种对道的追求，追求"精益求精"的精神和境界。从这个意义上说，从手工造物到机械生产，纵然外在生产方式发生了转化，但不可失落的是这种内在精神境界的追求以及生产生活息息相通的文化状态。如果缺少这样的文化根基和内核，简单粗放地加工制造，输出的恐怕只能是劳务和资源，何谈工艺文化呢？

认识手艺的思想和境界，也将丰富我们的生活体验和文化视野，或者从中读到手艺生活的艰辛与努力。如连续十几年走访中国各地，探究中国手工艺的日本作家盐野米松所说："这些朴素的手艺人……就是每天拼命地为了养活家人而勤奋劳作的最普通的人。当我们对于人生道路产生迷惘的时候，可以去认识认识他们，了解他们的人生态度、对劳动的认识，以及他们在手艺上的气质，也许那才是人本来应该有的活法儿。"又或者读到对生活的期待和幸福，如我们在手艺调研时所见：农闲时分，人们在屋前院后围坐，聊着家常，养着家禽，看着嬉戏的娃娃，编着手艺活儿，很和美。年终算算收入，不比外出打工挣得少，还照顾了家，这就是当代的田园生活。总之，我们应当认识和理解其中的思想和意义，也特别希望孩子们去认识和了解手艺，捏一捏泥巴，学一学刺绣，钻研一下木作，去了解习俗，体验传统，理解我们与物的关系。它可以不是大商场里消费的商品，不是花很多钱去购买的奢侈品和它的 LOGO 符号，而是我们用心去做的一件东西、一件事情，由此开启的童蒙是有益的，孩子们更能判断事物的价值，理解亲情和专注。

其实手艺是造物的文脉，不只是我们的文明古国如此，率先走向工业化的欧美国家亦然。西方社会虽然从 18 世纪下半叶开始应用大机器生产，不可逆转地开启了人类物质文明新的发展阶段，但数百年来，他们从未停止对手工艺的追溯、倡扬和反思。工艺美术运动、新艺术运动、装饰艺术运动、手工艺复兴运动，以及现代主义设计，从未间断对于手工艺传统的复兴，并极尽所能地将之融入当代设计，使手工艺活动成为现当代设计史中不可缺少的篇章。比如以精工制造著称的德国，在其教育体系和职业分工里，手工训练、手工艺占有比较重要的位置。他们认为，有发达的手工业，才有发达的轻工业，才有精益求精的工业制造，如果手艺不行了，发达的工业也无从谈起。人人都能动手、人人都有创意、人人都能设计才是工业化的基础。所以，我们寻找身边的手艺，也是更加自觉、自信地续写民族的造物文脉，如宗白华先生所说："我们对于过往的民族菁英，应当有相当的敬仰，使我们在这民族生存斗争剧烈的世界上，不致丧失民族自信心。我们的弱点固然要检讨，我们先民努力的结晶，也值得我们这颓堕的后辈加以尊敬。"当下，特别是身处社会转型期，我们有责任重拾传统智慧的基因，续写造物的文脉，激发蕴藏在手艺之中的文化创造力和生命力，寻找手艺的文化生命。

事实上，传统手工艺传承在当代经历了一个转折的过程。一方面，一段时期以来，行业发展中的手艺资源流失、艺人消亡情况较为严重，存在人亡艺绝、后继乏人现象。有统计显示，我国 3025 名高级工艺美术师，仍从事传统工艺美术的仅有 20%，每年专业院校毕业生加入到传统工艺美术领域的不足 1%。随着非物质文化遗产保护立法，加强传承人保护和梯队建设，民间手工艺传承情况有所改善。另一方面，在大学教育中也经历了一个认识的过程，如1998年本科专业目录中"工艺美术"被"设计艺术"取代，到2011年恢复，目前全国有29所高校设立"工艺美术"专业。应该说，手工艺教育是大学发挥文化传承功能的一个重要方面，我们的当代艺术、当代设计也可以从传统手艺里获得灵感。我们可以从大学教育中汲取传统手工艺的精髓，加强动手能力培养，开展实践教学，相信心灵手巧的人才必有用武之地。去年，我们举办的"中国现代手工艺学院展"被纳入北京国际设计周，作为一个重要单元，展示了大学手艺设计的重要性。因为手艺里有岁月打磨的光泽，有寻常生活里的寄托，有属于我们的一份记忆，无论教育领域还是设计、创作乃至产业实践领域，都应珍视这支绵延发展的文脉，它维系你我，能增进认同、寄托情感、传承智慧。

我更希望手艺传习能够纳入少年儿童的学习以及幼儿启蒙教育中，这不仅是心灵手巧的教育，更是源自母亲、家庭和亲情的教育，也是风物习俗和传统文化的教育，对于大多数都市里长大的孩子们来说，对手艺的亲近和传习甚至是一件认祖归宗的大事情，具有文化认同与传承的重要意义。

总之，如果把社会的发展比作一条丰富的矿脉，过往沉积，新生叠加，手艺正是一支演进生成的轴线，经历了现代工业文明的冲击，而葆有内在的生命力。或者以本来的面貌存在、传承和发展，或者从古老的形式中剥离出来，走向当代艺术，融入当代设计，转化为文化产业。无论如何，手艺总归是我们生活的重要组成部分，手艺中蕴藏着人们最本质的创造力，蕴含着心手相传的感情的温度，包含着生活的智慧和期待，还有对自然的理解以及关于生活物用的习俗。寻找身边的手艺，是寻找中华文化的根基，也是寻找我们的自信和坚守；是感知传统生活审美的韵味，贯通创造力的血脉，也是冲破消费物欲的迷障充实和建构我们自己。米兰·昆德拉曾说，"速度是出神的形式，这是技术革命送给人的礼物。跑步的人跟摩托车手相反，身上总有自己存在，他感到自己的体重、年纪，比任何时候都意识到自身和岁月"，那么，让我们在寻找身边手艺的行程中，与传统、岁月，以及朴素生活而充满创造力的自己相遇，续写一段属于我们的文化传承手艺篇章。

（刊登时间：2014 年 10 月 27 日。作者系第十二、十三届

全国政协委员，山东工艺美术学院院长）

谈《北京：城与人》

赵　园

文学中"寻味"老北京印象

这本写于上世纪 80 年代末、出版于 90 年代初的书，有机会一印再印，证明的或许是书中所写的那个北京城，离我们已越来越远。

陈凯歌在他的自传里，这样写到自己家满族出身的保姆："奶奶是那种一生仅得温饱，却体面而自尊的北京人。她精明不失善良，爱面子也给人面子，因为不再是贵族反而靠了双手成了得了贵族气派的劳动者。她衣服永远干净，头发一丝不乱；耳聋，却能听到别人的痛苦；从不惹事也不怕事。"（《少年凯歌》）这里的关键词，是"体面"与"自尊"。正与老舍笔下的北京人神情相似。记忆是赖有诱导的；陈凯歌当写下上面的文字时，是否也暗中受到了老舍的诱导？陈凯歌同书还写奶奶常说："人不兴欺负人。也不兴叫人欺负。让人欺负惯了，你日后就成了坏人了。"何等精辟！实在是世事洞明了才能有的见识。老辈北京人的自尊自重，也为了保全品性。让人欺负惯了日后就成了坏人，老舍笔下的祥子不就是一例？

元、清两代北方民族留下的痕迹，以满人更为显明，却也很难由"北京文化"中剥离而出。即如旗人文化，就已融化在了老北京的"文化血脉"中。那个优雅的北京，那口京味小说所形容的"嘣响溜脆"、"甜亮脆生"的京片子，就属于一代代北京人的文化创造。那一种文化，应当是氤氲在我们的生活中，浸润了我们的日常语言的。当然，发生在时间中的，有不同方向上的融汇、融合。据说旗俗重姑奶奶；老舍《正红旗下》写的"姑奶奶的脾气"，仗恃的就是"旗俗"。满族妇女的社会地位较汉族为高，入关之后却有了变化。历史学者阿风在她的著作的注释中，提到清代旗人妇女受到礼教的影响，也十分重视贞节观念，而清政府对旗人妇女守节则加以特别的优恤（《明清时代妇女的地位与权利——以明清契约文书、诉讼档案为中心》）。那么，满族文化中那些与汉族文化犯冲的因素，想必受到了抑制，是不是有点可惜？

抗战时期大后方的重庆北碚，老舍用了咏叹调一般的文字写道："最爱和平的中国的最爱和平的北平，带着它的由历代的智慧和心血而建成的湖山，宫殿，坛社，寺宇，宅园，楼阁与九条彩龙的影壁，带着它的合抱的古柏，倒垂的翠柳，白玉石的桥梁，与四季的花草，带着它的最轻脆的语言，温美的礼貌，诚实的交易，徐缓的脚步，与唱给宫廷听的歌剧……"（《四世同堂》）日本著名汉学家吉川幸次郎 1928—1931 年留学中国，事后写到了 1929 年秋北京的"人力车夫起义"，"在长安街上横阻汽车"（《我的留学记》）。日本学者所说的"起义"，或不过是"闹事"。这种场面，却是我在无论老舍还是张恨水写人力车夫的小说中，都不曾读到的。看来"老北京"还有诸多面相，被我们有意无意地忽略了。至于生当明清之际的陆文衡，批评社会动荡后的失序，包括了"僭逾"，即"等威无辨，贵贱不分"，其具体例证，就有"寇盗自称'爷'，衙门差役亦称'爷'"（《啬庵随笔》卷四）。这倒像是京城的习俗。近些年来，更有板爷甚至"膀爷"。"爷"不再尊，人人当得，倒不如说别有一种"平等"风味。

下面将要提到的王安忆的小说《启蒙时代》，其中的人物有一大篇关于"市民"、"小市民"的议论，可以用来为作者本人的小说作注。"小市民"的说法却像是不适于北京。京城有胡同串子、小痞子，却仍不被归为"小市民"，也是有趣的现象。老舍小说中的老派市民，想必是自居"大市民"的，看不上小鼻子小眼小算计。但谁又算得正宗的北京人？据吴艳红《明代充军研究》，"永乐时期较有特色的惩治方式是'发北京为民'。为充实新都人口，当时大量的罪犯被发往北京的周边地区种田屯垦戍守。永乐元年（1403）八月己巳，定罪囚北京为民种田例。凡徒流罪，除乐工、灶、匠拘役，老幼、残疾收赎，其余有犯俱免杖，编成里甲，并妻子发北京永平等府、州、县为民种田，定立年限纳粮当差"。我所见这类材料尚多，可知"北京人"的来源。你敢断定你不是上述移民的后裔？

总觉得人们对于老北京的印象，过于受到文学作品的影响。文学诱导了体验的方式，培养了欣赏的趣味，规范了观看的角度。如若没有老舍与京味的小说、影视作品，人们对北京的感觉是否会有所不同？10年前出席北大中文系与美国哥伦比亚大学东亚系联合举办的"都市想象与文化记忆"学术研讨会，台湾学者邱仲麟的一篇论文令我眼界大开。那篇论文的题目是《风尘、街壤与气味——明清北京的生活环境与士人的帝都印象》，其中引用的关于明清两代北京卫生状况的材料令人惊骇。当然，我以及稍长于我者所见的北京，经了1949年之后的"爱国卫生运动"，已与明清不同，但老舍的《正红旗下》所写，正在邱先生研究的时段内，偶见有关于恶劣的卫生状况的描写，却绝不能想到有如是之严重。

雅俗中"寻根"京味文化

80年代最初几年的"京味小说"，与稍后的"文化寻根"，像是没有直接的关系。如果我没有记错，当年被发起"寻根"者作为"根"的，是吴越（古）文化，（古）楚文化，以至更原始粗砺的边地、深山老林的那种文化，对京城这种"过熟"的文化，是有一点儿不屑的。而"京味小说"的短暂兴盛，其背景毋宁说更是"后文革时期"的心理修复：厌倦了"破坏"的文化人，重新发现了"正常生活"的安宁祥和之为美。我自己也是到了80年代，才重新记起了胡同中的童年；那座老旧的城市，受了风气的诱导，由我的记忆深处浮起。

那时的人们，习于将上海作为北京的参照物。应当承认，常见的京沪比较，往往将原本复杂的文化现象简化了。但比较，确是有效的认知途径。当代中国不但有写作"双城记"的材料，而且不难写"三城记"以至"四城记"。即如"北上广"。80年代一纸风行的杨东平的《城市季风》，互为对照的三城，京沪外取的是成都，亦别出心裁。京沪比较中，京城似乎更有同质性(这何尝不是误解?),上海则有更加多重的区隔。王安忆在上文提到的《启蒙时代》中说,上海"这城市就是这么多种多样,隔一条街,街上走着的人就有截然不同的面容和表情"。她将这城市的诸多街区,一一细细读过,读出了不容混淆的细致差别。即使同在动荡中,京沪的面目也显然不同。"文革"中上海"这城市表面上看已经没什么颜色,素得像戴了孝,内心可不安分。这一行小男女从街上过去,城市的表情立刻就轻俏起来,露出暗藏的风月。在这条著名时尚的街道(按即淮海路)两边,其实是千家万户的柴米生涯,如今街上的繁华收起来了,那柴米人家掩着的不入流的风情,却一点一点漫出来了"。"大时代的夹缝里,小民的快乐从不曾湮灭过。"小说中的几个少女,"她们所穿所戴,老实规矩中,藏着些小小的离经叛道。""说是上海街头已经被革命扫涤干净了,可不又生出些新的颓靡? 这城市的颓靡就像雨后的小蘑菇。"小说将情节时间设定在 1968 年。那一年的北京,即使仍有骨子里的守旧,也应当隐藏得更深、更加不动声色。

王安忆长于刻画上海的城市性格,由城区直至外围、周边,笔下有人文地理的丰富性。有时雕工甚细,细入毫发,又有时大写意,寥寥几笔,出人意表,却又像是正在你意中。你不妨承认,老舍之后的北京,缺少如王安忆这样为这城市传神写照的作家,缺少如金宇澄的《繁花》那样风靡的当代作品。考虑到这城市的人文荟萃,文化资源的高度集中,是不是有点儿说不过去?

不同于上海,北京的雅俗没有太过显明的切割。有教养的老派北京人,往往大雅近俗,俗而能雅。通常被空间更被阶层分隔的文化形态,在京城有特殊的交汇——是其他城市难及的,也无可模仿。当然,京城能据以夸炫的,更是其文化气象与文化典籍的富藏。黄宗羲记天启朝"奄祸"中,他父亲黄尊素被逮,祖父一起入京师,将卒,仰天叹曰:"京师,天下之奇观也。余蒙难而入,昼伏夜行,曾不得一见都邑之盛,宫阙之美。其时吾谓人曰:'使吾得再游其间,无所恐惧,则生平之愿足矣。'今已矣,亦命也!"(《黄氏家录·封太仆公黄日中》)真是莫大的遗憾。清代魏源也说过,"京师,掌故海也。得借观史馆、秘阁官书,及士大夫私家著述、故老传说，于是我生以后数大事，及生以前上迄国初数十大事，磊落乎耳目，磅礴乎胸臆。"(《圣武记序》)。在电子技术兴起后的数据化时代，我其实不知道京城的以"文化"自傲，还能维持多久。

城与文化

上面提到的日本汉学家吉川幸次郎，说返日前去南方旅行，发现南京到处有高大的建筑，相比之下，"北京是非常寂寥"(《我的留学记》)。却正有人陶醉于这寂寥之为美。最近才由报章上读到李健吾上个世纪三四十年代写北京(当时叫北平)的一篇散文，其中说，"站在禁城的午门上面，瞭望一下四野，一片绿意。我这个'野'字用得并不过分。房子隐隐呈现在枝叶下面，街道像似一条一条细流，粼粼散开"；"家家有树为荫，而绿海油然，三海和护城河的水色浮光，倒像是大或小的画舫了。"那篇散文还写到北京的天际线，那是无遮无拦的，无论南北东西，你都可以看到尽头(《北平》)。据50年代初进入北京的人说，那时的京城还是这个样子，的确令人怀念。

在中国生活了30年的意大利摄影师、独立纪录片制作人安德烈·卡瓦祖蒂(Andrea Cavazzuti)，痛陈他所见中国城市改造中的文化破坏："上世纪80年代还能享受一些：昆明是昆明的样子，广州是广州的样子，北京是北京的样子，可是现在，都差不多。不看标牌都不知道是哪儿。这一点跟意大利不一样，那里几乎不变。中国，一天一个样，一年大变样——这是最可怕的东西。大量的资金、便宜的劳动力、现成的技术和设备、落后的基础和落后的观念，造成了史无前例的破坏和丑化。"(《老安：永远"在路上"》，刊《中堂闲话》)这也正是近些年来我为之焦虑的。但真的说起这个话题，却又不免于纠结。

《利玛窦中国札记》写道："从房屋的风格和耐久性看，中国建筑在各方面都逊于欧洲。……在他们着手建造时，他们似乎是用人生一世的久暂来衡量事物的，是为自己盖房而不是为子孙后代。而欧洲人则遵循他们的文明的要求，似乎力求永世不朽。"中国土木结构的房舍的不能经久，这一点往往被忽略了。不能经久中，或就有中国人的生存哲学，即如利玛窦所说"似乎是用人生一世的久暂来衡量事物的"。无论你是否同意，这观察都有讨论的价值。既然如此，就不便照搬欧洲保存古城的那套办法，却也一定有既能保存古都风貌，又无碍于改善居民生活条件的"改造"方式，何不就此问计于民？这城市集中了那样多一流的建筑学家、景观设计师，国内一流大学的有关系科，如此宝贵的资源何以得不到充分的利用？我甚至想建议中小学的语文课给学生出一些如下的作文题："假如北京的城市改造能重新来过"，或"前门的重建之我见"等等——我们的青少年未见得不比官员们有智慧。

　　前一时北京的中轴线申遗，舆论造得沸沸扬扬，不免令人胆战心惊，怕是又一波的大拆大建。我孤陋寡闻，不知这项目是否早已启动。北京的文化重建，意味着找回失去了的优雅，而不只在营造旅游景点，让人看一个由假古董堆积而成的橱窗式的或舞台化的北京。几年前曾到过绍兴，走了那城中保留的老街，过后写了篇短文，《老街老屋老桥老人》，说"我注意到留在老街的，多为老人。听当地人说，子女或有单位的福利房，或购了商品房，老人就被留在了老屋，作为了旅游景点的一部分"。还说："如何在保存'历史面貌'的同时提升古镇、老街、老屋留居者的生活品质，是一道并不难解的课题。听说绍兴市政当局为老街居民解决了上下水的问题，不但有利于改善该处的水质，也方便了居民的生活。当然这还不够，还有必要改进老屋的采光条件，维修加固危房。保留（包括适度地维修、加固）其形制而改造内部设施——欧美的古城提供了范本。居住在老屋的，多属城市中低收入者，上述工程非由政府出手则不能办。老人毕竟不是老街的附属物。使他们身居老街而享有现代文明的成果，也才对得住他们为绍兴的旅游事业作出的贡献。"我不知那几条老街如今怎样，老人是否被遗忘在了老街的老屋里，而将周边的繁华当成了遥不可及的别一世界？

　　也是在那篇短文中，谈到了我所关注的"旅游开发与民生关系"这一课题。"在一轮轮的大拆大建之后，老街作为老城的缩微形式，犹如盆景，摆放在'现代化'的城市缝隙中，嵌在与其不搭调的别样景观间，早已成为了文化符号；也因其符号化，在与其他城市符号混编之后，与新兴(型)城市像是没有什么不和谐。游客也只当它们是景点。惟其如此，那些并未彻底改变其功能、保持了居住者的生活状态的老街，才见出了稀有。尚未(或未及)商业化，是它们的优势，尽管会因此而少了一点经济效益。但这些老街终究是要改造的；如何改造，考验着市政当局的智慧。"既保存"历史面貌"——我不愿用"原貌"这种含混不清的说法——又不强行将居住者留在"历史"中，是否京城更有责任提供这一方面的成功经验？

中国的六大古都中，北京毕竟与其他更"古"的古都不同，距当下更近，"风韵犹存"，即使缥缥缈缈，游丝般若有若无。留住这一丝风韵，并不容易。而留住风韵，并非就必得要"原汁原味"。如果"原汁原味"意味着保留原有生活中的不便(如共用自来水龙头与公厕)，那么还是不这么苛求的好。北京毕竟不是一个供人观赏的大古董。但一轮轮"改造"下来，眼下的北京的确令人吐槽。如何应对这已成之局，补救而非进一步破坏，有必要群策群力。主张保存胡同"原生态"的文化人，不妨到现存未改造的胡同，了解一下现有住户的生存状况，听一下他们的愿望——毕竟是他们生活在那里。

情况类似的，尚有上海的弄堂，以及旅游开发中被发掘的各地的古村落。无论城还是人，以至城与人的关系，都在变化中。可以指望保存的，是城市、村落内蕴的文化，文化品质，文化性格。这也才是真正的难题。

城与人

另一位日本学者久保田和男说，"中国前近代首都郭内农田广袤的例子屡见不鲜，尤其在唐代长安 108 坊中，靠南方向的 40 坊人烟稀少，坊内阡陌相连"(《宋代开封研究》)。我所见 60 年代的京城，海淀一带很空旷，北大的校墙后面不远，就是乡野。还记得曾走到一个叫"树村"的村落，为我所在班级与那个村庄的青年建立了联系。那时的我，会在周末由北大步行到白石桥，一路几排高大的杨树。直至 80、90 年代，三环路边还有农田，是近些年出生的新北京人难以想象的。

我在大学就读，已是"文革"前夕，到处充溢着"革命气氛"，无暇品味京城的风味。偶尔由学校所在的西郊进城，问路时总会遇到热心的大妈，将你一路送过去。走在胡同里，竟听到沿街小屋中的居民播放着豫剧。于是知道了京剧的市场或更在城中中产阶级、小康人家，郊区农民听的是评剧，至于胡同中的"基层群众"，收听的还有我的家乡戏河南梆子。

1967 年初春北大两派武斗，我所住的宿舍楼被一派攻占，大清早仓皇出逃，在城内四处游荡，满心的凄惶。入夜时分，走过一条胡同，昏黄的路灯下，几个小女孩在玩"跳房"。这极平常的一景，当时看来竟像是在世外。这恬静的胡同与喧嚣的北大，似乎是两个世界，不由得百感交集。时间过去了近半个世纪，我仍然能记起那一景与当时的感动。这或许也是与 80 年代初的"京味小说"作者们共有的感动？

当时的我不是"北漂"，却也是外地人，自以为多少能懂得外地人对北京的复杂感情。不曾看过吴文光拍摄的纪录片《流浪北京》，但知道那些"漂"在京城的年轻人，远比我当年有活力，甚至有着野草一般强韧的生存能力。他们也正以其年轻的生命，蓬勃健旺的生命力，参与着北京的"改造"。谁又不认为他们会为这座城市带来新的东西？

（刊登时间：2014 年 12 月 22 日。作者系第十、十一届
全国政协委员，中国社会科学院文学研究所研究员）

书法创作中的汉字文化

苏士澍

学书法做什么?

我们从事书法的人,首先要知道学书法是干什么。我因为做书法编辑工作,上世纪 80 年代从编辑字帖开始,一点一点坚持下来,在编书的同时边干边学,用业余时间从事书法——写写画画。在当前西方文化巨大影响下,孩子们从小吃麦当劳、肯德基,喜欢白雪公主、米老鼠、唐老鸭,中华优秀传统文化渐渐被淡漠了。记得 2009 年 3 月 8 日,我在全国政协十一届二次会议有一个大会发言——《加强青少年汉字书写刻不容缓》。我们是中国人,我们用的是中国字,所以从小要学好汉字。但是我们现在的孩子们学英文的时间远远超过学中文,我们的研究生、博士生,英文说得呱呱叫,中文反而不会写了,回过头来想找一个成语、找一个中文翻译的词对照都找不着了。随着科技的发展和计算机、手机、互联网的普及,人们的学习和交流方式都发生了巨变,对汉字书写的依赖度急剧下降。我们的双手已习惯了敲打键盘,还有多少人习惯于握笔书写,尤其是使用笔墨纸砚?所以作为书法工作者,我感觉到自己身上责任的重大,而且在西化的情况下,我们不仅是书法工作者,更是中华民族汉字的捍卫者。2014 年 3 月 8 日,全国政协十二届二次会议第三次全体会议,我又做了题为"写好中国字做好中国人"的大会发言。

不过,我们也应该认识到计算机的科技优势,没有计算机,我们国家不可能发展到今天。我们的八、九届全国政协副主席安子介在香港孜孜不倦地研究汉字学，发明了"安子介汉字六位数计算机编码法"和"安子介写字机"，把汉字和计算机沟通了；后来钱三强、钱伟长、费孝通以北大为基础，联合其他社科院等机构研发汉字信息系统。北大的王选被誉为"当代毕昇"，他领导的科研集体研发出的汉字激光照排系统，把汉字和计算机有机结合了，汉字落后论从此翻了身。所以我觉得应该感谢王选这一代人，在这一点上，无论用什么语言去歌颂他们都不为过。

今天，我们要把认识汉字、书写汉字、宣传汉字提高到国家战略层面去认识。为什么这么说呢？有一位西方领导人说过：中国永远成不了超级大国，因为他输出的都是产品没有输出文化。还有些人说，要想让中国淡出世界舞台，首先使中国汉字不能在全世界公开应用，多么恶毒的攻击！所以我们今天学汉字，写汉字，宣传汉字就要提高到国家战略层面去认识。

中国人一定要学好中国字。四大文明古国，其他三个文明古国的文明文化都没有得到传承，只有我们中华民族的文明文化传承了下来，为什么呢？这其中汉字发挥了重要作用。从汉代到盛唐，不管朝代怎样更替，历史如何变迁，都没有把汉字扔掉，这就是汉字强大的生命力。在历史上，由于书法实用功能的要求，字体逐渐发生改变。从甲骨文到大篆，从大篆到隶书，笔法多了，书写速度也快了。后来又有汉简、草书，又有章草、行书、楷书，直到今天的简化字。我们不要认为汉字就是一个写，在书斋里头可以玩一玩，更重要的是要研究承载着中华民族精神的汉字文化，研究汉字传承的问题。

当前社会浮躁是方方面面的，但是只要认真地写写汉字，心情就踏实了。我做过实验，当年我曾到我孩子所在的小学教书法课，教了一个学期之后，好动的孩子都不乱动了，都专心地写字。这说明运用我们的笔、我们的墨、我们的纸去写字，能让你精神集中。为什么能精神集中呢？因为笔是软的、墨是稀的、纸是洇的，软笔稀墨写在洇纸上，三者营造的意境就使得你必须精神集中。孩子精神集中了，就可以专心致志地去干一件事情。再如，老人专心致志地去写字就可以入静，入静则有助于达到身心健康。所以并不是要把汉字书写说得多神乎，而是确确实实能通过写字达到身心健康。

　　学习书法首先要研究汉字，因为书法的载体是汉字，而汉字又是由"六书"：象形、指事、形声、会意、假借、转注六种方法来组成的，是通过形、音、意三者结合来完成的，不能仅靠汉语拼音，汉语拼音只是其中一方面。既然我们学的是书法，就应该用六书的方法，通过形、音、意三者结合来表现汉字的伟大。我们学习书法这种艺术，还不仅仅是为把字写好，把字写得漂亮，成为书协会员、理事等，更主要是通过书法宣传汉字文化。毕加索说过，我要是中国的艺术家，我绝不学绘画，我一定要学中国的书法。现在全世界320多个孔子学院都在不同程度地传播我们的汉字书法艺术，传播中国的文化。所以我觉得，加强书法的学习，我们要增强民族责任感，加强书法的学习也是增强我们民族凝聚力的重要内容。

书法的艺术特色

　　书法要讲究三个要素：笔法、结构、章法。这是最基本的要素。什么叫好，什么叫不好，怎么算好，怎么算不好？它有没有标准？我个人认为还是有标准的。首先看是笔法，笔法是用笔的方法，赵孟頫说用笔千古不易，启功先生说结字是主要的。不管怎么说，笔法是第一位的；第二个问题是结构，楷书有楷书的结构，篆书有篆书的结构，隶书有隶书的结构，只有结构掌握好了，字才能写得漂亮、美观。第三是空间的章法。下面举个例子说说书法种类的艺术特色与问题。

　　就拿小篆来说吧，它写起来的根本问题是什么？孙过庭《书谱》里说："篆尚婉而通。"这是品评篆书的一个基本标准。写篆书的时候首先要从小篆入手，再向两边发展：一方面，要想追求古典、雄浑的风格就写大篆、钟鼎铭文。如果再飘逸点儿，可以写写甲骨文。另一方面，要追求规整的风格，可以从小篆开始直奔隶书，而写隶书一定要写汉隶，有了汉隶的基础之后再向简帛发展。

　　小篆是书法学习里边很重要的一门。要想把小篆写好，首先要懂"说文"。"说文"是指汉代许慎所著的《说文解字》，里面一共讲了9353个字，进行了彻底的分析。说的是文，解的是字，而且有540个部首，这540个部首可以说把中国古代的篆书全部归纳起来了。《说文解字》以后，历代的文人都在它的基础上做点评、解注等等。最重要的是清代的段玉裁，进一步做了说文解字注，称为《段注说文解字》。所以如果大家有兴趣，一定要把《说文解字》从头到尾看明白，有条件的把王福庵或者杨沂孙、吴大澂写的说文540部首，首先写好。有这个基础再进一步写其他字体，你就是有本了。王福庵在近现代来说，在写小篆和金文结合方面，确确实实是个大家，他的字形演变和字的结构相当漂亮。

要写玉箸篆，像清代的王澍等人写得也不错，如果把字写得太大，就显得笔画单薄，这个从笔法上来说还要适当吸收王福庵、吴大澂的写法。秦始皇统一六国的时候书同文，车同轨，把所有部首文字都规整一样了。规整是好的，但是从艺术角度说就板滞了。从清代邓石如写篆书以后到吴让之、王福庵、吴昌硕等等，包括当代一些大家都在书法风格上有所变化，所以你拿它做基础是必须的，也是应该的，但有了这个功底之后，还要好好地再往前进一步发展。

再有就是每个字的美感，不要扭得太厉害。小篆的美感，《康熙字典》的字头要比《说文解字》的字头好看得多。小篆是修长的，5比8的比例，不能停留在王澍这些人的笔下，要把小篆和隶书、魏碑去结合一下，赵之谦就是结合好的范例。徐三庚写字太媚，吴让之写得就规矩，所以在他们的基础上，最后落到王福庵身上，从王福庵再向邓石如方向发展，追求老辣、雄浑的味道。

书法只有继承、发展和出新

书法艺术离不开笔墨纸砚。笔、墨、纸、砚是宝，而我们现在都没有拿它们当宝，忽视了它们的重要性。今天条件这么好这么充足，对笔对墨对纸一定要有研究。首先说选纸，完全的草书用太厚的纸是不行的，用净皮或者特净皮就看自己本身掌握的程度了。因为纸薄写起来轻松，纸厚，有的纤丝就出不来。如果稍微大一点的字，最好用特净皮。什么是净皮呢？就是纸的成分中有相当一部分是檀皮。檀皮比例大，稻草比例小，就是特净皮。我们看宋元以前的纸几乎都算熟纸，那个时候没有羊毫笔，更没有檀皮，檀皮是明以后才有的。为什么要买五年十年或十年以上的纸呢？十年以上的纸因为与空气接触，慢慢由生变熟了，但还保持生宣的味道，既洇又不全洇，笔墨层次，跃然纸上，使书画家用起来更能得心应手。

我们现在要求笔到意到甚至笔不到意到的效果，这就需要你的运笔和腕力，还需要使用合适的墨。我们使用的墨汁，原来是一得阁的，现在被玄宗墨汁取代了。玄宗墨汁稠，兑水稀释之后还很黑。如果写草书，就找一块好的砚台，端砚或者歙砚。为什么说这两种砚台好呢？这是因为它发墨快，什么是发墨呢？就是石头很硬，水含在里头，研墨的时候墨块往下掉，石头本身不出面儿。值得注意的是，这些对笔、对纸、对墨的严格要求是建立在把字写好的基础之上，本身字写得都不行，再好的条件也没用。

现在似乎是为了追求一种时尚，书法作品经常是这空一块，那空一块，或者剪一块、贴一块甚至盖满印章，我认为都不是美。其实乾隆在书画作品上的盖章就把作品全给破坏了，我们在写文章的时候特别地批评过他。但是由于拍卖炒作，所有盖着乾隆章的都值钱，一哄而起，所以把这风气带起来了。我们现在把一幅书法作品盖得满脸花，有必要么？没必要。本来印章是起到画龙点睛的作用，这些印章把画面破坏了还被认为是一种美，我不这样认为。所以在这些问题上还要规规矩矩，不要故意的这里盖一方，那里盖一方，并不美。其实盖章也要讲究，齐首章不能用方块章，得是长方形、椭圆形或不规则的。作品要文雅，与做文人书家一脉承传。最好写自己的诗词，加强自己在诗词歌赋方面的修养和提升，能够使你的笔墨或者字形字体更趋向于文人化。文房四宝承载文明，是通过文房四宝把书法作品表现得淋漓尽致。

我们在书法问题上只有继承、发展和出新。今天再好的草书也超不过明朝，明朝人的花样在博物馆里有的是，但都没流传下来。真正流传下来的大家，都是规规矩矩、符合法度的。书法、书法，是书写的方法，法书、法书，是有法之书。我们再怎么写也没离开篆、隶、草、真、行，在书法的行当里头，老祖宗已经给我们留下了两千多年的文字记载，这么多好的东西我们还没有好好继承，我们使用笔墨的时间远远比古人少。所以大家要静下心来，踏踏实实地向古人好的墨迹和碑帖学习。文物出版社出版的《中国法书全集》18册，就是在启功先生的亲自指导下，从甲骨墨迹，到晚清吴昌硕，共选用1849件法书真迹，全面记录了历代名家法书，可以说是新中国成立以来的第一部法书巨著。希望大家认真阅读，继承好传统，在继承的同时争取出新。

我们学书法不能离开博物馆，一些学习书法的人连博物馆的真迹都不看是不应该的。现在国家博物馆、故宫博物院等多家博物馆每年都有很好的墨迹碑帖展出。大家只要有时间、有精力都应该走进博物馆，那里是取之不尽、用之不竭的宝库。在书法的行当里，特别要好好地向古人学习，学了七分再学十分，像李可染先生说的，用最大的努力打进去，再用最大的勇气打出来，往往打不出来就是书匠书奴，打出来了就是大家，但是你不进去就永远得不到书法的真谛。

（刊登时间：2015年1月12日。作者系第十、十一、十二届

全国政协委员，全国政协书画室副主任）

红楼梦是曹雪芹苦难童年的梦

蔡义江

为什么要说这个题目

今年春节，我受母校浙江大学副校长罗卫东之邀，在该校作了一次红学讲座，主题就是本文的题目。

为什么要说这个题目？因为对《红楼梦》写的究竟是什么尚有认识上的分歧。有的同志认为它写的是作者童年幸福生活的回忆，与我的看法恰好相反。这关系到小说创作基础的重大理论问题，是很有必要谈一谈的。

首先是曹雪芹生卒年这一客观事实。我认定是公元 1725—1764 年，享年 40 岁（清代是按虚岁算的）。但现在最流行的说法是他生于 1715 年（等于承认他是曹頫的遗腹子，其实那是不可能的），比我所说的早 10 年。这样就遇到了一个问题，就是曹雪芹生父曹頫在雍正五年（1727）底遭下旨查抄，到雍正六年（1728）元宵节前实际抄家时，雪芹多大？按我的说法，他是三四岁（与小说中甄英莲被拐的岁数恰巧一样），按生于 1715 年算，是十三四岁；一则是尚未到懂事、记事的年龄，一则已是很懂事，且有许多记忆的少年了。

卒年有"壬午说"（1763. 2. 12）、"癸未说"（1764. 2. 1）、"甲申说"（1764. 2. 2 以后不久）三说，若按公元计，只差一年或多一点时间。上世纪 60 年代，为准备纪念曹雪芹逝世 200 周年，遵周恩来总理指示，学术界展开了一场曹雪芹卒年的大讨论。当时"甲申论"尚未提出，"壬午说"与"癸未说"争得不可开交，势均力敌，谁也说服不了谁，因为双方都各有所恃也都各有所失。中央只好采取折中方案，即在两说的中间，即 1963 年下半年纪念。今年 2013 年下半年纪念曹雪芹逝世 250 周年，也就是遵照了旧例。

雪芹卒于甲申春是对的。壬午、癸未说都与误读一条脂评有关，此脂评在甲戌本中被割裂、连抄已非原样。幸有"夕葵书屋《石头记》卷一"残页发现，可基本恢复原貌，只是二条连抄评未分开，今将其分开抄录如下：

　　此是第一首标题诗（满纸荒唐言），能解者方有辛酸之泪哭成此书。

　　　　　　　　　　　　　　　　　　　　　　　——壬午除夕

　　书未成，芹为泪尽而逝。余常哭芹，泪亦待尽。每思觅青埂峰，再问石兄，奈不遇赖（通"癞"）头和尚何？怅怅！今而后愿造化主再出一脂一芹，是书有幸，余二人亦大快遂心于九原矣！

　　　　　　　　　　　　　　　　　　　　　　　——甲申八月泪笔

前后二条评都是畸笏叟加的。前者评标题诗，意谓能解者怕不多吧！只有像作者那样历尽辛酸，又能流着泪把这番经历撰成书的人，才能真正地解味。语言是机智的，情绪是平静的，性质是解说性的。显然加于作者在世之时。后者则完全是记叙性的，是痛悼芹、脂相继逝世，终使此书成了残编。又不能再起他们于地下而问个究竟，遂生"造化主再出一脂一芹"以弥补此大憾恨的幻想，情绪是十分激动的，从"泪笔"二字亦可见。你想，以泪笔痛悼时，怎么可能用"此是第一首标题诗"的话开头呢？这是可以想象的吗？

畸笏是雪芹生父曹𫖯的化名。评语中"余二人"即"我们做父母的"意思。他署年月的后期批评特多，从壬午批看，署为"壬午春"、"壬午季春"、"壬午孟夏"、"壬午九月"、"壬午重阳"等，不计这条"壬午除夕"在内，已多至 42 条，且形式上短短的一句话即署年月的就不少，如"实表奸淫尼庵之事如此。——壬午季春"等，故没有理由不认为"壬午除夕"也像"壬午重阳"之类那样是批评所署的年月。这也与靖本22回的一条畸笏批完全合榫："前批知者寥寥，不数年，芹溪、脂砚、杏斋诸子皆相继别去，今丁亥（1767）只剩朽物一枚，宁不痛杀！"凡此种种都说明壬午、癸未年雪芹还活着。

为什么雪芹卒年说相差不算大，而从其享年去推算时，许多研究者不取敦诚挽诗中"四十萧然太瘦生"、"四十年华付杳冥"的最确实的指认（殡殓时有讣告）而总喜欢采用未及时获知噩耗的张宜泉较笼统的说法"年未五旬而卒"（《伤芹溪居士》诗注），尽量往大的算，以至主张他生于1715年，是曹颙的遗腹子呢？

我想其中有相当一部分人是有预设立场的，即让雪芹能赶上过一段贾宝玉式的风月繁华生活。他们用过于简单、机械的思维模式去理解"生活是艺术的源泉"这句话，以至于在他们看来，倘若曹雪芹出生太晚，抄家时年纪太小，没有那种钟鸣鼎食的生活经历，《红楼梦》就写不出来。这实在是进入了一个极大的误区。

我常常感慨历史上有些重大事件的发生，往往有其偶然性，好像差了那么一点，情况就完全不同了。我也常常在想，如果曹雪芹早出生十年，也就是说，在曹颙获罪被抄家时，他已经十三四岁了，那情况会是怎么样？想的结果让自己都吓了一跳：那就是也许这么一来，世上就没有一部《红楼梦》了，或者说谁也不知道这世上曾经有个人的名字叫曹雪芹。

来之不易的《红楼梦》

情况果真有如此严重吗？曹寅的过世，在曹家是个重大的转折，境况改变之大，超乎想象。如李煦奏折称"曹寅应完二十三万两零，而无赀可赔，无产可变，身虽死而目未瞑……曹寅寡妻幼子，拆骨难偿"。曹颙袭职后再病死时，其母尚因"舟车往返，费用难支"而未能亲扶其子灵柩暂厝祖茔。雍正二年，曹頫上折请求将织造补库巨额银两分三年补完，有"奴才实系再生之人，惟有感泣待罪，只知清补钱粮为重，其余家口妻孥，虽至饥寒迫切，奴才一切置之度外，在所不顾。凡有可以省得一分，即补一分亏欠"等语，此皆有档案史料记载。可知自雪芹出生后（不论早迟），都已无荣华家庭的影子了。他能过上的充其量是中等地方官员家庭的生活。再看曹頫被抄家时真实的窘境，更令人难以置信。据隋赫德上报的奏折说，除房屋、土地、人口外"余则桌椅、床机、旧衣零星等件及当票数百余张外，并无别项"。故《永宪录续编》亦称曹頫"因亏空罢任，封其家赀，止银数两，钱数千，质票（即当票）值千金而已。上闻之恻然"。

如果曹雪芹在这样的家境中度过十三四年的话，那么像他在《红楼梦》中所写的荣国府那种生活是体验不到的。但有一种机会是必定会有的，即延师教读或入塾接受正规教育，为将来参加科举考试，进入仕途作准备。如启蒙读本、对对子、熟读《四书》及朱熹集注、深通经义、做好八股文等。聪慧的孩子此时已有相当基础，作好应试准备了。可曹雪芹是这样的吗？

胡适说："雪芹是个有天才而没有机会得着修养训练的文人。""他有天才而没有受到相当好的文学训练，是一个大不幸。"（《胡适红楼梦研究论述全编》289、292页，上海古籍出版社）说的就是正规教育。这是"大不幸"呢，还是幸运？我的看法相反。那样的"文学训练"，实在是出不了人才的。试看贾政对宝玉的要求"什么《诗经》、古文，一概不用虚应的故事，只先把《四书》一齐讲明背熟是最要紧的"。不难想见，连楚辞、乐府、唐诗、宋词已不在重视之列，何论小说、话本、戏曲、传奇！这样的教育，能培养出真正的文学家吗？

我们说，雪芹在遭家变时，年纪尚小，才三四岁，失去了这种可能，也就少了管教、约束，有了更多凭自己兴趣爱好来选读各类书籍的机会。对于一个要反映广阔生活画面的小说家来说，具备博识多见的杂学知识，远比能写一手漂亮时文重要得多。人们常惊讶雪芹三教九流无所不晓，不能不说正得益于此。

童年是最富于幻想的多梦年代，而且最好发问，什么都想知道。适逢此际，家遭巨变。这真是老天爷的安排！大众们内心都有巨大的伤痛，也正想有个可以谈谈的地方，于是这个半懂不懂事的可爱的孩子，便成了他们倾吐的唯一对象。其中数奶奶经历最丰富，她会绘声绘色地给小孙子讲述往昔他爷爷时代的种种有趣的故事；母亲当然也能说出不少来；还有为"赡养两代孀妇"而发还的老婢仆，也会"闲坐说玄宗"地给他谈谈往事。这一切在他幼小的心灵中所产生的影响是难以估量的。他会时时神游于早已失去了的石头城里的伊甸园，而想象会不断地填补记忆的缺失，让通常的楼堂馆舍、庭院小景都逐渐幻化为巍峨的宫殿和奇妙的仙境。

幼小的曹雪芹随家人迁至北京崇文门外蒜市口的平民生活区后，生活是困苦的。但因他祖上与康熙有着特殊关系，故在京城高层有姻戚关系或世交旧谊者必定不少。虽说曹𫗧获罪，在京不能或不便走动，尚为孩童的雪芹，是无须避嫌地被人领着进那些王府侯门豪华的大宅深院的。眼前所见，竟是自家的昨天了。也许他会想，我爷爷时比你还阔得多呢，又谁知道？感受刺激定会很深。再看他后来交往的周边人物，不乏没落的天潢贵胄，如敦敏、敦诚兄弟便是努尔哈赤十二子、被赐死的阿济格五世孙；永忠是康熙十四子、被雍正长期禁锢的胤禵的孙子，如此等等。今昔的巨大荣枯变化，雪芹是知之甚多、看得不少的。这些都会给他的小说创作提供极丰富的素材。

红楼梦的"虚幻性"

现实生活是无法复制的，小说家能表现的只是其幻想中的图景。《红楼梦》的虚幻性充分证明了这一点。

首先，《红楼梦》是现实基础上最大胆的艺术虚构。这一点脂砚斋是知道的，他说：此书原系空虚幻设。(第12回评)曹雪芹自己也明白地告诉读者说"满纸荒唐言"，"荒唐言"就是虚构；请特别注意"满纸"二字，那就是从头到尾的意思。可知不但石头幻形入世，一僧一道，警幻仙子，鬼判官索命是虚构，连甄、贾宝玉和钗、黛、湘、元、迎、探、惜等等群芳，或者刘姥姥，还有名园花柳、亭榭楼阁等也都是虚构的。小说中的人物你不必去找原型，那是找不到的。什么谁是贾宝玉的原型，是作者自己还是他的叔叔，黛玉是哪位苏州姑娘，湘云是不是作者的续弦……那都是枉费心机。写小说人物不同于插花，插花可以把长在不同地方的花折下来，聚到一起插入瓶中供人欣赏。现实中的人都有他所处的环境、身份、思想、言行，你无法将他分离出来，安到谁的故事中去。离开原来的种种条件，就不是那个人了。只能是拼凑、改变、重塑，眉眼像甲、口鼻像乙、说话像丙、性情像丁……全凭你的生活经验积累和艺术想象的能力。

脂砚斋谈到贾宝玉形象时说：

> 按此书中写一宝玉，其宝玉之为人，是我辈于书中见而知有此人，实非目曾亲睹者。又写宝玉之发言，每每令人不解；宝玉之生性，件件令人可笑；不独于世上亲见这样的人不曾，即阅古所有之小说传奇中，亦未见这样的文字……合目思之，却如真见一宝玉、真闻此言者，移之第二人万不可，亦不成文字矣。（第 19 回评）

你看，对雪芹很熟悉的脂砚斋一点也没有觉得书中的宝玉有像作者和其他什么人的地方。此评极其深刻地阐明了宝玉只是作者所成功创造的一个全新的艺术形象而已。这一点好比鲁迅创造了阿 Q。

宝钗、黛玉的形象也是如此。脂评说：

> （宝）钗、（黛）玉名虽二个，人却一身，此幻笔也。……故写是回，使二人合而为一。（第 42 回评）
> 将薛、林作甄玉、贾玉看出，则不失执笔人本旨矣。丁亥夏，畸笏叟。（第 22 回评）

"使二人合而为一"指钗、黛"互剖金兰语"，前嫌尽释，不再猜忌，成为知己。此说评红者并不认同，那是另一回事。至少在评者眼里，钗、黛并没有什么真人原型，而是作者虚构出来的，即所谓"幻笔"，正如宝玉有完全相同的一甄一贾两个一样。这几乎已成了"魔幻"手法。宝玉与钗、黛这样的男女主角尚且如此，其余就更不必说了。

人物是虚构的，故事情节也同样。书中最经典的画面如黛玉葬花、宝钗扑蝶、湘云卧裀、刘姥姥进大观园等也都可以细加辨析。

黛玉葬花可找出其继承的渊源来，可以不谈。宝钗扑蝶是作者在修改过程，后来重新构思插进去的。在明义读到小说早期抄本时还不是如此。其《题红楼梦》二十首绝句之四说：

> 追随小蝶过墙来，忽见丛花无数开。
> 尽力一头还两把，扇纨遗却在苍苔。

小说中写到扇子蝴蝶的只有第27回。但书中写的是"一双玉色蝴蝶，大如团扇"，非"小蝶"；是"过河"非"过墙"，是往滴翠亭去，当然没有"丛花无数开"景象；三句费解，大概总是说扑蝶或采花举动；末句很明白，也最奇怪，我们何曾读到过"扇纨遗却在苍苔"情节？故知现见情节是后来的改笔。

湘云醉眠的故事在第62回，书中写道：

> 果见湘云卧于山石僻处一个石凳子上，业经香梦沉酣。四面芍药花飞了一身，满头脸衣襟上皆是红香散乱。手中的扇子在地下，也半被落花埋了。一群蜂蝶闹嚷嚷地围着她。又用鲛帕包了一包芍药花瓣枕着。众人看了，又是爱，又是笑，忙上来推唤挽扶。湘云口内犹作睡语说酒令，唧唧嘟嘟说："泉香而酒洌，玉碗盛来琥珀光，真饮到梅梢月上，醉扶归，——却为宜会亲友。"

这幅充满诗情画意的极美画面，绝非现实中所能有，哪有这么多的芍药花瓣！可谁也不会去责怪作者的夸张太离谱，就像无人去责怪李白的"燕山雪花大如席"诗句一样。

刘姥姥初入荣国府的情景更能说明问题。第 6 回写道：

> 才入堂屋，只闻一阵香扑了脸来，竟不辨是何香味，身子如在云端里一般。满屋中之物都是耀眼争光的，使人头悬目眩。刘姥姥此时惟点头咂嘴念佛而已。……刘姥姥只听见咯当咯当的响声，大有似乎打箩柜筛面的一般，不免东瞧西望的。忽见堂屋中柱子上挂着一个匣子，底下又坠着一个秤砣般一物，却不住的乱幌。刘姥姥心中想着："这是什么爱物儿，有啥用呢？"正呆时，陡听得当的一声，又若金钟铜磬一般，不防倒唬的一展眼，接着又是一连八九下。方欲问时，只见小丫头子们齐乱跑，说："奶奶下来了。"

这一段精彩的描写，不在于对环境的熟悉而全在于感受的真切。早已熟知这一切的贾宝玉、贾蓉能有这种感受吗？对他们来说，室内焚过香，有各种陈设，挂着的自鸣钟，都是再平常不过的事，只会闻而不觉、视而不见，早就麻木了，不新鲜了。所谓"入芝兰之室，久而不闻其香"，即此理。否则，世上纨绔子弟千千万，有谁能再现他们的荣华生活呢？曹雪芹如果从小也生活在荣国府式的环境中，我以为他是写不出《红楼梦》来的。

请注意，小说许多繁华的场景，都是通过旁人的视角来表现的，即使只是虚拟的此书记述者石头，也必加以点明，这实在不单纯只是表现技巧问题。从这一点上说，刘姥姥的眼睛、耳鼻，其实就是曹雪芹的眼睛、耳鼻。

曹雪芹的不幸童年，实在是他的大幸，苦难造就了这位伟大的文学家。莫言在一次谈到童年与作家创作关系时，引用了两段很有意思的话说：如康·巴乌斯托夫斯基说：

> 对生活，对我们周围一切的诗意的理解，是童年时代给我们的最伟大的馈赠。如果一个人在悠长而严肃的岁月中，没有失去这个馈赠，那就是诗人和作家。（《金蔷薇》）

最著名的当数海明威的名言："不幸的童年是作家的摇篮。"
(《超越故乡·故乡是"血地"》)

这些话是非常值得我们深思的。所以，我希望我们今后看待曹雪芹
和《红楼梦》时，一、不要把熟悉生活看得比感受生活、梦想生活更重
要；二、不要把小说看成是写生画、肖像画，处处去寻找小说人物和故
事情节的"原型"；三、要突破时代社会环境造成的某些僵化的思维模式
对我们的束缚。这样，我们就能在对这一伟大作家、作品的理解上大大
地前进一步。

（刊登时间：2017 年 7 月 29 日。作者系第九届
全国政协委员，民革中央宣传部原部长）

水浒文化的"基因图谱"

陈　洪

水浒文化的两大特征

说到文学经典阅读，作为我国四大名著之一的《水浒传》是不可不读的。学术界对于《水浒传》有很多的解读。当然，对于《水浒传》也有一些误读。《水浒传》讲的是什么？主题是什么？有很多种说法，而影响最大的两种，一种是农民起义的颂歌。有没有道理呢？小说描写的大规模武装反抗斗争，和中国历史上的农民战争肯定是有关系的，但说是"颂歌"是有问题的。跟它相反的一种说法，说"《水浒传》是中国人的精神地狱"，也有一定的道理，因为小说中有很多暴力场面。但是，这么简单地否定整部作品，未免以偏概全。

为什么同一部作品会有这么多的评价、理解的分歧又这么大呢？我想，主要还是因为经典作品它内在的复杂性，就像一杯水，里面有很多不同的成分，今天我们就来分析一下这些复杂的成分。

亦侠亦盗

对于《水浒传》这部经典作品，我们要有一个基本的判断：亦侠亦盗。我曾说它是一部"正义和野蛮的交响乐"，和这个判断同义的就是"亦侠亦盗"，为什么这样说呢？先说"亦侠"。

中国白话小说第一部武侠著作就是《水浒传》。什么是侠？首先是见义勇为。见义勇为是中华民族的优良传统。《水浒传》中最能表现"侠"的是谁呢？是鲁智深。比如，鲁智深听说镇关西的恶行，挺身而出；后来碰到小霸王周通抢亲，又是挺身而出；看到生铁佛崔道成欺负那几个老和尚，还是挺身而出……"见义不为无勇也"，鲁智深就是一个见义勇为、锄强扶弱的人，也是最能体现"侠"精神的人。其次是仗义疏财。《水浒传》中描写了108位英雄，其中表现仗义疏财的英雄便是宋江。当然，其他英雄身上也有体现，比如鲁智深碰到金翠莲，立刻把口袋里的银子全给了她，仗义疏财。再次是一诺千金。这也是"侠"的一个品格。还举鲁智深的例子，他答应救金翠莲，第二天一大早就来了，搬一条板凳在客店门口一坐，所谓"救人须救彻"，就是帮忙就要帮到底。还有就是不计利害。这更不用多说了，因为《水浒传》中的英雄好汉们一路行侠仗义都没有利害的考虑。

　　总之，侠就是一种精神和一种行为，就是在体制之外凭借个人的力量来伸张正义。当然，行侠仗义的人，需要具备一些条件，比如勇武的能力，所以就有了武侠，武侠之人都是具有超能力之人，于是就产生了一种传奇文学——武侠。行侠仗义是中华民族文化的一个传统，正是这个传统，才显示了我们民族的刚性力量。我们讲"侠"，就是提倡在公平与正义面前的热血与担当，这种精神当然不仅限于我们国家，比如罗宾汉，就是一个在世界范围内都很有名的侠盗。2007年路透社华盛顿电讯有一篇报道，叫"罗宾汉仍在人间"，说的是美国一所大学研究社会心理的一名教师，做了一个测试：发给学生们同等虚拟的货币，再制订一系列的规则，每人根据自己的意志，可以去抢别人的钱，也可以把钱送给别人。最后发现，70%的人行为是有规律的，就是劫富济贫。如果看谁的钱特别多，大家都去抢他的；如果看有一个人的钱很少，还剩十几个，好多人都愿意把钱给他，这一行动被称作"罗宾汉冲动"。从心理机制上看，这是不是和《水浒传》中的英雄人物的行为相通呢？明代著名文学家陈继儒，写过一篇《侠林序》，文中有一句话，我想是对于"侠"的社会基础做的一个很好的概括，他说："天上无雷霆，则人间无侠客。"反过来说也就是，人间的侠客等于天上的雷霆。雷霆是什么？它具有双重属性，一重是威力无比，另一重是伸张正义，所以雷霆和侠客中间有一层同构的关系。

《水浒传》有"侠"的一面，但是《水浒传》还有另一面。哪一面呢？亦侠亦盗，盗的一面。什么是"盗"？广义地讲，就是破坏社会秩序，使用暴力，进行人身侵害等，《水浒传》中对这些方面的描写也有很多。比如，首先是杀人越货、占据山头。何以生存？就靠打劫客商，或者洗劫村镇。这个最典型的例子就是林冲刚一上梁山，王伦不愿收留他，便给他出难题，让他交投名状。何为投名状？就是让他到山下去抢劫。当然，《水浒传》中还有比这更可怕的，如孙二娘开黑店等。这都是他们未上梁山之前的行为，也是正义盲点，但都可以称之为"盗"之行为。除此之外，就是劫掠城乡、草菅人命。如李逵大闹江州，李逵不分官兵百姓，抡起两把板斧"排头砍去"，遭殃的大多是看热闹的群众。这也是梁山好汉们"盗"的表现，虽然这些行为并非正面，但却是展现人物独特性格的组成部分。因此，我们看待它们就需要有一个客观的态度。

《水浒传》之所以具有持久的艺术魅力，受到一代又一代人的喜爱，正是因为它描写了众多身份各异、性格各异、经历各异的人物，而这些人物身上却有一个鲜明的共性，那就是亦侠亦盗，这就是《水浒传》中人物两面性的体现。

"大""小"杂糅

除了亦侠亦盗这一基本判断之外，《水浒传》还有一大特征，那就是"大""小"杂糅。什么是"大""小"杂糅？我们说中国的文化传统有大传统和小传统，大传统指的是社会上层的一种文化传统，小传统指的是民间的文化传统。在《水浒传》中，这两种传统不仅都有，而且杂糅在一起。

比如大传统。正像"见义勇为"这样的传统，其来源于《论语》中，"见义不为，无勇也"，孔孟儒家学说中是带有"侠"这样的因素的。又如，"曾子曰：'可以托六尺之孤，可以寄百里之命，临大节而不可夺也。君子人与？君子人也。'"这不正是侠肝义胆吗？墨家就更不用说了，"摩顶放踵，以利天下；赴汤蹈刃，死不旋踵。"所以研究者说："墨之徒党为侠，多以武犯禁。"（吕思勉《先秦学术概论》）"以武"，就是个人的武力；"犯禁"，就是体制外和法制相冲突的。《史记》中专门有《游侠列传》，其中提到："缓急人所时有……有道仁人犹遭此灾，况以中材而涉乱世之末流乎？其遇害何可胜道哉！"这种情况下就需要侠："言必信，行必果""己诺必诚""不爱其躯，赴士之厄困""羞伐其德"等，这些都是对"侠"的一种定义和赞歌。

再说小传统。水浒好汉的故事，在宋代书场里就开始了，南宋罗烨的《醉翁谈录》就记载了《花和尚》《青面兽》《武行者》《石头孙立》等篇目。还有宋代杂剧，如《黑旋风》十种等。这些民间小传统和社会大传统杂糅到一起就是我们今天看到的《水浒传》。

水浒文化的"基因图谱"

为何叫基因图谱呢？这是借用生物学上的术语，基因就是决定一个生命体性状且可传承的基本因素，图谱就是基因的排列、呈现。也就是说，在文化传统里做一项溯源的工作，就是找出小说之所以这么写的根源。因此，这需要使用一下文学批评上的一个重要方法——互文。互文，就是指一个文本不是孤立地存在，其中重要的语词、意象，甚或结构、情节，往往在过去的文本里出现过，那么，文本之间就存在着"互文"的关系。这对于阐释一个文本、发掘这种血脉联系是一个很重要、很有效的途径。

于是，通过刚才抽象的讲解，下面就进行一些具体案例的说明。

鲁智深的文学形象

先看鲁智深的形象。想了解鲁智深形象的文化内涵，不妨找一个切入口。有一个人很欣赏鲁智深，她就是薛宝钗。为什么呢？《红楼梦》里曾写到，贾母看戏，让大家点戏，薛宝钗点了一出《鲁智深醉闹五台山》，贾宝玉很不满意，认为这是为了哄老太太高兴，热热闹闹、乱七八糟。薛宝钗就说，你懂什么，这出戏太好了，尤其是花和尚那支《寄生草》填词填得太好了："漫揾英雄泪，相离处士家。谢慈悲，剃度在莲台下。没缘法，转眼分离乍。赤条条，来去无牵挂。那里讨，烟蓑雨笠卷单行？一任俺，芒鞋破钵随缘化！"薛宝钗说，写得多好啊！薛宝钗这么一说，勾起了贾宝玉学禅、写偈语，后面林黛玉也跟着续写，薛宝钗又来一起讨论禅理。这是《红楼梦》里的重头戏。这场重头戏是从薛宝钗对花和尚鲁智深的称赞而来。可是，薛宝钗不是一般的女孩子，行为非常谨慎，思想中规中矩，那她为什么会欣赏鲁智深呢？这与原作里鲁智深形象的复杂性直接相关。

《水浒传》中对于鲁智深的描写，如诗赞："且把威风惊贼胆，谩将妙理悦禅心""铁石禅机已点开，三竺山中归去来。"鲁智深是跟禅相联系的。还有，鲁智深遇到的第一个高僧智真长老，入定回来就说此人"久后证果非凡"——鲁智深可以修成正果，不是一般的僧人。再到后来，智真对鲁智深说，自从分手以后，你杀人放火是不容易，休忘了本来面目。"本来面目"是佛教用词，意思是说每个人到世上来，由于因缘而扮演着各种角色，禅宗讲要撇开这些浮云迷雾，认清自己的本来面目。鲁智深最后碰到径山寺大惠禅师。大惠禅师说："鲁智深，鲁智深！起身自绿林。两只放火眼，一片杀人心。忽地随潮归去，果然无处跟寻。咄！解使满空飞白玉，能令大地作黄金。"就是说，鲁智深的修行正果不得了，一下回到了本来面目。还有，鲁智深擒了方腊以后，应该到朝廷封赏做官，但是他不去。到了某一天，心中忽然大悟，自己知道大限将至，就让小和尚准备好一桶热水，沐浴之后，摆好姿势，做了一首颂，说："平生不修善果……今日方知我是我。""今日方知我是我"，也是禅宗用语。因此，《水浒传》中对鲁智深的很多描写都是跟佛门、禅宗有关联的。

可能很多读者在阅读的时候，并没有注意这些细节。《水浒传》文本中，鲁智深与佛门和非佛门的描写都有，我们不禁要问为什么作者会如此来写呢？首先要说明的是，在今天我们看到《水浒传》成书之前，"水浒"的故事早就存在。杂剧、话本中都在讲这一故事。这里面的鲁智深是什么样的？也就是说，前文本里鲁智深是否有佛门的因缘呢？

关于鲁智深最早的记载，《癸辛杂识续编·宋江三十六人赞》中有 16 个字："有飞飞儿，出家尤好。与尔同袍，佛也被恼。""飞飞儿"并没有具体的形象；到了《大宋宣和遗事》中说："有僧人鲁智深反叛，亦来投奔宋江。"就更没有具体形象了；到了杂剧《鲁智深喜赏黄花峪》，杂剧的名字虽是鲁智深，但这出戏主角却是李逵；还有《鲁智深大闹消灾寺》，把三打祝家庄的情节跟他联系起来，也没有具体形象；最有意思的是明杂剧《豹子和尚自还俗》，里面的鲁智深"难舍凤鸾俦"，是个多情之人，家庭意识很强，不愿重入江湖，并赏花、游山玩水。简单地说，在今本《水浒传》之前提到鲁智深的形象与我们今天看到的文本中的鲁智深相比大不相同，特别是那些和佛教、和禅宗相关联的内容，在《水浒传》今本之前是没有的。那么，今本的鲁智深形象从哪里来的呢？

佛教中，有一个很有名气的人，叫石头希迁，他是唐朝禅师，是一位禅门大德。佛教禅宗史书《五灯会元》里说"石头迁禅师法嗣"的丹霞天然是石头希迁的徒弟。关于丹霞天然的事迹，我们发现跟《水浒传》鲁智深的故事非常相似。

首先看丹霞天然怎么出的家。他本来是要做官，路上碰到一个人，说"你干嘛去？""我想做官。""做官何如选佛？"——在佛门里，你将来有成就，比做个俗官要好得多。这是丹霞天然怎么进入佛门的，由求官变成选佛；我们看《水浒传》写鲁智深，他原来是一个提辖，做过官的，后来尽管当了和尚，但做官的意识依旧很强。接着，天然到了庙里，一开始他没有剃度，就在庙里干些杂役。后来有一天，方丈说明天早晨全体要去铲佛殿前草。大家都以为是真除草，就把工具都准备好，只有他一大早端一盆热水，到方丈跟前跪下，说请大和尚为他"除佛殿前草"，他要剃度；《水浒传》中写鲁智深，智真长老给他剃度，一边剃度一边嘴里念叨"寸草不留，六根清净"，也有些相近。再接着，天然和尚剃度以后到别的庙里不守规矩，跟一个和尚打闹；而鲁智深剃度后，也不守规矩，揪着另一个和尚的耳朵欺负人家。天然惹祸之后，别人立刻告诉方丈，马祖道一过来一看，不仅没批评反而说："我子天然！"真是我徒弟的天性表现，于是就给了他这个名字叫"天然"，很是欣赏他；《水浒传》里，鲁智深打架后，别人慌忙报告长老，长老过来看了看，说："别看他现在捣乱，久后证果非凡。"再接着，《五灯会元》中记载，后来丹霞天然横卧在洛阳的天津桥上，挡住地方长官郑留守的路；而《水浒传》中，鲁智深为了救史进，到州桥上挡住贺太守的路。这些地方都太像了。

如果说《五灯会元》里关于天然的事迹有一件或两件跟《水浒传》里鲁智深相似，那可能就是一个偶然。但是有这么多，可见这不是偶然。我们需要对它有一个解释。怎么解释呢？这中间的精神血脉就是狂禅。用丹霞天然的话说是，"无道可修，无法可证，佛之一字，永不喜闻"，就是说，那些概念、观念、形式等都不值一提，"我就是佛"，用不着读经、修持，看到自己的本性就行了。这就是狂禅。

狂禅的特点跟"侠"有相同之处，就是高扬主体，不受一切束缚。好处就是斩截痛快，把所有形式的东西通通扔掉，放任本性而行动。从这个意义上说，狂禅和侠是有相通之处的。所以，鲁智深的形象一面是一个侠客，一面由于他和尚的身份，作者把丹霞天然的某些事迹，特别是狂禅的精神，灌注到了鲁智深的形象中。明代思想家李卓吾很喜欢鲁智深这一形象，曾批："佛！真佛！活佛！"金圣叹评《水浒传》，他说"真正善知识胸中便有丹霞烧佛眼界"，明确主张鲁智深大闹五台山和丹霞天然烧佛是一样的。

因此，《水浒传》文本中的鲁智深形象与天然和尚的事迹有较多的相似处。鲁智深的形象中流淌着狂禅的血脉。这个可以从两个角度来说，一个角度是说这个形象本身，《水浒传》里写的，我们就可以做狂禅的理解；另一个角度，由于互文的关系，我们发现它和《五灯会元》里丹霞天然的事迹有关联。这种血脉使鲁智深的形象丰厚而复杂，从而赢得了李卓吾、金圣叹、曹雪芹的欣赏。

宋江的文化图谱

再看宋江。《水浒传》里梁山好汉中，最复杂的人物就是宋江。宋江身上有两条截然不同的血脉，彼此隔阂很大。一方面他是"孝义黑三郎"，遵守法律制度；另一方面，他结交江湖好汉，表现出与忠孝义完全不符的形象。"孝义""守法"与"权谋""野心"，两种截然不同的形象同时出现在一个人身上，如何理解？为什么会是如此？这两条血脉又是怎么回事呢？

我们也来看看《水浒传》成书以前的各种文本里的宋江形象。前文本里关于宋江，很简单，真正涉及这个人形象的，就是四个字，"宋之为人，勇悍狂侠"，看了这四个字，怎么也不能跟《水浒传》里的宋江联系起来。还有，"宋江以三十六人横行河朔、京东，官军数万，无敢抗者"，"剧贼宋江"，等等。《水浒传》之前关于宋江的记载，有一点具体的就是勇猛，太简单了！那么刚才所说宋江的两种不同的表现是哪里来的呢？这种构思又如何而来？

《水浒传》中的宋江，我们可以发现两条血脉：一条是江湖血脉，一条是庙堂血脉。

先看江湖血脉。《史记·游侠列传》中写了若干侠客，其中最浓墨重彩写的是郭解。"吾视郭解，状貌不及中人，言语不足采者，然天下无贤与不肖，知与不知，皆慕其声，言侠者皆引以为名。"郭解名满江湖，是真正的"侠"里的榜样。宋江最大的特点也是侠义之名满天下，"山东、河北闻名，天下好汉都称他作及时雨，能救万物"。这类描写在《水浒传》里反复出现几十次，不管哪一个强人，只要一听宋江的大名，都是"扑翻身便拜"。再看二人的形象。郭解"为人短小""状貌不及中人""言语不足采"，这与他的江湖地位有很大的反差；《水浒传》里的宋江自称"小弟德薄才疏，身材黑矮，貌拙才疏"，文也不能，武也不能，长得不威武，口才也不行。这跟郭解太像了。二人在主要经历上，也都是犯事出逃，亡命天涯，并且连累别人。这些基本的情节也都很像，包括在疏财好客的细节上都十分相像。于是，宋江就从原来简单的"勇悍狂侠"变成了《水浒传》里的"江湖教父"。

再看庙堂血脉。在中国通俗小说里，尤其明代小说中，有一种"道德领袖"现象。比如《三国演义》中，"以德服人"的刘备就是道德领袖；《西游记》里，唐僧是取经五众的领袖、各方面的道德楷模；《水浒传》中，宋江也是如此。中国古代——尤其是从宋代以后，有一大信条，那就是"修身、齐家、治国、平天下"，一个人要想在社会上做一个领袖，首先要在道德上成为楷模。《水浒传》中关于宋江的描写，和《史记》以及《论语》中关于孔子的描写，相近似的地方有很多，如宋江见李师师的场景，与孔子见南子很是相似。那么，是不是作者在写宋江的时候想着《论语》《史记》，照着孔子来写宋江呢？我认为肯定不是的。《论语》《史记》对当时的读书人来说，都是必读书，是烂熟于心的。当作者塑造宋江这样一个领袖人物的时候，《论语》《史记》里的那些内容自然而然地在他的脑子里对他的笔头产生了影响，因为那些笔墨是很生动的，又和《水浒传》里宋江的身份有某种相似之处，所以就出现了这一系列的相似地方。也就是说，《水浒传》里宋江身上这两条血脉都有早期经典文化里的基因，这种基因是不自觉地、不期然而然地进入到艺术血脉里的。

可见，《水浒传》的一些好汉形象与传统文化的经典有着血脉联系。换言之，文化传统的基因进入了这些文学形象之中，而多源基因的进入，使得这些好汉形象趋于复杂、丰厚，而熠熠生辉。

（刊登时间：2018 年 5 月 7 日。作者系南开大学教授）

美育三义

美育是审美教育的简称，由 18 世纪德国诗人、哲学家席勒在《关于人的审美教育的书信》（一般译为《美育书简》或《审美教育书简》）中所创。1901 年，蔡元培在他的《哲学总论》中提到了"美育"，一直沿用至今。

尽管美育这个概念是由德国人在 18 世纪提出来的，但是人类关于美育的思想却源远流长，王国维的《孔子之美育主义》一文就是以席勒的美育理论阐发中国孔子美育思想的典范之作。而且，席勒之后，欧美国家论述美育的论著并不多见，远不如研究艺术教育的多，但是在中国，美育研究方兴未艾。美育作为一种独特的人格教育伴随着儒学传统延续至今，中国的美育思想最为丰富，而且这种思想在很大程度上就是中国美学最独特的精神传统。进入新世纪，美育回应时代需求，又具有了新的意义。

美育作为"感性教育"

美育最基本的含义就是感性教育。

席勒首创的美育是 Asthetische Erziehung，这里的 Asthetische 来源于德国哲学家鲍姆嘉通创造的新词 Aesthetica（这个词后来被汉译为美学），其本义是感觉学、感性学，所以，席勒首创的美育一词，本义就是感性教育。20 世纪上半叶，席勒美育理论引入我国，当时的学者往往把席勒的美育理论和康德美学一起论述。由于席勒继承了康德提出的人类主体意识三分法，即知、情、意，情对应于人的审美、艺术活动，再加上我国儒学中心性之学的深刻影响，他们就直接把美育理解为"情感教育"。把美育定位于情感教育是有其合理性的，特别是极具中国特色。但是，情感教育相对"感性教育"，意思虽然很相近，可是范围有所缩小。特别是情感教育的提法不能标示美育的现代性意义，即针对感性受压抑、人性脱离自然，而要求恢复人的感性，实现人性的内在和谐。因此，还是提感性教育更符合席勒的本意，也能体现美育话语的现代性。

20 世纪末，英国理论家伊格尔顿曾评论说："美学是作为有关肉体的话语而诞生的。……审美关注的是人类最粗俗的，最可触知的方面，而后笛卡儿哲学却莫名其妙地在某种关注失误的过程中，不知怎地忽视了这一点。因此，审美是朴素唯物主义的首次激动——这种激动是肉体对理论专制的长期而无言的反叛的结果。"席勒提出美育正是要在理性占主导的文化和教育中保护和发展人的感性，使人能重新获得感性和理性的协调平衡，重建和谐完整的人格。所以，美育是作为现代性命题提出的，其宗旨是保持人的感性自发性、保护生命的活泼和原创力、维护人与自然之间天然的、肉体化的联系；其本义是感性教育，就是在理性教育的同时，促进人的感性方面（如感知、想象、情感、直觉乃至无意识等）的发展。

美育肯定感性对于人的生存和发展的价值、美育以恢复和发展人的感性为任务、美育的理想或者说目标是人性的完满，也就是人的全面发展，这三点更加凸显了美育作为一个现代性概念的深刻含义。从我们今天来看，席勒关于美育作为感性教育的论述要义并没有过时。

美育作为感性教育，着眼于促进个体的审美（感性）发展，激发生命活力，提升情感境界、培养创造力，最终与其他教育一起服务于人的全面发展目标。这是美育区别于其他教育的根本特征。离开了感性，就谈不上美育。

然而，当前我国学术界和教育界虽然也开始意识到知觉、想象、情感、直觉等感性素质具有重要价值，但是，对人的感性素质的研究不够，在整体上重视更不够。所以，许多人还是停留在"文以载道"的观念上来看待美育，有意无意地把美育作为以艺术的形式灌输抽象道德的途径。人们对于儿童青少年的教育，总希望在生动活泼、情意盎然的形式之中，注入某种微言大义，似乎这才是教育的唯一追求。殊不知，美育所追求的就是生动活泼、情意盎然本身；人们对于美育的价值，总希望在"动之以情"之后，还有一个所谓的"晓之以理"，殊不知美育追求的就是动之以情本身。教育绝不仅仅以发展智力为唯一目标，更重要的是要开发受教育者生存发展所必需的潜能。一个人的愉快、崇敬、狂欢、痛苦、焦急、悲哀等内心体验，个体情感的压抑或满足、敏锐或麻木、丰富或枯竭对于他的生存质量均有十分重要的意义。个体生存的完满不仅仅在于他有道德、有智力、有健康的身体，也不仅仅在于有财富、有权力、有名誉，而且还在于有丰富的情感需要和满足，有敏锐的生存感受。一个情感麻木、枯竭或压抑的人，即使其他方面十分富足，他的个体人格也不会有全面的发展，其生存也不会完满、幸福。再则，我们身处一个以创新引领发展的时代，青年的创造力与他们的感知、想象、情感、直觉等感性素质有着深刻的内在联系，美育作为感性教育对于发展国民创造力、推动创意产业发展具有重要价值，感觉迟钝、想象贫乏、情感枯竭的一代，一定是缺乏创造力的一代。对此，我们应该有及时的清醒认识。

美育作为感性教育，并不是非理性的教育，更不是排斥理性的教育，美育所要发展的感性是和理性相互协调、相互包含、相互促进的感性。这是席勒美育观的深刻之处。人的感性固然与肉体、生理息息相关，但美育要发展的感性不等同于本能欲望，也不仅仅限于感官活动，它不脱离肉体却又超越了生理层面，包含了精神的维度，因此，它是一个贯通了肉体和精神的个体性概念。我们可以把这种感性称为"丰厚的感性"，既有感性的丰富性，又有人文深度。它是以深度体验为核心的感性素质，蕴含着文化积累和精神积淀，是与理性相互协调、相互包含的。美育发展感性就是既要保护和恢复天然感性的活泼生动，又要使之丰富和提升，具体地说，就是要使感性包含了认识深度、道德意识和生命境界。因此，作为感性教育的美育与"跟着感觉走""过把瘾就死"的非理性文化有着质的区别。

作为一种感性教育，美育具有鲜明的特征和独特的功能，是其他任何教育形态所无法替代的，美育的感性教育价值随着时间的推移还会越来越得到显现。

美育作为"人格教育"

美育，就其目标而言，就是培养全面发展的人。美育的这种人文性集中体现在其作为人格教育的维度。所以，如果说以"感性教育"界说美育是偏重于美育的根本特征，那么以"人格教育"界说美育则是偏重于美育的根本目标。

人格是人的各种能力和素质的综合，是人之所以成为人的各种特质的总和。美育的特殊性在于，它不仅能够促进人的感性发展，而且有助于人的其他方面的发展，特别是道德发展。席勒在《美育书简》中写道："有为健康的教育，有为认知的教育，有为道德的教育，还有为审美能力和美的教育。最后那种教育的目的是培养我们整个感性和理智的力量达到尽可能全面的和谐。"而且，美育能够为人的各种精神能力和素质的充分发展提供基础和助力。

以感性体验的方式培养人格，是中国传统儒家一直倡导和践行的，由此形成了悠久而丰富的美育思想。基于这样的传统，在 20 世纪初，当西学东渐，不少知识分子不约而同地选择了美学，选择了美育。中国现代美学的第一代三位大美学家王国维、梁启超、蔡元培都同时是现代史上大名鼎鼎的大学问家或教育家，他们的美学十分重视审美、艺术对于人、对于社会的功能价值，他们不仅都论述美育理论，强调美育的重要性，而且都倡导美育。

席勒美育思想的引入，一方面拓展了中国知识分子的视野，接受了现代美学的一些观念；另一方面，促使中国美学家回顾本国文化传统，逐步确立中国自己的美育传统。在这个方面，王国维是第一人。在《孔子之美育主义》这篇历史性的美育文献中，王国维首先指出，人生之痛苦和社会之罪恶皆源自"一己之利害"，也就是"物欲""私欲"，后引用康德、席勒、叔本华的理论来说明只有"美"能够消除"物欲"和"私欲"，因为"美之为物，不关于吾人之利害者也。吾人观美时，亦不知有一己之利害"。所以，美能够"使人达于无欲之境界"。这种无欲的境界是道德的基础。

美育必然包含了与德育的内在联系，这种联系既有学理上的，也有实践方面的。从学理上看，美育与德育的联系源自美与善的联系。"美与善在本质上具有内在一致性，都反映着对象对于人的意义和价值。"美不仅具有感性的外观，也具有理性的内涵，这个内涵在相当程度上就是"善"，离开了"善"的内涵，美就无法被理解。所以康德提出了"美是德性——善的象征"的著名论断。这种对于美与善的内在一致性的认识在古今中外的美学史上比比皆是。

具体到人的发展，道德状态是从审美状态发展而来的，道德修养建立在审美的基础上。柏拉图曾指出，对儿童进行音乐教育，可以使他在理智尚未发达的时期，就养成和谐的心灵和恰当的情感态度。这意味着道德教育始于美育，目的在于发展"儿童的最初德行本能"，达到心灵的和谐。在柏拉图看来，美育达到的心灵和谐与德育达到的理性秩序是一致的，而前者是后者的必要基础。因为，"整个心灵的和谐就是德行"。

我国传统的人格教育思想在今天仍具有鲜活的生命力，是值得我们深入研究并借鉴的。健康人格的培养，甚至道德人格的养成，决不能简单依仗由外而内的、生硬的"灌输"。我国的人格教育传统是要把做人的道理、道德的原则通过情感体验的方式内化于国人的内心深处，使人心悦诚服地领悟，然后诚心诚意地践行。当代美育在这方面是大有可为的。随着我国现代化进程不断深入，美育理论的现代性价值愈显重要，有必要对人格教育思想作进一步更新，使之适应新时代的要求。同时，作为人格教育的美育观具有深刻的人文精神，但是，对于美育促进人的创造力发展还缺乏认识，在可见的文献中，只有朱光潜在《谈美感教育》中有所涉及。这方面需要特别予以重视。

美育作为"创造教育"

我们身处一个创新的时代。2016 年 5 月 30 日习近平总书记宣布我国科技事业发展的目标是，到 2020 年时使我国进入创新型国家行列，到 2030 年时使我国进入创新型国家前列，到新中国成立 100 年时使我国成为世界科技强国。他指出："科技创新是提高社会生产力和综合国力的战略支撑，我国发展必须依靠创新。"创新，已经成为我国最重要的发展战略之一，创新发展已经成为我国"五大发展理念"之首。

创新的关键在人才，人才的基础在教育。而培养具有创新意识和能力的人才，美育具有非常重要的作用。表面上看，科技创新和以艺术为主要途径的美育似乎沾不上边，然而，不仅艺术与科技有着深刻而紧密的联系，而审美和艺术活动本身对于儿童青少年创造力的发展具有积极的促进作用。

创造力发展的关键期在童年。儿童时代是生命力勃发的时期，也是创造性发展最自由、最迅速的阶段。对儿童来说，创造是一件自然、自发和充满乐趣的活动。虽然从总体上讲儿童的创造力并不能为社会带来实际的有用成果，但是，它是创造力发展的人格基础和内在动力。事实上，任何有独创性的作家、艺术家、科学家、发明家都在童年时代就具有了不同于常人的创造力。

然而，儿童那种活泼的创造力并非自然而然地得到发展，除少数人才之外，多数人却往往在成长过程中部分地或几乎完全地丧失了生命中的创造活力。正如歌德所言："倘若儿童能按照早期的迹象成长起来，那么我们就都是天才了。但成长并不仅仅是发展而已……过了一定的时期之后，这些能力与机能表现就根本不复存在了。"因此，教育应当对儿童珍贵的创造天性和活力加以保护，并促进其成长。培养儿童创造性的最佳途径是美育。因为以自由创造为本性的审美、艺术活动可以充分保障儿童创造性的表现，并促进其发展。儿童创造性的表现具有审美或泛审美表现的性质，它是个性化的、想象的、造型的、自由的、富于情感色彩的、专注和投入的、注重过程的和愉悦的，这些都具有审美创造的特征。

美育发展创造力的功能可以概括为以下三点：

第一，解放无意识，保障自发性。创造性的发生与发展固然离不开对象世界，但在主体方面，创造性的源泉和动力却来自深层心理。开发和培养创造力的教育应该通过激发创造性的深层源泉，为创造性的发展提供活力，在这一点上，美育具有独特的作用。由于美育过程是情感自由解放的过程，具有解放无意识，并使之得到适当释放和文化提升的功能，从而能减轻对深层心理活动的压抑与束缚，使之不断受到激发，保持旺盛的活力。创造活动的自发性正源自深层心理冲动的自由涌现，在自由的审美活动中，深层心理获得了自由表现的机会。这种表现的另一层意义在于使深层心理进入到意识或前意识层面，并与之融合，从而形成完整的创造性机制，即原发过程与继发过程的有机融合。在某种意义上说，创造性程度的高低取决于这两种过程相互转化的灵活性，即意识层面与无意识层面的沟通程度。美育正是具有促进它们相互沟通和转化的功能，艺术创作和欣赏的灵感状态正是这种沟通和转化的产物。

第二，发展心灵的独创性。创造总是个性化的，独创性是它的一个基本要素。美育是鼓励独创性的教育，如果说智育和德育在一开始主要是要求儿童接受一些已知的知识和普遍的规范、法则和定理的话，那么，美育则始终把个性化的探索和发展心灵的独创性放在首位，充分鼓励独创，保证个性表现的自由。在美育过程中，探索新事物和新方法、产生新感受和新经验、表现新观念和新题材不仅不受到压制，而且受到保护和激励，这对于形成追求独创性的兴趣、自觉意识和价值观念十分有利。

第三，促进直觉能力的发展。直觉能力是创造性的重要因素，它是生命完整性的体现，作用于问题的建构和解决的整个创造过程。许多有关创造力的研究结果表明，直觉能力是具有创造力的一个先决条件。直觉能力就是整合外来信息和内心经验，给它们赋予秩序，使之形成一个整体性意象的能力。一些有创造性成果的科学家常常把这种综合能力叫做"直觉"，由于这种直觉创造的意象不仅有均衡、对称、简洁等多样统一的结构，而且富于情感意味，所以科学家们又把它称为"美"（或"科学美"）。事实上，创造性直觉的综合性与审美能力的构造性具有一定的同构关系。在审美过程中，知觉、想象和情感体验均具有将感觉材料和情感经验整合成为有机整体，创造出审美意象的能力。因此，以培养审美能力为主要任务的美育内在包含着发展创造性直觉能力的功能。

　　直觉是创造性思维的基本形式，直觉能力的发展对于科技创新具有十分重要的作用。一些创造性科学家都以自己的切身体验说明了直觉与科学创造的直接联系。例如，爱因斯坦说："我信任直觉。"玻恩强调指出："实验物理的全部伟大发现都是来源于一些人的直觉。"有趣的是，这些伟大科学家往往把科学发现的直觉与审美直觉直接关联，甚至认为某些伟大的科学发现恰恰是来自美的指引。例如，海森堡曾说，科学的探索者们最初往往是在美的光辉照耀下，去认识和发现真理的。从众多科学家的自述和分析中可以发现，科学美往往是科学家发现新问题、激发进一步探索的激情和选择新的理论范型的重要因素。热爱音乐的爱因斯坦甚至说："在科学的领域里，时代的创造性冲动有力地迸发出来，在这里，对美的感觉和热爱找到了比门外汉所能想象得更多的表现机会。"正由于科学中的创造性直觉具有审美的性质，所以，爱因斯坦称迈克尔逊是"科学中的艺术家"。而迈克尔逊则说，他的实验选题"要求研究者有着学者的分析的智慧，艺术家的审美知觉和诗人的形象性语言"。霍夫曼则认为，爱因斯坦"是个科学家，更是个科学的艺术家"，他的方法"在本质上美学的、直觉的"。这些事例都说明，加强美育对于培养创造性思维至关重要。

　　　　（刊登时间：2019 年 2 月 2 日。作者系十一、十二、十三届

　　　　　　　　全国政协委员，杭州师范大学原校长）

学习哲学的意义

傅佩荣

为什么要学哲学

学习哲学，会让自己形成一套完整的价值体系，会有一个中心思想。当遇到需要解决的事情时，它就像一面指南针，指出解决问题的方法，从而生活得更舒服，让人生更从容。

一提到"哲学"，人们首先会想到古希腊时代的苏格拉底。据说，苏格拉底每天只做一件事，就是与别人聊天，在聊天中发现问题，得出哲理，每个人也都很喜欢与他聊，因为这些问题往往很简单又很有趣。有一次，一个人跟他说张三很勇敢，苏格拉底就问，你说他很勇敢，那什么是勇敢？然而这个人并没有解释清楚。后来，很多人发现，与苏格拉底聊天，原本自己知道在说什么，跟他聊了之后却觉得根本没有弄清楚自己在说什么。

我的大学读的是哲学系，老师常告诉我们的一句话是，你们用的每一个词都要说清楚它的含义。比如，李四是好孩子，就要知道"好"代表什么？有什么标准？标准是谁定的？为什么这样定？这些问题全部都想清楚的话，可能会让人有些"崩溃"，但没想清楚，心里面又常会有疙瘩。有时候"好"或"好人"，也因地域、时代等不同发生着变化，所以这也告诉人们，发现问题首先要先想一想，使用某一个词到底要说明什么。

"哲学"一词的本义是爱智慧。什么叫智慧？"智慧"这个词很美，但更要弄清楚它的含义。简单说来，智慧就是由两个观念合成的，一个是完整，一个是根本。

人活一世，什么事情最重要？小时候，父母告诉我们，孩子是最重要，的确，孩子是未来的希望。但当我们长大后发现，可能不见得有那样的体会。所以就要将人生完整起来，看最重要的是什么。结果因人而异，答案多种多样。儒家关注人，它告诉我们，人最重要的是好好过这一生。要好好过，人就要具备某些修养，好好修炼自己。从小开始就要读书，具备一定的思考能力，之后不断修养自己，做什么事、该怎么做、如何与人互动、怎么交朋友等，这就是所谓的完整。人生还有一些根本问题，一般情况下不会去思考，比如，痛苦是什么、罪恶是什么、死亡又是什么，等等。比如痛苦，很多人经历过，那会不会问一句，到底痛苦怎么来的？为什么人生会有痛苦呢？这些问题都是哲学家要探讨的。

所谓的哲学就是要深刻反省和思考，把人生看成一个完整的整体，解决了根本问题，就容易建立一套价值观。善恶、美丑、是非、对错，都是价值观。价值观建立后，不管做什么事，都会有判断。比如交朋友，孔子会告诉你，有益的朋友有三种，"友直，友谅，友多闻"，就是说真诚正直的朋友可以交，能体谅又讲信用的朋友可以交，见多识广的朋友可以交。其实，这就是一个标准。孔子之所以能说出这个标准，就是因为他是一位哲学家。在《论语》中，孔子两次提到"吾道一以贯之"，意思是说，孔子的学说有一个中心思想，把它全部连贯起来就是一个体系，在这个体系里，不会自相矛盾。就像孔子的学生很喜欢问他"仁"到底是什么？孔子在《论语》中至少有 8 次明显的回答，且每次答案都不相同，甚至是弟子樊迟三次请教"仁"是什么，孔子给的答案都不一样。为什么会这样呢？学习了《论语》后会发现，"仁"指的是每个个体的人在某一时刻该做怎样的事。孔子根据每个人的年龄、性格及其特质不同，因材施教，就有了诸多不同的"仁"，但"仁"的核心并没有变。

这就是学习哲学的好处，心中会有一套完整的价值观，不管以后遇到怎样的境况，都能作出适当的选择。这也是为什么学习哲学可以让我们活得更愉快、更轻松、更舒服的原因。完整的思想体系，能给我们以参照，能帮助我们解决难题，能使我们想得更深、看得更远。

哲学是每一种文化都有的观念，中国文化历经 5000 年，中国哲学既博大悠久又深奥高明，同时内容丰富。要想使其发挥作用，那就要讲清楚。文化的发展，其中有一部分是理念的发展，比如我们古人对宇宙的看法，在这一点上东方人和西方人有所不同。如，西方的近代科学很发达，这跟他们的宇宙观相关。他们认为，宇宙是由物质结构组成的，它可以像机械一样组合，然后在时空中展现它的作用。也就是说，宇宙可以切割来分析。中国人的宇宙观是把宇宙看成一个有机体，因此，中国人的宇宙观是把宇宙看作是有生命的，是不能切割的，切割的宇宙就失去了其意义。这是我们祖先的智慧，它是一种没有经过实验的直观观察，认为宇宙跟人的生命息息相关。

那么人生观呢？人的一生要建立某些正确的人生观，不断实现自身的价值。比如对父母孝顺、对他人守信，不断修炼才能趋向于孔子所说的君子，这种理想与观念也是中国历经千年不断的传统。

学习哲学，不仅会形成价值观、世界观和人生观，还能让自己过得比较舒服，过得比较愉快。我做人处世依靠的是儒家，18 岁读大学学哲学，让我懂得处世的道理。后来研究哲学，它不断告诉我想问题要怎么辩证思考，又如何全面地把握整体。所以，打好国学基础，对于一生，都是很值得自豪的。

哲学与生活

哲学如何在生活中应用呢？

前些年，有这样一个案例，颇受人们关注。就是老人摔倒，要不要扶的问题。那时我正在一所大学做演讲，讲座最后有一个学生问我，看到老人在路上摔倒，要不要扶呢？

我跟学生这样分析：如果我是老人，有年轻人扶我，我一定很感谢他。因为大多数的老人跟我的想法是一样的，也偶尔会有几个不一样的，但我想，他一生的遭遇也可能会很悲惨，因为他对人生充满了负面想法，生活过得也很不愉快，当然更不懂哲学了，被别人扶了还要告别人，这是不正常的现象。我们怎么能够因为一个不正常的行为，就否定所有老人的共同的想法呢。

生活中很多事情都是多面的，不能因为某一面的出现，就认为所有事情都是不公平的，而学习哲学的好处就是要对生活中出现问题的各方面有越来越透彻的了解，并解决好它。

学习老子，让人们懂得辩证法，懂得看问题的正反面。比如，老子说"大音希声"，最大的声音往往是听不到任何声音；"大白若辱"，最大的白往往是被忽视的；"大方无隅"，最大的方正好像没有角落。这听起来有些矛盾，但老子是要提醒我们，不要从人类的有限的眼光去评判事物。《庄子·天下》中有两句话说"至大无外""至小无内"，最大就是外面没有任何东西，最小是里面没有东西。这就是中国语言的美妙。

我们再回到前面老人倒地扶不扶的问题。在儒家看来，老人倒地要扶，不仅代表了人与人之间的相互信任和互相帮助，而且还是善的循环。就是说，我现在帮助别人，将来我老了，别人也可能会帮助我；我做我该做的事，心里坦荡荡。如果整个社会都向正面发展的话，这就是一个良性循环。

再看道家。道家思想虽然比较抽象，不像孔子教我们如何为人处事，但老子也有丰富的生活经验做基础。比如要不要以德报怨，是可以区分儒道两家思想的不同。《论语》中，有人问孔子："用恩德来回报怨恨，怎么样？"孔子说："那用什么来回报恩德呢？要用正直来回报怨恨，用恩德来回报恩德。"即"以直报怨，以德报德"。这是儒家思想。老子怎样看待以德报怨呢？老子认为，在这个世界上，如果有机会对别人好，那是因为自己的条件不错，拿我自己的经验来说，一个人问我借钱不还，我心里很难过。但是我学了《道德经》就想开了，为什么呢？因为我会想，他也需要钱，我是他的朋友，我正好有钱，所以我把钱借给他。"我正好有钱"这件事就说明我有条件，他借钱不还，肯定也有苦衷。了解了道家思想，明白世界是一个整体，就会很容易化解其中所谓的得失与成败。

学了儒家，接着要学一些道家，其道理就在此。学习儒家，是为了让人有责任感，能体谅他人，自己不愿意做的事情，不会强加于他人，即"己所不欲勿施于人"。但自己做久了也会感到累，或是自己一直对别人好，没得到回报，怎么办呢？其实一个社会只要稳定发展，是很多人在分工合作、各自坚守岗位共同努力的结果。所以，只要每天起来过的是一个太平日子，就应该知道这是很多人是在对你好了。如果说别人对自己不好，那需要做点自我反省。我自己长期学习国学，我的做法通常是用儒家来处事，用道家来自处。就是说，跟别人来往一定是儒家的原则，比如说话算数、做事负责，这都是儒家的作风。道家的自处是什么呢？一个人孤单的时候，就会想到道家，有"道"做朋友，人就不会孤单。庄子说"上与造物者游"，就是与造物者做朋友，造物者就是"道"。这就又联想到万物从哪里来、又回到哪里去？道家的答案是"道"。所以，把"道"当作宇宙万物的来源和归宿，当作人类生命的来源和归宿，那"道"便是自己的朋友。学习道家学说，心情就会愉快自在，就像小孩子始终在母亲的怀抱里一样，"道"便是母亲。老子常用母亲、婴儿作比喻，就是告诉我们，我们从来没有离开过母亲的怀抱。我们生活在这个世界上，就是道在起作用。这一生不管在任何地方遇到怎样的状况，都在"道"的怀抱里。如果有这样的思想，还怎么会有情绪的困扰呢？

学习儒家、道家经典，会比较容易把握人生。用儒家来处事，在社会上要负责任，尽公民的义务，对父母、孩子、朋友，也应担负相应的责任，让大家的关系越来越好。所以儒家的要求是《大学》中所说的，要"止于至善"，儒家的"善"指人与人之间相处的恰当的关系。人一生下来并不是本善的，是向善的；只要真诚，就会有由内而发的力量指引人们做该做的事。看到别人受苦，我们会不忍心，这都是儒家对人性的思考和看法。道家的"自处"，是对于自己的生活安排，要尽量简单朴素，如此，自己就很容易"自得其乐"。

事实上，不管孔子还是老子，或是较晚一些的孟子和庄子，他们都很容易自得其乐，认为活在世界上是很幸运的事，可以享受每天的时光，还有机会每天做一些哲学实践。人生的问题很复杂，学习哲学，可以帮助人们厘清问题，使人活得越来越自信。

青少年要学一点哲学

我也很高兴长江文艺出版社在今年花了很大的心力，把我的一些国学研究整理成了一套适合青少年阅读的版本。

这一套国学经典读本总共有五本，即《跟傅佩荣读孔子》《跟傅佩荣读孟子》《跟傅佩荣读老庄》《跟傅佩荣读易经》《跟傅佩荣读西方哲学》，读的顺序最好是怎样的呢？

第一本推荐读孔子，材料主要来于《论语》。《论语》中，孔子有很多学生，书中特别注意的是"因材施教"——对于不同的学生有什么样的特点，孔子很了解，便对症下药，给予一些指导。那么青少年在读这本书的时候，很容易从中有所比较，如自己的个性像谁。像子路还是冉有，抑或子贡、颜渊等。孔子有十几个经常提到的学生，每个人的性格都不相同。如果先读孔子，就很容易与孔子的学生形成对照，发现孔子也成为了自己的老师，孔子的建议也成为老师的教导。

第二本当然要读孟子。孟子比孔子晚出生179年，是战国中叶的一位学者，他把孔子的思想发挥得淋漓尽致。比如孔子谈到人的时候，强调一个人一定要努力立定志向，才有明确的目标去奋斗，但是孔子并没有讲得很清楚。因为《论语》是他跟学生们的对话材料，并非由他自己所写。而孟子就专心研究，对孔子没有讲清楚的地方，对人性的看法做了充分的发挥。所以到了孟子，就特别强调真诚，他说一个人真诚的话，内心就会产生力量，这种力量就会催促人们去做该做的事。这种做法可以称作"人性向善"，有力量叫做向，善就是自己与他人之间适当关系的实现。亲疏远近，有了这些关系就会有相应的要求，怎样尽好自己的责任，才能要求别人尽责任。因此，孟子把人性讲得很透彻，于是他提出了"心之四端"，即看见有人受苦，心里觉得不忍；看见有人为恶，心里觉得可耻；看见长辈前辈，心里想要谦让；看见好事坏事，心里想要分辨。人有这些本能，看到一件事就想要去分辨对不对、好不好，分辨之后就会朝着正确的方向走。所以孟子的人生观、价值观就很清晰明白了，就是一切要从真诚开始。

　　再进一步，建议读西方哲学。大家可能有疑问，读国学经典为什么读西方哲学？青少年都有很强的好奇心，从小就想知道西方世界有什么，他们的发展与中国有哪些不同。比如，前一段巴黎圣母院被火烧，世界为之震惊、为之惋惜，不知道的孩子们一定会想知道这是为什么，这时候如果对西方思想有所了解的话，就会有一定的认识。在这本书里，对西方哲学的介绍稍微简单一些，都是西方著名的哲学家，把每一位哲学家重要的思想观念简明扼要地进行了概括，让青少年对西方哲人们的所思所想有大概的了解。

　　接下去，再读老庄。《庄子》中，有很多有趣的寓言故事，很适合青少年阅读，有些甚至我们现在还在使用，如"螳螂捕蝉，黄雀在后""朝三暮四"等。读老庄，会让青少年了解为什么道家的思想具有辩证性，也会让青少年看到事物的正反面，甚至上升到更高的层次。

　　读完这一本，《易经》就要慢慢念了。《易经》的内容太丰富了，这本书只介绍了《易经》的 64 卦，每一个卦用一篇小文章来介绍，主要介绍其中做人处事的道理。比如乾卦，讲的是自强不息，那就要了解自强不息的内涵，并根据人性的要求有所分辨，就是要我们天天行善，让自己内在的力量越来越强大，为自己的人生负责。

　　这五本书基本上构成了一个较为完整的传统国学学习的材料。我研究国学这么多年，最重要的观点也都在里面。这几本书以浅显的文字、精美的插图以及吸引人的故事，把中国哲人们的所思所想展现出来，对于青少年的阅读应该说压力不会太大。而对于原来看起来很深的道理，只是有所了解，那么读了它，相信会有新的认识。

　　我相信，学习国学经典以后，每一个人都会对身为中国人感到无比自豪。因为中华文明如此博大精深，如此精妙绝伦。在 2000 多年前，就有如此多的哲学家们积累了如此多的智慧，而新时代里，我们有责任承先启后，接过国学的接力棒来了解它、热爱它、传承它。

　　孔子说："知之者不如好之者，好之者不如乐之者。"意思是说，了解一种事物，不如喜欢它；喜欢它不如乐在其中。对于要传承的优秀传统文化的当代人来说，也是这样，要先了解，再喜欢，然后是乐在其中。

（刊登时间：2019 年 6 月 17 日。作者系台湾大学教授）

孔子思想与礼义之邦

陈　来

孔子是儒学的创立者，在 2500 多年中华文化的历史长河里面，孔子思想和他开创的儒家学派，不仅是主干主体，而且长期居于主导地位。从最主要的思想意义来讲，可以说孔子和儒学奠定了中华文明的核心价值，同时对整个中华文明的传承和发展产生了最深刻的影响。在中华文化的精神和中华民族的精神方面，还可以说孔子和儒学塑造了中华文化的精神和中华民族的精神。对于文化精神和民族精神的塑造，孔子和儒家思想起了不可替代的作用：它既是主干又是主体、又居于主导地位，这些不是思想文化里面的任何其他一派能够取代的。正是因为孔子思想所处的地位，近代以来在大多数的中国人头脑中形成了一个共识：孔子在相当程度上已经成为中华文化的标志。

孔子思想最重要的作用是什么呢？刚才讲重要的一个作用是奠定了中华文化的核心价值。如果用一个学术性的语言，也可以说，孔子和儒家思想最重要的作用就是确定了中国文化的价值理性。价值理性是一个社会学的概念。在 20 世纪的西方社会学里面和社会思想里面有很重要的作用。儒家思想确立了中华文化的价值理性，奠定了中华文明道德基础，赋予了中华文化最基本的道德精神和道德立场，它也使得儒家文明成为"道德的文明"。

中国在历史上往往被称为"礼义之邦"，"礼仪"之邦突出的是礼节仪式，是好客。但是"礼义之邦"的"礼义"则突出道德的本质，是突出了中国文化具有成熟的道德文明。为什么把中国叫做礼义之邦？就是指明这个文明是一个成熟的道德文明，而且是一个高质量、高层次、高级的道德文明。所以，这个成熟的道德文明就成为中国这个文明国家整体的一个突出特点，用今天的话还可以说：道德力量是中华文明最突出的"软实力"。无论是中华文明的软实力，还是整个文明国家的突出特征，这一切都是来源于孔子和儒学所具有的这种道德塑造的力量。

崇　德

"崇德"是孔子的原话，在《论语》里面有，在《尚书》里面也出现过。从西周以来，中国文化开始了与夏、商所不同的一种新的文化发展，这个发展就是不断重视"德"的力量和倾向。孔子也就是在这样的基础上，在周公的思想、西周的文化基础上更加强调"德"的发展。西周也有很多概念——"敬德""明德"，但是孔子特别强调"崇德"，而且孔子思想中突出体现了"崇德"的精神。

什么是崇德？崇德就是始终把道德放在首要的地位，置于最重要的位置，在任何事情上都是要这样，不管是政治、外交，还是国家的治国理政、个人的修身修养，都要以道德价值作为根本力量，把道德价值作为处理评价一切事物的根本遵循。对人对事首先要从道德的角度加以审视，这样的精神和态度就是坚持道德重于一切。治国理政方面，孔子强调"道之以政，齐之以刑，民免而无耻；道之以德，齐之以礼，有耻且格"。用正义领导国家，用刑罚管理国家，人民可以服从，但是这个社会的人没有道德心。相反，如果用道德、礼制来领导国家，人民不仅乐于服从，而且也变得有道德心。因此在治国理政方面，孔子不相信强力暴力能够成为治理国家的根本方法，孔子的理想就是要用道德文化的力量，用非暴力非法律的形式来实现对国家对社会进行管理和领导，也就是我们今天讲的"以德治国"，这就是孔子"崇德"精神的影响力。

《论语》中孔子的论述思想，谈到国家、社会和个人，谈到什么是道德理想、什么是道德政治、什么是道德美德、什么是道德人格、怎么进行道德修养。这些论述处处体现了"崇德"的精神，不是在一个方面，而是在多个方面。所以孔子所倡导的"崇德"的精神，包括在这个精神下阐发的各种具体的论述，成为中国文化的道德基础。中国文明是一个道德的文明，道德的文明一个主要的特点就是以孔子的这些论述体现作为根本基础。"崇德"是孔子思想总的精神。

贵 仁

在《论语》中，孔子有100多次谈到"仁"的观点。"仁"是孔子谈得最多的道德概念，也是孔子最重视的道德概念。这一点在孔子去世后很快就被大家认识到。所以战国末期，当时思想界大家共同认为，孔子思想最重要的是对"仁"的推崇理解。我们今天说"贵仁"不是我们自己创造赋予孔子思想的一个概念，而是古已有之。

2000年以前，战国末期的《吕氏春秋》明确讲："孔子贵仁。""贵仁"就是说孔子在诸多的道德概念里面，最重视最推崇"仁"。古代没有价值这个概念，都是用"贵"这个字来表达，比如"以和为贵""以民为贵"，就是把"和"（和谐）、"民"（人民）看作是价值上最重要的。"仁"是孔子思想中最重要的伦理范畴，也是孔子思想里面最高的美德道德理论，同时也代表了孔子的社会理想。"仁"在字意上可以说是代表仁慈博爱，同时"仁"在孔子思想里是一个全德之称，是全体代称，代表了所有的东西。

如果从儒家思想来看，"仁"在儒家思想中也代表了一种最高的精神境界，既是人的原则，也是最高美德，又是社会理想，还是最高的精神境界。正是这样，"仁"成为中华文明核心价值里面首要的道德概念。要总结中华文明的核心价值，第一个就是"仁"。不管是"仁义礼智"，还是"仁义礼智信"，都是以"仁"为首，"仁"是中华文明核心价值发展的首要概念。

"仁"的含义在《论语》中已经给予了明确的解释，最著名的就是"樊迟问仁，子曰：爱人"。孔子本来是很重视家常伦理，包括孝。如果跟三代以前的思想比较的话，孔子在家庭伦理的基础上又提出了更具有普遍性的人际伦理——"仁者爱人"。"仁"实践的起点本来是最直接的对双亲的爱，但是孔子在这个基础上提出了普遍的人际伦理，就是"仁者爱人"。把"仁"的观念设定为社会文化的普遍价值，当然"仁"有多种多样的表现形式，比如说，在伦理上讲是博爱、慈惠，在情感上是恻隐、不忍、同情，在价值上是关怀、宽容、和谐，在行为上是和平、共生、互助，特别是其中包含了扶弱——对弱势群体的关爱。更广泛地来看，还包含着珍爱生命、善待万物。所以"仁"在面对自然世界、面对自然生态上都具有多样性。"仁"是孔子和儒家的思想核心，在2500多年以来的历史中，"仁"的观念也已经成为中华文明道德精神最集中的一个表达。

近代所讲的大同，包括今天所讲的人类命运共同体，最后的基础都是"仁"的观念。孔子不仅突出强调了"仁"的重要性，而且孔子把"仁"展开为两方面的实践原理或实践智慧。一个是"己所不欲，勿施于人"；一个就是"己欲利而利人，己欲达而达人"。那么"己所不欲，勿施于人"也称为"恕"，"己欲利而利人，己欲达而达人"也可以称为"忠"。孔子很重视这两方面的原理，所以《论语》中也讲，"忠""恕"体现了孔子的一贯之道，从"恕"来讲，就是自己所不想要的也绝不要施加给别人；从"忠"来讲，自己要发展得到幸福，也要让他人发展得到幸福。孔子不主张"己之所欲必施于人"，自己认为好的一定要加给别人，所以这就避免了强加于人的心态和行为，也避免了很多纷争与不良后果。

思想家梁漱溟先生对儒家文明有一个解释，他认为儒家的伦理是以对方为主，或者说是互以对方为主。这样，概括说来我们古代中国伦理的特点，也可以说是儒家伦理的出发点，就是要尊重对方，尊重对方的需要，而不是把别人作为自我的实现意义、把他人当作自我的实践对象。梁漱溟先生对孔子的"忠""恕"之道，对儒家伦理的理解具有现代人的一种感受。从这个意义上讲，儒家伦理的特点不是突出自我，而是突出他人，坚持他者优先，他者先于自我。这就是"仁"的伦理的出发点。

"仁"作为伦理的出发点，从1990年开始到90年代中期，曾经掀起了一场世界伦理的大讨论。最后，大家找到了共识，世界伦理的金律就是——"己所不欲，勿施于人"。从整个世界来讲，"己所不欲，勿施于人"已经被确认为世界伦理的金律，揭示出它重要的伦理意义；从整个东方来讲，中华文明2500多年以来的历史发展过程，孔子仁学的这一教诲和"忠恕"之道已深入人心，化为中华文明的道德精神。

尊　义

孔子思想里面也有"义"的推崇，还有就是"利"和"义"的关系怎么处理？这也是人类文明永恒的道德主题。

以孔子为代表的中国人认为基本问题就是"义""利"的关系。孔子讲"君子喻于义，小人喻于利"。君子和小人的分别不是地位上的分别，而是在道德觉悟、道德认识、道德品质、道德素质上的差异。孔子也讲"君子义以为上"，就是以义为上，就是在任何事情上把义放在第一位。因此如果说中国道德思想史、伦理思想史有一个贯穿始终的义利之变的话题，就是从孔子开始就有明确的意识。在《礼记》中，还引用了一些孔子的说法，表达了与《论语》中相近的意思，比如说《礼记》引用孔子的话说"忘义而争利，以亡其身"，把义都忘了，总是去争利，最后的结果，不是家破人亡，就变成亡其身。到了孟子特别重视义与利，把这一面大大地发扬。到了汉代董仲舒明确地强调儒家的"义"的立场和"利"的追求的对立，这是明确地把"利"解释为功利。按原话"正义不谋利，明道不计功"，即"正其义不谋其利，明其道不计其功"。这是道义和功利，一定要区别开，义和道义就是指道德的原则。孔子讲"君子义以为上"，这个"义"就是道德原则。"利"就是功利原则和私利的要求。

所以从先秦到汉代，应该说"尊义"的思想已经形成了。在孔子来看，什么是君子？孔子认为君子是道德高尚的人，道德高尚的人的特征和品质是什么？一个重要的方面就是"尊义"，把"义"置于其他事物之上作为评价的标准那就是"尊义"。"尊义"在孔子的思想中已经形成了这样的观点，人在任何时候都要以"义"为上，以"义"为先。这样的思想从孔子开始到先秦到汉代的儒学都坚持的这个立场。这个立场就是坚持道义高于功利，把追逐功利的看作小人——"争利必亡"。

孟子发挥了这样一个思想。《礼记·乐记》虽然没用孔子的原话来表达，但是也提出了类似的思想，叫"见利而让，义也"。这些都是顺着孔子和早期儒家的思想提出的，都体现了类似的道德思想。我们讲八荣八耻，最根本的适应于"义""利"两条，从一方面来讲也是崇德的一种精神体现。"义"代表道德原则，以"义"为先还是崇德的精神，但是这种精神有不同的具体化表达，"义""利"之辨，一方面是崇德的表现，另一方面深刻地影响了中国文化的价值偏好。每个文明里都有其价值观，表达了一种偏好，谁比谁更重要，"义"比"利"更重要，这个就是中国文化的价值偏好。孟子讲，鱼和熊掌的选择，不仅仅是适用于一个人，也是适用于社会和国家。所以孔子的儒学包括孔子和他亲近的学生，都在不同方面表达了这样的思想。比如说《大学》里讲："国不以利为利，以义为利。""以义为利"的思想是对前面讲的"义""利"关系一种新的表达，不是儒学不讲"利"，而是把对"义"的追求看作是最根本的"利"。国家不能只追求财富、富强这样的利益，国家要把对道义的追求看作最根本的利益。这样深刻的思想，应该说和社会主义核心价值观都是一致的。

我们说今天处在一个现代化、全球化的过程里，现代化过程有一个很重要的特点就是极大地促进了人类生产力发展，但也在相当程度上破坏了传统的"义""利"平衡。在传统社会，人也是要求"利"，但是在孔子儒家思想的作用下，能够达到一种"义""利"的平衡。现代社会和文化向着工具和功利的一边片面发展。"功利"跟道义相对。"工具"就是西方社会学中的价值理性和工具理性对立。价值理性就是有确定的价值目标，"工具"是强调手段的合理性和理性化。怎么治理现代社会的弊病，是全世界和现代文明都必须要处理的课题。当然我们可以说孔子和儒家的思想，可以对现代社会发展中的片面性或者说偏向形成一种制约，这是它的现代价值。

"义"的概念在孔子思想里一般是指道德原则。到了孔子以后，儒学里面"义"的概念更加丰富了，其中最重要的就是被赋予了"正义"的规范涵义。《礼记》"仁以爱之，义以正之""仁近于乐，义近于礼"，便突出了义这种规范意义。仁是用来爱的，义以正之，正的是规范的意义，仁义是代表一种规范的力量。在孔子思想里面，也讲道义，但是并没有把"仁"和"义"同等看待、并列，孔子的弟子子思，子思的学生孟子就已经把"仁"和"义"并提，把"义"提高到了和"仁"并立的地位。所以孟子以后儒学中不仅单独地提到了"仁"的重要性，而更多地把"仁""义"并称，使"仁义"成为儒学里最突出的道德价值。在儒学里边"正义"的涵义特别强调对善恶是非作出明确的区分判断，对惩恶扬善要下果断的决心。并且义不仅仅是个人的德性，也是社会的价值。

今天的现实世界，我们面对现实世界的各种复杂的现象，"仁"和"义"还有何种含义？"仁"是要导向社会和谐，"义"是要导向社会正义，"仁"要导向"世界"和平，"义"要导向国际正义，两者相辅相成、缺一不可。

守　中

"守"就是守卫守护，"中"就是中庸。孔子很重视中庸，"中"的本意是不偏不倚，另外"中"的一个意思就是"时中"，指道德原则要随着时代的变化、环境的变化有所调整，经过调整能够达到无时不中，避免道德原则跟时代脱节，使道德原则的应用实践，能够跟时代跟环境的变化相协调，也就避免了道德准则的固化僵化，这之中"中"应该说具有很丰富的涵义。"庸"是注重变中有常，即是不变之常，尽管时代环境在不断变化，人不断适应时代环境的变化，同时道德生活里，终归有一些不随着时代而改变的普遍原则。

所以"中庸"在孔子看来代表了这样的普世原则。儒家的"中庸"思想，一方面反对"过"和"不及"，反对有所偏倚。《论语》说："过犹不及。"所以孔子的思想从这方面来看，始终主张以中庸排斥极端。另一方面还提出了"执其两端而用其中""中立而不倚"。这既是人生的态度，也是一种思维的方法，应该说对中华民族这种思想和态度都起到了很重要的影响和作用。"中"不偏不倚，当然我们人类在实践中有这种偏和倚这是难以避免的。但是"中庸"的思想利益，总是提醒我们要注意，每一个时代社会上总会有不同的极端主张，但这毕竟是少数。因此，不走极端、避免极端、选择中道，这个中道必然是符合大多数人要求的选择。因此，

"中庸"一方面具有道德本身的意义，另一方面这种中道思想中庸之德，赋予了儒家以及中华文明一种不极端、稳健的性格。

　　所以，在中华文明的历史上，在儒家思想主导的时代，都没有发生过极端政策的重大失误，这体现了中庸价值和中庸的思维方法，在中华文明历史上起到了一种引导的作用、约束的作用。如果从中华民族和中华民族性格角度来讲，中庸也可以说对中华文明的性格发生了一种塑造的作用，这个性格就是不走极端，接近中道。

尚　和

　　我们选择了四个观点，"仁、义、中、和"来描述孔子崇德的精神表现。应该说孔子以前以及包括跟孔子同时代的一些智者，他们都提出了"和"与"同"的不同，"和同之辩"，"和"就是和谐的和，"同"就是相同的同。

　　什么是和呢？和，就是不同事物调和在一起；同，就是单一事物的不断重复。也可以说"和"是不同的要素的和谐、相和，"同"就是单一事物的同一，也叫做单纯的同一性。在孔子以前，西周的时代，春秋后期的智者都已经有这样的认识，就是和优于同，和合优于单一。孔子的思想也不是自己产生的，也吸收了西周以来的这种思想和同时代的思想精华，所以孔子思想中，这种尚和的思想倾向，继承发展了中国早期的和同之辩的智慧。什么样的智慧呢？就是从西周到春秋末期的和同之辩，就认为差别性、多样性是事物发展的前提，不同的事物的配合、调和是事物发展的根本条件。只有这样，事物才能够生生不息，才能够不断发展。生命的不断发展，宇宙的生生不息，它的前提就是多样性和差别性的存在；否定多样性和差别性，只追求单一性，这种往往是强迫同一。而"和合"就包含着对于差异性、多样性的包容和宽容，这样的包容、宽容也正是今天我们所讲的民主价值的基础。

　　到孔子就正式提出"君子和而不同，小人同而不和"，提出"和为贵"。"和为贵"表达了一种价值的选择和偏好。所以"和而不同"的思想比起早期的和同之辩来说，既肯定了差别又注重了和谐；需要在差别的基础上来寻求和谐，比早期的和同之辩，可以说更进了一步。孔子还认为"和"是君子的胸怀、气度、境界，孔子追求的"和"也是建立在多样性共存基础上的一种和谐观。

当然单独的"和"的观念很早就出现了。在儒家的经典《尚书》里面，提出"协和万邦""以和邦国"，都是关于国与国之间和外部世界的关系，把"和"这种观念作为对外交往的一个基本对话和价值。所以中华文明世界观的对外交往，很早就确定了自己的价值理想。这个理想就是"和"，也就是和谐。孔子以后，在"和合"的这种观念的基础上，"和"的和谐意义更加突出了。刚才讲"守中"是以中庸排斥极端，"尚和"就是以和谐取代中庸。

几千年的中国文明史可以看到一个特点，就是不断追求和平共处的一个世界，这是我们几千年来持久不断的理想追求。60年前，在印度尼西亚的万隆会议，形成了"和平共处五项原则"，中国是主要倡导者之一，积极参与这个共识的达成，从中也可以看到中华文明的基本价值在当代仍然有深刻的影响。国家间的和平共处是人类的普遍理想，孔子思想产生在2500年以前，孔子思想和儒家思想，对于与外部世界关系的主张基本就是尚文不尚武，尚柔不尚勇。孔子主张对于远方的世界应该"修文德以来之"，要发展文化的软实力，发展我们的价值来吸引外部世界建立友好关系。当然，"和"不仅仅是对外，和外部世界交往的基本价值，也是对内调整社会关系，促进社会和谐的基本价值。

因此，孔子思想的主要道德精神可以用"崇德"来概括。具体表现为：把坚持道德重于一切，主张他者先于自我，强调道义高于功利，以中庸排斥极端，以和谐取代冲突。这些不仅仅是孔子和儒家思想的精髓道义，也必将在我们今天的社会实践中，在中华民族伟大复兴的实践中，继续发挥价值引领力量。

（刊登时间：2019年7月15日。作者系十三届
全国政协委员，清华大学国学研究院院长）

文史旨趣　家国情怀

常荣军

我与人民政协的缘分，肇始于全国政协五届五次全体会议。1982 年 2 月，我大学毕业后到中央统战部工作，作为小组秘书，为当年 11 月全国政协五届五次会议第五组——无党派爱国人士组服务。后来，我到大会联络组从事联络工作，直到 2007 年全国政协十届五次会议。26 年 26 次参加全国政协全体会议有关会务工作，从未中断过。从 2008 年全国政协十一届一次会议荣任全国政协委员至今，11 年 11 次参加全国政协全体会议，没有缺席过。从 2013 年 3 月到全国政协机关工作以来，也逾 6 年时间了。人民政协在我的工作经历中，可谓念兹在兹，不离不弃。岁月悠悠，37 年弹指一挥间，但参加全国政协五届五次会议无党派爱国人士小组秘书工作的经历，虽然"当时只道是寻常"，但"沉思往事立残阳"时，更能体会到那段经历的温润和泽被我后来工作、人生的点点滴滴。

在历史上有影响的人

大学期间，我学的是历史专业。写毕业论文时，我选择的是关于辛亥革命方面的题目。为了写好论文，不仅阅读了大量的有关书籍，还基本通读了全国政协编辑的几十辑文史资料选辑，摘抄了不少资料卡片，对许多历史人物印象很深。担任全国政协五届五次会议无党派爱国人士组小组秘书，仅看小组人员名单，就有了一种历史就在眼前之感。随着接触增多，书写历史的人，被写入历史或将要被写入历史的人，从史书史料中走出来，从政协文史资料选辑中走出来，从耳闻中走出来，活生生地出现在面前，史实史料一下子鲜活起来，学史的收获顿时灵动、厚实、多彩起来，让我仿佛走进了那段活生生的中国近现代史。

全国政协五届五次会议无党派爱国人士组共有 15 名委员，当时平均年龄 78 岁，最长者为现代实验心理学家、心理学史家、北京大学教授唐钺先生，时年 91 岁高龄；最小者为物理化学家、高分子物理学家、中科院化学所研究员钱人元先生，时年 65 岁。最晚离世的也是钱人元先生，2003 年 12 月因病去世，享年 86 岁。虽然 15 名委员已先后离世，但哲人其萎，其淡如菊，其温如玉，其静如水，其虚如谷，丰碑犹在，风范长存。

全国政协五届一次会议召开时有委员 1988 名，二次会议时增补 111 名，三次会议时增补 97 名，四次会议时增补 70 名，五次会议时增补 2 名。在 2200 多名委员中，无党派爱国人士组的 15 名委员占比很小。15 名委员职业不同，经历迥异，性格禀赋不尽一致，年龄跨度达 26 岁，但 15 名委员就是一个世界、一个时代、一个社会的缩影。他们在各自领域的建树和成就，让人高山仰止，很多人在中国革命、建设史上的贡献，让人永远铭记。

15 名委员中，简单加以划分，国宿耆老者有叶道英、朱洁夫、吴世昌、梁漱溟等诸先生。他们的道德文章、嘉言懿行，岁月虽邈，常记常新。叶道英先生是叶剑英元帅的弟弟，1949 年前曾担任广东省财政厅税务专员、香港大道公司总经理。中华人民共和国成立后，历任国务院华侨事务委员会参事、国务院参事、全国政协常委等。他用一口粤味普通话娓娓道来：年龄大了，但要鼓起精神，做实干派、促进派，壮士暮年，雄心不已。吴世昌先生是著名的汉学家、红学家、词学家。精通文史，学贯中西。"九·一八"事变后，他率先在燕京大学贴出《告全体同学书》，点燃学校抗日救亡的熊熊烈火，并被选为燕大第一届学生抗日会主席。1962 年，他毅然辞去在英国牛津、剑桥大学的任职，带着家人于国家困难时期回国，并担任全国人大常委会委员、教科文卫委员会副主任委员，全国政协委员等职。吴世昌先生在《红楼梦探源》英文本五卷成书时曾赋七绝五首，成为另一种形式的红楼梦探源。其中一绝有言："朱墨琳琅满纸愁，几番抱恨注红楼。脂斋也是多情种，可是前生旧石头。"反复吟诵，别有滋味。

学界泰斗者有王力、冯德培、郑易里、赵宗燠、俞大绂、钱人元、唐钺、曾世英等诸先生。他们在中国本学科中开门布道的鼻祖地位，指点江山的巨擘作用，文采泱泱，成果累累，至今在学术界仍有深远影响。赵宗燠先生是著名的化学工程专家，1957年被选聘为中国科学院学部委员，在能源研究、有效利用和节能、防止环境污染等方面独步一时，曾任国务院环境保护领导小组副组长、全国政协常委等职。俞大绂先生不仅家世显赫，一族之中有多位名闻华夏的人物，他本人更是著名的植物病理学家和微生物学家，曾任北京农业大学校长、中国植物病理学会理事长、中国农学会副理事长、全国政协常委等职。

风云人物者有刘定安、李铁铮、倪征燠等诸先生。在辛亥革命、民国乍兴、抗日战争、解放战争时期，新旧杂糅，风起云涌，顺历史潮流而动者，逆历史潮流而动者，逍遥观望者，先顺而后逆者或先逆而后顺者，不同的脸谱，不同的角色，在中国近现代历史上，或成为历史发展的动力之一，或成为阻力之一。能成为全国政协无党派爱国人士组的一员，无论贡献大小，都是历史发展推动力的组成部分。李铁铮先生是国际法学家、国际关系学家、外交家，民国时曾驻外任大使、联合国代表团顾问兼大使衔代表，中华人民共和国成立后转身从事研究、教学。1964年回国任外交学院教授，1976年再赴美国，1978年再度回国直至去世。全国政协五届五次会议时，李铁铮先生手持拐杖，虽瘦骨嶙峋，却不怒自威，清癯的脸上写满了历史沧桑的风云和知识分子的风骨，一睥一言，显现出外交官和大学教授的风范。倪征燠先生是新中国第一位国际法院大法官，是与中国20世纪法制史同行一生的人。抗战胜利后，1946年至1948年在远东国际军事法庭审判土肥原等十恶不赦的日本战犯时，倪征燠先生临危受命、挺身而出，深入搜集侵华日军的罪证，用道义、担当和学识，挽狂澜于既倒，令日本法西斯侵略中国的历史铁证如山，一举扭转审判初期中国方面有冤难伸的被动局面，使战犯得到了应有的惩处，为国家讨回了公道，为民族赢得了尊严。慈眉善目与凛然正

气，折冲樽俎与冲冠一怒，温文尔雅与严慎不苟，这些看起来截然不同
的气质，倪征燠先生将之和谐有序地融为一体。

居庙堂之高则忧其民

"不以物喜，不以己悲；居庙堂之高则忧其民，处江湖之远则忧其
君，是进亦忧，退亦忧……先天下之忧而忧，后天下之乐而乐。"宋人范
仲淹在《岳阳楼记》中所阐释的家国情怀，在全国政协五届五次会议期
间，被无党派爱国人士组这群耄耋之年的老人，丰富而生动地演绎着。

1978 年 12 月召开的党的十一届三中全会，确定把全党的工作重心转
移到社会主义现代化建设上来，开始了党在思想、政治、组织等方面的
拨乱反正，揭开了改革开放的序幕。同时，本着实事求是、有错必纠的
原则，开始大规模地平反冤假错案和调整社会各方面的关系。

为进一步协助党和政府落实知识分子政策，全国政协五届五次会议
前，召开了一系列知识分子问题座谈会，广泛听取有关专家学者的意见
建议，并组成调查组赴一些省市就知识分子，特别是中年知识分子在入
党难、安排使用、工资待遇、夫妻两地分居、住房困难、子女入学和就
业等政策落实方面的问题，进行调查研究，提出意见建议。在全国政协
五届五次会议期间，无党派爱国人士组在进行小组讨论时，委员们既对
知识分子春天的到来欢欣鼓舞，又为进一步落实好知识分子政策，特别
是为年龄五十岁左右、工资五十多块钱、住房五十来平方米的"三五牌"
中年知识分子的问题而鼓与呼，为他们面临的教学科研任务重、基层党
政工作任务重、经济负担重，工资收入低、生活水平低的"三重两低"问
题而忧心忡忡。他们认为，在落实对中年知识分子的政策方面，有些地
方和单位"只听楼梯响，不见人下来"，口惠而实不至；有些地方和单位
一年年地拖，使党的好政策减色、逊色。他们还对有的人、有的地方未
将知识分子作为工人阶级的一部分，仍作为团结、教育改造对象的做法，
进行了批评。有的委员说，我家九口人，三间住房，书桌都没地方放，
只能把书籍资料堆在床下，在床上搞研究。老专家尚且如此，遑论中年

知识分子了。有的委员说，家中三个大学生，一个五年毕业，一个六年毕业，一个六年毕业后又读研究生，工龄短、工资低，工作十分繁忙，生活十分拮据，不解决中年知识分子的困难和问题，教育、科研工作将会后继乏人。一群老年知识分子，对教学、科研后继是否有人的问题，为保护中年知识分子、发挥好中年知识分子作用的问题感同身受，言辞恳切。

全国政协五届五次会议，是在党的十二大正式提出"建设有中国特色的社会主义"新命题之后召开的一次重要会议，在人民政协历史上具有重要地位。这次会议的一个重要议题是审议修改政协章程。由于历史的影响，当时的宪法、政协章程沿袭了一些"文革"时期的提法。委员们在讨论宪法修正案草案和政协章程修正案草案时，有的戴着厚如瓶底的眼镜，有的手持放大镜，有的眼镜几乎贴着文件，在逐字逐句的阅读斟酌，提出修改的建议。毛泽东主席说过："世界上怕就怕认真二字，共产党就最讲认真。"无党派爱国人士组的15位老人，也同共产党人一样，最讲认真，其认真、较真的态度，至今令人难忘。他们对"无党派民主人士""无党派爱国人士"两个不同表述的直拗，则反映出他们对过去同共产党一道反抗国民党独裁统治，争民主自由、争民族发展进步的历史和经历的珍视。在他们看来，"民主人士"当然"爱国"，在"爱国"的基础上争取民主、进步，追求真理，政治上"民主人士"高于"爱国人士"。此外，他们还认为，无党派民主人士组15人太少，应该"开源扩军"。回头看看，他们的意见应该起了作用，一至四届时，都称为"无党派民主人士"，五届例外。六届一次会议时，这个小组的名称确实由"无党派爱国人士小组"改回为"无党派民主人士组"。一届时无党派民主人士有正式代表10人、候补代表2人，二届时亦是10人，三四届时20人，到六届时小组委员人数由五届的15名增加到48名。他们在讨论《政府工作报告》时，对节能、环保等方面问题，较早地提出意见建议，可谓础润知雨。他们老成谋国，悉心国是，具有很强的委员角色意识，即使会期较长，即便岁高年长，除抱病遵医嘱不得不休息外，自始至终坚持与会并认真履职尽责。

嬉笑怒骂皆成文章

宋人黄庭坚在《东坡先生真赞》中写道："东坡之酒，赤壁之笛，嬉笑怒骂，皆成文章。"无党派爱国人士组这群学养深厚、阅尽人生的老人，在小组发言和会下交谈中，有宏论、有诗作，有正说、有调侃，有天真、有淳澹，但没有怒骂。岁月积淀，厚积薄发。谈天说地，皆有深意；信手拈来，总有珠玑。

梁漱溟先生两次发言谈为何离开民盟。第二次小组讨论时，梁漱溟先生说，我在第一次小组讨论发言中讲了我为何离开民盟的事，但其中有不少的遗漏，需再作补充。在两次发言中，他将自己的经历理出了这样一个历史脉络：由乡村建设起家，希望从乡村自治体开始，逐步建立英国式的宪政国家。乡村建设在广东、河南、山东的实验以未果而告终。后来，作为乡村建设派的代表人物，与青年党、民社党、农工民主党、中华职教社、救国会"三党三派"结成中国民主政团同盟（中国民主同盟的前身），是民盟的发起人之一和成立宣言起草者。抗战胜利后，奔走于国共两党之间，在国共和平无望后，特别是因政治上的分野，认为中国不能搞两党制、多党制，只能一党制的思想，与许多人的想法产生了较大分歧，故而离开民盟，成了无党派的一人。从文史资料中了解到，梁漱溟先生1938年到延安考察期间，曾多次与毛泽东主席交谈。在就梁所著《乡村建设理论》进行长谈时，毛主席不赞同梁的"改良主义道路"，梁也不同意毛主席的观点。两人各持己见，谁也没有说服谁。但最后梁也认可毛主席"今天的争论不必先作结论，姑且存留听下回分解"的意见。梁漱溟先生被称为"中国最后一个儒家"，他与毛泽东主席多次长谈、交流思想，是熟稔的老友。而到1953年9月，梁漱溟先生则让人难以理解地"面折庭争"，一而再、再而三地要考量毛主席的"雅量"，并将军"您若有这个雅量，我就更加敬重您，若您没有这个雅量，我将失掉对您的尊敬"。在记录梁漱溟先生的发言时，我对这样一位一生写满政治风云的人士在小组讨论时反复讲"为何离开民盟"一事颇为不解，随着在中央统战部从事民主党派工作经历的积累，逐渐明白了梁先生的深意，谈摭掌故，以清视听。梁漱溟先生是 1947 年风云变幻时因政治观点的不同而离开民盟，定义是"离开"而不是其他。

在第一次小组讨论时，王力先生对全国政协常务委员会的工作报告表示拥护和赞成，他谈了要认真学习贯彻党的十二大精神、认真讨论宪法修正案草案和政协章程修正案草案、积极参加政协协商和协助落实有关政策、努力开展人民外交等五点认识体会。随后说，昨晚写了一首七律，祝贺全国政协五届五次会议，诗曰：

> 照人肝胆仰高风，国运兴衰荣辱同。大计协商筹善策，宏谋共议奠新功。云鹏展翅声威振，天马行空气势雄。屈指廿年成伟业，二番产值祝农工。

王力先生，广西博白人，语言学家。他编写的《古代汉语》四册，是大学历史专业学生的必读书籍。我的书柜里，至今还放着他这套书，并不时拿出来翻阅。吟诵赋诗后，他还幽默了一句：按以往经验，我的诗在简报上登出来时往往会错几个字，登诗的小组简报清样是否可让我先看一下。

曾世英先生是我国著名的地图学家、地名学家。83 岁高龄的曾世英先生，一头黑发，身板挺直，精神矍铄。他在发言中说，地图工作当然有保密的问题，有的保密属政策性的，有的属技术性的，有的属知识性的。但保密不能无边无际，更不能对外不保密对内却保密，单位之间相互保密。否则，不是有利于工作而是妨碍工作。一番保密工作要利于工作的发言之后，话锋一转，他突然说道：我经常蒙受不白之冤。在大家错愕之时，他悠悠道来，乘坐公共汽车的时候，因为头发不白，不像 80 多岁的老人，还时常给别人让座。"闻弦歌而知雅意"，"不白之冤"，似别有含义。

时光荏苒。重拾 37 年前的记忆，回想 37 年来的经历，我从最初作为小组秘书为委员服务到后来自己作为委员履职尽责，再到政协机关工作既为委员服务又履行委员职责，在时空的变换中角色也不断变换，但不变的是与政协的情缘。有幸从不同的角度亲历和见证了人民政协事业在党和国家大局中，在时代发展的大潮中阔步前行的壮美历程。人民政协事业取得的辉煌成就，人民政协制度展现出的蓬勃生命力，足以告慰包括五届五次会议无党派爱国人士小组 15 位委员在内的所有前辈和先贤。今年恰逢新中国和人民政协成立 70 周年，让我们共同期待和祝愿人民政协把握新时代的新方位新使命，走向更加辉煌的明天。

　　文史旨趣，历久弥新；家国情怀，历久弥深。

　　（刊登时间：2019 年 8 月 19 日。作者系十三届全国政协委员）

生命哲学的人生智慧

——从尼采和庄子谈起

陈鼓应

从尼采到庄子的学思历程

有两本书是我最爱好的：一本是《庄子》，一本是尼采的《查拉图斯特拉如是说》。东西方这两种不同的哲学，在共同的议题上实现交汇，那便是对于人的生命历程，对于人生走向的共同关注。这种关注使得庄子留下了一系列富于人生哲理、对现代心灵有所启示的寓言；使得尼采一反西方传统哲学的神本主义，倡导人本思想，并深刻地影响了现代西方的存在主义思潮。我年轻的时候，很喜欢他的思想观点。

《悲剧哲学家尼采》是我在1963年出版的第一本书，两年后我又写了一本小书《庄子浅说》。在我先后完成这两本书之后，我发现，尼采的《查拉图斯特拉如是说》和《庄子》在形式与内容上有同通之处，比如他们都承接了各自文化中的神话传统，都以寓言的方式进行表达；他们都保有一种深沉的历史文化感，以及富有诗意的文学情怀；他们对于人的存在的谈论，都是在同自然的关联中展开的；又如他们都从多维视角、多重观点地看待问题，尼采的酒神精神和日神精神更分别地与庄子的"任其性命之情"和"安其性命之情"相应，在激发生命的创造力之后，还要对其进行收敛和安顿。

在我的学思历程中，由尼采的思想园地走向庄子的哲学领域时，无论两者在历史文化内涵上的殊异性或相通处，都引起我很大的兴趣，直到今日它们的异中之同——例如他们都以关怀人类的命运为主题，高扬人文的精神，阐发审美的人生观等方面，依然使我赞赏不已，引领着我走向积极而达观的人生道路。

从尼采到庄子的学思历程，使我的思想视野逐渐开阔起来。尼采以生命的眼光观看艺术，庄子以艺术的心灵审视生命，都给我日后坎坷曲折的现实人生无比丰盛的精神滋养质素。

在尼采第一本著作《悲剧的诞生》中，借着解释希腊艺术精神时，赋予酒神意志的驱动力、赋予日神思维的清晰性，自后酒神式地肯定人生的精神一直贯穿在尼采所有的著作中，而讴歌生命也成为他作品中的一个主调，比如在《愉快的智慧》中说："生命是不停地将我们的整体转化成光与火焰。"又如在《查拉图斯特拉如是说》中说："生命是欢愉的泉源"，"世界如一座花园，展开在我的面前。"

尼采从生命哲学的立场反思西方传统哲学，认为从柏拉图到康德莫不具有这样的特征：一是西方传统哲学注入了过多神学的血液（《反基督》）；二是传统形而上学依据逻辑推论进行概念的铺陈，但欠缺生命的活力。正如他在《偶像的黄昏》中指出："千年来西方哲学家所从事的思想工作都变成一种概念的木乃伊。"

上世纪 60 年代后期至 70 年代初期，我对老庄典籍的注译工作，使我更深入道家的领域，自 1967 年到 1974 年约 7 年的时间，我完成了《老子注译及评介》与《庄子今注今译》二书。

我的家乡是福建长汀的客家村，青少年时代便离开故乡，使我与原乡的距离越来越远，然而我终究在尼采的思想中寻找到我的精神家园，在庄子的天地里寻找到我心灵的故乡。

近年来，我还上溯儒道的思想源头，关注孔老相会、孔老对话的议题。孔子对于伦理教化的倡导奠定了中国文化的根基，老子对于宇宙本源和本根的探讨奠定了中国哲学的主干。作为道家学派的创始人，中国哲学的开创者，老子的辩证思维，他在为学与为道（知识与智慧）、个体与群体关系上的一系列思考，不仅深深地影响了庄子，更深深地影响了中国人的观念和思维，成为中国人的人生智慧。

尼采在哲学史上的贡献

我的人生有两个面向，一是学术人生，一是现实人生。

20世纪五六十年代，我在台湾大学哲学系学习，学习的课程从柏拉图到黑格尔。我发现，每个哲学家建构的庞大体系，最后都要抬出一个虚构的上帝，作为其理论的最后保证。在这种无所不包的思维笼罩下，让人深觉失去了真实的自我。直到接触了尼采，他的酒神精神和冲创意志给我重要的人生启迪和巨大鼓舞。后来我教书、研究学问，又从东方哲学尤其是中国的老庄哲学汲取了丰富的养分。从尼采哲学到老庄思想的学术研究，是我学术人生的历程。但同时，他们对我的现实人生，有更深刻的影响。

《悲剧的诞生》：日神精神与酒神精神

尼采认为，艺术的不断发展是由阿波罗（日神）和狄奥尼索斯（酒神）两体的结合。阿波罗和狄奥尼索斯这两个希腊艺术之神，在希腊世界中为一尖锐对立的存在，在起源和目的上，阿波罗的造型（雕刻）艺术和狄奥尼索斯的非视觉音乐艺术之间，成为一个强烈的对照。这两种创造趋势并驾齐驱，又不断地互相激荡，而引发更强大的创造，这两种精神在神奇的对峙下，仅在"艺术"共同的名词中取得表面的协调，一直到最后，才由希腊人意志活动奇妙地加以点化，而形成希腊悲剧的艺术创作。

从荷马的艺术世界开始，他的奥林匹斯诸神的人物，便显示着"旺盛而意气昂扬的生命，将一切善与恶的，都点化而为美好的"。

冲创意志

第一，"冲创意志"根源于戴奥尼索士因素。尼采认为，世界是创造的，创造世界的不是上帝，而是"冲创意志"，尼采称它为"DerWillezur-Macht"，英译为"The Will to Power"。"The Will to Power"以往中译为"权力意志"，这是个错误的译名，容易使读者产生误解。

尼采对"力"（Power）的概念，有两重看法：在《反时代的考察》第四篇《华格纳在拜鲁特》中，曾批评青年的华格纳不满足地追求权力与荣耀，但他能将权力转化为艺术创作。在《人性的、太人性的》中，批评华格纳被世俗的成功与权力所腐化。为了保护和增加它们，就和政府、教会以及公众舆论妥协。从华格纳身上，尼采似乎看到"力"的两面，一种是世俗权力的意念，另一种则转化为艺术的创作力。《曙光》之后这概念转向了心理现象的分析。

在《愉快的智慧》中，尼采第一次提到"冲创意志"这个概念，认为它是："生命的意志。"在他写《查拉图斯特拉如是说》的时候，才系统地总结为一种理论，视它为普遍内在于一切存在的动力。

因此，尼采使用冲创意志这个名词的原意，是他发现宇宙间每个存在都具有一种特别的意志力，推动着本身与自我发展。在我们人类中，每个人都有巨大的潜力，用他的话来说，有一种"创造意志"，它是"向着更高、更远、更复杂目标发展的动力"。

第二，"冲创意志"是"创造生命的意志"。在《查拉图斯特拉如是说》的《一千零一个目的》《自我超越》和《救赎》这几章里，也都曾提到冲创意志。在《一千零一个目的》中，尼采提出道德的"相对论"，这都由冲创意志所产生。这里，尼采又提到人是价值估定者，凡是发挥毅力、克服困难的，就是"善"。在《自我超越》中，尼采再度肯定推动着人们往前进的就是冲创意志，即使在价值估定时也是如此："现在这条河载着你们的船前进：这河必须载着它。虽然波浪沸涌，怒涛阻舟，那有什么要紧呢！大智者啊！你们的危险和你们的善恶的判断，不是这条河，而是那意志的本身；冲创意志——这生生不竭的创造生命意志。"

尼采是一个浪漫主义者，也是一个热爱生命、自由奔放的人。他曾说："我的热爱奔腾如洪流——流向日起和日落处；从宁静的群山和痛苦的风暴中，我的灵魂倾注于溪谷……我心中有个湖，一个隐秘而自足的湖；但我的爱之急流倾泻而下——注入大海！"（第二卷《纯洁的知识》）"你得用热情的声音歌唱，直到一切大海都平静下来，倾听你的热望！"（第三卷《大热望》）

尼采和庄子的同通之处

借神话表达人间的情怀

尼采在《悲剧的诞生》中，借日神阿波罗和酒神狄奥尼索斯二者的结合来反映世界、观照世界，传达人类的情怀。

在中国，有两大神话系统——蓬莱神话和昆仑神话。庄子把这两大系统都汲取到他的思想里，把神话哲理化。比如，《秋水》篇中写道："秋水时至，百川灌河，泾流之大，两涘渚崖之间，不辨牛马。于是焉，河伯欣然自喜，以天下之美为尽在己。"说的是秋天下雨，黄河水高涨。从两岸及沙洲之间望去，连牛马都分辨不出来，形容河面浩荡宽阔。于是，河伯就认为天下的美、天下的壮观都是自己第一，无人可及。然而，当河伯"顺流而东行，至于北海，东面而视，不见水端"，他改变了自己欣然自喜的面容，转而"望洋兴叹"：如果不是见到大海，我就"见笑于大方之家"了。这时，北海若就对他讲述了"井底之蛙"的故事。庄子借河伯与北海若两个水神的对话，表达了人要有一个开阔的视野和开放的心态，才能全面看待这个世界。

借寓言表达宇宙人生的哲理

庄子和尼采都运用极富想象力的寓言来表达自己的思想和感情，二人又都喜欢用动植物来表达自己的哲理。美国著名学者 Graham Parkes 教授指出尼采使用动植物在历代哲学家中最多，用了 70 多种动物。我有一位学生统计出庄子使用的动物多达 148 种。庄子笔下的鲲鹏雀鷃、龟蛇蚌鳖、大椿雁鹅、海鸟蜗牛、鱼猴蜩羊、栎树马蹄、朝菌蟪蛄，一草一木，一鱼一鸟，无不栩栩如生。庄子运用这般奇思妙想以打破儒者常规的思想观念。司空图《二十四诗品·豪放》形容鲲鹏展翅一飞冲天的这种壮阔的艺术精神时说："天风浪浪，海山苍苍。真力弥漫，万象在旁。"鲲鹏展翅和任公子钓大鱼均描写出主体心灵的高扬，体现出开阔壮丽的宇宙视野。鲲鹏展翅是精神的高扬而达到一种天人之境，任公子钓大鱼则是俯瞰人生的一种超迈高远之志。

从多维视角、多重观点关照问题

在庄子的《齐物论》中，开篇便以对比反差的手法交相描述开放心灵与封闭心境的两种认知形态的不同。该篇首章借地籁"众窍为虚"而发出万窍怒号，洋溢出天地人三籁的美妙音响，铺陈出之后的"莫若以明"。接着写人世间党派的对立冲突以及各种意识形态的纷争纠结，接着铺陈出"随其成心而师之"，展现出人间各"是其所非而非其所是"的景象。在开放心灵的观照下，《齐物论》提出"道枢"与"两行"的认知方法："两行"意指两端皆可行，即彼、此双方皆能有所观照；"道枢"的关键是在对立差异中寻求共同的焦点。《齐物论》的主旨如果用一个命题来表述，即是"相尊相蕴"，而《齐物论》中在论述群己关系时说："物固有所然，物固有所可。无物不然，无物不可。故为是举莛与楹，厉与西施，恢恑憰怪，道通为一。"

这段话正是呈现了齐物精神的主题思想：这是说一切物都有它是的地方，一切物都有它所可之处。"然"是指事实的存在性；"可"是指价值的取向性；"物固有所然，物固有所可"即是肯定人、物存在有它的合理性；价值取向有它的可行性。接着，《齐物论》说，举凡小草和大木，丑女和西施，以及种种奇异独特的现象，从道的观点来看，都可相互汇通为一个丰富内涵的整体（"道通为一"）。庄子以包容万物来齐物之所不齐。这齐物精神便是一方面肯定个物的殊异性；另一方面又从更高远更宽广的道的视角，打通万有存在的隔阂；又从同一性与共通性的面向，使殊异性的万物相互交汇，而统一成为一个众美汇聚的整体。

庄子在《秋水》篇中再度列举万物特质的多样性，如梁柱可以用来撞开城门，却无法用来堵塞洞穴；千里马日驰千里，若论捕鼠则不如黄鼠狼；猫头鹰夜晚能视毫末，白天却一无所见，进而论证万物特质的多样性、生命样态的丰富性乃"天地之理，万物之情"。而这也正是《齐物论》"恢恑憰怪，道通为一"的意义所在。

《齐物论》和《秋水》着重于从认知的角度，力求破除自我中心的局限，而以开放的心灵尊重观点的多元性，同时欣赏万物的多样性。个人以自我为中心，从成心出发，就会出现意见、观点和主张的冲突。但如果拥有开放的心灵，认识到各种观点的相对性，不以自己的观点为绝对的真理而能够尊重他人观点的价值和合理性，就可以从主体的自我为中心臻至于互为主体——主体之相互含摄。

庄子的齐物精神正是在彼此尊重差异的宽容中，个体生命的独特性得以在群体生活中展现其各自的功能，"为是不用而寓诸庸"；同时也正是在高扬个体生命的独特性中，让群体生活中的多元开放性有了实现的基础。这相互关联的群己关系，正是庄子安情说的重要关注之处。

在《秋水》篇末，庄子与惠子濠上观鱼论辩的场景，如此记载：

> 庄子与惠子游于濠梁之上。庄子曰："儵鱼出游从容，是鱼之乐也。"惠子曰："子非鱼，安知鱼之乐?"庄子曰："子非我，安知我不知鱼之乐?"惠子曰："我非子，固不知子矣；子固非鱼也，子之不知鱼之乐全矣!"庄子曰："请循其本。子曰'汝安知鱼乐'云者，既已知吾知之而问我，我知之濠上也。"

庄周濠上观鱼之乐的故事，正是他审美化的宇宙观与人生观的流露。老庄的自然哲学给人们打开了一个巨大的时空意识。庄子哲学持一种有机的自然观，认为人与人以及人与物之间并非各自独立隔绝的，而有着许多共同之点与相互感通之处。人接触外界景物，景物的形态引发人的情思。人们常因景物的触发而产生独特的感受，并将自己的感受及情趣转移到景物之上，即所谓"触景生情"。濠上观鱼之乐，揭示了情景交会时审美主体在美感经验中透过移情作用，将外物人性化，将宇宙人情化，以安善人的"性命之情"。

首先，庄子与惠子"游于濠梁之上"传达了审美主体与审美客体之情景交会。这个故事的开端打开了这样一个特殊的场景，庄子与其挚友惠子游于山水之美的濠梁之上。在这里，"游"是主体的审美活动，"濠梁"是审美的客体，主体"游"于客体，便产生了情景交会。

濠梁之上的情景交融，引发了人的想象力与情思，庄周置身于如此清悠的林路溪水之间，物我交接，自然景物让人倍感亲和，审美主体与审美客体产生了精神上的交流与契合，故而庄子有感而发地说鱼是快乐的。这就是魏晋人所说的"濠濮间想"。

其次，"儵鱼出游从容，是鱼乐也"的认知，因"两类相召"而产生移情作用。庄子由小白鱼"出游从容"的姿态而欣然地说"是鱼乐也"，这使我们想起《田子方》篇所谓"两类相召"——物与物相互招引。人与物之间、物与物之间是"一气相同通"的，主体之情与山水之景的交流不是单边的，而是相互作用的。这就是古人所谓的"情以物迁"（《文心雕龙·色物》）。在情景交融中，主体的"情"起着相当重要的作用。

再次，"子非鱼焉知鱼之乐"，传递了理性分析与感性同通的区别。同样是遨游于自由自适的环境中，庄子感受到"鱼之乐"，惠子却提出"子非鱼，安知鱼之乐"的问题，惠子对庄子的质疑彰显了理和情的对显。庄子具有艺术家的心境，对于外界的认识，常带着观赏的态度，他往往在感受到外物情态的同时，将主体的情意投射到外物上，产生移情同感或融合交感的作用。惠子则带有逻辑家的性格，强调概念的清晰性与判断的有效性。庄子和惠子的辩论，一个是在观赏事物的美、悦、情，一个是在进行理性的认知活动，各人站在不同的立场与境界上，故而一个有所断言，一个有所怀疑。尽管如此，惠庄依然有其共通处，二人都有万物一体的宇宙观，都认同天地万物一体的观点。更重要的是，虽然惠庄二人思维有着感性同通和理性分析之别，然而纵观《庄子》全书，庄子并没有将二者割裂，而是肯定了理和情的联系。

最后，"请循其本"，传达情性一如而物类相通。"请循其本"，庄子的意思是指天地万物都源于道、本于气，"本"也就意味着道气相通、情性一如。

而尼采在《查拉图斯特拉如是说·一千零一个目标》中，提出了这样一些主要论点：第一，世界各地区产生了多样性的道德形态，各民族各有其价值判断；第二，不同的价值取向与道德观念是创造意志的呼声；第三，列举了四个族群的价值取向，各自的道德标准、内涵各有不同；第四，每一个民族所形成的不同价值判断都基于四个重要因素：困苦、土地、天空及民族关系。我们应该对于一个民族的困苦、土地、天空及民族关系有所认识，这样才能了解他们自我超越的法则是什么；第五，道德准则是人为设定的，并非所谓天启的——"不是从天下降下来的声音"；第六，人类有千百民族，有千百种道德准则。然而，不同的善恶判断之间就会形成相互对抗，乃至裂痕、隔离。因此，需要有一个新的视野，作为大家合力追求的共同目标。

《一千零一个目标》所提出的价值判断的多样性，使人类能够从一个新的视野来追求更高的目标，延续多样的道德形态，求同存异。尼采这一主张与庄子的齐物精神正相会通。

（刊登时间：2019 年 12 月 23 日。
作者系台湾大学教授，北京大学教授）

楚文化与屈原

方　铭

楚的崛起与楚文化的兴盛

近代考古学兴起，把五千年的中华文明史追溯到了差不多一万年前，但荆楚地区的开发，主要在春秋以后。楚国是春秋战国时期重要的诸侯国，不仅对春秋战国时期的政治经济格局有重要影响，对春秋战国时期的文化发展，也有重要贡献。

《左传·昭公十二年》载右尹子革见楚灵王说："昔我先王熊绎，辟在荆山，筚路蓝缕，以处草莽。跋涉山林，以事天子。唯是桃弧、棘矢，以共御王事。"熊绎是楚国第一任国君，据新出土的清华大学藏战国楚简《楚居》载，熊绎受周成王封建于夷屯的丹阳，建国之初，建了祖庙，竟然找不到祭祀的牲畜，因此跑到郢国去盗了一头还没长角的小牛，又怕被郢国小牛的主人发现，连夜宰杀小牛后祭祀。

《左传·宣公十二年》晋人栾武子说："训以若敖、蚡冒，筚路蓝缕，以启山林。"若敖是楚国第十四代君主，公元前791年至公元前764年在位；蚡冒是若敖之孙，楚国第十六代君主，僭称楚厉王，公元前758年至公元前741年在位。从楚厉王开始，楚国通过发动战争，扩张国土，迅速崛起。公元前741年，楚厉王去世，楚武王熊通弑其兄楚厉王之子，自立为君，在位50年，不断蚕食汉水流域的西周封国，楚国一跃成为春秋时期南方霸主。

楚庄王去世以后，公元前590年，楚庄王之子楚共王即位，楚共王只有十岁左右，共王的叔父令尹子重专政，因子重与楚国贤臣屈巫有隙，楚共王元年，屈巫偕在陈国和陈国君臣闹出不少绯闻并导致楚王灭陈的夏姬逃亡晋国，子重诛杀屈巫族人，屈巫遂改名巫臣，又称申公巫臣，这就是著名的"楚才晋用"的典故。巫臣建议晋国联合吴国对付楚国，战国末期，楚国为吴国所灭，幸赖秦国之救，没有亡国。公元前575年，楚国进攻郑国，晋国在鄢陵打败楚军，楚共王逃跑，楚令尹子重逼司马子反自杀。从此以后，楚国失去了进攻中原的能力，晋楚争霸告一段落。

公元前560年，楚共王去世，公子招继位，是为楚康王。楚康王在位15年。公元前545年，楚康王去世，楚康王之子楚郏敖即位。楚郏敖四年，公元前541年，郏敖二叔公子围弑杀楚郏敖，自立为君，是为楚灵王。楚灵王不但穷奢极欲，而且极其残暴，公元前529年，楚国人造反，赶楚灵王下台，楚灵王在逃亡途中自缢身亡。楚灵王的小弟蔡公弃疾杀了灵王二子，自立为王，是为楚平王。楚平王宠信奸臣费无忌，夺太子建的未婚妻孟嬴，还诛杀了伍子胥的父亲伍奢和兄长伍尚，伍子胥逃亡吴国。公元前506年，伍子胥与孙武灭楚，此时楚平王已死，其子楚昭王在位，楚昭王逃亡随国。楚臣申包胥求见秦哀公，七日不食，日夜哭泣，《史记·伍子胥列传》载，秦哀公说："楚虽无道，有臣若是，可无存乎！"乃遣车五百乘救楚击吴。吴败走，楚昭王返国。

吴灭楚以后，南方开始了吴越争霸的历史，而楚国在春秋时期一蹶不振。到了战国时期，三家分晋，田氏篡齐，晋国衰落，秦国一国独大。

楚国虽然在军事上衰落了，但是，随着屈原和宋玉的出现，楚国在文化上有了独树一帜的机会。

齐梁时期著名的文学理论家刘勰在《文心雕龙·时序》中说："春秋以后，角战英雄，六经泥蟠，百家飙骇。方是时也，韩魏力政，燕赵任权，五蠹六虱，严于秦令，唯齐、楚两国，颇有文学。齐开庄衢之第，楚广兰台之宫，孟轲宾馆，荀卿宰邑，故稷下扇其清风，兰陵郁其茂俗，邹子以谈天飞誉，驺奭以雕龙驰响，屈平联藻于日月，宋玉交彩于风云。观其艳说，则笼罩《雅》《颂》，故知匹烨之奇意，出乎纵横之诡俗也。"这里提到战国时期的重要文化人中，荀子在齐、楚两地都生活过，而屈原和宋玉，则是楚国文化的标志性人物。

屈原的文化意义

《史记·屈原贾生列传》中是这样描述屈原的："屈平疾王听之不聪也，谗谄之蔽明也，邪曲之害公也，方正之不容也，故忧愁幽思而作离骚。离骚者，犹离忧也。……屈平正道直行，竭忠尽智以事其君，谗人间之，可谓穷矣。信而见疑，忠而被谤，能无怨乎？屈平之作离骚，盖自怨生也。……其文约，其辞微，其志絜，其行廉，其称文小而其指极大，举类迩而见义远。其志絜，故其称物芳。其行廉，故死而不容。自疏濯淖污泥之中，蝉蜕于浊秽，以浮游尘埃之外，不获世之滋垢，皭然泥而不滓者也。推此志也，虽与日月争光可也。"

屈原是中国历史上影响最为深远的伟大诗人。他的影响不仅仅在中国，在国际上也是最具影响力的诗人之一。1953 年，世界和平理事会确定中国诗人屈原与波兰天文学家哥白尼、法国作家拉伯雷、古巴作家何塞·马蒂为世界文化名人。2009 年，以纪念屈原为核心内容的中国端午节及其传说进入"世界人类非物质文化遗产代表作名录"，这标志着屈原不仅仅是世界文化名人，同时，他的作品及精神价值，也是人类文化遗产的一部分。

对屈原的文化探索，是自战国时期以来，两千多年间屈原研究最为核心的内容。战国宋玉，西汉刘安、司马迁，东汉的班固、王逸等，确立了屈原作为一个具有"清廉""忠信"美德的"贤人"形象。这个历史定位，成为屈原形象的最基本的内涵。清廉、忠信、贤人，既体现了中国古代人对各级官员模范人格的定位，也是中国古代人对屈原抱有深刻同情和敬仰的历史原因。

今天，我们重新思考屈原的形象所蕴含的文化意义，至少有以下几点，仍然是值得重视的：

第一，正道直行的人生态度。屈原《离骚》中两次提到"求索"："众皆竞进以贪婪兮，凭不厌乎求索。""路漫漫其修远兮，吾将上下而求索。"求索本来指贪婪，《韩诗外传》载，哀公问孔子曰："有智，寿乎？"孔子曰："然。人有三死而非命也者，自取之也。居处不理，饮食不节，劳过者，病共杀之；居下而好干上，嗜欲无厌，求索不止者，刑共杀之；少以敌众，弱以侮强，忿不量力者，兵共杀之。故有三死而非命者，自取之也。"《韩非子·八奸》说："明君……其于诸侯之求索也，法则听之，不法则距之。"《韩非子·孤愤》说："人主之左右，行非伯夷也，求索不得，货赂不至，则精辩之功息，而毁诬之言起矣。"屈原的"求索"，是求索正道，屈原赋予了"求索"新的内涵。

第二，忧国忧民的家国情怀。《离骚》说："岂余身之惮殃兮，恐皇舆之败绩，忽奔走以先后兮，及前王之踵武。"《惜往日》说："奉先功以照下兮，明法度之嫌疑，国富强而法立兮，属贞臣而日娭。"屈原的忧国忧民，体现了深沉的爱国主义关怀，同时，也是以传承先圣道统为基础的。他提出的"明法度之嫌疑""国富强而法立"，是我们今天践行社会主义核心价值观的重要内容。

第三，追求美政的坚贞信仰。《离骚》说："昔三后之纯粹兮，固众芳之所在。""彼尧舜之耿介兮，既遵道而得路。""汤禹俨而祗敬兮，周论道而莫差。举贤而授能兮，循绳墨而不颇，皇天无私阿兮，览民德焉错辅。"屈原的理想，是尧舜禹汤文武成王周公之道，这是中国传统文化的重要内容。

第四，九死不悔的底线意识。《离骚》说："忽驰骛以追逐兮，非余心之所急。""以余心之所善兮，虽九死其犹未悔。""民生各有所乐兮，余独好修以为常。虽体解吾犹未变兮，岂余心之可惩。""夫孰非义而可用兮，孰非善而可服。阽余身而危死兮，览余初其犹未悔。""亦余心之所善兮，虽九死其犹未悔。""余固知謇謇之为患兮，忍而不能舍也。"《论语·卫灵公》载孔子说："君子固穷，小人穷斯滥矣。"《大学》说："知止而后有定，定而后能静，静而后能安，安而后能虑，虑而后能得。"孔子、孟子等思想家之所以与商鞅、张仪、苏秦等人不同，就是他们坚持理想不动摇，以天下为己任，正其谊不谋其利，明其道不计其功。而法家、纵横家以飞黄腾达、光宗耀祖为目标，投君主所好，虽然可以得到一时之利，但就长远来看，这是把国家和社会引向深渊的邪路，这也是被历史所反复证明了的。

唐人罗隐《渚宫秋思》说："楚城日暮烟霭深，楚人驻马还登临。襄王台下水无赖，神女庙前云有心。千载是非难重问，一江风雨好闲吟。欲招屈宋当时魄，兰败荷枯不可寻。"宋玉和屈原一直联系在一起，宋玉是赋文学的开创者，但20世纪以来，人们在肯定屈原人格高大的同时，开始质疑宋玉的人品问题。在战国时期，宋玉是楚王的一位文学侍从之臣，但这个时期的文学侍从，并不是专门为了娱乐君主的，实际上更多是扮演一个谏官的角色。宋玉和楚王的关系非常密切，也基本上是融洽的。我们现在屈宋并称，不是说宋玉也是如屈原一样的英雄，《史记·屈原贾生列传》谈到了宋玉不敢"直谏"，这也不是说他人品不高洁。英雄的人品当然是高洁的，但我们普通人虽然不是英雄，也可以有高洁的人品，也可以是高尚的人、脱离了低级趣味的人。

屈原与端午习俗

端午节的起源，其历史可能可以追溯到上古时期，一般称为"五月五日"，专称"端午"，则可能较晚。有人认为"端五节"之所以叫"端午节"，是因为原来的端五节选择在五月的第一个午日。也有人认为因周历建寅，即以正月为寅月，五月为午月，所以"端五"又称"端午"。这两种说法，可能都缺乏说服力。

生活在三国时期至西晋的周处曾著有《风土记》一书，记载各地习俗，其书已轶亡，晚唐人李匡乂《资暇录》（又名《资暇集》），其中载有《风土记》关于"端午"应该为"端五"的说法："端五者，案周处《风土记》：'仲夏端五，烹鹜角黍。'端，始也。谓五月初五日也。今人多书'午'字，其义无取焉。余家元和中端五诏书并无作'午'字处。而近见醴泉县尉厅壁有故光福王相题郑泉记处云：'端五日。'岂三十年端五之义别有见耶。"或许，"端五"变为"端午"，仅仅是传习之讹而已。

又南朝梁代人宗懔著有《荆楚岁时记》，记述荆楚农事、治病、祭祀、婚嫁等民俗及故事，其中说："五月俗称恶月，多禁，忌曝床荐席及忌盖屋，五月五日谓之浴兰节，四民并蹋百草之戏，采艾以为人，悬门户上以禳毒气，以菖蒲或镂或屑以泛酒，是日竞渡，采杂药，以五彩丝系臂，名曰辟兵，令人不病瘟。又有条达等织组杂物以相赠遗，取鸲鹆教之语。"据信是隋人杜公瞻所作的《荆楚岁时记》注说："按《异苑》云：'新野庾寔尝以五月曝席，忽见一小儿死在席上，俄而失之，其后寔子遂亡。'或始于此。《风俗通》曰：'五月上屋，令人头秃。'或问董勋曰：'俗五月不上屋，云五月人或上屋，见影，魂便去。'勋答曰：'盖秦始皇自为之禁，夏不得行，汉魏未改。案《月令》，仲夏可以居高明，可以远眺望，可以升山陵，可以处台榭。郑玄以为顺阳在上也，今云不得上屋，正与礼反。敬叔云见小儿死而禁暴席，何以异此乎。俗人月讳，何代无之，但当矫之归于正耳。"《异苑》是南朝刘敬叔所撰，内容以记载奇闻逸事为主，《风俗通》即《风俗通义》，东汉泰山太守应劭著，记录汉代民俗，其中有大量的异闻传说。董勋为晋议郎，有《答问礼俗》。

又杜公瞻注《荆楚岁时记》说："按《大戴礼》曰：'五月五日蓄兰为沐浴。'《楚辞》曰：'浴兰汤兮沐芳华。'今谓之浴兰节，又谓之端午。蹋百草即今人有斗百草之戏也。"这说明在隋代，端午节已经被称为"端午"了。

按《艺文类聚》四《岁时部》引《大戴礼记·夏小正》说："五月五日，蓄兰为沐浴也。"又唐韩鄂《岁华纪丽》说五月是"浴兰之月"，宋吴自牧《梦粱录》说"五月重五节，又曰浴兰令节"。这说明五月端午节本来是沐浴之节，其习俗应该起源于避夏日病虫瘟疫之害，禳邪驱蚊，是与天气湿热的变化联系在一起的。正因此，端午节和夏至节是联系在一起的。今日端午节习俗挂似剑之草菖蒲，悬白艾，系彩丝，佩香囊，戴虎形饰物艾虎，喝雄黄酒，其目的为驱蚊、杀菌、辟邪、止恶气，都应该体现的是端午节原始的意义。

西晋史学家司马彪《续汉书·礼仪志》认为五月五日节日来自于夏代以来的夏至节，节日来临时人们常用朱索、五色印门饰止恶气。而五月作为"恶月"的说法，也与这个时间段开始的病害相关，所以，五月五日又被认为是"恶日",是日若生孩子,将会危及家族,有被遗弃的危险。《风俗通义·彭城相袁元服》载:"今俗间多有禁忌,……五月生者,以为妨害父母。"《史记·孟尝君列传》载齐宣王庶弟说田婴有子四十余人,孟尝君田文是田婴贱妾所生,生日当五月五日。田婴令田文之母不养田文,其母偷偷养大田文。田文成人后见其父田婴,"田婴怒其母曰:'吾令若去此子,而敢生之,何也?'文顿首,因曰:'君所以不举五月子者,何故?'婴曰:'五月子者,长与户齐,将不利其父母。'文曰:'人生受命于天乎? 将受命于户邪?'婴默然。文曰:'必受命于天,君何忧焉。必受命于户,则可高其户耳,谁能至者!'婴曰:'子休矣。'"孟尝君田文后来名满天下,光大田婴一门,可见恶日所生孩子不吉祥的说法并不可靠。

自汉代以来,端午节的活动,更多的是与屈原联系在一起了。

屈原博闻强识,正道直行,一心希望楚国繁荣富强,人民有幸福快乐的生活,但是,楚王和楚国的权臣们不能容纳屈原,屈原在悲愤之中,创作了《离骚》等作品,并最终自沉汨罗江。1922 年 11 月 3 日,梁启超先生在东南大学文哲学会上发表了《屈原研究》之讲演,梁启超认为中国文学家的老祖宗必推屈原,中国历史上表现个性的作品,头一位就是屈原的作品。梁启超认为,屈原以其自杀,表现出对社会、对祖国的同情和眷恋,而又不愿意向黑暗势力妥协的决心,因此,屈原的自杀使他的人格和作品更加光耀。梁启超把屈原的"清廉""忠信",表述为热爱人民,热爱社会,对社会和祖国的同情和眷恋,以及不愿意向黑暗势力妥协的决心,这个概括是准确的。屈原高洁的人品和不愿与邪恶势力同流合污的勇气,受到了历代中国人的崇敬,这也是端午节的主题逐渐演变为纪念屈原的内在原因。

（刊登时间:2020 年 2 月 4 日。作者系北京语言大学教授）

中国古代儒道释的生态·养生·防疫观

沈文凡

  中国古代哲人充满东方睿智，用心感知自然，化育生命，领会宇宙天地间的精髓妙义。为了达到与自然契合交流，他们超越世俗物欲及理性思维之局限，用充溢着与自然相和谐的生态良知、审美心胸看待世界、适应世界，天人合一，和谐共存，对认识人类与自然的和谐共处有重要的意义。中国古代养生观念源远流长，自古人们便重视养生保健，心性调理。而传统养生学承载了时代使命，并发挥了积极的功能作用。我国古代众多中医古籍文献甚至民间诗词、小说中均能看到上至帝王下至平民百姓求长生的相关记载。古人的养生术、防疫观在"儒""释""道"思想中均有体现，它传达出古人深刻的生命智慧，是中国宝贵的文化遗产，为当下的人们提供了诸多启示。

儒家：乐山乐水、中庸和谐、修身养性

  儒家的养生观念主要体现在其对人与自然关系的认识上。儒家学说的创始人孔子倡导仁义、忠恕，他在《论语》中曾说："天何言哉？四时行焉，百物生焉。"意思是说：天并不说话，可是万物依旧按照一定的规律发展。孔子认为贤明的人不应该违背时令，不必多言，要顺应天地万物的发展变化规律，健康平衡地发展，才能更好地树立君子的品格。

  儒家思想的另一代表人物荀子也强调人们要能够在遵守天道的前提下合理地利用自然资源，避免浪费，避免竭泽而渔："圣王之制，草木荣华滋硕之时，则斧斤不入山林，不夭其生，不绝其长也。"（《荀子》）这

"不夭其生，不绝其长"也是呼吁人们尊重自然，不可无度索取，在人与自然生生不息的调和发展中实现"圣王之制"。

《中庸》言"致中和，天地位焉，万物育焉"，亦是强调天地万物的和谐发展。儒家认为，人与万物都存在于整个自然天地之中。董仲舒："何为本？曰：天、地、人，万物之本也。天生之，地养之，人成之……三者相为手足，合以成体，不可一无也。"（《春秋繁露·立元神》）指出万物是相互联系的整体，并各有其独特的规律，应遵循固有规律办事。天地间一切生命都是相互作用，共同构成宇宙大系统的。儒家的生态伦理观将人类的命运与对待自然的态度联系起来，号召人们在遵循自然规律的同时应加以合理利用，使自然万物和人类得到均衡发展。

在中国古代儒家的养生智慧中，除了"知天命"的自然观，还要有"民胞物与"的生态情怀。孔子所谓"仁者乐山，智者乐水"，认为对万物充满仁爱的人，也能自觉爱护山水。与此相似的，还有孟子所谓"亲亲而仁民，仁民而爱物"，肯定自然的独立价值，认为自然万物理应受到尊重与关爱，并追求万物一体的生态情趣和生态责任意识。孟子所谓"人性本善"，是说人对一切生命要有爱护、尊重和同情的意识，他提倡"使民养生丧死无憾"，意为不能使欲望无限膨胀，要按照自然规律取用资源，才能获得可持续发展。

而对自然的生态保护，则是人与自然和谐相处的前提。孔子曾提出过"弋不射宿"的资源节约观："子钓而不纲，弋不射宿"（《论语·述而》）。意思是抓鱼的时候要用鱼竿而不要用网，防止误捕未长成熟的鱼子；捕鸟的时候不捕杀还在巢里的幼鸟，防止破坏其生命的循环，这是对生态平衡的理性态度。这种生态思想的核心并非是对欲望的"禁止"，而是"节制"。孔子的"君子食无求饱，居无求安"（《论语·学而》），也正体现了儒家主张节制欲望、修身养性的生命哲学。对此，荀子则提出"圣人之制"的观点。他强调要按自然规律行事，反对竭尽资源。

孔子到孟子、荀子、董仲舒等儒家代表人物的著言立说清晰地展现了儒家学派的生态观念，在尊重自然、与万物共生共处的前提下，知天命，怀仁爱之心，节制行事，修身养性，并在此之中体现人的独特性，承担起"上参天地，下长万物"的生态责任。

道家：致虚守静、知止知足、形保德全

道家思想以"道"为核心，认为"道"是天地万物生成的本源，亦是其运作所依循的法则。在道家提倡的"顺物自然""虚静无为""天人合一"等观念中，蕴含着自然哲学的生态思维，传达出道家的养生思想。

首先，在形神问题上，同儒家相似，道家亦主张形神兼养。老子"载营魄抱一"明确提出了形神能结合为一；庄子"形体保神，各有仪则，谓之性"认为神随着形体的变化而变化，神全形具正是说明神与形兼养可以使人万事顺遂，无需受环境之累。形神兼养，提倡既要保养身体、又要保养精神，人的生命活动只有在身心的调节下，才能发挥功能，身体和精神相互结合而不可分离，息息相关。

老子强调人爱养万物的终极目的并非是要成为主宰，而是使万物生生不息，这是一种生态观。从养生学的观点来看，《老子》提出"虚其心"以养神，强调"强其骨"以养形的原则，就是要透过内在的反性自得、平和调适，以达到应物不失的境界。故此"神"即此"道"，为万物赋生的根源，变化的依据。道家论虚欲去智以留"神"之道，特别注重内在的修养功夫。

二是倡导"节制"养生。老子提倡清静无为，寡欲虚静。庄子认为养生是躯体的养护，更是心灵的修养。老子强调"抱元守一"，庄子强调"我守其一，以处其和"，"唯神是守，守而勿失，与神为一"。后世一切以意守为主的理念应当都包含了"守一"的基本内容："五色令人目盲，五音令人耳聋，五味令人口爽，驰骋畋猎，令人心发狂；难得之货，令人行妨。"老子所谓"甚爱必大费，多藏必厚之"（《老子》十二章），"见素抱朴，少私寡欲"（《老子》十九章）等，都是提倡要保持自然纯朴的状态，减少私欲。养生的重点在于滋养身体，但更重要的是精神的平和满足。

"心斋"和"坐忘"是庄子提倡的修养工夫，庄子所谓"逍遥"的境界就是顺应万物之本性。"心斋"是内心的斋戒，达到内心澄清静空。"心斋"

和老子的"致虚守静"类似，老子"无欲"的状态就是"致虚守静"。

二者相比较，老子寻求的是天下的和谐，老子从"无欲"入手，以其为本心，进入到"有欲"的世俗世界而无成心，随后又以"无欲"化解"有欲"带来的执着和牵累，完成生命从无到有，有再归无的循环。庄子寻求的是生命上的超脱，因此他不谈或是很少涉及入世、济世的问题，而是注重在生命的不累于世，所以他发展的是"无欲"的工夫，专注于内心境界上的提升，最后能够逍遥于世。

三是以德养生。这就上升到了人格的层次了。老子说："万物莫不尊道而贵德。"崇尚道德是万物的天性，若违反道德，生命将有意外的忧患。庄子也明确提出了"德全者形全""德全而神不亏"，通过德性修养可以达到清静存神以保形体康健，认为道德高尚有利于保全形体与精神，当然有利于养生，庄子认为："至德者，火弗能热，水弗能溺，寒者弗能害，禽兽弗能贼。"可见高度道德修养在护生上具有重要的作用。这里所说的"德"与儒家孔子以"仁"修身亦有一定的相通性。

四为以气养生，道家养生讲究"心术"，提倡"老则长虑"。老子说，"专气致柔，能婴儿乎？"以专气的方式使身体柔软，身体柔软则是具有生命力的象征；庄子说"吹呴呼吸，吐故纳新"，可见行气有养生的作用。《管子》则把养气与"守一"结合在一起："其形安而不移，能守一而弃万苛。见利不诱，见害不惧，宽舒而仁，独乐其身，是谓云气，意行似天。"能够"守一"则能"形安"，见到利益而不受诱惑，见到危害而不惧怕，意气充盈于身。而情绪中的喜怒哀乐，则都与身体健康息息相关："凡人之生也，必以其欢，忧则失纪，怒则失端，忧悲喜怒，道乃无处，爱欲静之，遇乱正之。"人因情绪的波动而动气，最终使"道"无处安放，使身体受到损害。而止损的方式则是平心静气，不愠不怒，平正守静。

道家的生态观与养生术在不断发展的过程中，与古代医学产生了更紧密的结合，养生文化沿着秦汉魏晋以来形成的理论与实践并重的方向发展，人才辈出、典籍宏盛，产生了孙思邈和司马承祯等重要的养生学家，他们的思想与著述对当今医学、文化都有广泛影响。

释家：修心转念、四大相和、去执即生

佛教传入中国，在诸多方面促进了中国文化的发展。古印度释家的情志修行、饮食调节、运动健体与中国古代医学理论实践融合，促进了中国古代养生、防疫文化的发展。

印度佛教认为"四大"和合形成世间法，所谓"四大"分别包括了地大、水大、火大、风大。《圆觉经》中提到"身相属四大"，也就是说人的身体是由"四大"构成。"四大"和合则可使人体各项功能正常运转，"四大"中的任何"一大"出现异常便会直接导致"四大"失调而产生疾病。"四大"之说与中国古代的"五行"学说相似，均用几种自然界中常见的物质作为构成事物的基本元素，类比人的身体，探究人体五脏的变化规律。

如何能使"四大"相生，五行调和，则需要人通过修心修行、饮食运动等不断调节，树立养生观，有效对疾病加以防治。佛教认为健康的身体是修行的基础。

情志方面，佛教讲"修心""修行"，在修炼中可防治情志疾病。佛教修行存在于日常生活中的方方面面。修就是修正、修持，"修行"则是对日常所做的错误行为进行修正、反省。"心如工画师，能画诸世间，五蕴悉从生，无法而不造……应观法界性，一切唯心造"（《华严经》），可知人对世界的种种态度与认知皆由"心"而起，因此"修心"便是"修行"的核心。人的五志、五神则分别对应五脏，中医可通过调节相应脏腑来治疗相关的情志疾病，因为"心者，君主之官也，神明出焉"（《素问·灵兰秘典论篇》），心统摄五脏，所以调心神便是调节情志的核心方法。正所谓"主明则下安，以此养生则寿"。调整心神从而使得其余脏腑的生理功能亦能恢复正常，对除心以外其余脏腑所致的情志疾病也有一定的治疗作用。

情志不遂的事情时有发生，佛教教导信众修心以破除对事物、欲望甚至对怨恨的执着，减少对外界的欲求而使心神安宁。这与《素问·上古天真论篇》所讲的"志闲而少欲"及"恬淡虚无，真气从之，精神内守，病安从来"的思想一致。

明代汪绮石《理虚元鉴》讲："五志七情之病，非药石所能疗，亦非眷属所可解，必病者生死切心，自讼自克，自悟自解，然后医者得以尽其长，眷属得以尽其力也。"他已经认识到情志疾病必须依靠患者自身调节方可痊愈，只有自身从根本上戒除一切不良因素的干扰方可使内在安定，进而生"慧"。

饮食方面，佛教饮食主要强调依四季节序选择饮食，实际亦是尊重自然规律的生态观念。《佛说佛医经》中讲了有关于四季养生的方法："春三月有寒，不得食麦、豆；宜食粳米、醍醐诸热物。夏三月有风，不得食芋、豆、麦；宜食粳米乳酪。秋三月有热，不得食粳米、醍醐；宜食细米、糗、蜜、稻、黍。冬三月有风寒，阳与阴合，宜食粳米、胡豆、羹、醍醐。"主要强调了时令节气与饮食之间的关系，根据春夏秋冬不同季节的气候特点，以及农作物的收获季节，选择不同的食物。

对于僧人而言，佛教饮食最初所说的"五戒"中有"不杀生、不饮酒"，而现在的中国佛教要求的"五戒"将第五条改为"不饮酒食肉"。

现代汉传佛教的饮食观念是以清淡、简单并可解决饥饱为标准，且酒肉五辛均不可食用，并且有"过午不食"的要求。饮食简单、量少亦同样是中医养生的标准。中医养生人士，向来不注重饮食的繁多及肥美。正如《寓意草》说："少食为养脾之妙法。"认为若想得长生，则要少量饮食。《经验良方全集》说："饮食系养生之物，亦系伤生之物。少食则养生，太过则伤生。"可见，若欲保养生命，饮食需适度。中医认为，脾主运化，若饮食过度则极容易伤及脾，使得运化失司，产生各种疾患。因此，饮食清淡、量少是养生的关键所在。

中医认为肉食大多属于"肥甘厚味"，而"肥甘厚味"摄入过多会对人体造成损害。所谓"膏粱之变，足生大丁"（《素问·生气通天论篇》），过食肥甘厚味会导致严重的皮肤病。《千金要方》中言："每食不用重肉，喜生百病。""肥甘厚味"不易消化，进食过多会损伤脾胃，脾胃运化功能出现异常则会产生各种疾患。佛教中对"不食肉"的倡导，在一定程度上可预防很多代谢类疾病的发生风险。

　　"酒"在中医养生角度是极具双面性的。《类经》云："由壮盛之时，不自保养，快情恣欲，饮酒无度……遂使肾水枯竭，心火燔盛，三焦猛烈，五脏渴燥，由是渴利生焉。"恣欲无度、过分饮酒、饮食不节是损害生命的罪魁祸首。《金匮要略》中有"酒疸"之病，则是因饮酒过度而起。

　　释家养生在运动方面，则提倡武术、气功、行走、跑步等多种形式。《医便·饮食论》有云："是以食讫，常行步踌躇，有作修为乃佳。语曰'流水不腐，户枢不蠹'，以其动也。"《古今医统大全》中记载华佗的言论亦云："人身常摇动，则谷气消，血脉流通，病不生。"《类编朱氏集验医方》说："善养性者，先饥乃食，先渴乃饮，食后当行，毕，摩腹数百遍。"主动步行配合"摩腹"这种间接活动，使五脏六腑、四肢百骸气血得以流通更畅，可见运动的重要性。

　　相传菩提达摩曾于少林寺面壁九年，之后写下了《宋少保易筋经》，包含了《易筋经》及《洗髓经》。少林寺僧众在修炼过程中体会到应将禅、武、医相互结合，相辅相成，方能达到上层境界。《易筋经》所主张的，就是通过"易筋"和"洗髓"而达到"清虚"及"脱换"的境地。"易筋"的方法则是通过练武来使"筋舒""筋壮""筋劲""筋和"，通过调"筋"以强壮身体。佛教的武术是外在强身健体的方式，通过武术使人体免受外邪侵袭。

　　考察中医古籍文献可发现佛教运动保健形式并不甚繁琐，运动最主要的目的是为了保障气机调畅、维持四肢肌肉的活动能力，利关节、强筋骨，从而达到去病延年的目的。

　　佛教传入我国之时，欲求长生之术的风气正在国内盛行，伴随佛教而来的古印度养生之术及佛教调摄之法正符合当权者的心意。因此，随着佛教的盛行，佛教及古印度养生法传入我国，被医家所学习并与中医学理论融合，丰富了中医学的养生观念及防疫之法。

（刊登时间：2020 年 2 月 10 日。作者系吉林大学教授）

诗词的力量

康　震

　　庚子新春之际，一场突如其来的新冠肺炎疫情在武汉发生，并蔓延至全国。抗疫成为当下重中之重。如果仔细观察，你会发现，诗词又一次成为人们表达感情、传递真情的"爆款"，特别是中国古典诗词。

　　中国古典诗词虽然产生于古代，但发展到今天依然有着强大的生命力。《中国诗词大会》成功举办了五季，也一直受到观众们的欢迎，其中一个很重要的原因就是，从古典诗词中，人们依然能够找到用来表达自己当下某种情感和生存状态的诗句。

　　如，"红军不怕远征难，万水千山只等闲"，这首来自毛泽东的《七律·长征》，虽然讲的是红军长征的故事，但用于全民抗击疫情的眼下也非常合适，表达了我们打赢这场疫情防控的人民战争、总体战、阻击战的决心和信心。再如，李白的《行路难》中有这样的诗句："行路难，行路难，多歧路，今安在？长风破浪会有时，直挂云帆济沧海。"抗疫的道路也像行路一样，虽然有困难，但战胜它的那一刻总会到来，未来是光明的。

　　所以，尽管中国古典诗词有特定的历史背景，但经过千百年来的发展，尤其是那些名篇佳句，已经慢慢积淀成为中国人特有的精神财富，也成为一种比较富有传统特色的表达方式，具有独立的价值。每当有重大事情发生，不管是困难事件，还是美好盛典，人们都会很自然地想到用古典诗词来表达自己的情感，因为古典诗词具有这样的优点：一是它短小精悍，表达精准；二是它意象优美，意境深远；三是它题材丰富，几乎涵盖了古今中国人所有的生活和情感，经过长期的积淀，它的很多语言、意象等，更契合某一时刻的表达。加之，随着时代的发展，人们对于中国优秀传统文化的弘扬、学习，使得古典诗词的群众基础更加深厚，人们对于古典诗词的知识储备也更加丰富。因此，中国古典诗词这种表达形式也成为现代人们生活中不可或缺的新时尚。

古典诗词不仅是中国人经典的情感表达方式，也是最具中国特色的情感表达方式。对于今人来说，它还具有教育和抚慰心灵的作用。从1月23日武汉封城到现在，已经持续一个多月的时间了，期间人们可能会倦怠、脆弱，这时候就需要古典诗词为我们鼓劲，强化我们的斗志，郑板桥诗作中的"惟有竹枝浑不怕，挺然相斗一千场""千磨万击还坚劲，任尔东西南北风"，毛泽东的诗"敌军围困万千重，我自岿然不动"等，这些诗读来就带有一种气势，像行军打仗时将士们同仇敌忾抗击敌人，虽然是森严壁垒，但我们众志成城，就一定能消灭敌人。用于这一时刻，鼓舞人们一鼓作气、不放松、不懈怠，不正合适吗？

当然，抚慰人心的还包括一些温情、婉约的诗句。如身在一线的白衣战士，为了人们的健康、平安，不能与家人团聚，但他们无时无刻不思念着自己的家人、亲人，他们在思家的时候，也会想象家里人如何思念自己。这一时刻"想得家中夜深坐，还应说着远行人"就很适合表达他们的心情。唐代诗人白居易的这首《邯郸冬至夜思家》，虽然写的是作者冬至时节在邯郸驿舍的所思所感，但思家、思念亲人的情感却与身在抗疫一线的白衣战士的情感衔接起来，读来令人感动。此外还有，如唐代诗人李商隐的《夜雨寄北》："君问归期未有期，巴山夜雨涨秋池。何当共剪西窗烛，却话巴山夜雨时。"也让我们想到，无法相见的夫妻二人，通着视频，打着电话，问着对方归期却不知何时归，虽然有几分惆怅，但一想到再重逢时的喜悦，还说着当晚的情景，相思好像得以缓解。这也契合当下身处抗疫一线不得相见的白衣战士夫妻们的心情。还有，人得了病，作为医护人员，不仅要治疗疾病，还要抚慰患者的心情，就可以用苏轼《病中游祖塔院》中的诗句"因病得闲殊不恶，安心是药更无方"，劝慰病人要放轻松，放宽心，不要紧张。

这些古典诗词一方面可以借代来反映我们现在同样的生活，帮助人们表达不同的情感；另一方面也能如精神良药一般，抚慰人们的心灵、展示人们的精神风貌。这也是中国古典诗词历代不衰、经久不息、永远流传的主要原因。

中国古典诗词的文化内涵

中华优秀传统文化伴随五千年中华民族发展道路而来，有着丰富深远的文化内涵。中国古典诗词作为中华优秀传统文化的重要组成部分，反映了中国社会生活的方方面面，可谓是一部中国式的"百科全书"。

从西周到明清，从《诗经》、楚辞、汉赋到唐诗、宋词、元曲，再到明清，前人给我们留下了丰厚的精神财富。除了现代科学技术外，人类社会生活的基本面——教育、战争、劳动、生产、生活中所产生的情感，上至国家大事、抒发家国情怀，下至家长里短、摹写儿女情长，可以说，古典诗词中都有所反映、有所体现，它成为一个巨大的宝库，不仅囊括了中国人的情感和智慧，还蕴含了中华民族几千年的精神和文化积淀。

这就是古典诗词宝贵之处。它是一种富有美感、韵律，且具有一定规则的表达方式，但又不局限于社会生活面广度的反映，这种方式还便于携带。它像一个U盘，不仅将古代社会丰富的情感与内容都聚合保存了起来，还以一种便捷、扼要、明快的方式将中国人的价值理念进行了充分表达，便于人们背诵。如果你舍得花时间去记，那就像为自己准备了一个微型的百科全书，总有一首适合当下你的心情和心境。

例如，刚才提到的李商隐的《夜雨寄北》，也蕴涵了丰厚的文化底蕴。在古代社会，人们越陌度阡，相隔遥远，相爱的两个人如何来表达、来联系彼此之间的感情呢？古人们就想到用一种深情、回返往复的方式，把自己的情感精准地传递给对方。这首诗讲述的是，身居异乡的作者给远方妻子(或亲人)的回信。你问我什么时候回家，我也不知道，但我此时能告诉你的是，巴山的夜雨涨满了秋池。如果有那么一天，我们一起坐在家里的西窗下共剪烛花，相互倾诉今夜巴山雨中的思念。《巴山夜雨》虽然描写的是雨，涨满秋池的却是无尽的思念，这就是古人传递情感的方式。

这样的古典诗词还有很多。比如苏东坡的"但愿人长久，千里共婵娟"，其文化意蕴在于，不是指二人的友谊长久，是希望自己思念的人健康、平安，不管相隔有多远，总会相见。这些文字上优美的诗词，历经千百年在很大程度上已经在人们中间形成了一种积聚已久的格局，形成了一种意蕴深厚的文化内涵。不管是古人聊以宽慰的诗句，还是对自己的激励，都有着特定的文化背景，我们只有深入了解其文化背景，才能深刻感受到这些诗句真正动人的地方，才能用于今时今日。

新冠肺炎疫情的发生，暂时阻断了人与人之间的相见和交流，夫妻、兄弟、姐妹甚至父母与孩子，"相见时难别亦难"，不仅表达了人们现下的心情，也成为跨越千年人们找到的一种共鸣，凸显了共同面对困难时情感的珍贵。这样，古典诗词中那些深藏的意蕴一下子溢到了表面，成为人们不断使用、不断表达的名句，也成就了许许多多的千古名篇。

中国古典诗词的精神力量

中国古典诗词是中华优秀传统文化的典型代表，它浓缩了中华美学精神，蕴涵了中华民族的内在气质，展现了中华民族的情感个性，成为历久弥新的永恒经典。

诗词不同于其他文学体裁。诗词的形式简洁明快，语言含蓄深情。"青海长云暗雪山，孤城遥望玉门关。黄沙百战穿金甲，不破楼兰终不还。"这是唐代诗人王昌龄《从军行》七首中的一首。意思是说，青海湖上空阴云密布，烽烟滚滚，茫茫雪山黯然无光；从边塞孤城上远远望去，万里无人烟，千里戈壁滩，只有玉门关陪伴着戍守的战士们。虽然荒凉、孤独、寂寞，但战士们的斗志依然昂然，即使经过千回百战，金甲磨破，不破楼兰、不打败敌人绝不回家。如果这段意思用散文形式呈给皇帝或写给家人，不破楼兰的决心可能会有所削弱。不同的文体所给予的感情是不一样的。新冠肺炎疫情发生以来，数以万计的白衣天使处在防疫一线，我记得有这样一个感人的新闻，讲的是一位身处一线的医生给自己的太太写的一封回信，信中表达了自己职责所在、道义在肩的无怨无悔，展现了一线抗疫的情景，书信的最后便引用了王昌龄的这首《从军行》，不仅将这封"与妻书"的感情升华，还传达了抗疫的决心和信心，令人动容。可见，诗词给人的精神力量是巨大的，这也是诗词不同于其他文体所传递情感力量的强弱之所在。

诗词，不仅可以写给自己，以作激励；还可以写给朋友，塑造自身形象，使朋友更了解自己，如"洛阳亲友如相问，一片冰心在玉壶"，就是要在朋友心目中塑造自己高洁的形象，同时也暗示自己虽然遭遇贬谪，但人品依然高洁。"诗言志"，是诗的作用，也是诗的特点；美化生活、美化情感，让人生充满诗意。

让生活充满诗意，就要时时刻刻有一颗诗心，不但要汲取诗词中那无穷力量，还要将这些力量传递出去。

今年春节，我回到西安老家过年。本打算过完除夕，与父母一起外出旅游，没想到一场新冠肺炎疫情，阻断了我们的计划，此后我们不得不日日夜夜宅在家。我清楚地记得，除夕那天下午，我们和父母，还有妹妹、叔父几家亲人一同匆匆吃完年夜饭后，就分别"隔离"在家。其实在吃饭的时候，我就感觉有一些郁闷，饭桌上大家都感到很沉闷，晚上看电视新闻，才知道除夕之夜，援鄂医疗队已经出发进驻武汉，疫情有些严重，人们开始有些紧张了。大年初一，宅在家里的我依然觉得闷得慌，本来年年我们与父母都要去妹妹家吃饭的，但现在却哪哪儿都不能去，心中多少有些愤懑，像是缺了点什么，又想写些什么，来记录、抒发我当时的心情。家里没有大红纸，我就找来前些年用过的春联，在它的背面，用我父亲经常使用的毛笔，写下了这样一段话："我们，每天都在战斗，都在战胜——经典诗词激发我们的斗志，传世诗词提振我们的士气，伟大诗词积聚磅礴力量，驱散阴霾、战胜毒魔，我们一定能夺取伟大的胜利。"如果仔细看，还能看到春联正面正文的字痕呢！

写完之后，本没想着要发到哪里去。因为我平时极少发朋友圈，但是正月初一、初二那几天，朋友圈里的信息量特别大，于是我想，与好朋友见不了面，那就分享一下这些感受吧！在写完那段话之后，我随即又书写了一首陈毅元帅的《青松》，以宣泄我心中的那股被压抑着的郁愤之气。写好之后便一并发到了朋友圈中，没想到一下子收获了 300 多个赞、五六十条评论，这在平时是不可想象的。突然那一刻，我意识到，人们喜爱诗词的程度，不管身处何时何地，有着怎样的境遇，都无法比拟；那一刻，中华经典诗文的力量，散发了不可想象的魅力。

写完《青松》之后，自己心中的郁愤得以疏解，但看着疫情发生每天递增的确诊数字，看到医疗工作者们的艰苦战斗，脑海中很自然地浮现出毛泽东的诗句："金猴奋起千钧棒，玉宇澄清万里埃。今日欢呼孙大圣，只缘妖雾又重来。"觉得白衣战士们就是当代的孙大圣！又很自然地想到毛泽东的《七律·送瘟神》："天连五岭银锄落，地动三河铁臂摇。借问瘟君欲何往，纸船明烛照天烧。"虽然有大雪压青松，但青松依然挺拔直立，不怕风吹雨打，更不怕妖魔鬼怪，因为有全国 14 亿人民挥银锄、摇铁臂，战瘟神、灭瘟神，一定能"扫除一切害人虫，全无敌"，取得胜利。

每天书写一篇诗词，写着写着，我发现一连几天写的都是毛泽东诗词。也许因为之前在《中国诗词大会》上讲解主席诗词较多的缘故，这让我领悟到，古典诗词毕竟反映的是古代生活，与现代生活完全联系起来可能还需要某些特定的背景来做注脚。但毛泽东诗词不然，用于当下非常恰当，比如他的《七律·送瘟神》；比如他的《满江红·和郭沫若同志》："要扫除一切害人虫，全无敌"；再比如，他的《西江月·井冈山》："敌军围困万千重，我自岿然不动。早已森严壁垒，更加众志成城"；还有，《七律·冬云》中"独有英雄驱虎豹，更无豪杰怕熊罴"和称赞人民军队的《杂言诗·八连颂》，等等，不仅都适用于表达当下全民众志成城抗击疫情的必胜信念，也适用于对战斗在一线的白衣战士和人民解放军指战员等英雄们的歌颂。

当每天的书写渐渐成为一种习惯，学习诗词、感悟诗词、分享诗词也能成为一种精神力量。于是，我就想，一是要集中力量书写上一段时间的毛泽东诗词，让其情其景映衬于时下我们抗击疫情的心情；二是要使用大红纸来书写，红色代表阳刚，代表红火，代表正能量，烈火过后，百魔尽消。同时，我还得给这样的书写加个标题，便于记忆，想来想去，决定用"中华经典诗文，让我更有力量"作题。这样，这件书写之事，就不仅仅是我个人的分享，也渐渐可以成为朋友圈中每一位朋友的分享。

不仅如此，除了诗词，还增加了视频片段、绘画等元素，这样的想法来自于春节期间播出的《中国诗词大会》，节目中有去年七八月份在武汉黄鹤楼前录制作画的场景，视频分享后得到了更多朋友的点赞。中国经典诗词中关于黄鹤楼、关于武汉的诗词也有很多，在疫情最吃劲的时候，几首关于黄鹤楼的古诗词，成为人们心中聊以慰藉的精神食粮。还有，期间有一天北京下了大雪，纷纷扬扬，《沁园春·雪》成为当天人们阅读的经典……

我努力让当天的诗词与人们的生活关联在一起，不仅使朋友们能进一步深刻领悟到诗词中的含义，还能真正体会到诗词带给人的精神力量。此后，书写《卜算子·咏梅》，想让蕴涵其中的豪情，随着诗词散发出来；李文亮医生病逝的那天，我也非常难过，一直在想用哪一首诗词最恰当，琢磨了半天，想起了毛泽东的《蝶恋花·答李淑一》，这首诗不仅表达了我们的悼念之情，同时还激发了人们抗击疫情的斗志。农历正月十五元宵佳节，疫情中的元宵节，很多抗疫一线的白衣战士无法与家人团圆，怅然若失，又要坚守岗位，欧阳修的《生查子·元夕》便抒发了那一刻的他们的心情。

随着疫情防控态势向好，人们陆续复产复工，其紧张的情绪也得以缓解，书写的诗词其主题和表达也就发生了变化，苏东坡《定风波·莫听穿林打叶声》中"竹杖芒鞋轻胜马"的旷达在这一时刻显现，再配以画作，成为人们此时此刻的心情写照。有旷达，但不能放松，还要有不懈的坚持和不断攀登的勇气，才能战胜疫情，达到彼岸。于是就有了"黄沙百战穿金甲，不破楼兰终不还"……

一首首诗词汇聚，一曲曲经典旋律，一段段情感记忆，一篇篇精神激励。不同诗篇的分享，体现的不仅是选择诗词的能力，还有对诗词内涵、意蕴的鉴别力，更是对其思想情感的传递。

中国古典诗词是中华文明的宝藏，千百年来人们喜欢引用诗词来鼓舞士气、点亮生活，诗化我们的人生。在全民抗击疫情的特殊时期，将这些经典诗词中的热情、激情、活力注入抗疫之中，让人们在感受诗意的温暖和激励的同时，以更加饱满的斗志投入战斗，这对于我们夺取战"疫"的最后胜利，肯定大有裨益。

（刊登时间：2020 年 3 月 9 日。作者系北京师范大学教授）

百年党史上的几个重要关头

金冲及

中国共产党的成立

毛泽东说：中国共产党的诞生是一个"开天辟地的大事变"。习近平总书记也强调了这个判断。"开天辟地"，是我们中国人喜爱使用的最高级的形容词。它至少包含两层意思：第一，它由此开辟了一个以往从未有过的新天地；第二，既然是"开辟新天地"，那就不是局部性或一时性的变化，而是具有总体性、根本性和长期性意义的变化。

中国古代在君主制度下没有政党。到近代，虽然出现了众多西方式的政党，但并没有真正一切为了人民、一切依靠人民并且有着科学理论指导和严密组织的政党。连辛亥革命时期起过重要进步作用的中国同盟会也是如此。只有中国共产党诞生，才在中国破天荒第一次出现有着科学理论——马克思主义为指导、能够依靠和发动最广大民众齐心奋斗，并且形成由民众中先进分子为核心的政治力量。如果没有这样一个坚强有力的政党来领导，要实现民族复兴和人民幸福，是根本不可能的。

因此，中国共产党一建立，就有着以往中国历史上任何政党不曾有过的全新的三个特点：

第一，它旗帜鲜明地用科学理论——马克思主义来观察和分析中国问题。没有马克思主义，就没有中国共产党。孙中山领导辛亥革命推翻了清政府，很多人以为革命大功告成，事实证明"革命尚未成功"。到早期新文化运动，进步的知识分子认识到不仅要在政治上推翻旧政权，更要从思想的束缚下解放出来。但光从思想文化上得到解放还不能解决中国的问题，于是就提出"改造社会"，建立新的社会理想。而只有中国共产党建立后，才破天荒第一次鲜明地提出中国现在需要解决的问题是反对帝国主义、反对封建主义。从此，前进就有了明确的目标，并且还把中国革命的最低纲领和最高纲领说清楚了。

第二，党从成立时起，就下决心深入下层，到占中国人口最大多数的劳苦大众中去做群众工作。这是共产党的根本，是中国以往任何政党没有做过的。陈望道先生跟我讲过，那个时候，深入到工人中去开展宣传和组织工作并不是一件容易的事。他和沈雁冰常在工厂放工的时候，站在一个高处对工友演讲，却没有多少人理他们。后来他们在实践中摸索出一些做法，到工厂里面办工人夜校，提高了他们的思想，发现了积极分子，然后搞工人俱乐部，以后再开展工人运动。再以后就到农村里面来开展农民运动，所以这个党一成立就到底层去，到最基本的群众中间去，特别是工人、农民中去。

第三，把党建成一个有共同理想和严格纪律的先进分子组成的坚强有力的革命政党，使它成为领导革命事业的核心力量。党刚建立的时候，党员也是很复杂的，一大代表中间，有的始终坚持革命，成为党的领导人，像毛泽东、董必武；有的为革命牺牲了；有的中间脱离党了；有的成了叛徒……大浪淘沙，最后把党真正建成一个有共同理想、严格纪律的先进分子的组织。没有这样一个核心力量，什么事也做不成。

大革命的失败

中国共产党因为具备了上述三个全新的特点，所以建立不久就进行了国共合作，推动了大革命的兴起。但很不幸，轰轰烈烈的大革命最终还是失败了。

大革命为什么会失败？我想有客观和主观两方面的原因：

客观原因在于双方力量的对比：世界资本主义正进入相对稳定时期，能够集中较多力量来干涉中国革命。中国的旧势力盘根错节，反动政治经验丰富，绝不是一两次革命冲击就能摧毁的。中国共产党毕竟还年轻，理论准备、实际政治经验和对中国国情的了解都不足，客观形势却迫使他们必须立刻投身到这样一场大革命中去，并且站在斗争的前列。而共产国际对中国革命的指导有好的方面，也有一些不正确的意见。在这种情况下，要在当时就取得大革命在全国范围的胜利，条件是不具备的。

从主观指导思想来看，在中国共产党成立初期，特别是敌对力量和同盟者的力量都明显地大于自己的时候，最容易发生的主要错误是右倾。大革命时期正是这样。尽管在城市和农村的实际工作中也出现过"左"的错误，以陈独秀为首的中共中央虽然对蒋介石的作为有时也有所警惕，但过于看重国民党的力量，害怕太刺激蒋介石、汪精卫，总认为退让就可以使国共关系中出现的紧张局面得到缓解，就可以维护团结。结果，国民党右派看准了共产党的这个弱点，得寸进尺，步步紧逼，气焰越来越高，力量越来越大；共产党却把自己的手脚束缚起来，不敢放手发展进步力量，不敢在必要时理直气壮地进行反击，于是，已有的阵地一个一个地丢失，还抱着种种幻想，没有做好应付突然事变的准备。

面对失败，中国共产党重新认识了许多重要问题，制定了一些新政策。最重要的有三点：

第一，党的独立性问题。独立性不是两党为各自利益争权夺利。党的独立性，是否由党独立地根据人民愿望和中国实际情况来提出意见并积极行动，而不是被别人牵着走，这是革命事业成败的关键。

第二，土地革命问题。农民占中国人口中的绝大多数。土地所有制的正确解决，是广大农民千百年来最强烈的渴望。但封建土地所有制在中国已实行几千年，形形色色当权人物几乎都同它有着千丝万缕的联系。因此，真要下决心解决这个问题，遇到的阻力不言而喻。

第三，军事问题。毛泽东在大革命失败后的八七会议上响亮地提出"须知政权是由枪杆子中取得的"。一针见血，切中要害。民众运动自然是重要的、应该做的，但不能"专做民众运动"。世界历史证明，没有正确的军事指挥，没有一支经过严格军事训练、有着严密组织和丰富作战经验的军队作为骨干，是不能夺取政权的。即便一时取得了，也难以持久。

党的独立性、土地革命、"枪杆子里出政权"，是共产党领导中国革命中三个根本性问题。弄清了这三个问题，中国革命就大大跨前一步，进入土地革命和武装反抗国民党反动派的新时期。

革命根据地的开创

大革命失败后，面对"黑云压城城欲摧"的险恶环境，在敌我力量如此悬殊的状况下，中国共产党应该怎么办？出路在哪里？

"星星之火，可以燎原"，是毛泽东在 1930 年 1 月在古田给林彪的一封复信中提出来的。这封信以党内通信的形式发给红四军的部队，正确地回答了中国革命的前途和出路是什么这个当时最迫切需要回答的问题。它有两层意思：一是中国革命现在还处在"星星之火"的阶段；二是有了这"星星之火"，只要有正确领导，一定能在中国大地上燃起可以"燎原"的大火。

为了使"星星之火"能发展成"燎原"大火，正确的领导必须根据中国的实际情况解决好几个问题：第一，要有坚强有力的武装力量，也就是有可靠的有战斗力的革命武装力量，没有这个条件，其他都谈不上；第二，充分地发动并依靠群众，使这支军队深深扎根在群众之中，得到群众的全力支持，并从群众中不断得到补充；第三，在条件许可时建立起人民政权，这种政权应该是工农兵自己的、能为工农兵谋利益的政权，它应该实行民主集中制，通过工农兵代表大会产生；第四，要在敌人力量相对薄弱、地形和经济条件有利的区域建立巩固的革命根据地，并且随着自身力量的发展，采取"傍着发展"的方式，像滚雪球那样地不断扩大这种根据地；第五，所有这一切都要依靠党的领导，而党为了实行正确的领导，必须把思想建设放在极重要的地位，时刻注意纠正各种错误思想。否则，"星星之火，可以燎原"也会变成一句空话。

正确解决这些问题的途径和方法，不可能只靠少数人凭空地想出来，也不是一下子就很完善的，只能在实践的探索中不断总结成功和失败两方面的经验教训而形成。这种对经验教训的总结又不能只停留在就事论事地就工作中遇到的具体问题解决方法的归纳，而是需要加以深化，提升成规律性的认识。这种认识过程很难一次完成，往往需要经过多次反复在实践中检验和发展。

"农村包围城市，武装夺取政权"这条中国革命的正确道路，正是这样在实践的探索中一步一步形成的。

遵义会议

对遵义会议的历史定位，中共中央在 1945 年通过的《关于若干历史问题的决议》中有明确的论断：它"是中共党内最有历史意义的转变"；在 1981 年发表的《关于建国以来党的若干历史问题的决议》中又指出："这在党的历史上是一个生死攸关的转折点。"

亲身经历过这场巨大变化的陆定一在 1944 年说："它在党史上是个很重要的关键，在内战时期党内有两条路线：一条是'左'倾机会主义的路线，一条是以毛主席为代表的正确的路线。遵义会议是由错误路线转变到正确路线的关头。"

陆定一所说的"两条路线"，前者就是把马克思主义教条化，把共产国际的指示和决定神圣化，一切听从它的指挥行事，在十年内战时期表现为"左"的机会主义错误，王明和早期的博古是它的主要代表；后者是把马克思主义基本原理和中国革命实际相结合，独立自主，坚持一切从中国实际出发，依靠中国人自己的力量，去夺取胜利，毛泽东是它的主要代表。这是两种截然不同的指导思想。

遵义会议前，前者在中共中央占有优势；遵义会议后，后者在中共中央取得了优势地位。这个变化，可以称得上中国共产党历史上的转折点，对党和国家民族命运的关系太大了，而取得这个变化实在极不容易。

"左"倾错误最后导致第五次反"围剿"战争失败，红军被迫长征，使党和红军面对极端严重的危机。但长征开始时，党和红军的领导权仍掌握在"左"倾教条主义者手中。他们不顾周围的实际情况，采取直线式行军，企图到湘鄂川黔革命根据地同红二、六军团汇合，又导致抢渡湘江时的惨重损失。进入贵州时，红军已处在千钧一发的生死关头。如果再沿着这条路走下去，党和红军都必将被完全断送。事实是最好的教员。矛盾的激化，也表明长期存在的问题已到了非解决不可的时候了。遵义会议就是在这种情况下召开的。

遵义会议直接解决的是军事问题和组织问题。这是当时具有决定意义而又有可能解决的问题。但它的意义并不只限于这两个问题，在这两个问题背后反映出来的是两种指导思想、两种方法论的根本对立。毛泽东1963年同外宾谈话时明确地说道："真正懂得独立自主是从遵义会议开始的。这次会议批判了教条主义。教条主义者说苏联一切都对，不同中国的实际相结合。"这次会议扭转和解决了中国共产党面对的一个根本问题：究竟一切按共产国际和"左"倾教条主义错误领导的指挥行事，还是独立自主地从中国实际国情出发走自己的路。会后，党和红军立刻以全新的面貌，显示出强大的生机和活力，四渡赤水，直入云南，抢渡金沙江和大渡河，同红四方面军会和，又摆脱新发生的内部危机，挥师北上，到达陕北，取得长征的胜利。

这以后，又经过瓦窑堡会议、抗日战争爆发、六届六中全会、全党整风到党的七大。实事求是、群众路线、独立自主的观念，就这样一步一步地深深镌刻在中国共产党人的心中，成为党内公认的正路，形成全党新的传统。以后，在中国革命、建设、改革的各个时期，它成为一种无形的衡量是非的行为准则。

延安整风和中共七大

从延安整风到中共七大，是中国革命过程中关键性的重要环节。可以说，没有延安整风，就难以有革命的迅速胜利，就不会在短短几年后迎来新中国的诞生。

为什么当抗日战争正处在艰苦的生死搏斗中时，中国共产党会下如此大的决心连续几年在全党、特别是高级干部中挤时间开展这样一场整风学习运动呢？因为，人们的行动总是受自己思想指导。如果没有五四运动以所向披靡之势破除那些原来长期居于支配地位的种种旧思想、旧文化、旧传统，又经过反复的争论和比较，就不可能接受新传来的马克思列宁主义真理，不可能在人们头脑里树立起社会主义、共产主义的理想，也不会有中国共产党的产生和中国历史发生的大转折。延安整风就是要解决这个思想指导的问题。

马克思列宁主义的基本原理是放之四海而皆准的，但它是在欧洲产生的。世界各国有着各自不同的具体情况和特点，要实现这个理想就有一个怎样把马克思列宁主义普遍真理同本国实际相结合的问题，在中国来说，就是马克思主义中国化的问题。

毛泽东很早就认识到这个问题。他在 1930 年所著《反对本本主义》中就说："我们说马克思主义是对的，绝不是因为马克思这个人是什么'先哲'，而是因为他的理论，在我们的实践中，在我们的斗争中，证明了是对的。"他又说："中国革命斗争的胜利要中国同志了解中国情况。"这是引导中国革命取得胜利的唯一正确道路。

怎样才能做到这一点？毛泽东的办法是：切切实实地做调查研究，对具体问题做具体分析，一切从实际出发，做到实事求是。但要把这种思想化为全党的普遍作风并不容易。毛泽东这个极重要的思想在很长时间内没有被党内许多人所接受，甚至被讥笑为山沟沟里怎么能产生马克思主义？他们中有两种人：一种是把马克思主义教条化、把苏联经验绝对化，一遇到问题只想去找马克思列宁主义经典著作中是怎么说、苏联过去是怎么做的，强行要求人们照着去做，而不做调查研究，不顾中国的实际情况。这是教条主义者。另一种是仅有一些狭隘的个人经验，遇事不做调查研究，只凭自己的主观愿望或主观的想当然来作判断，闯出不少乱子。这是经验主义者。两者都是主观主义，而教条主义是主要的，这种思想如果处于支配地位，革命是不会取得成功的。

整风学习，正是下决心从根本上纠正这种状况。它要求学员普遍而深入地学习规定的"22 个文件"，相互交换意见，树立起衡量和判断是非的明确标准，又以相当时间引导大家总结自己前身经历过的历史经验，对照检查，弄清什么是对的什么是错的，怎样能走向成功怎样会导致失败，改变那些不良的党风、学风、文风，做到解放思想、自我改造。这是延安整风的主旨，是切实有效的。

经过延安整风，中国共产党内的思想和作风从上到下相当普遍地发生了很大变化，既有坚定不移的理想信念，又能细腻地从实际情况出发，实行灵活机动的战略战术，切实发动并依靠广大人民群众，从而在 4 年多后取得中国革命的胜利，建立了新中国。

新中国的成立

习近平总书记说过："建立中国共产党、成立中华人民共和国、推进改革开放和中国特色社会主义事业，是五四运动以来我国发生的三大历史性事件，是近代以来实现中华民族伟大复兴的三大里程碑。"

为什么中华人民共和国的成立是近代以来实现中华民族伟大复兴的"三大里程碑"之一？因为从这时起，中国的命运发生了根本变化，称得上"换了人间"。它突出地表现为三个方面：民族独立、人民解放、国家统一。

一是，中国人从此站立起来了。鸦片战争后，中国的国家主权和领土完整不断遭受外来的破坏。一系列的侵略战争，一系列的不平等条约强加到中国人头上。中国人被趾高气扬的外人看作"劣等民族"，视同可以任人宰割的牛羊。瓜分的阴影一直笼罩在中国人心头。反动的中国统治者，一切都得看外人的眼色行事。新中国的成立，彻底改变了这一状况。

从新中国成立起，中国的事情必须由中国人民自己做主张，自己来处理，决不容许帝国主义国家对中国内政再有一丝一毫的干涉，决不容许在根本原则问题上有什么妥协和退让。这对新中国此后的进步和发展有着深远的影响。有了这一条，才有中国人民在自己的国土上扬眉吐气，能根据人民的利益和实际情况，独立地探索并建立一个新国家和新社会，终于创造出一条中国特色社会主义的正确道路。

二是，人民政权为人民。中国旧社会中，占中国人绝大多数的农民、工人被看作"下等人"，自然更谈不上参加治理国家。新中国成立后，最根本的变化是人与人之间的关系完全改变了，"全心全意为人民服务"成为最响亮的格言，也是共产党人的根本宗旨。人们都以"同志"相称。我在1950年至1952年当过上海市各界人民代表会议的青年界代表，亲眼看到不少普通的工人、农民在大会上发言。没有什么稿子，畅所欲言，陈毅市长坐在下面听。代表们还投票选举了市长。这种情景在旧中国没有见过。人民真切地感到自己已经抬起头来、是国家的主人，精神面貌随之发生根本变化，产生了万众一心、无坚不摧的凝聚力。这是新中国诞生后方方面面都出现生气勃勃新局面的根本动力所在。

三是，祖国统一和团结的实现。旧中国是一个幅员辽阔、各地区情况有很大区别而小生产占着绝对优势的国家，老百姓曾被人讥讽为"一盘散沙"。近代以来，西方列强纷纷在中国划分并争夺势力范围，在国内长期形成军阀割据和军阀混战的极端严重的混乱局面。地方上，还有大小不等的种种恶势力各霸一方。在全国，根本谈不上什么统一意志、统一法令、统一行动可言，自然更谈不上什么民族复兴和人民幸福可言。

新中国的成立，在人们面前出现的是前所未有的人民大团结的全新局面。中国56个民族，早已结成你中有我、我中有你、谁也离不开谁的亲密关系。党和人民政府的路线、方针、政策、决定，一直贯彻到全国的各个角落，万众一心地办成一件又一件大事。这是中国几千年历史上从来不曾有过的。

改革开放和中国特色社会主义道路

"文化大革命"结束后，在严峻的考验面前，中国共产党和中国人民通过总结以往的经验教训，在实践中继续探索前进，走出一条实现中华民族伟大复兴的新路。这就是：高举中国特色社会主义伟大旗帜，果断地作出实行改革开放的划时代决策。

实行这样一场前无古人的社会主义改革，面对千头万绪的问题，应该从哪里着手？俗话说：牵牛要抓住牛鼻子。邓小平和中共中央下决心抓住端正思想路线这个"牛鼻子"，作为打开改革和发展新局面的突破口。

中共十一届三中全会为中国带来一次思想大解放。人们的思想观念和精神面貌发生巨大变化，到处热气腾腾，对国家的未来充满信心。中华民族是一个勤劳、勇敢、富有智慧的民族。如果亿万民众没有形成这样齐心协力的共同奋斗目标，如果不能把蕴藏在人民中的无穷潜力充分释放出来，中国能在以后40多年中创造出举世震惊的社会主义现代化建设和改革开放事业的巨大成就是无法想象的。

中国人民走上改革开放的新路后，应该举着怎样的旗帜前进？改革开放的目标是什么？这是迫切需要回答的问题。建设有中国特色的社会主义，就是对这些问题的总回答。

什么是"有中国特色的社会主义"？它的含义十分明确：第一，要建设的是社会主义社会，绝不是其他什么社会。第二，中国的事情一定要按照中国的实际国情来办。别国的建设和管理经验，无论是苏联的还是西方国家的，只要是有益于建设中国特色社会主义事业的，都可以而且应该学习和借鉴，但决不能照抄照搬。

建设中国特色社会主义是一面十分鲜明的旗帜。高举这面旗帜，使十几亿中国人民在前进中有了共同的明确方向，有了共同的判断是非的明确标准。那么为什么高举这面旗帜下能够在不长时间内实现如此巨大的胜利？关键又在于：中共十一届三中全会以来在实际工作中始终坚持并不断深化改革开放。

邓小平把改革称为中国的第二次革命。革命的目的归根到底就是为了解放生产力，改革作为社会主义制度的自我完善和发展，也是为了进一步解放生产力。所以，改革是中国共产党领导中国人民进行伟大社会革命的重要组成部分。

事实充分说明，中国的改革一直是在通过总结新的经验、采取新的措施而不断推进和深化的，中国的社会主义制度一直是在通过确立新的体制、机制和新的具体制度而不断地完善和发展的。这也是中国特色社会主义事业所以能够取得巨大成功和举世瞩目成就的最重要的政治和制度保证。

坚持建设中国特色社会主义和坚持实行改革开放两者的关系是什么呢？中国特色社会主义是改革开放以来党的全部理论和实践的主题，改革开放是党领导人民建设中国特色社会主义的实践。只有社会主义才能救中国。只有改革开放才能发展中国，发展社会主义，发展马克思主义。

总之，中国的改革开放和社会主义现代化建设，既坚持科学社会主义的基本原则不动摇，又坚持从中国国情的具体实际出发，使社会主义在中国具有鲜明的中国特色；既防止"左"、不走封闭僵化的老路，又警惕右、不走改旗易帜的邪路，中国共产党就是这样始终带领全国各族人民朝着正确方向和既定目标万众一心地为之奋斗。这也是中国的改革和建设所以能在40多年这样不长的时间内取得举世震惊成就的奥秘所在。

"行百里者半九十。"在前进道路上，不确定因素和难以预料的困难仍会很多。我们在满怀信心地向前迈进时，对这些要有足够的精神准备。习近平总书记在全国脱贫攻坚总结表彰大会上指出："中国共产党领导和我国社会主义制度是抵御风险挑战、聚力攻坚克难的根本保证。"只要全党和全国人民不忘初心，团结一致，万众一心，实现中华民族伟大复兴这个可以告慰先人的崇高历史使命，必将完美地化为现实！

（刊登时间：2021年4月19日。作者系第七、八、九届
全国政协委员，近代史专家）

音乐与中国古代诗歌

赵敏俐

　　诗乐同源，中国古代最早的诗都是可以歌唱的，有些甚至是配合舞蹈表演的。《尚书·舜典》曰："诗言志，歌永言，声依永，律和声。八音克谐，无相夺伦，神人以和。"《礼记·乐记》曰："故歌之为言也，长言之也。说之，故言之；言之不足，故长言之；长言之不足，故嗟叹之；嗟叹之不足，故不知手之舞之，足之蹈之也。"这些论述，清楚地告诉我们中国古代诗歌与音乐之间存在着紧密的联系。但是，由于时代技术的原因，古代诗歌的音乐表演形态没有保留下来，我们今天所能见到的古代诗歌，仅仅是它的文字部分。这使得后人在学习和欣赏古代诗歌的时候，往往忽视了它的音乐形态。古代的音乐虽然不存，可是它对中国古代诗歌的发生发展曾经产生过重大影响却不能否认，有些至今仍然沉积在诗歌文本中。我们今天研究中国古代诗歌，不能因为音乐表演的形态不复存在而忽视了这种影响。通过现存的历史记载，可以尽量做一些历史的还原，更好地探求中国诗歌的艺术本质，也会增强我们对古代诗歌艺术的理解与鉴赏。

音乐与《诗经》

　　《诗经》是中国古代第一部诗歌总集，它本身就是诗乐一体的艺术。《诗经》分为《风》《雅》《颂》三个部分，最初就是音乐的区分而不是文体的区分，《左传》记载吴季札到鲁国观乐，鲁国乐工为他分别演奏了各国的《风》诗、大小《雅》和《颂》，就是最好的证明。孔子曰："吾自卫返鲁，然后乐正，《雅》、《颂》各得其所。"(《论语·子罕》)可见，孔子曾经整理过《诗经》，他的工作就是从"正乐"开始的。因为有不同的音乐，用于不同的场合，自然这些音乐也就会有不同的风格，表现不同的内容。到了汉代以后，由于音乐的失传，后人才从诗歌内容角度来对《风》《雅》《颂》进行解释。孔颖达在《毛诗正义》中说："诗各有体，体各有声，大师听声得情，知其本义。……然则《风》《雅》《颂》者，诗篇之异体。"他讲的正是这个道理。

《诗经》的音乐虽然不存，但是它对《诗经》艺术形式的影响还是显而易见的。首先从章法上来看，《周颂》里的诗，几乎都以单章形式出现。《雅》诗都由多章构成，《风》诗虽然也由多章构成，但是大多数《风》诗的章节数都少于《雅》诗，每一章的篇幅也较《雅》诗要短。这种分章或不分章，每章句子有多有少的现象，显然都是由《风》《雅》《颂》这三种不同的音乐演唱体系决定的。再从文辞的角度来看，《周颂》里的诗句有相当数量都不整齐，词语也不够文雅，但是大多数却非常古奥。而《雅》诗的句子则整齐规范，词语也特别典雅，有一种雍容华贵的气象。《风》诗的句子参差错落，轻灵活泼，通俗又是其语言的基本风格。这些不同，也与其演唱方式不同有直接的关系。

关于《诗经》的演唱，历史上有许多记载，我们结合具体作品，还可以从中发现由此而形成的艺术形态的不同。如《周颂·清庙》一诗，从文本来看，句式既不整齐，也不押韵："於穆清庙，肃雍显相。济济多士，秉文之德，对越在天，骏奔走在庙。不显不承，无射於人斯。"似乎缺少诗歌艺术的美；可是，古人却把这首诗排在《周颂》的第一篇，认为这是专门用于祭祀周文王的祭歌，地位特别高。祭祀周文王的祭歌叫做"清庙"，取其"清静肃穆之意"。《礼记·乐记》对《清庙》的演唱有这样的记载："《清庙》之瑟，朱弦而疏越，一倡而三叹，有遗音者也。"孔颖达对此有很好的解释。他说：演奏《清庙》的瑟是经过特制的，它染红的丝弦是经过煮熟的，所以发出的声音很浊重。瑟底的音孔距离比较大，也是为了使它发出声音变得迟缓，"一倡"是指一人领唱，"三叹"是指三人或者很多人跟着合唱。假如我们把这个演奏的场景在脑海中简单地复原，或者将其想象成佛教寺院或者基督教教堂里的宗教歌曲演唱，回过头来再看《清庙》的文辞，它以叙事描摹为主，一句一层意思，用简洁的语言展示了祭祀活动时的场景和人物的神态，再配上一唱三叹而又迟缓浊重的乐调，多么符合当时的祭祀表演，一定也是庄严肃穆而感动人心的。

《诗经》中的《雅》诗语言最为典雅，形式最为整齐。因为它们最初大概都是用于各种朝廷礼仪。所以，高雅、雅正、文雅等等都是由此而派生出来的词汇，一直传承至今。《大雅》中那些歌颂祖先功业的诗篇，如《文王》《皇矣》《大明》《生民》《绵》等诗篇场面宏大，气势非凡，甚至如《板》《荡》那样的讽谏诗也有典雅高严之气。而《小雅》中的一些燕飨诗则尽显优雅从容之美。如《小雅·鹿鸣》："呦呦鹿鸣，食野之苹。我有嘉宾，鼓瑟吹笙。吹笙鼓簧，承筐是将。人之好我，示我周行。"据说，这首乐歌最早用于周王宴享群臣，后来被广泛用于周代贵族社会的宴飨礼仪。全诗三章，首章以林野间的鹿鸣起兴。鹿的性情温和，被古人认为是仁义之兽，据说鹿如果发现丰盛的肥草必呼伴共食。诗人用以为比，说明主人若有好的酒食，也一定会与嘉宾共享。他不但以鼓瑟吹笙的方式欢迎嘉宾，送上礼品，表达了主人对嘉宾之爱，同时也希望能得到喜宾的惠爱，为自己指明做人的正道。二章重点写嘉宾有美好的品格。三章写宴饮场景的快乐。宾主之间就在这种互敬互爱、和乐融洽的气氛下宴会畅饮。全诗语言文雅，韵律和谐，情调欢快，韵味深长，鲜明地体现了周代社会的礼乐文化精神。这首诗整体的艺术之美，我们也只有放在周代特有的礼乐文化中才能体悟。

而《诗经·国风》则是世俗的"歌"，内容的世俗化和诗体的简洁明快是它的最大特色。在此我们以《周南·芣苢》为例略作分析：

> 采采芣苢，薄言采之。采采芣苢，薄言有之。
> 采采芣苢，薄言掇之。采采芣苢，薄言捋之。
> 采采芣苢，薄言袺之。采采芣苢，薄言襭之。

这虽是《诗经》中形式最简单的诗歌之一，但却深受人们喜爱。清人方玉润说："读者试平心静气，涵咏此诗，恍听田家妇女，三三五五，于平原绣野、风和日丽中，群歌互答，余音袅袅，若远若近，忽断忽续，不知其情之何以移而神之何以旷。则此诗可不必细绎而自得其妙焉。"为什么一首如此简单的诗，读者会生发出这么美好的艺术联想呢？就因为这首诗不同于文人的案头之作，充分体现了"歌"的特点。我们看这首诗虽然有三章，却用的是一个曲调。因为有了曲调的重复，于是就有了语言的重复。同时为了歌唱的方便，这首诗还用了歌唱时常用的套语，实际上只是"采采苤苢，薄言×之"这两句套语重复了六遍。那么，在这种不断重复的演唱中，诗又是如何进行修辞炼句的呢？原来诗人采用的是置换中心词语的方式。这首诗描写的是采苤苢的劳动，所以诗人在诗中只换了六个动词，"采""有""掇""捋""袺""襭"。《毛传》说："有，藏之也"；"掇，拾也"；"捋，取也"（以手轻握植物的茎，顺势脱取其子）；"袺，执衽也"（手兜起衣襟来装盛苤苢）；"扱衽曰襭"（采集既多，将衣襟掖到腰间）。那么，它们之间有什么关系呢？孔颖达有一段非常精彩的解释："首章言采之，有之。采者，始往之辞；有者，已藏之称，总其终始也。二章言采时之状，或掇拾之，或捋取之。卒章言所盛之处，或袺之、或襭之，归则有藏之。"原来，就是通过这六个动词的变换，就把采苤苢的整个劳动过程生动地描写了出来，由此才会引发读者的联想。这就是歌的艺术，也是《诗经》不同于后世诗歌的独特之处。可以说，如果不从音乐的角度入手，我们是很难体会《诗经》艺术之美的。

音乐与楚辞

　　音乐与楚辞的关系也十分紧密。我们读楚辞，会发现楚辞各体的形式大不一样。那么，这些诗体是如何形成的呢？原来也和音乐有关，关于楚辞诗体的类型，我们也需要根据它与音乐关系的远近来认识。

　　楚辞中和音乐结合最紧密的是《九歌》。从题目上我们就可以看出，它是用于歌唱的。《九歌》的形式源远流长，传说它特别好听，最早是夏启从天上偷下来的。《山海经·大荒西经》："开（启）上三嫔于天，得《九辩》与《九歌》以下。此天穆之野，高二千仞，开焉得始歌《九招》。"《楚辞·天问》："启棘宾商，九辩九歌。"王逸《楚辞章句》中说，过去在楚国的南郢之邑和沅湘之间，民俗信鬼神而好祭祀，祭祀一定伴有歌乐舞鼓，用以娱乐鬼神。屈原放逐，心怀忧苦，愁思沸郁，看见俗人祭祀之礼和歌舞之乐，歌词鄙陋，于是就据此而改作《九歌》之曲。王逸本是南方楚地人，他的说法可能有历史根据。当然也有人提出质疑，认为《九歌》所祭祀的诸神有些不应该出于楚国当时的南方民间，而应该是楚国的宫廷祭歌或者郊祀祭歌。但无论哪种说法，都不否认《九歌》的歌唱性质。《九歌》的歌辞也与楚辞其他诗体不一样，每两句一组，每句中间都有一个"兮"字，如《东皇太一》："吉日兮辰良，穆将愉兮上皇。抚长剑兮玉珥，璆锵鸣兮琳琅。"的确有特殊的摇曳多姿的韵味。

第二类是《招魂》，也属于当时一种特殊的歌唱文体。按王逸的说法，《招魂》是宋玉所作。宋玉哀怜屈原的遭遇，见其因为忠君反而被贬斥，忧愁山泽，魂魄放佚，生命将落。于是就作《招魂》，希望能复其精神，延其年寿。但是也有人认为这首诗是屈原招楚怀王之魂。因为楚怀王被骗入秦，客死他乡，于是屈原招其魂魄。两说虽有不同，但是诗中所写的确是招魂之事，所用诗体也是当时招魂特有的语言形式。它是一种特殊的、呼喊式的歌："魂兮归来！去君之恒干，何为四方些！"

第三类是《离骚》体，包括《九章》《九辩》。《离骚》为屈原的代表作品，它是屈原用生命写成的诗篇。《离骚》体是从《九歌》体中转化而来，它也是两句一组，但并不是在每句中间有一个"兮"字，而是在第一句的末尾有一个"兮"字，如开头四句："帝高阳之苗裔兮，朕皇考曰伯庸。摄提贞于孟陬兮，惟庚寅吾以降。"关于《离骚》是否可歌，历史上没有明确记载。《离骚》的结尾有五句"乱"辞，"乱"指音乐结尾，这说明它与音乐有关。但是据《汉书·艺文志》："春秋之后，周道浸坏，聘问歌咏不行于列国，学《诗》之士逸在布衣，而贤人失志之赋作矣。大儒孙卿及楚臣屈原离谗忧国，皆作赋以风，咸有恻隐古诗之义。"可见汉人认为它是赋体。何谓赋？班固引《传》曰："不歌而诵谓之赋。"何谓"诵"？"以声节之曰诵。"可见，《离骚》是从歌中演化而成，用一种"以声节之"的特殊方式诵读的文体。

第四类是《天问》体。《天问》何由而作？据王逸所说："屈原放逐，忧心愁悴，彷徨山泽，经历陵陆，嗟号昊旻，仰天叹息，见楚有先王之庙及公卿祠堂，图画天地山川，神灵琦玮僪佹及古贤圣怪物行事，周流罢倦，休息其下，仰见图画，因书其壁，呵而问之。以渫愤懑，舒泻愁思。楚人哀惜屈原，因共论述，故其文义不次序云尔。"可见，屈原的《天问》是诗人在宗庙祠堂中呵壁而问的书写，它虽然以四言为主，有诗的形式，但以问句构成，不可能用于演唱，也不会用于诵读。其开头曰："遂古之初，谁传道之？上下未形，何由考之？"全诗由 170 多个问题构成，上问天，下问地，中间问历史和人事，它震撼人心的力量，不是来自于歌唱的旋律，而是来自于深刻的哲思。

楚辞中还有《卜居》《渔父》两篇，我们可以将其称之为对话体。它不但不能歌唱，也没有如《天问》那样的诗体韵味，已经完全变成了散文的形式。由此可见，在中国诗歌史上，楚辞的产生是一个重要的转折。从此，中国诗歌和音乐的关系出现了分离，逐渐产生了一种远离音乐的诗体。这种现象，到汉代更为明显。

音乐与汉代诗赋

诗赋在汉代本是一家，它们之间的区别只在于口头表达形式上的差异，"诗"在汉代又叫"歌诗"，仍然是可以唱的，"赋"则是"不歌而诵"的。所以班固作《汉书·艺文志》，将二者放在一起叫"诗赋略"。

汉赋从大的方面来看可以分成两种体式。第一种体式是骚体赋，以屈原的《离骚》等为原型。如传为贾谊所作的《惜誓》："惜余年老而日衰兮，岁忽忽而不反。登苍天而高举兮，历众山而日远。"它的句式仍然为两句一组，每组第一句的末尾有一个"兮"字。它不但从句法形式上和《离骚》一样，连抒情模式也相同，可见这一类赋与《离骚》一样，还深受音乐的影响。

汉赋的第二种体式是散体赋，它和屈原的《卜居》《渔父》有直接关系，往往以散体的对话方式开头，接下来会有铺陈的描写。如宋玉的《神女赋》，写楚襄王与宋玉游于云梦之浦，使宋玉赋高唐之事。其夜，楚王果然在梦里与神女相遇，于是，这篇赋就把这个故事记录下来，并且有对神女容貌的铺排描写。其后枚乘、司马相如等人的散体大赋都是在此基础上的发展，变成了完全和音乐没有关系的一种文体。

而汉代的歌诗则继续沿着与音乐相结合的道路发展，产生了三种主要体式。它们的分别最初不是由于文体上的差异，而是来自于不同的音乐乐调以及与之相关的演唱方式。

汉代歌诗的第一种形式是楚歌体，它主要继承了《九歌》的艺术形式。每两句一组，每句中间有一个"兮"字。如刘邦的《大风歌》："大风起兮云飞扬，威加海内兮归故乡，安得猛士兮守四方。"项羽的《垓下歌》："力拔山兮气盖世，时不利兮骓不逝。骓不逝兮可奈何？虞兮虞兮奈若何！"项羽和刘邦都是楚人，所以他们唱起楚歌来得心应手，也深得楚歌之奥妙。由于刘邦是楚人，爱楚声，所以楚歌在汉代初年特别流行。汉武帝刘彻也是楚歌高手。他的《秋风辞》："秋风起兮白云飞，草木黄落兮雁南归。兰有秀兮菊有芳，怀佳人兮不能忘。"由自然季节之秋而联想到人生之秋，借以抒发人生短促的生命感慨，是中国诗歌史上的名作。楚歌后来逐渐衰微，但是终有汉一代，仍然一直在传唱。

汉代歌诗的第二种形式是鼓吹铙歌体，本是来自于异域的音乐歌曲形式。细分又有鼓吹和横吹之别。刘瓛《定军礼》云："鼓吹未知其始也，汉班壹雄朔野而有之矣。鸣笳以和箫声，非八音也。"班固《汉书·叙传》说："始皇之末，班壹避地楼烦，致马牛羊数千群。值汉初定，与民无禁，当孝惠、高后时，以财雄边，出入弋猎，旌旗鼓吹。"班壹是班固的先祖，他的记载是可靠的。可见，鼓吹最初起源于北狄诸国，是北方少数民族的音乐。而横吹则来自于西域。《乐府诗集》曰："横吹有双角，即胡乐也。汉博望侯张骞入西域，传其法于西京，唯得《摩诃兜勒》一曲。李延年因胡曲更造新声二十八节，乘舆以为武乐。"可见横吹曲是来自于西域的音乐。现在传世的《汉鼓吹铙歌》十八曲就是鼓吹音乐的存留。其代表作如《上邪》："上邪！我欲与君相知，长命无绝衰。山无陵，江水为竭，冬雷阵阵夏雨雪，天地合，乃敢与君绝！"《战城南》："战城南，死郭北，野死不葬乌可食。为我谓乌，且为客豪。野死谅不葬，腐肉安能去子逃。"仔细比较就会发现，《汉鼓吹铙歌》十八曲在诗体形式上有一个共同特点，即它们不同于《诗经》以四言句式为主，也不同于楚歌有以"兮"字嵌于每句中间的固定句式，它们完全是杂言的形式，每首诗都不一样。可以这样说，中国古代杂言诗成为一体，是从汉代的横吹鼓吹开始的。不仅它们在诗体形式上与传统的中国诗歌不同，在艺术风格的表现上也有差异，如我们上引的《上邪》和《战城南》，感情表达的激烈和想象的奇特，都给人留下了深刻的印象。对此，陆机的《鼓吹赋》有过生动的描述。

而相和歌则是汉代新兴起的一种新的歌唱艺术。《晋书·乐志》曰："《相和》，汉旧歌也；丝竹更相和，执节者歌。"以丝竹作为两种主要的乐器来演奏，唱歌的人手中还拿着"节"这种乐器伴奏，这与鼓吹和横吹曲大不相同。《宋书·乐志》："凡乐章古词，今之存者，并汉世街陌谣讴，《江南可采莲》《乌生十五子》《白头吟》之属是也。"可见，相和歌最初起源于汉代的民间，最有代表性的就是《江南可采莲》等几首名曲。它最后流入宫廷，又有较大的发展，形成众多的相和歌曲调。有"相和六引""吟叹曲""四弦曲""平调曲""清调曲""楚调曲""瑟调曲""大曲"等，演唱方式非常复杂。《乐府诗集》曰："凡相和，其器有笙、笛、节歌、琴、瑟、琵琶、筝七种。""又诸调曲皆有辞、有声，而大曲又有艳，有趋、有乱。辞者其歌诗也，声者若羊吾夷伊那何之类也，艳在曲之前，趋与乱在曲之后，亦犹吴声西曲前有和，后有送也。"如此复杂的演唱方式，说明它们从一开始就属于专门用于表演的艺术。我们现在流行的说法把这些汉乐府诗称之为"汉乐府民歌"，这其实是一种误解。事实上，它们与当时真正流传于民间的歌与谣是大不相同的。我们只有结合汉代社会的实际表演情况，才能对这些乐府诗进行准确的解读。如我们非常熟悉的《陌上桑》，就是一首典型的乐府诗。它是时尚文化的产物，是汉代的流行艺术而不是民间艺术。《陌上桑》是歌，它的文本是按照歌的表演需要而写成的，它采用了片断叙事、场景叙事等艺术手法。

　　要而言之，从《诗经》中《风》《雅》《颂》的区别到楚辞的各类诗体，再到汉代诗赋的分流以及楚歌、铙歌与相和歌的产生，我们可以看到音乐与中国古代诗歌的关系之大。这要求我们学习和欣赏中国古代诗歌，一定要考虑它们和音乐的关系。只有如此，我们才能对其做出正确的艺术解读。

（刊登时间：2021 年 9 月 6 日。作者系首都师范大学教授）

半是风云　半是风月

——宋词与宋代文人的情感世界

傅道彬

　　词又称"诗余"，作为一种合乐的新兴诗体，在中国文学中仿若一块闪烁着奇光异彩的瑰宝。词人借以灵活多变的"长短句"体式，表现着比诗更为曲折复杂的思想情感，传达着细美幽约的内心世界。词起于隋唐，历经五代时期的发展，至宋代迎来全盛，不但名家辈出、名篇无数，还产生了多种风格、多个流派，淋漓尽显其抒情功能，也将文人的心灵天地彻底地打开了。

　　宋词具有丰富的艺术与文学感染力。通过品读宋词，可以感受到宋代文人异常丰富的情感世界，他们时而忧念苍生，系怀民众，挥洒爱国情怀；时而思恋情人，真挚情深，辗转反侧。一半是存在于家国之上的"风云"豪气，一半是流淌于生活之中的"风月"情话。有时这"风云"与"风月"兼可集于一个词人身上，东坡既有"大江东去，浪淘尽，千古风流人物"的豪歌，也有"小轩窗，正梳妆。相顾无言，唯有泪千行"的叹息；易安既有"九万里风鹏正举。风休住。蓬舟吹取三山去"的豪健气魄，也有"莫道不消魂，帘卷西风，人比黄花瘦"的寄怨之语；放翁既有"元知造物心肠别，老却英雄似等闲"的无可奈何，也有"桃花落。闲池阁。山盟虽在，锦书难托"的哀婉凄恻；稼轩既有"道男儿、到死心如铁。看试手，补天裂"的壮怀激烈，也有"众里寻他千百度。蓦然回首，那人却在，灯火阑珊处"的风情万种。我们从这些词卷中，感受到的不仅有宋代文人心系国家命运、黎民生计的大爱情怀，还有他们对于个人情感和小家的吟唱。其实儿女情与英雄气并不相抵触，爱苍生和爱美人也不矛盾。《乐记》有云：

> 音之起，由人心生也。人心之动，物使之然。感物而动，故形
> 于声。

诗、词与歌，都是从生命深处的自然流淌出来的，而这种自然流淌
出来的"志"，都源于"感物而动"，自然的悠悠天籁引发了艺术的声韵。

半是"风云"豪气歌天下

宋代文人常集官员、政治家身份于一身，善将政治与文章融于一体，
借此抒发理想抱负。宋之词作为"一代之文学"，在"长短句"的书写议论
间，表达忧患意识，胸怀系民之心，挥洒爱国情怀，尽展有宋一代的"风
云"豪气。

北宋的豪情放歌

范仲淹是北宋著名的政治家、文学家，也是威震西北的边帅，他在
西北边塞时期所作的这首《渔家傲》意境苍凉，声清悲壮。词云：

> 塞下秋来风景异。衡阳雁去无留意。四面边声连角起。千嶂里。
> 长烟落日孤城闭。
> 浊酒一杯家万里。燕然未勒归无计。羌管悠悠霜满地。人不寐。
> 将军白发征夫泪。

作者借着勾画的这幅萧瑟悲凉的边塞秋景图，抒发了极为复杂的情
绪，既有边防将士们连年驻边归期不得的乡愁，也有严阵以待抵御外侵
的决心，还有面对敌强我弱的局势而归期无望的苦闷，此词可谓将乡关
之思与爱国豪情的矛盾抒写得极为真实。

苏轼是北宋文学大家，对词学有着"诗词一体"的观念，他认为诗词
同源，本属一体，它们的艺术本质和表现功能应是一致的，正是苏轼将

词的地位提至与诗同等，他"以诗为词"，能用写诗的态度来写词，把词的创作从音律的束缚中解放出来，成为独立文体，扩宽词的文学表现功能，开拓词境，将表现柔情之词拓展为豪情之词，其《江城子·密州出猎》便是开宋代豪放词先河的一首名作，抒发了词人的真实性情和人生感受。词云：

　　　老夫聊发少年狂。左牵黄。右擎苍。锦帽貂裘，千骑卷平冈。为报倾城随太守，亲射虎，看孙郎。

　　　酒酣胸胆尚开张。鬓微霜。又何妨。持节云中，何日遣冯唐。会挽雕弓如满月，西北望，射天狼。

东坡如此豪迈的壮词，借叙述狩猎时壮阔的场面，抒发为国杀敌的雄心壮志，为朝廷建功立业的抱负，表现了词人浓厚的爱国热情，也突破了传统的词只能诉说绮靡婉媚之局限。

国破家亡的悲愤之音

"靖康之难"是宋王朝历史上最重要的转折点，北宋灭亡，宋室南渡，给人民带来了空前的灾难，生灵涂炭，山河破碎，人们背井离乡，四处逃难，大地遭受着血与火的洗礼，时代正发出痛苦的呻吟。面对国破家亡的仓皇变故，亲身经历了这场苦难的词人，发出了前所未闻的悲愤之音。

南北宋之交，朱敦儒在经历了"靖康之难"后，以其悲愤交加的笔触，书写了国破家亡的落寞与凄凉，《沙塞子》道出沉痛的乱世悲歌。

　　　万里飘零南越，山引泪，酒添愁。不见凤楼龙阙、又惊秋。

　　　九日江亭闲望，蛮树绕，瘴云浮。肠断红蕉花晚、水西流。

词人经历仓皇南逃后，饱经了人世心酸，感慨于身世飘零，更是思念故乡，心境凄苦悲凉，充斥着亡国之痛。

身为南宋初期名相的李纲，写过一首《苏武令》，也抒发他在经历了

"靖康之难"后的一腔悲愤。

> 塞上风高，渔阳秋早。惆怅翠华音杳。驿使空驰，征鸿归尽，不寄双龙消耗。念白衣、金殿除恩，归黄阁、未成图报。
>
> 谁信我，致主丹衷，伤时多故，未作救民方召。调鼎为霖，登坛作将，燕然即须平扫。拥精兵十万，横行沙漠，奉迎天表。

南宋初年，金兵大举进犯，百姓生活于水火之中，国家多难，身为朝中重臣，感觉责任重大，词人心系百姓苍生，于词作中表达了爱国忠君的情怀与济世救民的抱负。

宋代最有名的女词人李清照，同样经历了"靖康之难"，面对国破家亡的图景，她的《南歌子》从女性的情思切入，写国家的沧桑兴亡与时代的盛衰，先从秋天"天上星河转"说起，再到"人间帘幕垂"，用四时之变暗示人间的沧桑之变，以女子之所见，把沧桑之感写得细腻入微。又提到"旧时天气旧时衣，只有情怀、不似旧家时"，同是秋天，同是一件衣服，可是自己旧时那种无忧无虑的情怀再也不会回来了，词人幸福美满的家庭生活永远不复存在了，曾经豪情满怀的易安，此时的心绪已因家国破碎变得无比低回。她把国破家亡、悲欢离合的沧桑、悲哀和感慨都揉碎在这些细致的事物中表现。

南宋的沉痛低吟

在南宋，面对外敌如虎狼踞门，朝政大权落入投降派之手的时局，爱国词人一面系念国家与民族的命运，心怀抗敌复国的愿望，一面反对偏安苟且，抨击投降卖国的无耻行径。

岳飞的《满江红》，尽展慷慨激昂、正气凛然，"怒发冲冠，凭栏处、潇潇雨歇。抬望眼、仰天长啸，壮怀激烈"，雨后凭栏的怒发冲冠仰天长啸，是词人壮怀激烈的表达，"三十功名尘与土，八千里路云和月"是词人忘我心境与人生经历的高度概括，"莫等闲、白了少年头，空悲切"是词人的自勉，也是他勉！"靖康耻，犹未雪。臣子恨，何时灭"与"待从头、收拾旧山河，朝天阙"展现意欲杀敌报国的一腔激昂，也是词人强烈感情的直接抒写，"驾长车，踏破贺兰山缺"与"壮志饥餐胡虏肉，笑谈渴饮匈奴血"这是词人展开瑰丽理想中的凛然情景。全词诉说着作者的满腔正义，慷慨悲壮，豪气干云，如此大无畏的英雄气概，洋溢着爱国主义的激情，每每读来都觉感慨万端，热血沸腾。

南宋爱国词人陆游的这首《诉衷情》饱含一种深沉而压抑的感情，词云：

> 当年万里觅封侯。匹马戍梁州。关河梦断何处，尘暗旧貂裘。
>
> 胡未灭，鬓先秋。泪空流。此生谁料，心在天山，身老沧洲。

全词意象疏朗、意境宽广，在时间与空间的巨大跳荡中将一股悲愤之情抒发得淋漓尽致。从当年的年少意气到如今的"身已老""鬓已秋"，多少年心怀不甘的时光已匆匆流逝；从当年的梁州到如今的沧洲，空间距离已有太大的转换，从未改变的是他的报国之心。"此生谁料，心在天边，身老沧洲"更是用对比而增沉郁，强调人生的无法预料，控诉南宋朝廷的不肯作为，由忠愤而生的悲壮天然打造出一种风骨凛然的崇高美。

同为宋一代耳熟能详的豪放派词人辛弃疾，在苏轼"以诗为词"的基础上进一步倡导"以文为词"，将辞赋古文的句式章法移植于词，令作词的手法进一步开阔。稼轩既是才华横溢的文人又是征战沙场的武将。本是满怀抗敌报国之心的他，生不逢时，未得到朝廷应有的重用，所以在词作中时有忧时伤世、壮志难酬的怅惘。从他的《破阵子》中，便能感受到深感报国无路的忧愤：

> 醉里挑灯看剑，梦回吹角连营。八百里分麾下炙，五十弦翻塞外声。沙场秋点兵。
>
> 马作的卢飞快，弓如霹雳弦惊。了却君王天下事，赢得生前身后名。可怜白发生。

作者昔日本是驰骋疆场的将军，豪情还在，如今白发已悄然爬上鬓角，昭示了岁月的无情，回忆中的威风气概已化作如今抱负难申的失落。

身为宋末杰出的民族英雄文天祥，在诗坛上以《正气歌》《过零丁洋》激励着无数爱国志士，而在词坛上，他以深沉悲壮的情怀表达着对国家命运的深深忧虑，同样给人以震撼。读他的《酹江月》：

> 庐山依旧，凄凉处、无限江南风物。空翠晴岚浮汗漫，还障天东半壁。雁过孤峰，猿归危嶂，风急波翻雪。乾坤未老，地灵尚有人杰。
>
> 堪嗟飘泊孤舟，河倾斗落，客梦催明发。南浦闲云连草树，回首旌旗明灭。三十年来，十年一过，空有星星发。夜深愁听，胡笳吹彻寒月。

末世英雄的浩然正气，在民族风雨飘摇之时，在国家危难之际，仍要为国家和民族，死而后已，"知其不可为而为之"，丹心耿耿，可对天地，此等不畏强敌、坚持斗争的英雄本色，为南宋末期的词坛上增添了一重风骨之气。

两宋词坛留下的这些"风云"之作，多有金戈之象、杀伐之音，兼以不平之气、老气之悲，但低回之中自有高亢，激昂之外仍有沉潜。于家于国那一份永不卸载的职责与大义，为我们再一次见证了风雅之旗的猎猎高扬与词人之心的拳拳热忱，风雅与端庄之中自有气骨。

半是"风月"情话诉衷肠

情感是千古文学永远不忍离弃的话题，人们的情感世界无比丰富，而"诗庄词媚"的传统，让词理所当然地成为文人抒发细腻情感的天地，写起男女之间的小情小生活更是"当行本色"，宋代文人借宋词诠释了无数缠绵悱恻的"风月"情话。

真挚而执着的深情

作为宋词史上划时代的作家柳永，在官场上算是个失意之人，仕途不顺，他便将真情实感更多倾倒在对男女之爱的吟唱之上。从柳永的词中可以品味出他一腔的真挚深情，其《凤栖梧》中"拟把疏狂图一醉，对酒当歌，强乐还无味。衣带渐宽终不悔，为伊消得人憔悴"。展现出对伊人那份无法消解的思念，虽然想借饮酒高歌来排遣几分，却终是苦中寻乐、毫无兴味的，但即便落得形容憔悴，他也是心甘情愿绝不后悔的，这份真情永不改变。

又如，当时可与柳永齐名的张先，在《千秋岁》中也表达了其执着于恋情的心声。"天不老，情难绝。心似双丝网，中有千千结"，此番天若不老，情亦难绝，又是何等的痴情。

离愁别恨苦相思

宋词中更多的抒情词，则以刻画离愁别绪、在思念中表达刻骨铭心的爱恋为主，因为这种对于离情别恨的描摹能够超越"在场"的甜美，带有一种阻隔感的苦涩，更具感人的魅力。

柳永最有名的代表作《雨霖铃·寒蝉凄切对长亭晚》就是在诉说别离的苦痛，"多情自古伤离别"，自然免不了"执手相看泪眼，竟无语凝噎"。以清秋时节情人执手的不忍相别，直写到别后泊舟的孤凄与无奈，"今宵酒醒何处，杨柳岸、晓风残月"的意境创设使后面"此去经年，应是良辰、好景虚设。便纵有、千种风情，更与何人说"的直接抒情显得自然而贴切，无不道尽了别后的孤凄落寞与情深难忘。

素来豪情满怀的范仲淹，也有《苏幕遮》里"酒入愁肠，化作相思泪"的细腻柔肠。还有《御街行·秋日怀旧》中讲人性、懂风情的一面：

纷纷坠叶飘香砌，夜寂静、寒声碎。真珠帘卷玉楼空，天淡银河垂地。年年今夜，月华如练，长是人千里。

愁肠已断无由醉。酒未到、先成泪。残灯明灭枕头敧，谙尽孤眠滋味。都来此事，眉间心上，无计相回避。

月光皎洁如白练，但人却相隔千里，受着相思折磨，无处排遣，只能借酒来麻醉自己。那酒还未到唇边，就已先化成了纷飞的眼泪。残灯闪烁，枕头歪斜，孤独可以饮尽，而相思之苦，积聚眉头，凝聚心间，无法回避。世间很多事或许可以躲避一时，可以自欺欺人，唯有相思既骗不了自己，也无法逃避。

文坛领袖欧阳修有首《踏莎行》，是从男女双方各自着笔，把别后相思写得十分感人。"离愁渐远渐无穷，迢迢不断如春水。寸寸柔肠，盈盈粉泪"。一人在征途，愁似春水绵绵不绝，一人在闺阁，柔肠百转缠绵深挚。词人借着自然的舞台展示着情感，展示其弥漫天地的相思歌声。

在文学史上与欧阳修齐名的晏殊，善于在词中抒写情真意切的相思。《玉楼春》中"无情不似多情苦，一寸还成千万缕。天涯地角有穷时，只有相思无尽处"。表达出多情之苦折磨着人的心灵，将人的心绪分散成千万缕之多。而就算是天涯海角也终会有穷尽之时，但是无边无际的相思不知在何时才能消散。在《踏莎行》中也写道"无穷无尽是离愁，天涯地角寻思遍"，将相思相望之情表现到了极致。

晏几道还惯以超常的梦境来表现离情的沉重，如他《鹧鸪天》表达的情感深厚凝重、流丽婉转，"彩袖殷勤捧玉钟。当年拚却醉颜红。舞低杨柳楼心月，歌尽桃花扇影风"。是富贵乐，相见欢，而"从别后，忆相逢。几回魂梦与君同。今宵剩把银釭照，犹恐相逢是梦中"，以相逢的犹疑写尽了有情人天各一方的无尽悲情。

秦观以写情见胜，词作充满感伤凄婉的情调，其在《八六子》中写道"倚危亭，恨如芳草，萋萋刬尽还生"。词人深处高亭之上，放眼望去的满目芳草带来的不是愉悦，反而勾起了无限的离情别恨。一个"恨"字更是将感叹今非昔比之悲，睹物思人之痛，演绎得淋漓尽致。这种真挚深沉的情愫，读来如愁袭己心，忧伤又牵肠。

周邦彦也极善言情，他的代表作《兰陵王·柳》就是借咏柳而抒别情，感叹人间离别的频繁，情真意挚又耐人寻味。"长亭路，年去岁来，应折柔条过千尺"。"柳者，留也"，古人素以折柳而赠别，在长亭路上，年复一年，送别时折断的柳条恐怕要超过千尺了，看到这柳枝便触动了词人要与恋人别离时的那份不舍与思恋，可谓是"自然感动了人类，也触动了敏感的爱的神经"。

而女词人的情感告白就更加真挚与细腻。李清照在与夫明诚离别之际，心情忧伤痛苦，更是写下了极为动人的相思之作。如《醉花阴》的"莫道不消魂，帘卷西风，人比黄花瘦"。虽然满心皆是思念，但又并不直接说相思怀念，而是说不要以为我在这种情景下心里没有感动，当一阵秋风吹来，吹起屋中的帘子，那时便知帘外的菊花清瘦，帘内的人也一样清瘦。把帘外的菊花和帘内的人打成一片，这种鲜锐、敏捷的联想既出人意料，又入人意中。

宋代还有一位可与易安齐名的女性词人朱淑真，在她的词作中也有率真质朴的倾诉，以寄相思。如《减字木兰花·春怨》云：

独行独坐，独唱独酬还独卧。伫立伤神，无奈轻寒著摸人。

此情谁见？泪洗残妆无一半。愁病相仍，剔尽寒灯梦不成。

通读全词，可以感受到词人用着低沉的笔调，渲染着悲凉的意境，隐晦地传达着相思之苦，一落笔连用五个"独"字，抒写压抑已久的郁闷，表现她孤独至极的凄苦情怀，词人因相思而愁，因愁至病，而病乃更愁，循环往复。又因婚后思念情人被视为"非法"，故有难以明言的苦衷。而春景在她的笔下完全被省略，因为词人无心赏玩春色，触目伤情，只会引起她更多痛苦的回忆。女词人抒发动容的内心情感世界，不同于男性词人的角度，读来更有触动与韵味。

无可奈何的生死别离

有种别离是将明明相爱的情侣生生分开，如同陆游与唐婉之间的爱情悲剧。陆游本与表妹唐婉两情相悦，婚后更是相亲相爱，伉俪情深，然而愈是这样恩爱的生活，却令陆母日益不满于这位儿媳，而硬是将两人拆散。后来唐婉改嫁给赵士程，陆游也由母亲做主另娶了王氏，但二人并没有把对彼此的思念泯灭，而是把那份真情悄然留在心间，各自生活。在多年后的一次春游，这对被拆散的恩爱夫妻，今时意外相逢，该有多少知心的话想要说啊！然而时移世变，物是人非，二人纵有千言万语也只能埋在心头。他们之间，言语已是多余，能够这样远远地凝望一次足矣。陆游望着那熟悉又陌生、可望而不可即的身影，而"怅然久之"。当他清醒时，唐婉早已悄然离去。于是，他在沈园的墙壁上题下了这首哀婉动人的《钗头凤》词：

> 红酥手。黄縢酒。满城春色宫墙柳。东风恶。欢情薄。一怀愁绪，几年离索。错错错。
>
> 春如旧。人空瘦。泪痕红浥鲛绡透。桃花落。闲池阁。山盟虽在，锦书难托。莫莫莫。

表达了对唐婉的至深之情，那"东风"本是母爱，而它却也是这场爱情悲剧的制造者，夫妻二人的恩爱是那样地短暂，分开之后，满怀痛苦。纵使曾经有山盟海誓，终不能如愿白头偕老，如今咫尺天涯，连互通书信也再无可能，怎能不叫人悲痛欲绝呢！

唐婉读此词后，悲从中来，也含泪写下一首《钗头凤》词：

> 世情薄。人情恶。雨送黄昏花易落。晓风干。泪痕残。欲笺心事，独语斜阑。难难难。
>
> 人成各。今非昨。病魂尝似秋千索。角声寒。夜阑珊。怕人寻问，咽泪装欢。瞒瞒瞒。

更是发自肺腑的哭诉，在与陆游分别之后，唐婉心中压抑了太多的痛苦，她被剥夺了婚姻和爱情的自由，她的心事无处诉说，无法排解。如今重逢挚爱，却仿若一场梦，人已各在一方，今天非复昨日，一切都难以追寻。沈园之会后，唐婉忧伤成疾，不久便离开了人世，两人的爱情悲剧也成为了文学史上令人叹息的遗憾。

而比生时的分别还要痛心的就是相爱之人的天人永隔，在悼亡词作中首当想到的就是苏轼在《江城子·十年生死两茫茫》的款款深情。"不思量，自难忘"说的是人世常情，"纵使相逢应不识，尘满面，鬓如霜"中暗含了自身的多少人世悲戚，"夜来幽梦忽还乡，小轩窗，正梳妆。相顾无言，唯有泪千行"，日日思念之人终只能在梦中相会，是何等悲凉凝重，而"料得年年肠断处，明月夜，短松冈"是在诉说此生不渝的追怀，整首词将苏轼对亡妻的深情表现得深婉而沉痛。

宋代的"风月"爱情词，少有直观展现社会"风云"，但却能在表现人的丰富复杂的情感同时，以具体的审美意象把不可替代的情感体验升华到哲理的层面。我们在古人的吟咏之中，不仅产生强烈的情感共鸣，更多的时候也得到灵智的省豁，在情感的氛围中成为一盏明灯似的理性光亮。

今天，我们借助对宋词的品读，与古人的感情产生微妙的共鸣，感受了宋代文人那半是"风云"、半是"风月"的心灵律动，体会到蕴含其中的丰富、深厚而又能沟通古今的人生意蕴。回忆历史，不是为了回到历史，学术的真正意义是与现代人精神世界的沟通，品读富有艺术美感的宋词，唤醒现代人心中的乐音与旋律，以获得感发人心的力量，从而引领我们不断前行。

（刊登时间：2022 年 5 月 16 日。作者系十三届

全国政协委员，哈尔滨师范大学教授）

东坡词的优美世界

钟振振

苏轼是中国文学暨中国文化史上的一面旗帜。他在文学艺术上的成就是多方面的，其诗精新豪健，其词清雄旷放，其文酣畅淋漓，其书丰腴跌宕，其画奇谲高古……他创作的那些文学艺术精品，无不具有永恒的魅力。下面，我们选读他的几首绝妙好词，以尝鼎一脔。

对人世间的美好祝愿

水调歌头

丙辰中秋，欢饮达旦，大醉，作此篇，兼怀子由。

明月几时有，把酒问青天。不知天上宫阙，今夕是何年。我欲乘风归去，又恐琼楼玉宇，高处不胜寒。起舞弄清影，何似在人间。

转朱阁，低绮户，照无眠。不应有恨，何事长向别时圆。人有悲欢离合，月有阴晴圆缺，此事古难全。但愿人长久，千里共婵娟。

这是一首咏中秋的节序之词。

丙辰，宋神宗熙宁九年(1076)，岁次丙辰。达旦，到(第二天)早晨。子由，苏轼之弟苏辙(1039—1112)，字子由，号颍滨遗老。仁宗嘉祐二年(1057)进士，历官仁宗、英宗、神宗、哲宗、徽宗五朝，政治派别与苏轼一致，在新旧党争中的遭遇也大体相同。哲宗元祐年间旧党执政时，他官至门下侍郎(相当于副宰相)。绍圣年间新党重新得势，他被谪往雷州(今广东海康)等南荒之地。徽宗即位后遇赦北还。著有《栾城集》。以古文闻名于世，文风汪洋淡泊。苏轼作此词时，他正在齐州（今济南）节度掌书记任。

"明月几时有，把酒问青天"，这是化用李白《把酒问月》诗"青天有月来几时？我今停杯一问之"。"把酒"，即握着酒杯，向"青天"敬酒。

"不知天上宫阙，今夕是何年"，唐戴叔伦《二灵寺守岁》诗、韦瓘《周秦行纪》托名牛僧孺诗、旧题吕岩《忆江南》词等都有"不知今夕是何年"句，是苏词所本。古人认为，天上神仙世界的时间与地下人间世界的时间是不一样的，天上一日不知相当于人世几百千年，因此词人这样发问。

"乘风归去"，驾着风，回到天上去。词人这里是以下凡的神仙自居。"恐"，怕，担心。"琼楼玉宇"，白玉砌成的楼阁。"琼"，美玉。"宇"，屋檐。相传月亮上有这样晶莹美丽的建筑。"不胜"，承受不住。"起舞弄清影"，是说在月光下翩翩起舞，自己的影子也翻动不已，仿佛自己和影子在做游戏。"弄"，戏耍。"何似"，哪比得上。这五句是说，我想回到天上去，又怕受不了月宫中的寒冷；还不如留在人间，月下起舞，与清影相戏，多么萧闲自在！据宋蔡絛《铁围山丛谈》记载，若干年后的另一个中秋节夜，词人与宾客同登金山（在今江苏镇江），命当时有名的歌者袁綯唱这首词。唱罢，词人起舞，并说"此便是神仙矣！"这和此词表达的意思是一样的：神仙，在人间也可以做得，不一定非要上天。

"转朱阁，低绮户，照无眠"三句是说，明月转到红楼的另一面，降低到雕花的门窗外，照耀着睡不着觉的人。

"不应有恨，何事长向别时圆"二句，用宋石延年"月如无恨月长圆"（见司马光《温公续诗话》），是说月到中秋，既已圆满，便不应有恨了；可它无恨了，我却有恨了——为什么它总圆满在人们离别之时呢？有学者认为，此二句嗔怪月亮该不是对人们有所怨恨吧。这是用散文思维来读诗词，似属误解。

"古难全"，自古以来就难以全美。"长久"，指健康长寿。"千里共婵娟"，南朝宋谢庄《月赋》曰："美人迈兮音尘阙，隔千里兮共明月。"唐许浑《怀江南同志》诗曰："唯应洞庭月，万里共婵娟。"为苏词所本。谢庄赋、许浑诗、苏轼词都是说，两地相思之人可以从共仰一轮明月的清光中得到千里（万里）如晤的精神慰藉。"婵娟"，形容阴柔之美。唐孟郊《婵娟篇》诗："花婵娟，泛春泉。竹婵娟，笼晓烟。妓婵娟，不长妍。月婵娟，真可怜。"苏词则径用以代"月"字。

全篇清空奇逸，文气捭转。宋胡仔《苕溪渔隐丛话后集》说："中秋词，自东坡《水调歌头》一出，余词尽废。"本篇共交错押用了四部韵。其一，"天""年""寒""间""眠""圆""全""娟"，以上一部平韵为主韵。其二，"有""久"。其三，"阙""阁""合""缺"。其四，"去""宇""户"。以上三部仄韵为辅韵，当系有意添押，以增加全词的声韵之美。

作此词时，苏轼40岁，在知密州（今山东诸城）任。截至这一年，他与爱妻王弗已死别十一载，与胞弟苏辙的生离也有七个春秋，而其政见又与当权的新党不合。因此，无论是在人生旅途中，还是在政治道路上，他都踽踽独行，不胜其孤单与寂寞。

中秋明月之夜，万家团圆而我则茕茕吊影，词人内心的惆怅可以想见。他在"出世"与"入世"之间，也有过一刹那的彷徨，然而对生活的热爱和执着最终还是占了上风。他以一种豁达的态度直面那"悲""离"多于"欢""合"，"晴""圆"少于"阴""缺"的忧患人生，在篇末满怀深情地祝福道："但愿人长久，千里共婵娟！"虽然这祝福只是为自家兄弟而发，但由于它说出了天下一切离人（可以是兄弟姊妹，也可以是夫妻友朋，等等）的共同心愿，蕴含着人性中丰厚的真、善、美，所以千百年来一直播在人口，至今还是人们在佳节良辰思亲念友之际常用来遥相赠寄的最佳祈祷辞。

乐观精神和坚强风骨

定风波

三月七日，沙湖道中遇雨。雨具先去，同行皆狼狈，余独不觉。已而遂晴，故作此。

莫听穿林打叶声。何妨吟啸且徐行。竹杖芒鞋轻胜马。谁怕。

一蓑烟雨任平生。

　　料峭春风吹酒醒。微冷。山头斜照却相迎。回首向来萧瑟处。归去。也无风雨也无晴。

　　苏轼中年时期由于政见与当权的新党人士不合，遭到新党中某些政治品质恶劣的人罗织陷害，锒铛入狱，差点丢了性命。幸得新党领袖、退职宰相王安石"岂有圣世而杀才士者乎"一言，方被从"轻"发落（见宋周紫芝《诗谳跋》），谪居黄州（今湖北黄冈）。自宋神宗元丰三年（1080）至七年（1084），他在黄州度过了4年多近似流放的生活，时当44至48岁。本篇即作于此期间。

　　"沙湖"，在黄州东南三十里。"雨具先去"，是说保管雨具的人先走了一步。"雨具"，遮雨用具，如伞、蓑衣等。"同行"，同行者，一道走的人。"狼狈"，形容困窘。"不觉"，谓不觉得天在下雨。意即根本没把它当一回事。"已而"，过了一阵子。"遂"，终究。

　　"莫听穿林打叶声"，这句是说，不管它下什么雨，只做没听见。"穿林打叶声"，雨点穿透树林拍打树叶的响声。"吟啸"，吟咏、歌啸。"啸"，吹口哨。"徐行"，缓缓地、不急不忙地走。"竹杖芒鞋轻胜马"，这句是说，拄着竹杖，穿着草鞋在雨中行走，轻便胜过了骑马。

　　"谁怕。一蓑烟雨任平生"二句，是说我平生以"一蓑烟雨"自任，还怕眼前的这场风雨吗？言外之意，自己早有归隐之心，并不患得患失，所以政治上的打击奈何不了我。

　　"一蓑烟雨"，披一领蓑衣，在烟雨中垂钓。这是词人所向往的生活状态。有学者把"一蓑烟雨"理解为困苦之境，把"一蓑烟雨任平生"解说成"任凭平生一蓑烟雨"，似误。在宋词中，"一蓑烟雨"是渔隐生涯的象征。如释惠洪《渔家傲·述古德遗事作渔父词八首》其八《船子》曰："一蓑烟雨吴江晓。"张元幹《杨柳枝·席上次韵曾颖士》曰："老去一蓑烟雨里，钓沧浪。"葛立方《水龙吟·游钓台作》曰："七里溪边，鸬鹚源畔，一蓑烟雨。"葛郯《洞仙歌·十三夜再赏月用前韵》曰："任角声、吹落《小梅花》，梦不到渔翁，一蓑烟雨。"陆游《真珠帘》曰："早收身江上，一蓑烟雨。"又《鹊桥仙》曰："一竿风月，一蓑烟雨，家在钓台西住。"范成大《三登乐》曰："叹年来、孤负了、一蓑烟雨。"华岳《念奴娇》曰："十里松萝，一蓑烟雨，说甚扬州鹤。"皆是其证，几乎没有例外。

"料峭"，形容春寒。"吹酒醒"，吹散了醉意，使人清醒。"斜照"，斜射的阳光，夕阳。"向来"，刚才。"萧瑟处"，指淋雨之地。"萧瑟"，风雨拂打林木的声音。作"凄凉"解，亦通。"也无风雨也无晴"，是说风雨也罢，天晴也罢，都不放在心上。雨既不惧，晴亦不喜。言外之意，自己对政治上的升沉荣辱，淡然置之，毫无芥蒂。词人晚年被放逐到更为蛮荒的海南岛，所作《独觉》诗，结尾再次写道："回首向来萧瑟处，也无风雨也无晴。"可见他对这两句含义深刻的词颇为得意，也可见他这种处世哲学是一以贯之的。

本篇交错押用了四部韵。一是"声""行""生""迎""晴"，以上一部平韵为主韵。二是"马""怕"，三是"醒""冷"，四是"处""去"，以上三部上去声韵为辅韵。

这首词"所指"（所写的具体内容）甚小——不过写半路猝然遇雨时的感受；然而"能指"（所能包含的意蕴）却甚大——竟写出了自己对待人生道路上的"风风雨雨"的态度。

词人一生经历了许多次为常人所难堪的政治打击，但他始终能以旷达的襟怀去迎受，泰然处之。当然，由于时代和阶级的局限，他赖以调节心理平衡的法宝只是佛家和道家的思想，对我们现代人来说，这种世界观并不可取；可是，其词中充溢着的乐观精神和坚强风骨，却典型地反映了我们中华民族的优秀气质，因此读来仍能感受到一种沛然莫御的人格力量。

促人奋进的理想与追求

念奴娇·赤壁怀古

大江东去，浪淘尽、千古风流人物。故垒西边人道是，三国周郎赤壁。乱石穿空，惊涛拍岸，卷起千堆雪。江山如画，一时多少豪杰。

　　　遥想公瑾当年，小乔初嫁了，雄姿英发。羽扇纶巾谈笑间，强
　　虏灰飞烟灭。故国神游，多情应笑我，早生华发。人间如梦，一尊
　　还酹江月。

　　宋傅藻《东坡系年录》系此词于宋神宗元丰五年（1082）七月。当时词
人 46 岁，仍谪居黄州（今湖北黄冈）。

　　"赤壁"，这里指黄州西长江边的赤壁，一名赤鼻矶。关于三国时赤
壁大战的古战场究竟在何处，历来众说纷纭，其中较可信的是今湖北咸
宁赤壁。但俗传也有以为在黄州赤壁者，且早在唐代就已见诗人吟咏，
如杜牧《齐安郡（即黄州）晚秋》诗："可怜赤壁争雄渡，唯有蓑翁坐
钓鱼。"

　　"大江东去"，用杜甫《成都府》诗："大江东流去。""淘"，冲洗。
"风流人物"，指有作为、有影响的英雄人物。"故垒"，昔日驻扎过军
队，而今已废弃的营垒、要塞。"人道是"，人们说是。"三国"，继东汉
之后出现的魏、蜀、吴三国鼎立的历史时期。自公元 220 年魏文帝曹丕
废汉起，至 280 年晋武帝司马炎灭吴止，凡 61 年。但人们通常也将赤壁
大战后、魏蜀吴正式建国前的历史算在三国时期之内。

　　"周郎"，指周瑜。周瑜是庐江舒（今安徽舒城）人。汉献帝建安三年
（198），江东军阀孙策任命他为建威中郎将（高级将领），时年 24 岁，人
们称他为"周郎"。他辅佐孙策创立了孙氏政权。孙策死后，又辅助其弟
孙权。建安十三年（208），曹操夺得荆州（辖境主要为今湖北、湖南）后，
率数十万大军沿江东下。孙权部下主降者居多，他则坚决主战，自请以
三万精兵迎敌。终与刘备的军队合力，用火攻大破曹军于赤壁。事见《三
国志·吴书·周瑜传》。元末明初罗贯中《三国演义》将赤壁大战的许多
功劳划归诸葛亮的神机妙算，那是小说，不是历史事实，当不得真。在
有关三国的许多戏剧里，诸葛亮的扮相是须生，周瑜的扮相则是小生，
因此人们多错误地认为诸葛亮的年龄比周瑜大。其实，周瑜比诸葛亮年
长 6 岁。赤壁大战发生的那一年，周瑜 34 岁，而诸葛亮只有 28 岁。

　　"故垒"二句，也可读作"故垒西边，人道是、三国周郎赤壁"。"乱石穿空"，一作"乱石崩云"。"穿空"，刺透天空。"惊涛拍岸"，一作"惊涛裂岸"。"千堆雪"，唐孟郊《有所思》诗曰："寒江浪起千堆雪。""雪"，比拟洁白的浪花。"一时多少豪杰"，是说在周瑜生活的那个年代，一时间不知涌现出多少英雄豪杰！

　　"遥想"，追想遥远的过去。"公瑾"，周瑜的字。"小乔"，周瑜的妻子。建安三、四年(198—199)间，周瑜随孙策攻皖(今安徽潜山)，得到了桥公的两个女儿，都是绝色美人。孙策娶了大桥，周瑜娶了小桥。事见《三国志·周瑜传》。"桥"这个姓，北周宇文泰做大丞相时，命省去"木"旁作"乔"，取"高远"之义。见《新唐书·宰相世系表》。"初嫁"，赤壁大战时，小乔嫁给周瑜已有 10 年之久。说"初嫁"，是用剪接手法突出周瑜的风流倜傥、年轻有为。"雄姿"，《三国志·周瑜传》载，周瑜"长壮有姿貌"，即英俊魁梧。"英发"，指才华外露。孙权对周瑜有"言议英发"的评价，见《三国志·吴书·吕蒙传》。

　　"羽扇纶巾"，手执羽毛扇，头戴丝织巾。这是洒脱儒雅的装束。形容周瑜虽大敌当前而毫无惧色，作为全军主帅，却不着戎装。有学者认为这是指诸葛亮，却不知道这是魏晋时期一些儒将的装束，并不专属某个人。手持鹅毛扇的便是诸葛亮，这是各种三国戏剧植入广大观众头脑的错觉。"强虏"，强敌。"虏"，对敌人的贬称。一作"樯橹"。"樯"，船桅。"橹"，摇桨。代指曹军的战舰。"灰飞烟灭"，语出唐佛陀多罗所译《圆觉经》："譬如钻火，两木相因，火出木尽，灰飞烟灭。""羽扇"这二句是说，周瑜身着便服，在与宾客谈笑之间，毫不费力地用火攻歼灭了曹操的大军。二句也可读作"羽扇纶巾，谈笑间、强虏灰飞烟灭"。

　　"故国神游"，这句倒装，即"神游故国"，是说自己的神思超越了时间，在昔日的赤壁战场遨游。

　　"多情应笑我"，这句也是倒装，即"应笑我多情"，省略了主语"他人"。"华发"，花白的鬓发。"发"，繁体字作"髮"。前文"英发"之"发"，繁体字作"發"。二字形、义皆不同，并非重复押韵。"多情"二句是说，自己感情太丰富，竟为历史人物、历史事件而激动不已，以致过早地生出白发，实在是可笑。

　　"一尊"，一杯酒。"尊"，古代的一种酒杯。"酹"，以酒浇地。"江月"，江中月亮的倒影。"一尊"二句大意是说，人生像梦一样虚幻，什么也不要想了，还是喝酒吧。"酹江月"是将江月当作酒伴，向它劝酒的意思。理解为祭奠周瑜等古代的英雄豪杰，也说得通。

　　本篇押用一部入声韵，韵脚分别是"物""壁""雪""杰""发（發）""灭""发（髮）""月"。

　　作此词时，词人正处于人生的低谷。世道艰难，仕途坎坷，壮志消磨，秋霜点鬓，英雄落魄之际，难免不作"人间如梦，一尊还酹江月"的颓唐语。然而，你看他笔下的祖国江山是何等的雄伟壮丽，你看他笔下的历史人物是何等的英姿飒爽，能说词人不执着于人生，没有积极的生活理想与追求吗？

　　龙泉舞罢，剑归鞘中，观者眼边仍然闪动着先前的剑影寒光，很少有人会去注意剑鞘上那色彩古暗的鱼皮。此词之所以能促人奋起而非使人萎靡，道理也就在这里。

　　据宋俞文豹《吹剑续录》记载，词人后来做翰林学士时，曾问一位善于唱歌的幕僚："我词比柳（永）词何如？"幕僚答道："柳郎中词，只好十七八女孩儿，执红牙拍板，唱'杨柳岸、晓风残月'（柳永《雨霖铃》词中的名句）；学士词，须关西大汉，执铁板，唱'大江东去'。"词人听了，笑得前仰后合。

　　在当时那样一个以男性为中心的封建社会，因观众多为须眉，故台上独重"女音"，歌坛明星只能是白牡丹"李师师"而不可能是"黑旋风李逵"。那幕僚所云，显然是对词人的善意揶揄。但在今天看来，他那形象鲜明的对比性评述，却也传神地道出了苏轼豪放词中有别于婉约派流行歌曲的阳刚之美。

　　（刊登时间：2022 年 6 月 20 日。作者系南京师范大学教授）

诗词中的大美长江

莫砺锋

诗人、诗词与长江

与黄河一样，长江也是中华民族的母亲河。长江长达6300余公里，流域面积广达180余万平方公里。水网密布、气候温暖的长江流域非常适合中华民族的生息繁衍，也非常适合中华文化的发展壮大。奔流不息的万里江河最能启迪人们的哲思，所以孔子说："逝者如斯夫，不舍昼夜。"（《论语·子罕》）长江流域还是古往今来无数英雄豪杰的历史舞台，当诗人面临滚滚东流的江水时，深刻的哲理思考与深沉的历史意识交织融合，便会内化成强烈的诗歌灵感。刘勰说屈原："之所以洞监风骚之情者，抑亦江山之助乎。"（《文心雕龙·物色》）陆游站在归州江边感叹："一千五百年间事，只有滩声似旧时。"（《楚城》）所以，长江也是中华民族伟大诗人的母亲河。王兆鹏教授编写的《唐诗排行榜》和《宋词排行榜》，分别从唐诗、宋词中精选了100首经典名篇，根据各种参数进行打分、排名。在《唐诗排行榜》中名列第一的是崔颢的《黄鹤楼》，最后两句是"日暮乡关何处是，烟波江上使人愁"，写的就是长江。在《宋词排行榜》中名列第一的是苏东坡的《念奴娇·赤壁怀古》，第一句便是"大江东去"。古典诗词与长江的关系真是太密切了！

为什么古往今来的诗人都喜欢吟咏长江呢？首先是由于长江气象万千，它滚滚东流，千回百折，景色多变，气象万千。在明末徐霞客之前，古人认为岷江是长江源头。本次讲座以唐诗宋词为主要对象，我们暂时依据古人观念，把岷江看作长江的上游。苏东坡的家乡眉山，就在岷江边上，他有两句诗说"相望六十里，共饮玻璃江"，就是说岷江平稳澄澈，有如玻璃。长江流到三峡一带，地势落差巨大，江水从崇山峻岭间奔腾而过，波涛汹涌。就像杜甫在夔州所见，"无边落木萧萧下，不尽长江滚滚来。"长江出峡之后继续往东奔流，到了江汉平原，江面宽广，更加气象万千。最有名的诗句就是李白站在庐山上所见的景象："登高壮观天地间，大江茫茫去不还。黄云万里动风色，白波九道流雪山。"流到下游南京一带，长江变得更加宽阔平稳，就如南朝诗人谢朓所写："余霞散成绮，澄江静如练。"这样一条变化万千的大江，当然会吸引无数诗人的目光。

讲长江诗词，应该先讲哪一首？张若虚的《春江花月夜》也许是人们心中首选。这首诗被后人誉为"孤篇横绝，竟为大家"，篇幅长达 36 句，又是对长江的全景式描写，堪称唐诗中最重要的一首长江赞歌。张若虚是扬州人，他观看长江的地点，多半是在扬州西南方一个叫"三江营"的地方。古代长江下游的三角洲尚未形成，扬州、镇江一带就被人们视为长江的入海口。汉代的枚乘在《七发》中描写的"广陵涛"，就是在那里观看海潮逆江而上的壮观，就像现代的钱塘江潮一样。

《春江花月夜》全诗可分成五段，后面三段的重点转到男女相思，暂且不讲。第一段共八句，都是描写长江之景："春江潮水连海平，海上明月共潮生。滟滟随波千万里，何处春江无月明？江流宛转绕芳甸，月照花林皆似霰。空里流霜不觉飞，汀上白沙看不见。"春天江水迅涨，东流的江水遇到从大海西上的潮汐，互相鼓荡，浩渺无边。伴随着奔腾而来的潮水，一轮明月也从东天冉冉升起。地球上的潮汐本是海水受到月球的引力而产生的自然现象，诗人未必明白这个科学原理，但他用细致的观察得出了相似的结论。更值得注意的是，"海上明月共潮生"的写法，使潮水与明月都充满了生气，仿佛是两个有生命的物体。此段描写沉浸在月光的长江，那是一个晶莹剔透的光明世界。

第二段也是八句："江天一色无纤尘，皎皎空中孤月轮。江畔何人初见月？江月何年初照人？人生代代无穷已，江月年年只相似。不知江月待何人，但见长江送流水。"内容是诗人在月下江边的遐想。幽静寂寥的境界，最有利于人们的遐思冥想。诗人久久地凝望着江上的月亮，不由得神思飞扬，并对宇宙的奥秘和人生的哲理进行一系列的追问：是谁最早在江畔看月？江月从何年开始照耀世上之人？诗人理解人生短促而宇宙永恒的道理，他甚至展望遥远的将来：江上明月是在等待何人呢？这样，诗人就把眼前的感受延伸到未来，从而融入了天长地久的时间长河，这与现实空间中的万里长江互相映衬。《春江花月夜》全诗展示的物体都具有光明、美好的性质，从而汇成一个清丽、幽静、邈远的意境。它如梦如幻，迷离惝恍，值得人们流连忘返。从总体上说，《春江花月夜》是美丽长江的一曲颂歌。

　　从诗人的角度来看，讲诗词与长江，应该先讲哪位诗人呢？古代的伟大诗人，几乎都咏叹过长江。比如明代大诗人高启，他最有名的一首诗就是《登金陵雨花台望大江》，这是在江苏南京创作的长江诗。限于篇幅，只从最著名的古代诗人说起。先看杜甫。杜甫从 20 岁到 24 岁曾南游吴越，渡江南下，到过南京，还深入到浙江天姥山一带，晚年有诗回忆说"归帆拂天姥"，可惜没有留下吟咏长江的诗作。他 54 岁离蜀，58 岁逝于湘江口，一连几年都与长江为伴，然而生活潦倒，心情压抑，就像他在江边所写的《旅夜书怀》中所说："飘飘何所似，天地一沙鸥。"那种暮气沉沉、哀伤绝望的生命形态与长江不太吻合。李白一生与长江结缘，25 岁仗剑出蜀，由一轮峨眉山月陪伴着走过半条长江。直到晚年，相传还在江边的采石矶入水捉月而死。李白咏长江的名篇甚多，但是更能代表李白性格的大河也许是黄河，所以余光中对李白说："黄河西来，大江东去，此外五千年都已沉寂。有一条黄河你已经足够热闹了，大江且留给你苏家的乡弟吧。天下二分，都归了蜀人。你据龙门，他临赤壁。"（《戏李白》）黄河奔腾咆哮，落天走海，冲决一切阻碍。长江则以开阔平稳、波澜不惊为主要面目，它更加深沉，更加从容，不露声色地奔向大海。就诗人的性格特征而言，李白堪称黄河的"形象代言人"，苏东坡则堪称长江"形象代言人"。

苏轼与长江

下面就谈谈苏东坡这位长江"形象代言人"。

游金山寺

苏东坡一生漂泊江湖，他 24 岁那年，携父、弟沿江东下，生平第一次在长江旅行。但他自眉州行至江陵（今沙市），改走陆路北上，只走了不足半条长江。他一路上写下不少诗，但正如清人纪昀所评："火候未足时，虽东坡天才，不能强造也。"那些诗还不是东坡的代表作，也不是吟咏长江的名篇。到了 31 岁，东坡兄弟俩扶父丧还蜀，自真州溯江至眉州，倒是走了大半条长江。可惜古人有"临丧不文"的习惯，所以那一次东坡虽然在长江上走了足足 10 个月，却一首诗也没有写。东坡真正在长江边写出好诗，是他 36 岁时。那年东坡被政敌排挤出汴京，前往杭州担任通判，途经润州，作《游金山寺》，这是东坡笔下第一首在长江边上所写的杰作，全诗如下：

> 我家江水初发源，宦游直送江入海。
> 闻道潮头一丈高，天寒尚有沙痕在。
> 中泠南畔石盘陀，古来出没随涛波。
> 试登绝顶望乡国，江南江北青山多。
> 羁愁畏晚寻归楫，山僧苦留看落日。
> 微风万顷靴文细，断霞半空鱼尾赤。
> 是时江月初生魄，二更月落天深黑。
> 江心似有炬火明，飞焰照山栖鸟惊。
> 怅然归卧心莫识，非鬼非人竟何物？
> 江山如此不归山，江神见怪警我顽。
> 我谢江神岂得已，有田不归如江水！

金山是润州北边长江中的小岛，故此诗先从江水说起。东坡家在岷江边的眉州，故云"我家江水初发源"。古人以为润州乃长江入海处，苏轼宦游来此，故云"宦游直送江入海"。这两句既紧扣地理实况，又切合诗人身份，清人汪师韩称赞说："起二句将万里程、半生事一笔道尽，恰好由岷山导江，至此处海门归宿，为入题之语。"的确，苏轼虽然科举顺利，但仕途并非一帆风顺。不但多年沉沦下僚，而且受到诬陷，他深感宦海风波险恶，"宦游直送江入海"一句，暗含多少感慨！然而此诗毕竟是一首游览诗，其主要篇幅用来描写景物及游踪。此时正逢天寒水落，长江不像平时那样波涛汹涌，于是东坡想落天外，先虚晃一笔，以"闻道潮头一丈高"虚写往日奇景，又以"天寒尚有沙痕在"实写眼前之景，一虚一实，不但生动地写出江潮随着节令转换变化，而且文情跌宕，多含感慨。下两句进而感慨古今的变迁，描写金山上的盘陀巨石，自古在江涛的涨落中出而复没，没而复出。东坡为何对潮水的变化无常如此在意？多半是联想到宦海风波之险恶。意在言外，耐人寻味。对宦海风波的畏惧必然导致归隐之念，于是诗人登上金山绝顶远眺家乡，可惜江南江北的无数青山遮断了视线。至此，诗人实已意兴阑珊，故想返回归舟。但是山僧苦苦扣留，请东坡欣赏落日。落日之美很难描写，李商隐的"夕阳无限好"堪称咏落日的名句，其实仅是虚晃一枪而已。试看东坡如何落笔？他先写江面上的波纹。细如靴纹的波纹本是远眺难以看清的，但在夕阳斜光的照射下泛起粼粼波光，就清晰可辨了；后写彩霞红遍半空，那当然是夕阳返照的结果。这两句诗都不是正面描写落日，而是从落日的效果着笔，堪称"烘云托月"的范例。东坡游金山是在十一月初三，此夜的月亮西坠约比落日晚一个时辰，所以夕阳西沉后不久，如钩新月也没于天际。照理说月落后已是漆黑一片，无景可看，理应归卧，可是诗人笔锋一转，又写江心忽然出现一团炬火，光焰照亮江边山峰，惊动栖鸟。此景实在奇特，故苏轼自注云："是夜所见如此。"江中炬火究竟为何物？不但读者不知，诗人亦自承不知，东坡怅然归卧，心中仍狐疑不已。但他终于悟出，江心的半夜炬火是江神有意显灵，以此奇幻壮丽之景象来警示他，为何不及早归隐江山。于是诗人对着滔滔江水郑重立誓：一旦有田可耕，一定立即归隐！"有田不归如江水"的结尾与开头的"我家江水初发源"遥相呼应，全诗从长江写起，又以长江结尾。东坡归隐的目的地是长江源头的家乡，触发其归隐念头的则是变化无穷的长江美景，故而最后对着江水向江神起誓。一句话，长江就是东坡的精神归宿之地。

赤壁赋

命运终于把东坡抛到长江边上的一座小城，一住五年。45 岁那年，刚刚走出御史台大牢的东坡来到黄州。黄州五年是东坡人生道路中第一个低谷，但也是其文艺创作的第一个高潮，47 岁那年一连写出多篇与长江有关的杰作，最重要的是前后《赤壁赋》和《念奴娇·赤壁怀古》词等，正是这些作品使东坡成为名副其实的长江"形象代言人"。真正的三国古战场赤壁并不在黄州，但诗人创作时当然可以化虚为实，唐代杜牧著名的《赤壁》："东风不与周郎便，铜雀春深锁二乔。"就是他在黄州刺史任上写的。东坡也是如此。当他站在赤壁岸边面临滔滔东流的长江水时，感念人生，心潮澎湃。此时作赋填词，如果直说赤壁只是一座默默无名的小山岗，未免索然寡味。如果把它想象成赤壁大战的古战场，是曹操、周瑜等英雄人物的人生舞台，那么江山胜景就与历史文化融为一体，东坡的满腹情思就可凭此一吐为快了。

先看前《赤壁赋》。那年七月十六日，东坡邀了几位朋友泛舟于赤壁之下。月光下的江面变得更加辽阔、苍茫，东坡与客人都飘飘然有神仙之概，东坡引吭高歌，一位客人吹箫助兴。不料箫声呜咽，东坡愀然变色，诘问客人为何箫声如此悲凉，于是引出了主客二人的一番对话。客人由眼前的月色联想到曹操的名句"月明星稀，乌鹊南飞"，又由眼前的地形联想到曹操在这一带的征战经历。是啊，曹操文武双全，称雄一世，但如今安在哉？于是客人发出对自身命运的哀叹，并解释为何自己吹出的箫声是那般凄凉："哀吾生之须臾，羡长江之无穷。挟飞仙以遨游，抱明月而长终。知不可乎骤得，托遗响于悲风。"这就引出了东坡的一段议论："客亦知夫水与月乎？逝者如斯，而未尝往也。盈虚者如彼，而卒莫消长也。盖将自其变者而观之，则天地曾不能以一瞬；自其不变者而观之，则物与我皆无尽也，而又何羡乎？"主客两人的这番对话其实都是东坡的内心独白，是他在作品中虚拟的一对正方与反方。东坡本人在江边缅怀曹操那位文武双全的一世之雄，当年是何等的威武雄壮、风流潇洒，但如今安在？名垂青史的英雄尚且如此，更不用说我辈普通人了。相对于千年流淌不尽的长江和亘古如斯的明月，人的身体是多么渺小，人的一生又是多么短促！于是东坡暂时搁置了儒家建功立业的淑世情怀，他转而用庄子相对论的眼光来看待宇宙万物。江水东去，昼夜不息，然而万里长江依然在原地奔流。月圆月缺，变幻不定，然而无论光阴如何流逝，那轮明月何尝有半点减损？世间万物均同此理：从变化的角度来看，连天地都是瞬息万变的不确定之物；从不变的角度来看，我们与外物都是永恒的存在，又何必羡慕长江和明月呢？

念奴娇·赤壁怀古

如果说《赤壁赋》的主旨是诉诸理性，那么《念奴娇·赤壁怀古》则是诉诸感情。这首词的写作时间不很明确，从词中写到的滔滔江水来看，只能肯定不是在"水落石出"的冬季。写作地点则多半是在舟中，因为"乱石穿空"应是在江面上仰视赤壁所得的形象。当东坡仰眺高耸的石壁，又俯瞰滚滚东流的江水时，觉得如此险要的地形真是天然的好战场，当年万舰齐发、烈焰映空的战争场景便如在目前。于是东坡举杯酹月，写下这首慷慨激烈的怀古词。值得注意，曹操也好，周瑜也好，他们在赤壁留下的事迹都是打仗，他们当时的身份都是武将，但东坡的作品中却强调他们还有文采风流的一面。史书中没有记载周瑜能写诗，只说他精通音乐，并非赳赳武夫。东坡则把他刻画成一副"羽扇纶巾"的儒将装束，又特别点出他与美女小乔的新婚燕尔，以此衬托其文采风流。文武双全，功业彪炳，这样的曹操和周瑜，才是东坡心目中的风流人物。东坡用他们来反衬自己心头的失意之感：古代的英雄人物曾经在历史舞台上纵横驰骋，多么威武雄壮，多么风流潇洒！自己却年近半百一事无成，往昔的雄心壮志都已付诸东流，若与少年得意、雄姿英发的周郎相比，更显得自身是这般的委琐、渺小！从表面上看，这首赤壁词中充满着人生如梦的思绪和年华易逝的慨叹，情绪相当低沉。但这只是它的一个侧面，它的另一面，也就是其基调，其实是否定这种低沉消极的境界，转以开朗、积极为主要精神导向。从全词来看，东坡的心情映衬在江山如画的壮阔背景下，又渗入了面对历史长河的苍茫感受，变得深沉而且厚重。而对火烧赤壁的壮烈场面与英雄美人风流韵事的深情缅怀又给全词增添了雄豪、潇洒的气概，相形之下，东坡本人的低沉情愫便不是全词的主旨。也就是说，此词中怀古主题是占主导地位的，词人的身世之感则是第二位的。东坡将它题作"赤壁怀古"，名副其实。正因如此，虽然后人对此词的情感内蕴见仁见智，但公认它是东坡豪放词的代表作，都认为演唱此词必须用铜琵琶、铁绰板来伴奏。我们不妨说，滚滚东流、一泻千里的长江为东坡注入了刚强不屈的精神气质，威武雄壮、潇洒风流的古代英雄为东坡提供了积极有为的人生典范。从这个意义来说，长江就是东坡人生精神的象征。

有人认为赤壁赋和赤壁词含有低沉、消极的思想倾向，这种说法并非空穴来风。东坡以一位市长级地方长官忽然被贬到荒远之地，心中自然充满了委屈、失落之感。当他被发配到举目无亲的黄州后，他的孤独感中又渗入了委屈感，从而更加强烈。但是我们对这种情绪不宜夸大，更不能把它说成是东坡的主要人生态度。

中国人主张知行合一，要想准确理解中国古代文学作品的思想内蕴，必须参照作者的整个人生行为。无论是从精神状态，还是从具体业绩来看，东坡的人生都可谓光辉灿烂，亮点多如天上的繁星。他在朝廷里面折廷争、高风亮节，永载史册；他在地方上爱民如子、政绩卓著，有口皆碑；他留下了4400篇古文，2800首诗，350首词，还有无数的书法作品，都是中华民族文化史上的瑰宝。这样的人生，借用《孟子》的话来说，真是"充实而有光辉"。人生有如江河，既有一泻千里的豪迈，也有百折千回的艰辛。东坡在黄州的长江边徘徊思考了将近5年，他已经参透了长江，也参透了人生。孔子说"逝者如斯夫，不舍昼夜"，东坡的赤壁赋与赤壁词是对孔子哲言的生动阐释，也是对长江精神的深刻理解。江水奔流不息，但长江千古如斯。个人的生命转瞬即逝，但一代又一代的风流人物前仆后继，便形成永无终止的人类文明史。滔滔滚滚的长江消解了东坡心中的苦闷，排除了人生空漠之感。正是在黄州的长江边上，东坡实现了对现实人生苦难的精神超越，也实现了对诗意人生的终极追求。东坡只活了 60 多岁，但他的业绩与影响永垂不朽。东坡离开人世已经 900 多年，但他何尝有一天离开过我们？"逝者如斯，而未尝往也!"这是东坡笔下的长江，又何尝不是东坡自我人生的生动写照？正因如此，我建议把东坡看成长江的形象代言人，认真阅读东坡吟咏长江的优美诗词!

（刊登时间：2022 年 7 月 18 日。作者系南京大学教授）

创建新时代文化传承的"精品学堂"

刘　宁

　　中华优秀传统文化是中华民族瑰宝，几千年来，对推动中国社会发展发挥了重要作用。党的十八大以来，党和国家高度重视中华优秀传统文化的传承发展，着力推动中华优秀传统文化创造性转化、创新性发展，习近平总书记指出："我们要特别重视挖掘中华五千年文明中的精华，弘扬优秀传统文化，把其中的精华同马克思主义立场观点方法结合起来，坚定不移走中国特色社会主义道路。"如何深入弘扬中华优秀传统文化，推进新时代中国特色社会主义建设，是无比重要的时代课题。

　　全国政协开展委员读书活动以来，一直高度重视对中华优秀传统文化的学习与交流。活动伊始，就成立了"国学读书群"，持续至今已近3年。我一直参与"国学读书群"的交流，担任过群主、导读等工作；最近又担任"诗词艺术古今谈"委员自约书群群主，和委员、专家一起交流诗词艺术的古今传承。

　　将近3年时间里，研习经典，品读诗词，奇文共欣赏，疑义相与析，收获很大，感触很深。我是一名中国古典文学与文献学的研究者，委员读书让我对如何做好中华文化的传承与弘扬，有了很多体会。我深深感到委员读书活动，在当代中国，创造了极为独特的文化传承"精品学堂"。委员们的学习交流，体现出鲜明的"精品意识"。交流不作泛泛之论，研讨深入，充满启发。新时代我国社会追求高质量发展，中华文化传承也需要树立"精品意识"。委员读书这座"精品学堂"，为中华优秀传统文化的高质量传承发展，作出了积极探索。

新时代文化传承呼唤"精品意识"

30 多年前我进入北京大学中文系古典文献专业学习时，传统文化很受冷落；但是，我们的师长始终鼓励我们，要相信中华优秀传统文化的生命力。当时系里已至耄耋之年的著名唐诗研究专家林庚先生，曾经语重心长地对我们讲，你们要相信，随着中国经济发展、人民生活水平提高，会有越来越多的人，认识到中华文化的价值和意义。我们这一代人，可能看不到那一天了，但你们一定会看到！

那以后，每一次回想林先生的谆谆教导，内心就无比感动。如今，林先生的预言真的变成了现实。随着中国经济高速发展，人民安居乐业，越来越多的人开始重视文化。国门打开，中国人看到广阔的世界，许多人开始思考人生的意义，开始关注中华文化的伟大传统。这些都为中华文化的传承发展，奠定了时代和社会基础。

党的十八大以来，中华优秀传统文化的创造性转化与创新性发展，受到高度重视。中华大地掀起学习中华传统文化的热潮。人们学习经典、传诵诗词，各类国学学堂如雨后春笋般兴起，《中国诗词大会》《典籍里的中国》《书画里的中国》等一大批国学传播文化节目，深受欢迎。在春秋佳日，风景秀丽的园林里，人们会看到不少身穿各式汉服的年轻身影；今年春晚的古装舞蹈《只此青绿》，河南卫视春晚的舞蹈节目《唐宫夜宴》等等，都好评如潮。

然而，新时代也对中华文化的传承弘扬，提出了更高要求。无论是人们深入学习国学的强烈愿望，还是要实现传统文化创新性发展的时代重任，都呼唤文化的传承弘扬要更具"精品意识"。

新时代学习者的素养明显提高。据教育部今年发布的《2021 年全国教育事业发展统计公报》统计，2021 年全国拥有大学文化程度人口超 2.18 亿，各种形式的高等教育在学总规模 4430 万人，在学研究生 333.24 万人。全国研究生以上学历人口 2020 年有 1076.5 万（根据 2020 年第七次人口普查统计），而 2010 年只有 413.9 万，10 年时间多了 600

万。2021年高等教育毛入学率57.8%，而2010年只有26.5%。这些都充分说明，新时代我国国民接受高等教育的整体规模，有了显著扩大。

如今，中国接受了高等教育的国民，已经占总人口的1/7，他们是传承弘扬中华优秀传统文化的重要力量。新时代的文化传承，要充分关注这一群体的学习需要。这一群体虽然没有接受中华传统文化的专业教育，但其文化素质高，在祖国的各行各业肩负重任，对深入学习传统文化有很高的热情，很深的期待，同时也有很高的要求。只有文化传承的精品之作，才能吸引其兴趣。这一群体的规模还在不断扩大，时代对精品的渴求，越来越强烈。

新时代开启高质量发展新征程，对中华文化传承弘扬，提出更高要求。习近平总书记指出："要推动文化产业高质量发展，健全现代文化产业体系和市场体系，推动各类文化市场主体发展壮大，培育新型文化业态和文化消费模式，以高质量文化供给增强人们的文化获得感、幸福感。"新时代的文化传承与弘扬，需要多出精品。

中国学术文化的繁荣发展，为做好精品传承，奠定了深厚的基础。改革开放以来，中国古籍整理迎来黄金时代，整理出版的古籍近两万种，许多大型古籍整理项目顺利完成，出土简帛、金石碑刻、档案文献的整理以及古籍数字化也成就斐然。在此基础上，传统文化相关课题的研究也取得许多重大突破。从事传统文化研究的专业学者队伍也不断扩大。

党的十八大以来，以习近平同志为核心的党中央站在实现中华民族伟大复兴的战略高度，对传承和弘扬中华优秀传统文化作出一系列重大决策部署，传统文化的研究、传承事业，迎来新的发展机遇，取得了丰硕成果。例如，2016年启动的"中华传统文化百部经典"编纂工作，就是经典传承的代表之作。该项目由中宣部支持指导，原文化部委托国家图书馆组织实施，以"激活经典，熔古铸今，立足学术，面向大众"为宗旨，约请优秀的专家学者对《尚书》《周易》《诗经》《左传》《孟子》《老子》《庄子》等百部中华文化经典，进行整理、解读，出版后深受社会各界欢迎。类似这样的成功之作，还可以举出很多，但要满足新时代社会的整体需要，这样的"精品"还需要更多更多。

　　总之，中华优秀传统文化的传承发展，在新时代迎来新的机遇和挑战，越来越需要树立"精品意识"，回应社会高质量发展的需要；越来越呼唤以"精品"沟通古今，赋能当代的文化创造。

新时代文化传承的"精品学堂"

　　政协委员读书活动，高度重视对中华优秀传统文化的学习与交流。委员是各行各业的精英，针对委员的学习要求，全国政协对读书交流的方式方法，做了精心安排，体现出鲜明的"精品意识"。经过领导提倡，政协组织和委员们的长期努力，委员读书日益成为新时代文化传承的"精品学堂"。这座学堂有如下三个突出特点：

关注中华文化经典的思想内涵

　　在我担任"国学读书群"第二期群主时，群里主要学习《孟子》与《庄子》。这两部经典，我自己曾在学校的课堂，以及校外的普及讲座中讲授过。通过对比，我感到政协读书交流，最突出的特色是关注经典的思想内涵。

　　"国学读书群"的学习，聚焦于提高委员自身修养、加强思想引领、凝聚共识、促进专门协商机构建设等深刻的履职追求，其立意始终着眼于理解和阐发经典思想内涵及其当代意义。《孟子》《庄子》两部经典，卷帙颇多、内容丰富，而相关的导读，始终围绕核心问题，做提纲挈领的阐释，这非但没有让委员望而却步，反而引发了委员们浓厚的思考兴趣。

　　委员们对《孟子》"义利""性善"等问题的讨论，热烈而深入。全国政协委员、儒学大家、清华大学国学院院长陈来在群中担任《孟子》的导读。他指出，孟子的"义利观"，作为一套先义后利的价值观，贯通在国家、社会和个人三个层次，既是治国理政的价值观，又是社会关系的价值观，也是人生道德选择的价值观。它对当今社会主义核心价值观的建设，提供了有力的启示。委员们进一步提出，在注重"利"的市场经济中，应如何处理"义"与"利"的关系？陈来先生面对委员们的疑问，认为先义后利，是治国理政社会价值观的核心，与市场经济法则是两个不同的问题；它不否认市场经济有其法则，而是从社会整体利益出发，警惕市场法则侵入家庭、学校、团体、社会，变成人与人之间的普遍法则。全国政协委员、文化文史和学习委员会副主任叶小文则在充分肯定核心价值观要以"辨义利"为核心的同时，详细讨论了市场经济下义利的复杂关系。他认为要学习儒家的中庸之道、"惟精惟一，允执厥中"，妥善处理义利关系，化解市场经济的道德悖论。这些讨论思辨丰富、视野开阔，既指出先义后利这一价值原则，对于国家的精神星空犹如北极星一样的重要意义，又深入思考北极星的星光如何充分照亮星空的问题。

在华中科技大学哲学系教授李耀南导读《庄子》期间，庄子的思想，经过李教授精彩深入的讲解，引发了群中委员的深刻共鸣。习近平总书记提出要加强生态文明建设，共谋绿色生活、共建美丽家园。这些深刻的思想，积极地继承了中华传统的生态文明智慧，而其中庄子的影响，尤其值得关注。李教授认为，建设生态文明，要重新谛视人与万物的关系、注重天地万物的审美意义，要顺应自然、努力体会庄子"天地与我并生，而万物与我为一"的深厚宏阔的存在体验。这些见解，积极地阐发了庄子思想的当代价值。

"国学读书群"陆续开展的《论语》《老子》《周易》《尚书》等经典的学习，对"大一统"问题的历史考察与理论思考，也都体现了关注经典思想内涵的特点。

关注中华文明的"精深成就"

中国有悠久的文教传统，中华诗词是中华文明的精髓。"国学读书群"先后开展过唐诗、宋词、毛主席诗词、革命烈士诗词等的学习，最近又成立"诗词艺术古今谈"委员自约书群，此群约请了多位优秀诗词研究专家，就中华诗词的核心艺术问题展开导读交流。

这个群的成立，本身就体现了委员对传统文化学习的深入期待。很多委员提出，自己很喜欢古典诗词，但是自学时遇到不少艺术上的难点。政协书院积极回应委员的要求，开设这一诗词学习交流书群。两个多月以来，专家导读已近十讲，交流效果之好，十分令人鼓舞。全国政协委员、提案委员会副主任、江苏省政协原主席蒋定之一直积极参与交流，他说："这么成系列的高端诗词讲座，在政协历史上可能是第一次，这不仅对委员学习是很大帮助，对中华优秀传统文化的传承发展，也是很好的推动。"

同样被群中讨论吸引的全国政协委员、中国科学院文献情报中心研究馆员刘筱敏则感慨：我们都说中华文化博大精深，但以前对"博大"体会比较多，这一次，真切领略了中华文化的"精深"！这说出了不少委员的心声。中华诗词所以堪称中华文化的精髓，正是因其具有深邃的艺术、深邃的精神。诗词群邀请了西北大学教授李浩，南开大学教授查洪德、卢盛江，贵州师范大学教授易闻晓，华东师范大学教授彭国忠，扬州大学教授刘勇刚，浙江大学教授陶然，上海师范大学教授李贵等专家进行专题导读、讨论唐宋诗艺术奥秘、诗词吟诵、词心词脉、意象与诗法、体式与用韵、词的下字运意与开阖变化、唐宋律诗意脉与意趣以及唐诗之路、山水诗等重要课题。每一讲都围绕诗词作品，分析其结构之奇、运思之妙。中华诗词艺术之精工、境界之深邃，通过专家的揭示，神采毕现，令人叹为观止。诗词艺术的精深，体现了中华文化的巨大创造力，只有深入体会中华文化的"精深之美"，才能更好理解其何以能历数千年发展变化而生生不息，才能更好地树立中国文化自信。

然而如何理解中华文明的"精深成就"，是一个很有挑战性的课题。委员读书创造的"精品学堂"对此作出了积极探索。

本群约请的专家，都是优秀的前沿学者，在诗词教学和研究领域深耕超过 20 年，造诣深厚，经验丰富，研究与创作兼擅。他们反复锤炼讲稿，录制音频，以精要的笔墨，讲透诗词艺术的奥秘。在目前已经开展的导读讲座中，李浩教授揭示唐诗境界美的艺术特点，易闻晓教授深入分析意象与成辞对创作的意义，彭国忠教授从下字运意与开阖变化探讨词艺精微，刘勇刚教授示范讲解吟诵规律，陶然教授品读词心词脉，李贵教授总结诗词体式特点。这些导读不讲奇闻趣事，全靠揭示诗词艺术本身的精深美妙感动人心。很多委员在导读结束后，还在反复品味讲座内容，在诗词深邃美好的世界中流连忘返。

导读专家也感到与委员的交流，很受启发。虽然专业背景不同，但委员视野开阔、思考深入，提出许多有价值的问题。全国政协委员、上海戏剧学院王苏教授是国家一级演员、上海市朗诵协会副会长，她美妙婉转的诗文朗诵，与刘勇刚教授抑扬顿挫的诗词吟诵，神韵各异而又相互启发，给委员们留下难忘印象，也启发大家探究诗词艺术古今传承的多种形态。专家与委员相互尊重，相互启发，大家共同领略中华文化的精深美妙，体会文化自信的力量，共同创造了文化传承"精品学堂"的动人景观。

跨学科、跨领域的开阔交流

委员的专业背景十分多样，每一次交流，都是跨学科、跨领域的，彼此相互启发碰撞，激发出许多思想火花。"国学读书群"围绕孟子"性善论"的讨论就是很有收获的跨界交流。

人性问题，是哲学的基本问题。儒家人性论对塑造中国人的精神世界，影响至深。陈来委员和中国人民大学国学院教授梁涛在担任导读时，对孟子人性论"本体"与"工夫"内涵、荀子人性论的实际含义做了深入解读。在宗教学方面造诣深厚的叶小文委员，则对基督教的原罪说与孟荀人性论进行了比较，指出人性的善恶、人类的原罪，这些问题都是人类永恒思考的基本问题。全国政协副秘书长、民进中央副主席、教育学大家朱永新则细致地讨论了孟子"性善说"、荀子"性恶说"对中国古代教育思想的深远影响，讨论了关于人性形成假说的气禀论与性习论、关于人性塑造方法的外烁说与内求说。全国政协委员、原国有重点大型企业监事会主席、著名航天卫星环境工程专家孙来燕，对康德哲学有深入钻研，他对孟荀人性论与康德"道德律"进行了对比，认为孟子"四心""四端"更接近"道德律"的绝对命令，进而认为当下学习中华传统文化，要用现代人的眼光去批判地扬弃，汲取精华，树立中华民族的文化自信。这些讨论，在中外文明比较的视野下探讨了儒家人性论的文化特色和当代价值。

《博览群书》"政协委员读书随笔"专栏，集中刊发了这组讨论，读书取得了良好的外溢效果。不少社会读者看到后，都感叹政协委员读书视野开阔，拓宽了国学经典的思考空间。

读书履职的深刻追求，始终贯穿在委员思考交流中。学习《孟子》

《庄子》时，"国学读书群"曾与"学习《民法典》读书群"互动讨论，思考《民法典》对中华优秀文化智慧的继承。法学界委员的思考，带来很多启发。对《习近平谈治国理政》第三、四卷的学习，更是贯穿在全部学习过程中，带来全方位的启发与指导。

总之，在全国政协各级领导的关怀下，在政协书院的深入指导下，委员读书活动成果丰硕。在优秀传统文化学习方面，委员读书成为当代中国独树一帜、弥足珍贵的"精品学堂"，深刻回应了新时代文化传承的迫切要求。作为一名深入参与读书活动的政协委员，我充分感受到委员读书的重大意义。

值此党的二十大胜利召开之时，我要立足岗位，加倍履职尽责，在委员读书这所新时代文化传承的"精品学堂"中，为中华优秀传统文化的创造性转化与创新性发展作出更多的贡献。

（刊登时间：2022 年 10 月 17 日。作者系第十三、十四届全国
政协委员，中国社会科学院文学研究所古典文献研究室主任）

中国传统文人画的诗情

朱良志

中国有诗画结合的传统，诗是无形画，画是有形诗。诗是画的灵魂，画是诗意的呈现形式。北宋李公麟（1049—1106）善于画人物、山水，他画陶潜《归去来兮图》，说："不在于田园松菊，乃在于临清流处。"意思是，画陶，就要画出陶的高远意味，仅仅画田园秋菊是不够的，要将它放到"临清流处"，要以"木欣欣以向荣，泉涓涓而始流"作为背景，陶心灵中有"纵浪大化中、不喜亦不惧"的境界，要将这样的境界表现出来。李公麟所关心的其实就是诗意。

对诗意的强调直接影响中国画的形态。中国画追求丹青之外的趣味，要超越形式，所谓"九方皋相马"，意在"骊黄牝牡之外"。石涛有诗云："天地浑熔一气，再分风雨四时。明暗高低远近，不似之似似之。"这"不似之似似之"，成为中国画的要诀。

中国艺术家看画，把它当作一个反映"真实生命感觉"的影子，画面表现的形式不是最重要的，重要的是绘画背后的东西。明代书画家陈道复（1484—1544，号白阳）说，他作画是"为造化留影"。明代徐渭（1521—1593，号青藤）说，他作画，"舍形而悦影"。明末清初画家八大山人（1626—1705）说："禅有南北宗，画者东西影。"说一个物品叫"东西"，绘画是造型艺术，需要表现一定的空间形态，需要呈现出"东西"，但真正的艺术要超越"东西"，画中的"东西"，只是一个"影子"，而人的真实生命感觉才是其根本。他所讲的这个真实生命的感觉就是诗。

中国自唐代王维以来形成了"文人画"的传统，特别注意诗情的传达，没有诗，也就没有文人画。文人画是一种具有很高生命智慧的绘画，特别重视思考，用古人的话说，是"感"和"思"结合的绘画，是诗意浸染的绘画。文人画，并非文化人画出的画就叫文人画，"文人"二字不是指身份，它是体现"文人意识"的绘画。文人意识，古人又称为"士夫气""士气"，最根本一点就是要表现出自我真实独特的生命感觉，要有一份"诗情"。文人画，在一定程度上说，可以叫作"人文画"——一种追求人生命存在价值的艺术。

漂泊者的理想

唐寅（1470—1523）的杰作《秋风纨扇图》，今藏上海博物馆。坡地上画湖石，有一女子，容貌姣好，风鬟雾鬓，绰约如仙，衣带干净利落，随风飘动。神情凄婉，手执纨扇，眺望远方。女子被置于山坡上，画面大部空阔，只有隐约由山间伸出的丛竹，迎风披靡，突出人物落寞无着的心理。上题诗云：

秋来纨扇合收藏，何事佳人重感伤。
请把世情详细看，大都谁不逐炎凉。

诗中意和画中情相互映发，使这幅画成为广为流传、也广受世人喜爱的作品。唐寅借画中女子表达自己的生命感受，可以说世态炎凉、人世风烟都入女子神情中。秋来了，风起了，夏天使用的纨扇要收起了。炎热的夏季，这纨扇日日不离主人手，垂爱的时分，这女子时时都为那个没有在画面出现的人心相爱乐。而今，这一切都随凄凉的秋风吹走了，往日的温情烟消云散，一切的缱绻都付之东流。孤独的女子徘徊在深山，徘徊在萧瑟的秋风里。

唐寅画的是汉代班婕妤的故事。班婕妤是一位美貌女子，富有文才，为汉成帝所宠爱。后来宫中来了赵飞燕，汉成帝为这位身材姣好的绝代佳人所迷恋，班婕妤便遭冷落。多才的班婕妤作了一首《怨诗》："新裂齐纨素，鲜洁如霜雪。裁为合欢扇，团团似明月。出入君怀袖，动摇微风发。常恐秋节至，凉飙夺炎热。弃捐箧笥中，恩情中道绝。"后人又称此诗为《团扇诗》，诗中借一把扇子的行藏，看人世的炎凉，寄托着对人间真情的向往——那不随时间流淌而消逝的永恒精神。

清初常州画家恽南田是一位杰出的花鸟和山水画家，他的《古木寒鸦图》，是藏于故宫博物院的 10 开山水花卉图册中的一开，为仿五代画家巨然的作品，巨然的原作未见，此图倒是体现出典型的南田格调。深秋季节，一个微不足道的角落，一些习以为常的情景，古树、枯藤、莎草、云墙和寒鸦，但在南田的处理下，却有独特的意味。

右上南田题一诗：

　　乌鹊将栖处，村烟欲上时。
　　寒声何地起，风在最高枝。

落日村头，断鸿声里，晚霞渐去，寒风又起。地下，弱草披靡；树上，枯枝随风摇曳。画中的一切似都在寒风中摇荡，古木枯枝也没有一般所见的直立僵硬、森然搏人的样态。画中引人注意的，是那一群暮鸦。晚来急风，在晚霞中，一群远骛的鸟归来了。虽然风很急，天渐冷，虽然是枯木老树，但远飞的鸟毕竟回到了自己的家。日将落未落，鸦将栖未栖，南田这幅画在着意强调这种感觉。正所谓"落叶聚还散，寒鸦栖复惊"，有一种不可言传的美。将栖，怀抱一种回归的欲望；未栖，却有性灵的辗转和逡巡。虽有可栖之枝，但大树迎风呼号，枝条披靡，并没有稳定的居处，似乎在告诉人们：天下没有永远安宁的港湾。南田说："无可奈何之处，最宜着想。"所谓欲得何曾得，欲归何曾归，栖而未栖，归而未归，只是暂行暂寄而已。

漂泊是人类无法摆脱的宿命，回归是人类永恒的呼唤。"日暮乡关何处是，烟波江上使人愁"，这样的"乡关之恋"几乎在每一个人心灵中荡漾过。即使是生活在现代信息化社会中，人类的家园意识还是一样的强固。人在旅途中，就注定要回望。人类的家园有多种，有家乡，有国家，中国古人合称此为家国之恋，还有作为心灵中真性的家园，如庄子所说"旧国旧都，望之畅然"，就是以外在的故园作比喻，来表示内在的生命故园。在艺术家的笔下，这种种故园意识常常混同在一起，为我们理解类似的作品置下广阔的空间。故园的呼唤，由颤抖的心弦上传出，往往是最能打动人的声音。

山静似太古

明代吴门画派领袖沈周（1427—1509）有 17 开的《卧游图册》，藏于故宫博物院，画得非常精致。他清晨起来坐在窗前，春风荡漾，随意拈笔，记录当时心灵的感受。这里的"卧游"，与南朝宋宗炳《画山水序》中所讲的以山水画代替真山水的"卧以游之"是不同的，它触及到生命存在的很多重要问题。

册中一开画一只小鸡，绒绒毛色，昂着头，蹒跚着步子，名《鸡雏图》，题诗云：

茸茸毛色半含黄，何独啾啾去母傍？
白日千年万年事，待渠催晓日应长。

小公鸡要去打鸣，年复一年，日复一日，都是此事。这幅画画的是时间的感觉，画的是传统艺术中"山静似太古，日长如小年"的感觉，那种内在心性的宁静。

在中国哲学与艺术观念中，有三种不同的"静"，一是环境的安静，它与喧嚣相对。二是心灵的安静，不为纷纷扰扰的事情所左右。三是永恒的宇宙精神，它不动不静，不生不灭，像韦应物《咏声》诗所说的："万物自生听，太空恒寂寥。还从静中起，却向静中消。"

沈周的艺术，由外在的静到心之静，由心之静到契合宇宙的静，所谓至静至深的世界，他的艺术，将三种"静"融汇为一体。

八大山人也有一幅鸡雏图，藏于上海博物馆。一只毛茸茸的小鸡被置于画面中央，除此和上面的题跋外，未着一笔。没有凭依物，几乎失去了空间存在感，画家也没有赋予小鸡运动性，似立非立，驻足中央，翻着混沌的眼神。诗画结合，才能体会出画家所画的内容：

> 鸡谈虎亦谈，德大乃食牛。
>
> 芥羽唤僮仆，归放南山头。

此画高扬老子上善若水的精神：它不是一只能言善辩的鸡，那"鸡谈虎亦谈"式的"清谈"，究竟没有摆脱分别的见解；它也不是无休无止目的性追求的存在；更不是一只耀武扬威的雄鸡，解除了"芥羽而斗"的欲望；"归放南山头"，混沌地优游——如旁侧小印所云，"可得神仙"也，无为自然，从容自在。

诗画相得益彰。诗中前三句，连用三个典故。鸡谈：语本晋人故事。刘义庆《幽明录》载："晋兖州刺史沛国宋处宗，尝买得一长鸣鸡，爱养甚至，恒笼著窗间，鸡遂作人语，与处宗谈论，极有玄智，终日不辍，处宗因此功业大进。"这是一只会谈理的鸡。虎亦谈：禅门将善谈玄理之人称为"义虎"。鸡谈虎亦谈：此句讽刺清谈之风，意思是，不能以知识上的追踪代替生命的体悟。在八大看来议析名理之路，就像禅门所说的葛藤下话，对人的真实生命感觉是一种遮蔽。德大乃食牛：此句谈超越外在的目的性。有"食牛"的大力，并不能证明其"德"（能力）巨大，"德"之"全"在于超越控制的欲望，超越追逐的目的性心理。芥羽唤童仆：此句讽刺那些善斗之人，禅宗所谓世事峥嵘、竞争人我，使人永在痛苦之中。用古人斗鸡的典故，斗鸡者为使鸡富有战斗力，将芥子捣碎放到雄鸡的尾巴上，以增其斗力。

八大通过此诗，谈自己的人生理想，他要超越知识分别的道路，以诸法平等心来对待世界的一切，更要超越为名为利争斗的欲望，他的理想境界，是成为一个恢复自己独立自由状态的存在。

心性的拓展

中国传统哲学有"万物皆备于我"的思想，自孟子提出，后来一直成为哲学中关注的重要问题。《二十四诗品》说："具备万物，横绝太空。"也在说这一思想。天下物类何其多矣，怎么可能为我"具备"，为我所有？这里所说的不是物质上的拥有，而是心灵上的优游。

《容膝斋图》是元代极富个性的艺术家倪瓒（1306—1374，号云林）的著名作品，今藏台北故宫博物院。起首处画几棵萧瑟的枯木，枯木寒林下有一亭，空空如也，中段是一湾瘦水，远方是一痕山影。一河两岸，画面给人寂寞、幽深、平淡的感觉。

"容膝"取陶渊明《归去来兮辞》中"倚南窗以寄傲，审容膝之易安"的文意。这幅画画的是人存在的困境，在漫长的历史长河中，人存在的时间是如此短暂；在绵邈的宇宙空间里，人所占空间是如此微小。纵然再富有，拥有再多的华楼丽阁，也不过是一个容膝斋。云林画疏林下，小亭里，茫茫的天际，萧瑟的寒水，以独特的画面感，强化人存在的局促。

这幅画正是在突出生命有限性的基础上，谈人生命超越的可能性。关键不是外在物质的"具备"，从物质的角度看，从欲望的角度看，永远是有限的。然而，人有心灵，心灵可以腾迁，心灵的修养可以扶摇于世界，在充满圆融中与物融契，真是容膝中有大腾挪。这幅画就画生命的困境以及如何从这困境超越的可能性。

这幅图与他晚年漂泊的感受相关，图作于壬子年（1372）。1374年清明前后，也是他生命的最后一年，他重题此图时说："甲寅三月四日，檗轩翁复携此图来索谬诗，赠寄仁仲医师。且锡山予之故乡也，容膝斋则仁仲燕居之所，他日将归故乡，登斯斋，持卮酒，展斯图，为仁仲寿，当遂吾志也。"其上所题诗云：

> 屋角春风多杏花，小斋容膝度年华。
> 金梭跃水池鱼戏，彩凤栖林涧竹斜。

曡曡清谈霏玉屑，萧萧白发岸乌纱。

而今不二韩康价，市上悬壶未足夸。

题诗有云林特有的安静、寂寞的感觉。画的是一种生命的怡然状态。幽冷中有从容，萧瑟中出本真，正是山高月小、水落石出之作。

清金农（1687—1763）的《荷风四面图》，是一山水人物册中的一页，画莲塘莲叶飘荡，清绿可人，荷花点点，轻风吹拂，如闻香气溢出。一茆亭伸入水中，亭中一人酣然而卧，身体像被娇艳的荷花托起，随香风而浮沉。上有题诗道："风来四面卧当中"。

金农还有一幅作品，图像大体相似，上题："消受白莲花世界，风来四面卧当中。"也画的是对万物皆备于我智慧的思考。

月到天心处，风来水面时，融于世界，归于世界，不是站在世界的对岸看世界，这样才会有真正的充满圆融。

心灵的对话

八大山人的《巨石小花图》是《安晚册》中的一页，今藏日本京都泉屋博古馆。这幅画画的是一种心灵的"对话"。画面左侧画一巨大的石头，石头下，有一朵小花，与之相对，一大一小，竟成俯仰之势，石头并无压迫之势，圆润流转。而小花也没有委琐的形态，向石而拜。二者似乎在对话。

八大题诗云：

闻君善吹笛，已是无踪迹。

乘舟上车去，一听主与客。

所画的是被后人称为"梅花三弄"的故事。这个故事《世说新语·任诞》有完整记载："王子猷出都，尚在渚下。旧闻桓子野善吹笛，而不相识。遇桓于岸上过，王在船中，客有识之者，云是桓子野。王便令人与相闻云：闻君善吹笛，试为我一奏。桓时已贵显，素闻王名，即便回下车，踞胡床，为作三调。弄毕，便上车去。客主不交一言。"

王羲之第五子王徽之（338—386，字子猷）是一位有很高境界的诗人，一天他要出远门去建康，泊舟溪边，忽听人说，岸边有桓伊经过，桓伊的笛子举世闻名，子猷非常想听他的笛子。但子猷和桓伊并不相识，而桓伊是大将军，由于在淝水之战上的贡献，他在朝中有很高地位，远高于子猷。子猷并不在乎这一点，就命家人去请桓为他吹笛。桓伊虽是朝中高官，却是一个格调很高的才士，笃于情，每每听到哀婉的歌曲，竟然说："我该怎么办，我该怎么办？"谢安曾赞扬他"一往情深"。桓伊不认识子猷，但却知道子猷的为人境界（如"雪夜访戴""何可一日无此君"的典故都出自这位诗人），二人可谓心心相印。他二话没说，下了车，来到子猷的河边，坐在胡床上，为他奏了三支曲子。子猷也不下船，在水中静静地倾听，悠扬的笛声就在清溪中浮荡。演奏完毕，桓伊便上车去，子猷便随船行。二人自始至终，没有交谈一句话。

这是一种没有交谈的"对话"，不是用语言说，而是以真性来说，这正是八大"不语禅"的核心内涵。八大非常倾心于这样渺无踪迹的心灵交谈，《巨石小花图》画的就是这性灵的对话。八大这幅作品中，僵硬的石头为之柔化，那朵石头边的微花，也对着石头轻轻地舞动，似乎在低声吟哦。八大要画的意思是：人心灵的深层理解，可以穿透这世界坚硬的冰层。

八大艺术中，有一种渴望交流的思想，令人印象极为深刻。这当然与他的身体情况有关。他终生有不良于言的生理疾患，因为此一疾患，与人交流便发生问题。邵长蘅就描绘他有时无法用语言表达、用手势或以书写来与人交流的情况。而在明末清初那个风雨如晦的岁月，外在的环境对人尤其对士人阶层造成巨大的压力，真正的性灵对话，成为一种奢侈。更进而言之，即使是正常的人，人们之间交流是否就顺畅了呢？八大认为，这方面的阻隔同样存在，而且非常严重，不是理解力等交流能力的问题，而是面对着大量人为设置的障碍。八大就画一种冲破人世交流障碍的理想。

恢复生命的感觉

文徵明(1470—1559)的《中庭步月图》，作于 1532 年，是他自京师归来后的作品，藏于南京博物院。以幽淡之笔，写月光下的萧疏小景，酒后与友人在庭院里赏月话旧。上有长篇跋文，其中有云：

> 十月十三日夜，与客小醉，起步中庭，时月色如昼，碧桐萧疏，流影在地，人境俱寂，顾视欣然，因命童子烹苦茗啜之。还坐风檐，不觉至丙夜。东坡云：何夕无月，何处无竹柏影，但无我辈闲适耳。

"何夕无月，何处无竹柏影，但无我辈闲适耳"，是文人艺术中的老话题，一个体现中国美学和艺术观念微妙思想的话题。为什么夜夜有月、处处有竹柏影，人常常体会不到这世界的妙处？皆因人的心灵遮蔽，尘缘重重，剥蚀了人的生命灵觉。而今在这静谧的夜晚，在明澈的月光下，在老友相会的喜悦中，在醉意陶然的微醺里，他忽然忘却了种种烦恼，抛弃了重重缠绕，唤醒了自己，"还原"了生命原初的力量。当人解除了外在束缚，在"闲"——无遮蔽的心中，世界"敞开"了，瞬间恢复了光亮，我的灵明沐浴在智慧的光明中。因敞开，而有光亮；互为奴役，只有幽暗的冲动。

这幅画画生命知觉的归复，所针对的是文明发展中普遍存在的人生命感觉钝化的状况。这样的思想在传统艺术中烙下很深的印迹。在一些平凡的小事中都可以看出。

如红叶题诗，红叶不扫待相知，中国诗人艺术家对红叶有特别的情愫。园林营建中，总是有这温情的叶，流水假山之侧，云墙绵延之间，忽然有一点两点红叶飘出，艳艳绰绰，动心摄魄。

明末画家陈洪绶(1598—1652，号老莲)几乎视红叶为生命。他在扬州期间，曾经采红叶一片悬帐中，说："此扬州精华也。"对于老莲来说，这件小事意义可不小。红叶是扬州的精华，也开在老莲艺术的天地中。

他高古的画，总透着一种生命的殷红。他有诗说："红叶何时看，霜风起梢头。"红叶是他生命的希望。他有诗说："达人小天下，何事载虚名。文字真难识，升沉不可评。红莲开数朵，翠羽叫三声。还有余愁不，偕君桥上行。"红莲开数朵，翠羽叫三声，驱散了愁怨，也叫醒了自己。他喜欢这被"叫醒"的感觉。

现藏于扬州博物馆的《听吟图》，未系年，款"老莲洪绶"，当是老莲逝世前不久的作品。这类画一视即为"老莲造"，自生人以来，未之有也。其中滚动着桀骜、勃郁和顿挫，正所谓才华怒张，苍天可问。图画两人相对而坐，一人吟诗，一人侧耳以听。清吟者身旁，有一卂假山形状奇异，盘旋而上，上如悬崖，绝壁中着一颜色暗淡的锈蚀铜器，中有梅花一枝，红叶几片。听者一手拄杖，一手依着龙蛇游走般的树根（这是老莲的"袖里青蛇"）。画风高古奇崛，不类凡眼。苍古中有韶秀，寂寞中有活泼。

藏于台北故宫博物院的《梅花山鸟图》，也是动人心魄的作品。湖石如云烟浮动，层层盘旋，石法之高妙，恐同时代的吴彬、米万钟等也有所不及。老梅的古枝嶙峋虬曲，傍石而生。枝丫间点缀若许苔痕，就像青铜上的锈迹斑斑。梅花白色的嫩蕊，在湖石的孔穴里、峰峦处绽开。石老山枯，那是千年的故事；而梅的娇羞可即，香气可闻，嫩意可感，就在当前。你看那，一只灵动的山鸟正在梅花间鸣唱呢！这梅花的白色嫩蕊，也是他生命的红叶。

他的一幅跋为"老莲为老苍作"的《秋游图》，画的是天荒地老的境界，唯有片片红叶在萧瑟秋风中飞，桥上匆匆人行，很小，而树很大。他就画这种感觉，一种凄凉中的不舍，一种透过人世帷幕的至爱。题跋的"老莲"之老，与朋友"老苍"（林廷栋，字仲青，号苍夫居士）之老，乃至与秋色之老相应和，真是山空秋色老，人过路深沉，这是地老天荒中的寻觅，满天红叶就在他心空中飞。

（刊登时间 2022 年 11 月 14 日。作者系北京大学教授）

一种"创造性的新诗"

——《红楼梦》鼓词"子弟书"的流传和创新

王晓宁

清代说唱艺术"子弟书"是近年古典文学研究的一个热点。今天仍在传唱的很多鼓词篇目，版本来源就是子弟书。鼓词"子弟书"中，取材于小说《红楼梦》的为数不少。著名红学家胡文彬是最早关注《红楼梦》子弟书的学者，他在 1983 年从车王府抄本、双红堂藏本、傅惜华藏本中迻录 27 篇《红楼梦》题材子弟书编辑成册，开启了《红楼梦》子弟书研究的先河。1984 年著名曲艺研究专家关德栋、周中明又在上海古籍出版社出版了《子弟书丛抄》，收录子弟书 101 篇，其中《红楼梦》题材达 17 篇。以《红楼梦》为题材的鼓词"子弟书"，是鼓词中的精华，在取材内容、表现形式、艺术手法、流传等方面所体现出的继承、创新特征，值得思考和研究。

数量和分量是明清小说改编之最

鼓词"子弟书"题材的来源，学界公认有四大领域：一、元明清三代的通俗小说；二、元明清三代的杂剧和传奇；三、当日北京京剧所演的题材；四、当时北京社会风土人情。以傅（傅惜华）藏子弟书的比例为例，其中第一类：取材于元明清三代的通俗小说，主要有《三国志演义》17 篇、《水浒传》14 篇、《西游记》8 篇、《金瓶梅》8 篇、《红楼梦》24 篇、《聊斋志异》15 篇以及少数的其他小说的题材。第一类和第二类在子弟书中又是最多的，第三类和第四类不过十几种、几十种。《红楼梦》子弟书的数量在诸种被改编的明清通俗小说中居于首位，数量在某种程度上也意味着分量。正如崔蕴华在《红楼梦子弟书：经典的诗化重构》中所评估的那样：“《红楼梦》是子弟书创作的丰富源泉，子弟书则是《红楼梦》艺术生命的延续。这种亲密关系造就了《红楼梦》子弟书的独特美学风范与文化内涵。《红楼梦》子弟书在现存子弟书中占有重要的分量。”

具有较高艺术价值，雅俗共赏

鼓词“子弟书”的唱本采用北方戏曲、曲艺通用的“十三辙”，讲究平仄韵律，每两句一韵，不论回目长短，一韵到底。以典雅诗句为主，掺杂北方口语和俚语，充分体现了雅俗语言之间的亲和力。《红楼梦》子弟书也具有“雅俗共赏”的特点，但其最具价值的部分在于提升了鼓词的文学性和诗意化成分，《露泪缘》《全悲秋》《石头记》等篇目堪称诗歌艺术的精品。傅惜华先生指出：“其意境之妙，恐元曲而外殊无能与伦者也。”北京大学中文系 1955 级学生集体编写的《中国文学史》对此有更高的评价：“子弟书在内容上极为丰富多彩。它与弹词、鼓词相比较，在题材范围上要广泛得多……”胡文彬在《红楼梦子弟书初探》中指出，“在北方诸多曲艺曲种中，子弟书是最早取材于《红楼梦》，将这部罕世奇书介绍给广大下层社会的”，独具慧眼地看出了“子弟书”在《红楼梦》的流传历史上的重要作用。“五、七和三”“四、四”，这两种句子是子弟书中最常使用的句式，加之其他类型的句式，构成灵活多样的子弟书结构。从变文、弹词、到鼓词、子弟书，“三、三、四”的句式逐渐减少，“三、四、四”的形式逐渐增加，这种微妙的变化体现了子弟书偏重叙事的特点和汉语词汇从单音节向双音节化递进的特点，在诗歌史及汉语语言发展上具有创造性意义。

以言情和市井生活为主的内容题材

《红楼梦》子弟书的取材比较集中于宝黛钗的故事、晴雯的故事和刘姥姥的故事,此外凤姐、湘云、妙玉、紫鹃的故事也多有涉及。盖因这些人物内容的故事性较强,具有强烈的戏剧效果,为市井百姓所喜闻乐见。李爱冬指出:"从这些作品的改写上,可以看到一个问题。即改写者选写什么,为什么选这而不选那?这与当时的某种社会心理相关。作品中反映出来的社会心理及各种观念,是反映了当时某些社会阶层或有时扩大为一代的社会心理和观念的。"以刘姥姥的故事为例,刘姥姥与贾府上下的关系,其实正是中晚期清代社会中普遍存在的上下尊卑等级以及贫富之间畸形关系的代表性写照。《红楼梦》子弟书在改编中对于题材的选择,与历史、时代和具有时代特征的文化心理之间的关系是非常紧密的。

版本以北京为中心辐射天津、东北

《红楼梦》子弟书的版本分抄本、刻本两种,抄本刻本并行。按,子弟书早期以抄本稍多,现存最早抄本为嘉庆二十年(1815)的《俞伯牙摔琴谢知音》。最早刻本出现在乾隆二十一年(1756),名为《庄氏降香》。子弟书版本中的善本较少,主要原因是其抄写和刻印多出于实用性,制作上不甚考究。版本以北京为中心,大体集中于京、津、沈阳等地,民国以后,上海的书局也有刻印。"百本张""别野堂""乐善堂""聚卷堂"抄本,会文山房、东都石印局、辽阳三文堂、盛经程记书坊刻本,风行一时。其版本分布情况大致为我们勾勒出了一个流传线路和主要流传区域。

同《红楼梦》的流传关系密切

鼓词"子弟书"与《红楼梦》在民间的普及关系密切。傅惜华在《子弟书总目》中认为,鼓词"子弟书"相传"创始于清代乾隆时"。作为北方鼓词的一个重要支流,其具体起源情况较为复杂,众说不一,大体可归纳为几说:一说,源自乾隆时征大小金川的阿桂部的军歌岔曲;一说,脱胎于满族传统祭祀活动；一说，是唐代变文出现后弹词、鼓词分化、传承的结果。中山大学的黄仕忠、李芳在《子弟书研究之回顾前瞻》中指出："子弟书是从长篇鼓词中分化出来，主要以短段形式出现。其最早并不叫子弟书而叫'段儿'。'子弟书'之名是这一形式成熟之后的称呼……"此说大致与第三种看法同，值得关注。不管起源如何，可以判断的是，在乾隆中后期这种鼓词艺术形式便已成型并开始流行，且一直延续到道光光绪时代，这个时段也大体是《红楼梦》从刊印（1791）到逐渐在民间普及开来的过程。

一种"创造性的新诗"

早在 20 世纪 80 年代，启功先生就以"创造性的新诗"来评价"子弟书"的艺术成就。他说："唐诗、宋词、元曲、明传奇，在韵文方面，久已具有公认的评价，成为它们各自时代的一绝。有人谈起清代有哪一种作品可以和以上四种杰出的文艺相媲美，我的回答是子弟书。"这段评论是新时期从文体发展的角度探讨子弟书艺术价值的开端，此后，"艺术性"成为对《红楼梦》"子弟书"研究的一个重点。曲金良《略谈红楼梦子弟书露泪缘》、崔蕴华《红楼梦子弟书：经典的诗化重构》、姚颖《论红楼梦子弟书对俗语的运用》《子弟书对红楼梦人物性格的世俗化改编》、陈祖荫《浅议韩小窗子弟书的艺术特色》等，都从不同角度对子弟书的诗性艺术进行了讨论。近年来，很多研究者还运用了新理论新方法。如刘嘉伟的《"子弟书"对红楼梦情节结构的接受》，从叙事学的角度阐释了《红楼梦》子弟书对于故事情节演进的处理手法，认为"内视点"是其写作的一个特点。"所谓'内视点'就是把叙事的任务交给小说中的人物，透过人物自己的眼睛观看世界"。《全悲秋》的结尾部分，使用了"全知全能视角"，这是典型的叙事文学笔法，在中国古典小说中曾惯常使用。从这个角度看，"子弟书"又可以被视为一种"叙事诗"，是对中国古代叙事体诗歌的极大创新和弘扬。

《红楼梦》自问世以来便受到读者的喜爱，清嘉庆年间有"开谈不说红楼梦，读尽诗书也枉然"的俗语。初时，只是在文人士大夫中流行，真正为民间接受乃至家喻户晓，是通过鼓词等文艺形式的广泛传播，毕竟在那个时候，能读书识字的人是少数，而鼓词说唱艺人的演出是可以遍及城乡村野的。党的二十大报告中指出，要弘扬中华优秀传统文化，使之"创造性转化、创新性发展"，这既是一个时代课题，也是文化传承发展的永恒命题，需要我们加强研究，特别是要加强对于文化本体和内在规律的研究，从而更多更好地汲取前人的丰富经验，古为今用，推陈出新，不断开拓既不失传统文化意蕴又能够在当代流传开来的文艺形式。

（刊登时间：2022 年 12 月 12 日。作者系《学术家园》周刊主编）

编后记

王晓宁

　　将《学术家园》周刊自创刊以来所发表的文章遴选结集出版有两个目的：一是拓展报纸的影响力。人们通常认为，报纸的"阅读生命"只有一天，报纸追求的是"一日之辉煌"。但报纸的生命力决不是"一日之辉煌"，其思想内涵和文化的感染力同样具有跨越时空的力量。新闻业中有一句话："新闻吸引读者，副刊留住读者。"讲的就是文化之于一张报纸的独特价值；二是做一个回顾，存史留香。2023 年 4 月 6 日，是《人民政协报》创刊四十周年的日子。四十年来，这张乘着改革开放的春风创刊的报纸，在全国政协领导同志的亲切关怀下一路前行，坚持党的领导，忠于统战事业，传播政协声音，一代代政协报人守正创新，踔厉奋发，做出了优异成绩。四十年来，政协报积极拓展宣传领域，创新宣传党的政协统战理论、方针、政策，为团结海内外全体中华儿女实现中华民族伟大复兴贡献力量，《学术家园》周刊就是其中的一个代表。

　　《学术家园》是政协报结合政协性质定位开设的一个文化宣传园地，创办于 1997 年。她立足政协统战工作需要，重点关注中华优秀传统文化在当代的继承、阐释和弘扬，旨在以文化凝聚人心汇聚力量。开头，是两周一个版面，2005 年扩版为双周刊。《学术家园》的作者主要来自历届政协委员和各界专家学者，如季羡林、金克木、侯仁之、叶秀山、周汝昌、吴小如、张岂之、袁行霈、傅璇琮、金开诚、李学勤、陈来等，充分体现了政协组织"学者云集，名家荟萃"的特点。刊发的文章多是"大家小文"，颇具思想性、知识性的同时，兼及趣味性和可读性，有些更是值得收藏、反复品读的学术佳作。

　　20世纪90年代以来，传统文化热逐渐兴起，政协报人以敏锐的新闻眼光捕捉时代信息，积极融入时代，在新闻界首开风气之先，推出了《学术家园》版。经过多年"深耕细作"，产生了广泛的社会影响，受到委员和读者欢迎，成为《人民政协报》的重要文化品牌。

　　副刊(广义副刊)是报纸不可或缺的组成部分，常被誉为一张报纸的"第二张名片"，不但体现办报特色，也可以起到引领学术文化风尚的作用。鲁迅先生的《阿Q正传》等作品就是在报纸副刊上发表的，毛泽东同志的《湖南农民运动考察报告》也首发在报纸副刊。考察中国报业历史，近现代报纸有一个重要特点，就是富于学术气象和文化气息。尽管只占报纸版面中很少的一部分，但各类副刊却总能以其独特品位和不凡格调，调动读者更多的阅读兴趣和深层次思考。近年来，媒体竞争趋于激烈，文化发展日新月异，媒体形态也在发生着深刻的变化。报业核心竞争力越来越倾向于对新闻事件的深度调查和对于高品质内容的追求，各类副刊的价值及其存在的意义因此尤为凸显。

　　《人民政协报》是拥有良好文化生态的报纸。1983年创刊伊始，老一代总编辑萨空了、张西洛等同志就非常重视副刊工作。他们以对党的新闻事业和政协统战事业高度负责的精神，从政协委员的构成特点出发，认为政协报"要办个好的副刊"。他们躬亲实践，广泛联系和团结了一大批在统战、政协和学术、文化领域具有影响力的作者，为政协报开创了良好的副刊传统。此后，经过几代报人的不懈努力，继承、丰富这个传统，使得今天的政协报呈现出副刊云集、异彩纷呈的样貌。

　　党的十八大以来，为适应新形势下政协工作新要求，《人民政协报》不断调整编采工作节奏，副刊编辑既有"继承"也有"创新"，《学术家园》在保持原有思想性、知识性、可读性的同时，强化了稿件的时效性及与政协工作的配合度。如近年来，同政协调研相配合，推出了《诗词中的大美长江》；同抗疫斗争相配合，推出了《中国古代儒道释的生态·养生·防疫观》；同政协读书活动相配合，推出了《鲁迅读书的辩证法》；同政协文史工作相配合，推出了《文史旨趣　家国情怀》等等，让学术版面又增添了鲜活的时代气息。现在出版的这本文集，基本上体现了《学术家园》在各个时期的编辑重点和特色。

　　学术编辑是个坐冷板凳的工作，《学术家园》是一代代政协报人不懈努力，持续耕耘的成果。在此我要提一下《学术家园》最早的编辑李红艳大姐，她同学界建立的良好关系为我们打下了坚实的办刊基础。感谢各届委员和众多学术文化界前辈。感谢中华书局周绚隆执行董事和罗华彤主任对本书出版给予的大力支持，并向中华书局葛洪春老师在编辑过程中体现出的高度负责的专业精神致以敬意。

　　　　　　　　　　（作者系本书执行主编、《学术家园》周刊主编）